玄武門變、神龍政變、女皇臨朝……

盛世將臨，誰能坐穩龍椅？

長安爭日

── 范西園 著 ──

盛唐不只是繁華與詩酒，朝堂上，人人皆有
沒有永遠的盟友，也沒有純粹的敵人

誰能笑到最後，誰又會成為權力下的犧牲者？

見證盛世如何築成，又如何傾頹──

從宰相更替到宮廷風雲，真正主宰帝國命運的是局中之人

目錄

楔子　玄武門開：詛咒自此開始 ……………………………… 005

第一章　雲日藏層闕，風煙起綺疏 ── 太宗貞觀盛治 ……… 009

第二章　蕭關逢候騎，都護至燕然 ── 天可汗遠征 ………… 039

第三章　何意蕭牆內，陰謀中傾覆 ── 宮闈爭衡 …………… 077

第四章　千乘萬騎動，飲馬長城窟 ── 邊塞鏖兵 …………… 111

第五章　入門見嫉，蛾眉不肯讓人 ── 后宮風雲 …………… 153

第六章　牙璋辭鳳闕，鐵騎繞龍城 ── 初唐開疆 …………… 191

第七章　種瓜黃臺下，瓜熟子離離 ── 日月易幟 …………… 227

第八章　花須連夜發，莫待曉風吹 ── 神都雲雨 …………… 267

第九章　南向翊大君，西宮朝聖母 ── 赤幟復揚 …………… 303

003

目錄

第十章　萬騎齊呼左右分，將軍夜披玄武門——
臨淄王奮起 …………………………………………… 337

尾聲　玄武門閉：屠龍者未成惡龍 …………………… 367

本書部分參考書目 …………………………………… 369

附表一　唐初大事年表 ……………………………… 373

附錄二　唐一官制表 ………………………………… 379

楔子

玄武門開：詛咒自此開始

午夜，在空曠幽冷的太極宮，李淵、李世民父子時而會夢回多年以前的大海寺。

那是滎陽城外，黃河岸邊的一處禪院，隋朝大業初年，李淵擔任了滎陽太守，經常會來此禮佛。李世民年幼多病，身體總是治不好，反倒越來越嚴重。李淵是信佛之人，大郎建成小時候生病時，他聽了僧人的說法，將建成託庇給毗沙門天王，也就是四大天王中的北方多聞天王，還為建成取了小字叫做「毗沙門」。建成後來平安養大，李淵相信這其中有著神佛的護佑。

如今他最愛的二郎也生了病，求醫問藥無法，李淵又將希望寄託在神佛方面。

聽說大海寺靈驗，還是南海觀世音菩薩的道場，李淵便帶著李世民前來這裡祈禱。他們拜在觀世音菩薩像之下，祈願這個未來佛能護佑二郎平安長大。李淵還為寺院捐了不少香油錢，請寺院的僧人為他和二郎每人雕刻了一尊彌勒佛像，放置在大佛前的高處。

大海寺祈願之後，李世民的病竟然奇蹟般地痊癒了。這一年，李淵四十歲，李世民八歲，此後戎馬倥傯，世事變遷，李淵成了大唐皇帝，李世民成了天策上將，到武德九年（西元626年）那場暴烈的玄武門之變時，已經過去了足足二十年。

玄武門之變是李世民的一場噩夢，它扯掉了皇家最後殘存的一點溫情脈脈，剩下的只有你死我活的權力爭奪。這場事變之後，李世民作為皇太

楔子　玄武門開：詛咒自此開始

子移居東宮，然後又派人殺掉了建成、元吉所有的兒子。那是十個年幼的李家男孩，竟一個都沒留下。李淵雖仍在太極宮裡安坐，但卻被李世民的人死死地監視起來。

父子之間，表面上仍裝作父慈子孝的樣子，可撕開虛偽的外表，骨子裡只有誰也不相信誰的猜疑。

不久之後，李淵便禪位給了李世民，自己做了太上皇。李世民繼位為帝，並在新年改元貞觀。李世民如願以償地當上了天下之君，但建成、元吉被割下的鮮血淋漓的首級，常常出現在李世民深宮的噩夢裡。於是李世民令尉遲敬德前往大海寺，重新修繕這座被兵荒馬亂破壞的寺廟。

後來在李世民的夢境裡，從大海寺的高處望去，滎陽城外的護城河水隨著潮汐的漲退起起落落。海潮一般的水聲中，這位年輕帝王的夢境才漸漸安寧。

西域之地，流傳著這樣一個故事。

一隻惡龍盤踞在山洞之中，霸占周圍的少女和財寶，所有自告奮勇去山洞裡和惡龍決鬥的勇士，沒有一個活著回來。一個英勇的騎士聽說之後，便前往這個山洞尋找惡龍。在黑暗的洞裡進行一番廝殺之後，騎士終於殺死了惡龍。他繼續往洞的深處走去，才發現整個山洞裡，到處橫陳著過去被勇士們殺死的惡龍屍體。勝利的騎士坐上惡龍的黃金寶座，看著眼前的金銀珠寶，慢慢地喘息，逐漸他的頭長出了龍鱗和犄角，一點點變成了新的惡龍。

原來每一個屠龍的勇士，都變成了下一隻惡龍。

大唐建國之初，一掃北周、楊隋兩朝對於群臣的猜忌，大膽放權，不拘一格採用人才，整個朝政煥然一新。但誰也沒有想到，最深刻的猜忌，卻經由玄武門之變，烙印在了李唐皇室的血脈之中。這場血案成了幾代李

唐皇室的夢魘，父子兄弟之間，猜疑的種子已經種下，彼此之間再也難以真正地信任。

每個帝國的繼承者，都頂著猜疑的壓力艱難承繼帝位，然而在登上帝位之後，就變成了新的惡龍，開始繼續猜疑新的繼承者們。

周而復始，循環往復，有如一場詛咒，屠龍少年，複變惡龍。

玄武門的這場政變，改變了無數人的人生軌跡。

事變發生後，勝利者雖然沒有開始秋後算帳，清除餘黨，但許多原本攀附於建成、元吉的家族由於擔心未來可能的不測，開始舉家遷徙，離開故土，往帝國顧及不到的地方遠遁。其中就有一些隴西李氏的支脈，一路向西，來到了西域之地。七十多年之後，一個李姓少年出生在了距離大唐長安城萬里之遙的西域碎葉城，他出生之後返回了中原故土，世人知道他的名字，叫做李白。

李世民取得政權之後，改變了唐皇李淵原本排斥佛教、關停長安及各州縣佛寺的政策，下令不再強制僧侶還俗，和尚、尼姑、道士全都照舊住在寺中。於是，在長安城中大覺寺落腳的僧人玄奘幸運地免於還俗。也是這一年，這個叫玄奘的沙門僧，在長安城遇見了從天竺遠道而來的高僧波頗，從波頗口中得知，在佛教起源地天竺那爛陀寺，有高僧戒賢講授《瑜伽論》總攝三乘之說，於是發願西行求法，直探原典。三年以後，玄奘從長安啟程，開始了漫長的取經之路。

受到餘蔭的還有少室山上的另一家禪院。當年洛陽大戰，這裡的寺僧志操、曇宗等僧人曾幫助李世民的唐軍打敗了王世充鄭軍的一支偏師，李世民執掌大權之後，為了表彰此事蹟，特封參戰的曇宗和尚為大將軍，賜田四十頃，水碾一具，允許寺廟豢養僧兵，以作自衛。這就是後來馳名天下的嵩山少林寺的緣起。

楔子　玄武門開：詛咒自此開始

　　玄武門之變的餘波，還帶出了一些親附李淵的太原元謀功臣們。富商出身的武士彠，原本是李淵起兵前的好朋友，因為資助李淵起兵有功，後來封官加爵，成了檢校揚州都督府長史。玄武門之變後，武士彠作為李淵原本的親信，身分敏感，被李世民召回長安，確認是否忠誠。雖然李世民最終克服了一直以來的不信任，重新任命武士彠為豫州都督，但武士彠的仕途也就此停擺，幾年後便去世了。玄武門之變這一年，武士彠第二任妻子楊氏所生的女兒，還只有大約三歲，絲毫不知道外面世界所發生的變故。很多年後，她有了一個新的名字，叫做武曌，後人稱她為「武則天」。

　　時代的潮流，就是這樣冷酷無情，但卻彷彿冥冥之中有天意一般，裹挾著所有人，浩浩蕩蕩而去。

第一章

雲日藏層闕，風煙起綺疏
——太宗貞觀盛治

第一章　雲日藏層闕，風煙起綺疏—太宗貞觀盛治

01　蕭蕭兮渭水寒

　　武德九年（西元626年）的八月二十四日，長安城陰雲密布，流言四起。

　　這是皇太子李世民登基為帝的第十六天，但長安城城門緊閉，全面戒嚴。一切都是因為北方前線急報傳來，說梁師都已經策動突厥軍南下，十幾萬突厥大軍正長驅直入，先抵達涇州，轉眼就突破了唐軍的防線，幾天前抵達了距離長安城只有一百里的武功縣，逼近了長安。騎兵的推進速度很快，據說如今已經到了七十里外的高陵。

　　長安城的將士們沒有料到，突厥竟然來得這麼快，同時，他們也不免疑惑，突厥人為何來得這麼快？

　　要知道，長安雖然在一馬平川的關中平原，但是四周環山，四面都有嚴密的防禦關隘。突厥人要取道涇州進犯長安，就必須要經過險峻的蕭關。蕭關在涇州附近，這裡有燕王李藝領天節軍一兩萬人在此駐守，李藝身經百戰，雖然手下沒有多少從幽燕帶過來的嫡系部隊，但也斷不可能如此不堪一擊，轉眼便讓突厥人逼近長安了。

　　唯一的可能是李藝從中作梗，讓突厥人幾乎暢通無阻地來到了帝國的腹心。在宮廷鬥爭的站隊中，李藝雖然原本與李世民在河北打出了很多配合戰，但在李建成、李元吉的拉攏下，和建成走得更近，還因為武德六年（西元623年）時手下的人無故毆打了李世民的左右親隨，而與李世民的關係鬧得很僵。玄武門之變後，建成、元吉一黨覆滅，李淵退位為太上皇，李藝的地位就變得微妙起來。李世民因為要穩定局勢，仍然給李藝很多優待，加封李藝為開府儀同三司，是從一品的高官，但另一邊卻將李藝原本右武衛大將軍的頭銜轉手封給了天策舊將程知節。

　　李藝是否因為心懷不滿或者疑慮而私通突厥，故意放頡利可汗的大軍進入蕭關？這一點，遠在長安的李世民難以確定，但他不得不做最壞的打

算。李世民立刻任命他最信任的戰將之一右武侯大將軍尉遲敬德為涇州道行軍總管，率軍抵禦突厥。另外急調靈州大都督李靖回防，支援長安。

突厥的行軍速度實在太快了，尉遲敬德的軍隊緊急從長安出發，還沒行出五十里，就已經在長安城西北的涇陽碰上了突厥的前鋒兵馬。一場激戰，擊破了突厥的前鋒部隊，斬首一千多人。但是，尉遲敬德兵力有限，還是沒能阻止突厥大部隊的前進，六月二十八日，頡利可汗的大軍抵達了長安城外的渭水便橋旁。

此時，距離李世民登基，才過去二十天。

關中各處關隘駐紮著大唐的十二軍，總共不下二十萬人，但是突厥大軍一路如入無人之境，除了天節軍統帥李藝行為可疑，天紀軍統帥張瑾也龜縮在豳州不敢出來。張瑾與李淵交情深厚，軍中資歷極高，方才由李世民親自封為冠軍將軍，此時這個稱號卻顯得無比諷刺。

人心惶惶的長安城，在此時迎來了頡利可汗派出的使者。

長安城的東宮，頡利可汗的心腹大將執失思力走進了殿裡，面見新帝李世民。他可謂與大唐素有交情，當年李唐太原起兵時，突厥派康鞘利帶領五百突厥兵助力，其後執失思力的祖父執失淹也帶著數千騎兵增援，在後來的戰爭中立下了戰功。如今，執失思力繼承了執失部酋長的位子，帶著本部落的騎兵隨頡利可汗南下，看上去是站在李唐百姓的敵對陣營，實際上卻不知葫蘆裡賣著什麼藥。

「頡利、突利兩位可汗帶著百萬大軍，如今已經到了長安城外。」執失思力在開場白時便將突厥大軍的兵力誇到了天上，十餘萬人誇大成百萬大軍，看樣子是要為後面頡利可汗的要求預先做鋪陳。

但李世民不等執失思力繼續說下去，便厲聲責備道：「前年我與可汗會面，說好雙方和親，還前前後後送了那麼多錢帛。可你們的可汗卻自己毀約，帶兵深入，在我面前難道不愧疚麼？」他指著執失思力，繼續道，

第一章　雲日藏層闕，風煙起綺疏—太宗貞觀盛治

「你雖是戎狄，沒什麼文化，但怎地竟把朝廷恩澤忘得一乾二淨，還當我不會算數，把自家兵力誇得不著邊際。這件事情太過分了，我今天就先把你斬了再與他們和談！」

一聽李世民硬的不吃，甚至還要當場砍人，執失思力立刻失了氣勢，跪下來求皇帝饒命。

宰相蕭瑀、封德彝在一邊也慌了神，兩軍交戰不斬來使，要是真的把執失思力斬了，那大唐就沒有與突厥正常交流的機會了。

至少，得讓執失思力把話講完，看看葫蘆裡賣的到底是什麼藥吧？

但在與突厥人打交道這方面，李世民還是比蕭瑀、封德彝在行。就算執失思力沒能說下去，李世民對頡利可汗的意思也再清楚不過了。如今大唐已經統一了天下，只剩下梁師都藉著突厥的扶持苟延殘喘，頡利可汗就算再雄心勃勃，也不會真的想要與李唐一決雌雄。他們之所以集結傾國之兵南下，其實就是趁著唐廷因為玄武門之變、李世民新君繼位而局勢未穩時，想要要挾唐廷，給出更多的價碼來求和，所以才帶著突厥各部全都過來，看上去是一起來打仗，實際上都是想要來打秋風的。

而頡利可汗派出執失思力來做使者，意思就再明白不過了，執失部作為李唐百姓的老朋友，自然更容易得到唐廷的好感，一切都是為了方便日後的談判。

所以，當蕭瑀、封德彝勸李世民依照禮節將執失思力遣返的時候，李世民一口拒絕了，他說：「我如今要是讓他回去，突厥人會以為我真的怕了，氣焰就更囂張了。」當即下令，將執失思力交給侍中高士廉，將執失思力拘禁在門下省。

李世民不喜歡被要挾，更不喜歡被牽著鼻子走，這十年的征戰告訴他的一個經驗就是，當敵人擺好了一個局等著你鑽進來的時候，最好的辦法就是把桌子掀了，再擺張新的。

於是，這個剛剛繼位的大唐皇帝丟下議政的大臣們，不由分說，逕自披掛，穿上了他金色的鎧甲，略作安排，便帶著高士廉、房玄齡一起跨上駿馬，離開東宮，從玄武門飛馳而出，經過城北禁苑，還有漢魏長安故城的斷壁殘垣，不久便抵達了長安故城不遠處的渭水便橋前。

　　橋的那邊，是頡利可汗、突利可汗帶領的十幾萬突厥大軍，一眼望不到頭。李世民在渭水南岸橋邊的高地上遠眺，要確認一件事情。

　　他對戰場形勢判斷方面的天賦，讓他可以看一眼敵軍軍容，便能知道對方是否可以戰勝，這幾年來，宋金剛、王世充、竇建德等強敵的伎倆，都逃不過他的一雙火眼金睛。這十年來，除了他初出茅廬時受挫於西秦霸王薛舉的兵鋒以外，唯一吃過虧的便只有劉黑闥的河北軍了。而此時此刻，渭水對面的這些突厥兵軍容不整，這更坐實了李世民的判斷，草原各部這次組團南下，不是派了精銳大軍要決戰，而是跟團旅遊來了，只是想憑藉人多勢眾，且李世民根基未穩，趁機訛詐一大筆錢。

　　確認萬無一失之後，李世民馬上在水畔高地上，朗聲言道：「頡利可汗！吾李世民也，汝為何負約！」話語如風，帶著帝王的威嚴，傳到了對岸。

　　正沉浸在前往大唐首都旅行的喜悅中的突厥將士們，忽然見到對岸李世民到來，橫刀馬上，凜然生威，金色的明光鎧在陽光下熠熠生輝，有如天神下凡一般。李家二郎征伐天下的傳奇故事也在突厥各部流傳著，那首秦王破陣樂也在草原間傳唱，突厥各部酋長及部下，無論是否與李世民是故交舊識，都情不自禁地紛紛下馬，向這位年輕的大唐天子參拜。

　　繼而渭水南岸煙塵滾滾，駐守長安的禁軍們聽說天子自己帶著幾個人到前線去了，連忙一起緊急點兵追了出來。一時間，戰旗和甲士們遮蔽了整片渭水畔的原野。

　　頡利可汗面對李世民這樣的陣勢，也不禁暗暗恐懼起來。而且，執失思力遲遲不歸，也讓頡利可汗有些擔心，執失部一直與唐廷關係不錯，要

第一章　雲日藏層闕，風煙起綺疏—太宗貞觀盛治

是執失部與唐廷聯手對抗他，那形勢就大大地不利了。

從長安趕來的禁軍將領漸次覲見，還有蕭瑀、封德彝等大臣們也匆匆跟了上來。侯君集、段志玄等大將爭相上奏，請求出戰，唐軍將士們見天子衝在前面，不由得生出了一股血勇，士氣大盛。這時李世民搖搖頭，下令各軍退後列陣。

天子之命無人敢不從，禁軍諸將於是下令後隊改為前隊，退後里許，列起軍陣。

但李世民卻沒有後退，留在渭水橋邊，在羅蓋下安然休憩，等待著頡利可汗的到來。蕭瑀反覆勸說李世民不要輕敵，但李世民不為所動，「我等已經籌劃詳盡了，蕭卿也許還不知道。暫且在陣後等我們，制服突厥，在此一舉，卿等好好瞧著吧！」

李世民就等在橋邊，沒有大軍，只有少數親兵護衛。突厥人見唐軍主力退卻，看上去沒有敵意，於是有的部落首領便自己過了橋，前來拜謁大唐皇帝。李世民坦然接受了突厥達官們的朝拜，回應很簡單：既然來了，那就是大唐的客人，大唐乃天朝上國，自有待客之道，且在一邊稍坐，主人有酒肉款待，吃好喝好之後，不與大唐為敵，便另有禮物相送。

橋這邊的突厥達官們越聚越多，開始吃吃喝喝起來，氣氛歡快，有如過節一般。橋那邊的頡利可汗終於坐不住了。原本劍拔弩張的兩軍對峙變成了大型歡慶盛宴，這仗還怎麼打？突厥原本就是各部落組成的聯合體，各部酋長獨立性很強，既然各部酋長們都在李世民這邊喝酒了，那看來這仗是真的打不了了。

過了不多久，可汗牙帳走出的使者來到了李世民面前，將頡利可汗請和的意願帶了過來。真是神奇的一幕，突厥各部組成的聯軍一路南下，還沒有正式交手，突厥可汗便主動請和，這大概是古往今來頭一遭。

李世民嘴角微微上揚，大手一揮，下詔允許頡利可汗的請和。當然，

為了表現誠意，唐廷還是付出了大量金銀財帛賜給頡利可汗與突厥各部。但由於和議的主動權在唐廷，突厥也沒有太多獅子大開口的餘地。雙方談定了一個數字之後，握手言和，一切妥當，李世民留下突厥達官們繼續暢飲，自己天還沒黑就回到了長安城的太極宮。

用金錢換得和平終究不是李世民的本意，李世民其實也做了第二手準備。他幾天前就已經密令李靖、長孫無忌在幽州設伏。一旦和談破裂，李世民便會趁著突厥的達官貴族們酣醉之機，襲擊突厥大軍，得手之後，一路直追，正好與等在幽州的李靖、長孫無忌合兵，前後夾擊，將突厥人打得有來無回。

然而，李世民深思熟慮之下，還是選擇了講和。不是因為李世民沒有把握打贏突厥，而是因為此時的大唐百廢俱興，以現有的經濟實力，實在經不起又一場戰爭了。而且這回李藝等人的動向讓人捉摸不定，萬一生出內亂來，大唐就將再次陷於戰火。

兩天後，渭水便橋之上，李世民與頡利可汗正式會盟，殺白馬宣誓停戰。會盟之後，頡利、突利可汗便帶著唐廷贈與的金銀財寶心滿意足地回去了。

望著突厥人滿載而歸的背影，李世民心中滿是不甘與屈辱。為了天下蒼生的安寧，這次李世民暫時低下了驕傲的頭顱，但這份恥辱，他絕對不會忘記。他也對蕭瑀承諾，此時賜給他們錢財，是為了讓他們驕傲自滿，等到時機成熟，定將突厥一舉拿下！

將欲取之，必固與之，就是這個道理。

至此之後，李世民時時挑選禁軍士卒數百人，讓他們在顯德殿外的庭院廣場上操練，練習箭術。為此勸諫的朝臣多如牛毛，說按照律法，帶著兵刃到御前就是絞刑的重罪，如今這麼多人在顯德殿外練兵，要是有人圖謀不軌，突然行刺，後果不堪設想。但李世民不以為然，他說，四海之內

都是赤子，他與將士們推心置腹，難道還要對宿衛們多加猜忌？

與臣下用心相交，這就是李世民的用人之道，看著操演的將士們，李世民相信，幾年之後，他們都將成為帝國最為驕傲的精銳之師。

但為今之計，最重要的是「攘外先安內」，這是玄武門之變的代價，李世民用暴力強行奪位，導致大唐的權力未經平順更迭而倉促交接。朝廷內部的人事、職權，都要好好理順才行——這才是李世民的當務之急。

02 玄武門的餘音

常言道，成王敗寇。這個道理如果放在權力場上的話，對，但也不全對。

玄武門之變的幾個核心人物的結局，確實算得上是成王敗寇。得勝的李世民如願以償地成為皇太子，並控制宮廷，總攬大權；失敗的建成、元吉被誅殺，家族男丁被誅殺殆盡，全部在皇室宗譜上除名，不被留下任何反攻倒算的機會；李淵也被李世民派人牢牢地保護起來，名為護衛，實為軟禁——他也是這次政變中的失敗者，雖然保留了一個帝王的體面，但是失去了帝王的權力和自由。

但是，勝利者應該如何對待那些失敗者的黨羽呢？

如果照舊把這些黨羽們當作敗寇，將他們一網打盡，並且肉體消滅，無疑是最愚蠢的一個辦法，它不僅不能增強勝利者的實力，還把那些可以收為己用的力量全數推向了自己的敵對陣營。更何況李世民的勢力與太子黨、齊王黨之間盤根錯節，相互之間交集很多，不是簡單畫一道線就能分出哪些是建成、元吉黨羽的。比如玄武門前發動猛攻，還差點掉頭攻破秦王府的東宮右護軍薛萬徹，他的哥哥薛萬均卻是秦王府右二護軍，是李世

民心腹。若是太子黨薛萬徹被肉體消滅了，那把功臣薛萬均置於何地？難道還要株連過去，讓秦王府舊將們心寒？

但是，將這些人都放了的話，一樣很危險。誰能保證這些黨羽中不存在建成、元吉的親信，要誓死為主報仇，或者在暗地裡興風作浪，顛覆李世民的政權？史書上，游俠義士們為死去的舊主復仇的故事還血淋淋地躍然紙上，都是心慈手軟者的前車之鑑。

進入了這個權力遊戲之局，就容不得半點溫情。

所以如何處置建成、元吉的舊部，是一個大問題，考驗著李世民的政治智慧，既要讓朋友多多的，敵人少少的，又要避免在將來的安全留下隱患。當時有人建議，其他黨羽就不要牽連了，只把範圍限制在原來東宮、齊王府的左右近臣，大約一百多人。這個方案是李世民手下諸將都能接受的，畢竟當初他們決意跟著李世民發起政變的時候，原本就已經想到，萬一這件事情失敗了，他們都沒有活下來的可能。

但是尉遲敬德反對：「有罪的是建成和元吉，要是株連到支黨，朝局就沒法安穩了！」

這樣的話，也就只有尉遲敬德有資格說。要是別人這麼說的話，難免要擔心李世民會懷疑他是否有什麼私心，要包庇建成、元吉的黨羽。但尉遲敬德不會，他是在玄武門裡救了李世民性命的人，還親手射殺了李元吉，納了投名狀，對李世民的忠心沒有任何死角。李世民對尉遲敬德也是毫無保留地賞賜，把整個齊王府內庫中的金銀財寶全都賞賜給了尉遲敬德。

不過，即使是尉遲敬德，說這句話的時候仍然留了餘地，他說的是不能株連到「支黨」，而不是「餘黨」，殺一百多個太多了，把建成、元吉的那七八個心腹給殺了，也就足夠了吧！

畢竟李唐開國的戰爭中，李淵對叛亂者的懲罰非常嚴厲，王世充手下十幾個主要大臣，都是被直接拖到洛陽城外砍了的。爹都是這麼做的，李

第一章　雲日藏層闕，風煙起綺疏—太宗貞觀盛治

世民這當兒子的應該也差不離。

但李世民的想法，似乎有些不一樣。

當初在玄武門外發起強攻的馮立、薛萬徹、謝叔方，差點把人手空虛的秦王府捅了個透心涼，罪責不可謂不大。就連薛萬徹的哥哥薛萬均都未必敢把他保下來。而李世民只是把手一揮，說道：「他們都是在做自己的分內事而已，是義士，沒什麼可怪罪的。」親手赦免並釋放了他們。

而原太子洗馬魏徵，應該是建成當之無愧的心腹、頭號智囊了，當初設下步步為營的妙計，一點點把李世民困在秦王府中，要不是李世民當機立斷掀了桌，可能太子建成真的可以按部就班地繼任。魏徵還嫌正常操作不能保險，預料到李世民掀桌的可能，所以一直勸說建成直接對李世民採取肉體消滅，只是建成一直沒真的狠下心，等到狠下心的時候，李世民已經得到消息先行一步了。

李世民讓左右將魏徵扭送到自己面前，對著他厲聲喝問：「都是汝這廝搗的鬼，之前為何離間我們兄弟？」

都說天子一怒，伏屍百萬。李世民雷霆盛怒之下，在場之人皆暗自替魏徵捏了一把冷汗，心想其性命恐難保全。但是魏徵卻神色自若，毫不畏懼，淡然說道：「先太子如果聽從在下的建議，一定不會有今日之禍。」

如果魏徵碰上的是別的君王，那這句話將成為魏徵的遺言寫在史書上，然後跟著寫一句，「遂就死，年四十六」，完畢。但魏徵碰上的偏是李世民，這個天選之子歷來不走尋常路，他從魏徵的話裡聽出了不卑不亢的求生欲。魏徵終究是在做著忠於本職的分內之事，而且還差點置李世民於死地。建成以國士待之，魏徵也以國士報之，成了秦王府可怕但值得尊敬的對手。如今天下方定，是用人之際，魏徵既然真的有國士之才，那就不能白白浪費在權力鬥爭的消耗中，李世民可以拋棄前嫌，照樣以國士的規格禮遇他，來換取魏徵對大唐的忠心報效。

02 玄武門的餘音

當即，李世民一改怒容，謙虛地禮遇於他，任命魏徵為太子詹事主簿。

詹事主簿雖然是從七品上的官職，和魏徵原來從五品下的太子洗馬差了不少級，但位卑而權重，掌握著東宮三寺、十率府的政令機要，在皇帝李淵垂拱養老、皇太子李世民主掌軍國大事的武德九年（西元626年），詹事主簿實掌權力中樞的政務分派。李世民就是有這樣的魄力，前幾天還和魏徵鬥得你死我活，如今就要把如此重要的職位交給他。

李世民用人的膽略原本便是如此，他也不是第一次這麼做了，當初對待屈突通、尉遲敬德，全都是先前殺得你死我活，收服之後便委以重任，李世民也靠著這樣用人不疑、疑人不用的風格，收穫了屈突通這個戰場後盾，還有屢屢成為戰場上關鍵先生的尉遲敬德。

而之前因為楊文幹案件而流放邊疆的原建成心腹王珪、韋挺，也被李世民召回長安，擔任諫議大夫。連魏徵、王珪這樣過去擔任建成左右手的心腹都被委以重任，那基本就將建成、元吉黨羽的處置定下了調子，那就是能用之人，全都盡數收為己用，不再另行株連。

對建成、元吉黨羽的重用，真不是看上去這樣容易的。李世民要解決更棘手的問題——魏徵、王珪這些人獲得了緊要職位，那讓秦王府的舊人怎麼想？早革命的不如晚革命的，晚革命的不如反革命的，那些秦王府將領們在玄武門出生入死，終於變革了天命，將李世民捧上太子之位，得勝之後忽然發現，他們得到的官位賞賜反而不如那些革命之路上的敵人。

然而，在李世民的駕馭之下，新人、舊人各盡其用，沒有虧待誰，也沒有埋沒了誰。追隨李世民激戰玄武門的舊臣們得到了豐厚的優待，就算是能力並不強的，也有相應的勳官與散官階。而那些重要的差遣職位，則留給那些真正有能力的人，這一點李世民一視同仁，不管新人還是舊人。也正是因為李世民毫不偏私，處事公允，清簡正直的風氣漸漸形成，從太子僚屬到朝廷百官，大家都真心地想要一起把這個國家治理好。

第一章　雲日藏層闕，風煙起綺疏—太宗貞觀盛治

　　李世民成為皇太子之後，專心休養生息，恢復國力，修補隋末唐初全國戰爭的創傷。他下令放走長安城北禁苑中的飛鷹走狗，不舉辦大型宮廷娛樂，不接受全國各地上貢的物品，請百官對如何治理國家提交意見。東宮的政令簡潔而嚴謹，朝廷內外都感到一個新的時代到來了。

　　不過，大唐的疆域太大，東北的幽燕、東南的江南、西南的巴蜀，都還沒有感受到新時代的到來。甚至連李世民的嫡系親信也沒有完全體會到這位新晉皇太子的意思。各個地方都在按部就班地遵守固有的權力鬥爭邏輯，對建成、元吉黨羽進行秋後算帳。

　　李世民在益州行台的代理人，益州行台僕射竇軌，就藉著這個機會，把一直以來關係不良的行台尚書韋雲起，以協同建成謀反的罪名收押後斬殺。對於竇軌名為平叛，實為誅殺異己的行為，李世民也不能明著處罰，只是調竇軌回京做了右衛大將軍，然後廢除了益州大行台的設立。

　　而幽州大都督、廬江王李瑗因為也是建成、元吉在幽州的外援，受到李世民的徵召之後，在副將王君廓的攛掇下當即就真的造反了。王君廓是跟隨李世民一路討伐王世充、竇建德、劉黑闥的悍將，當年在洺水城帶著本部人馬抵禦住了劉黑闥大軍幾天的進攻，擔任李瑗的副手，其實就是因為李瑗自己能力有限，需要像王君廓這樣的猛人鎮場子。但王君廓是李世民的人，攛掇李瑗造反，其實只是為了把這個掛名的上司清除掉，為李世民幹掉一個潛在敵人，同時也讓自己順勢做上一把手。他的算盤打得很成功，李瑗前腳剛造反，王君廓後腳便帶人平定了李瑗的叛亂。李瑗臨死前大罵王君廓道：「你這小人出賣了我，一定會遭報應的！」

　　沒想到李瑗真的一語成讖，王君廓殺了李瑗之後，雖然如願以償成了幽州都督、左領軍大將軍，但卻因為後知後覺地沒發現朝廷風氣的變化，而疑懼不安起來。他奉詔入朝時，秦王府十八學士出身的幽州長史李玄道託他帶信給親戚房玄齡。王君廓路上拆了信，卻發現信中內容全是草書的

暗語，王君廓不解昔日秦王府的密語體系，還以為是李玄道在檢舉他，於是立刻落荒而逃，投奔突厥。

最終，在前往突厥的路上，王君廓被途中的村民給殺了。

玄武門之變後的幾個月裡，天下各州縣就處在這樣游移不定的徘徊當中，建成、元吉餘黨逃亡在各地，雖然李世民已經明令赦免了這些餘黨的罪，但經歷過隋代的虛偽矯飾風氣的各地官員們，大多都是久經仕途之人，朝廷雖然明面上說赦免，但誰能保證這道赦免下來，是真心還是假意？畢竟從前周、前隋到武德年間，這種引蛇出洞、政令與實作不一致的情況比比皆是。但凡有經驗的地方官，都會覺得太子李世民不是真心想赦免這些黨羽們的。

所以，到處都是州縣官員捉拿住建成、元吉餘黨，要扭送中央討賞的情況。

諫議大夫王珪也不避嫌，直接就把這個情況彙報給了李世民，請他拿個主意。李世民也意識到了問題，於是下了嚴令，禁止繼續檢舉，如果有人拿勾結建成、元吉、李瑗的事情來向官府告發的，必須予以嚴懲。李世民還派出了魏徵，到關東各地巡視，宣傳朝廷對待這些餘黨們的人才政策。

以魏徵這樣的建成前任心腹來帶領宣政使團，沒有秦府舊將監督，一切全憑魏徵這個宣慰使全權裁斷，足以看出李世民對魏徵的信任。魏徵之名已足為號召，到關東去現身說法，讓州縣官員們還有那些原本有疑慮的餘黨們親眼看看，連魏徵都被重新重用了，李世民的赦免政策還需要再懷疑嗎？

魏徵出巡到關東，在磁州便遇到了帶著枷鎖被準備送往東京的前太子千牛李志安、齊王護軍李師行，魏徵見狀，立刻為他們解開了綁縛，自作主張赦免了他們。

第一章 雲日藏層闕，風煙起綺疏—太宗貞觀盛治

這件事情，遠在長安的李世民早就透過眼線得知了，開心得像是個孩子——國士以待，國士以報，他真的獲得了魏徵的忠心，而建成、元吉留下的其他各路人才，就更勢在必得了。

兩個月的時間，皇太子李世民的新政快速地展開，朝廷內外氣象一新。各個州縣也基本毫不猶豫地接受了李世民的政令，除了幽州都督李瑗的叛亂很快被平定之外，天下一片穩定，百姓繼續休養生息。

被架空了的李淵，也許是感覺到了自己的政治生命已經無可挽回地結束，索性連皇帝這個尊位也不再戀棧了，下詔傳位給太子李世民，自己做了太上皇，安心在宮裡養老。八月初九的甲子日，李世民在東宮顯德殿登基，大赦天下，成了大唐帝國的第二位皇帝。

然而，李世民雖然當上了皇帝，但還是住在太子的東宮。本該由皇帝入主的太極宮裡住著的也依然是退休後的李淵。李世民已經有了殺兄弒弟，囚禁父皇的前科，實在不想再刺激他的父親，亦不欲背負逼父遷宮之譏名了。

更何況此時他剛剛繼位，天下雖已平定，但仍然殘破不堪，全國只剩下兩百多萬戶，蒼茫千里，人煙斷絕，雞犬不聞，道路蕭條。局勢還並不明朗，朝廷內外的實權將領裡可能還有人野心勃勃，李世民需要把父皇留在他視線可及的地方，以防萬一的事變。

事變終於來了，但這次不是來自境內的州縣軍衛，而是來自北方的突厥。

03 走進新時代

變故迭出的武德九年（西元626年）終於過去了，新年的鐘聲敲響，李世民正式下令改元貞觀，這一年，便是貞觀元年（西元627年）。正月

初三，唐廷大宴群臣，在這場宴會上，一齣盛大的節目精心展現在赴宴群臣的眼前。那是經由宮廷樂府改編唐軍戰歌、排演出的樂舞〈秦王破陣樂〉。大鼓震天敲響，有如決戰前的狂歡，氣勢雄渾，感天動地。

受律辭元首，相將討叛臣。

咸歌破陣樂，共賞太平人。

群臣之中，無論是否跟隨李世民親臨過戰場，都不由被這首樂舞所打動。歌舞方罷，李世民道：「這首曲子是民間自創，雖然是戰歌，沒有文德頌歌那樣雍容，但功業是由此成就的，不能忘本。」右僕射封德彝當即奏道：「陛下以神武平海內，文德頌歌豈能比得上這樣的氣勢！」

這個馬屁拍得恰到好處，李世民很受用，但謙虛還是有必要的，李世民笑了笑說道：「文德和武功，各隨其時，封卿說文不及武，這話還是有點過了。」封德彝聽了，也立刻點頭稱是，拜謝李世民。

此時的封德彝，還沒有被抖出玄武門之變前在東宮與秦府間首鼠兩端、兩頭下注的那些事情，依然是人見人愛的道德楷模。甚至因為封德彝在武德年間向來親近秦王府這一派系，更受剛成為宰執的房玄齡、杜如晦的親愛。而知道封德彝與隱太子（李建成後來被追諡為「隱」）關係的魏徵、王珪，也識趣地選擇了沉默，不來抖破這件事情。

作為隋相楊素一手培養出來的人，封德彝在官場中已圓熟老練、難以制衡。他的成名之作就是當年為隋文帝楊堅修造仁壽宮，極盡奢侈之能事。隋文帝聽說了之後，斥責封德彝勞民傷財，但事後卻重賞了他。因為封德彝把隋文帝和獨孤皇后的那點心思了然於胸，知道他們表面說要節儉，實際上就愛這些富麗堂皇的東西，因此自己攬下了勞民傷財的帽子，把享樂的好處留給了皇帝、皇后。皇帝、皇后住著大宮殿，喜形於色而不言，自然也就少不了他封德彝的好處。封德彝就是靠著洞察君心，一路平

第一章　雲日藏層闕，風煙起綺疏——太宗貞觀盛治

步青雲。甚至在江都加入宇文化及的亂黨，弒殺隋煬帝後，都能四面逢源，在宇文化及敗亡後逃亡長安，透過向李淵獻出祕策而重新被啟用，得以安身，並成為李世民的得力助手。

春江水暖鴨先知，皇帝的喜好變了，像封德彝這樣的官場跟風者自然是第一時間跟上。前隋的皇帝物欲強烈，喜好猜忌，大臣們便投著皇帝的喜好來相互攻訐，分朋結黨；而大唐的皇帝急於恢復國力，澄清吏治，於是那些前隋的舊臣也就跟著換了個角色，個個都越來越像愛民如子、敢言直諫的好官。

甚至連當初在隋煬帝面前刻意逢迎取悅的裴矩，也變成了敢說話的直臣。因為皇帝一直覺得地方官吏收受賄賂是個大問題，想要集中整治一番，於是設局試探，祕密讓屬下試著去向一些官吏行賄，有個官吏真的收了一匹絲絹的賄賂，李世民準備嚴懲。這時裴矩挺身而出，勸諫道：「陛下這樣的行為，不合聖賢精神，都說『道之以德，齊之以禮』，如果以詐術判刑，就會導致人人都免而無恥了。」李世民一聽，覺得確實有道理，非常高興，公開大肆表揚了一番，說要是人人都像裴矩這樣能夠據理力爭，那絕對不用擔心天下治理不好。

不過，不管這些官員的正直敢言、愛民如子是不是裝出來的，只要他們願意裝，對於普通百姓來說總歸是好事。

封德彝在揣摩聖意方面的造詣更是爐火純青。他與蕭瑀分別擔任左右僕射，蕭瑀還是封德彝的舉薦人。李世民繼位後，一些軍國大事，蕭瑀一般都是與他先商議妥當之後再報告給皇帝。而兩人在將奏報面呈李世民時，封德彝總是可以透過察言觀色來判斷李世民的心思，因此好幾次臨時變卦，順著李世民的意思發表觀點。這讓蕭瑀常常很尷尬——皇帝的首肯、還有意見獨到的形象，這些好處都讓封德彝一個人占了，也難怪蕭瑀會生氣。

這樣精緻的利己主義者，確實氣人，但卻對他毫無辦法。

假如有一天，皇帝不經意間若無其事地問：「朝廷封了那麼多宗室子弟為王，對天下有好處嗎？」作為大臣應該如何回答？

要知道，封宗室為王的是如今的太上皇，還好端端地在太極宮住著。分封皇室子弟為王爵，那是當年李淵定下的政策，為的是加強宗室的力量，便於控制天下，所以一口氣封了幾十個王爵。你說封這麼多王對天下沒有好處，就算太上皇已經不是皇上了，可那麼多的宗室都在京城內外，一人一口唾沫星子都可以把你淹死。

可封德彝卻說得很明確：「不好，就是不好。」當然也有一大套理由，說從兩漢以來就沒有像本朝這樣多的宗王，更關鍵的是封德彝也說到了點子上，那就是宗室爵位多了，都需要相應規格的供養，這樣對百姓不好。封德彝看得很清楚，李世民突然提起宗王多這件事情，一定是有的放矢。他雖然是在問有沒有好處，但其實早已經有了答案，那就是沒好處。宗王們的供養消耗了太多民力，李世民已經看不下去了。

果然，李世民聽了封德彝一席話，深以為然：「朕作為天子，休養百姓是朕的責任，怎麼能因為要供養自己的宗族而再過多勞動百姓呢！」不久之後，李世民把宗王中那些沒有大功的子弟都降了三級，郡王降為縣公。而封德彝在這件事裡，看似是得罪了太上皇和宗王們，但世人都看得出這是皇帝的意思，只不過封德彝第一個揣摩出聖意，然後給出滿分的回答而已。封德彝自己也因此更受看重。

封德彝直到去世，都保持著自己賢相的形象，有識人之明如李世民，也沒看出他的另一面；才智過人如房玄齡、杜如晦，也都被他展現出來的這一面所矇蔽。直到十七年後，封德彝當年勸阻李淵不要改立李世民為皇儲、結交隱太子為黨的事情才被揭發了出來。

大奸似忠，大偽似真，世上最難的事情就是看穿一個人。

第一章　雲日藏層闕，風煙起綺疏—太宗貞觀盛治

　　李世民身為皇帝，最主要的就是處理人的問題。皇帝不可能將大權獨攬，事無鉅細地裁決每一件事情，所以只能選好人，用好人，讓對的人做對的事。這個問題，其實就是君王之治道，孔夫子以來的儒家花了大量的精力來研究這個問題，其實關鍵就是一句話：「政者，正也，子率以正，孰敢不正？」

　　千年前的孔夫子眼光毒辣，透過表面的權謀計畫，一抓就抓住了主線：政治的好壞，要從根子上來掌握，而君王、皇帝就是這一切的根。萬方有罪，罪在朕躬，天下的問題追根溯源，其實都可以說是統治者自己的問題。

　　如果皇帝把政治當作一項交易，那官吏們自然也就把當官看成一項買賣；如果皇帝用猜忌、制衡的眼光來選官任事，那官吏們自然也就會跟著互相推諉、人浮於事；如果皇帝用嚴刑峻法來驅使臣民，那從官吏到百姓自然就只知逃避刑罰制裁，毫無廉恥之心。

　　習慣了權謀算計的政客，往往以為那套宮鬥技巧就是帝王所應做的，卻不知道堂堂正正的帝王之術究竟為何物。歸根到底，治理天下和治理小家、小村一樣，都靠「公正」二字。只有皇帝真正以正直的公心來對待政務，朝政才會自上而下地氣象一新，人人清正廉潔，以至於官吏們公而忘私，社會和諧發展。

　　李世民繼位後，由於天下剛剛平定，各地治安情況不佳，常常有盜匪出沒，於是李世民便與群臣商議，討論如何整頓治安問題。這時便有人建議，沿用前隋時期的方法，加重刑罰，嚴厲打擊。李世民聽了之後忍不住笑了，前隋都已經做出「偷盜一文錢以上便處斬棄市」這種事來，卻也沒見得把治安改善多少呀！他對群臣道：「百姓之所以要做盜賊，是因為繁重的賦役，貪汙的官吏，災荒的飢寒，這三座大山在頭上，所以才不得不鋌而走險。」

這番分析，說的道理都是不錯的，其實很多有識之士都這麼覺得，可道理大家都懂，做不做得好卻是另一回事。隋朝揮霍民力，勞師動眾，導致二世而亡的前車之鑑實在太深刻了，說到稅賦就立刻會想到隋煬帝。

李世民給出的回答是，一切從皇帝開始。從皇帝開始減少奢侈靡費，然後再輕徭薄賦，任用清廉的官吏，不要折騰，不要勞民傷財，讓百姓們安安穩穩地過上太平日子，好好吃上一口飯，也就不再有人要做盜匪了。

這一番上行下效，幾年時間，天下就彷彿變了一個樣。盜賊們看到國家安定了，也都各自回到他們家鄉，過上了安穩日子。戰爭過後的社會，遇上重新安定的局面，漸漸展現出它欣欣向榮、蓬勃生長的一面來。幾年時間，大唐的天下彷彿變了個樣，海內昇平，路不拾遺，居民們睡覺也不用關家外面的門，穿行在大唐帝國各地的客商們，因為不用擔心盜賊搶劫，都可以放心地露宿在野外。

所謂天下大治，說得不外乎就是這個樣子。

然而，治天下從來都不是看上去那麼容易的，要是皇帝只是按照聖人的教誨那樣，以正待人便可以家和萬事興，那也把治國想得太簡單了。堂堂正正的王道，和權謀致勝的霸道，是一隻手的兩面，缺一不可。

自李世民登位以來，雖然唐廷君臣都勵精圖治，但和平的外表之下，其實潛藏著洶湧的暗流。

04　看不見硝煙的朝堂之戰

貞觀初年的朝堂，隱隱分成三個派系。

這三個派系在天子李世民治下，確實都想要施展抱負，開創一個新的太平之世。但是，之前玄武門發生的慘劇實在太過暴烈，骨肉相殘實在太

第一章　雲日藏層闕，風煙起綺疏—太宗貞觀盛治

過震撼，使得這件事成了每個人心頭的一道傷疤，任誰都是心有餘悸。因此武德年間的政治鬥爭，一路延續下來，朝堂上看不見硝煙，但是每一個派系都繃緊了全身，防備對方的反撲。

聲勢最大的派系，自然是跟著李世民一路披荊斬棘的哥哥們了。秦府功臣是玄武門之變最大的受益者，貞觀初年，房玄齡、杜如晦成了尚書左右僕射，也就是事實上的左、右宰相，總攬尚書省六部的行政大權。尉遲敬德、秦叔寶、程知節、張公瑾、侯君集等參與玄武門之變的功臣武將，也都位列十六衛大將軍，成為一方大員。作為一起出生入死，還一起拿建成、元吉納過投名狀的兄弟，其內部認同與結合之堅固，非外人所能介入，儼然以勝利者的姿態面對朝中群臣。

地位頗為尷尬的，是原本建成、元吉的舊人。這些舊人在新朝重新得到重用，有代表性的就是魏徵和王珪二人，他們受李世民看中，分別擔任尚書右丞和諫議大夫，官位雖然不如房杜等人，但李世民登基後不久便下了命令，讓諫議大夫等諫官也一同入朝堂議事，所以王珪、魏徵等人同樣也進入了帝國的核心決策圈，地位雖不高，但職權卻十分重大。而建成、元吉手下原先的武將們，在被調往二線觀察一段時間後，也重新予以重用。比如圍攻玄武門的薛萬徹，不久之後就會重新執掌重兵，成為帝國響噹噹的名將。

李唐的興起可以分成兩個階段。秦府功臣，就像是在後期決戰中立下大功，一戰成名的將領；而元從功臣，則是在太原起兵之初，就出錢出力支持李淵的老夥伴。像武士彠這樣的人，就是當年在太原實打實拿出錢財，幫助李淵成功起兵的。這批人裡，裴寂毫無疑問是領頭的，他在大唐的地位，就像帝國的創始元老一樣。貞觀初年，他雖然辭去了尚書左僕射，只擔任象徵性的司空，但朝廷許多事情，仍要看他的態度才能定下來。

畢竟誰都知道，裴寂的背後，就是那位太上皇。

退位後的李淵，雖然是太上皇，但在朝堂上仍然保留著很大的權力。他是大唐帝國的開國皇帝，就算退了位，不參加朝會，在朝野也還是具有極強的影響力，而且透過裴寂等重臣，也對帝國權力中樞的決策在施加影響。

按照禮制，皇帝退位之後就要讓出正殿，讓新帝使用，但李淵自有他不讓出的底氣，所以到了新朝，天子李世民仍舊住在東宮，也在東宮上朝議政，皇帝居住的太極宮，始終由李淵悠閒地住著。

新年之後不久，盤踞在涇州的天節軍統帥、燕山王李藝終於不出所料地謀反了，同時還占領了天紀軍統帥張謹所轄的幽州。張謹也是李淵的老故交，大唐的元從舊臣，此時李藝順利地占領幽州，接管張謹的天紀軍，讓人不由得懷疑張謹這樣的元從舊將對新朝天子的態度。這時李世民只能派出他最為信賴的長孫無忌、尉遲敬德前去平叛。仰賴李世民在軍中的影響力，李藝還沒有與平叛的官軍交鋒，部下便譁變，拒不作戰，李藝帶著親信家人逃走後，在路上被殺。朝廷將他梟首示眾，並褫奪了賜姓，李藝從此又改回叫「羅藝」。

羅藝的反叛，也許是意料之中的，李唐平定天下，靠的是唐廷與江南的杜伏威、輔公祏勢力和幽州的羅藝勢力的三角聯盟，羅藝、杜伏威對於唐廷更多的是種策略合作關係，如今杜伏威已經在輔公祏叛亂時原因不明地暴卒了，羅藝的幽州勢力在李瑗、王君廓一案後自然會坐立不安。然而，另一場謀反案則讓李世民始料未及。

貞觀元年（西元627年）十二月，義安王李孝常與右武衛將軍劉德裕、右監門將軍長孫安業密謀帶領宮中宿衛兵造反，但李世民早年布下的情報體系發揮了作用，這件陰謀提前暴露，一場叛亂消弭於無形。

但一查下來，才讓人冷汗直冒，不寒而慄。

第一章　雲日藏層闕，風煙起綺疏─太宗貞觀盛治

　　和以前的邊軍造反不一樣，這一次謀反的，居然是宮中的宿衛兵。要知道，李世民自己就是靠著策反宿衛兵之後成功控制宮城，囚禁李淵，殺死兄弟的。要是這件事情真的發動成功，那李世民就真的被「以彼之道，還施彼身」了。而更可怕的是，審訊所列參與謀反之名單，不僅有建成、元吉的舊交，亦有元從功臣、秦府功臣諸派成員，及大批關隴門閥的宗親故舊。甚至劉弘基、長孫順德這等長年隨李世民征戰、其間長孫順德更曾於玄武門前衝鋒陷陣的心腹舊將，亦在涉案之列。

　　參與謀反的還有劉德裕，他曾是秦王府舊將，但武德年間做了無間道，投靠了東宮，玄武門之後，也許是李世民認可了他的忠心，轉授他為右武衛將軍。還有長孫安業，是長孫皇后和長孫無忌的同父異母的長兄，不過當初其父長孫晟去世後做了家長，就將長孫無忌兄妹趕出了家門，好在長孫兄妹得到高士廉收養，最後藉著李世民的關係平步青雲。長孫安業武德年間在李建成的東宮做監門率，李世民繼位後，因為是長孫皇后的長兄，所以不計前嫌地任命他為右監門將軍。這些人雖然是建成元吉舊部，但是因為同李世民的關係，因此沒有成為政治鬥爭的犧牲品。

　　主謀李孝常，是當初李淵進軍長安時主動獻出大業倉的功臣，武德年間受到皇帝的榮寵，封為義安王、利州都督，封邑三千戶，位極人臣。此次據說他聽信了一句「天道自常」的讖緯，以為「李氏將有天下」的預言其實是應在自己身上才謀反，但如果真是因為迷信讖謠，就不會有這麼多人參與進來了。李孝常一直與太上皇比較親近，他的兒子們平時也與建成、元吉交好。

　　李孝常父子，連同其他參與此次陰謀的劉德裕、長孫安業等人，不管他們在武德年間站隊如何，此時都是對玄武門之變後這一系列變故的同情者。他們同情建成、元吉一家男丁族滅、家眷打入掖庭宮的悲慘遭遇，同情受牽連的同僚們，還同情那個失去子孫、失去權力乃至失去自由的大唐

開國皇帝——李淵。如今建成、元吉已死，如果李孝常等人謀反不是為了自己做皇帝，那究竟是為了誰而造反？

那位安居在太極宮的太上皇，若隱若現地出現在了這場陰謀的背後。

李世民果斷地結束了對這次謀反的追查，只是處死了案件的幾位主謀。連主謀長孫安業，也因為長孫皇后的求情而改為流放。長孫順德、劉弘基等人，僅僅予以免除官職，幾年之後重新敘用。畢竟如果像尋常造反案件那樣刨根究底、株連三族的話，就要把很多關隴門閥一網打盡了，要是再查到太上皇那裡，就更加會使李世民的帝位正當性陷入前所未有的危機，後果不堪設想。

李世民也意識到，不能再偏愛於秦府出身的舊親信了，過去他是天策上將、秦王，對於朝臣自然可以分出一個親疏遠近；但此時他是大唐的天子，是所有朝臣和百姓的君王，如果再要論親疏、論跟隨自己的資歷，那不但會寒了百官的心，萌生不穩定因素，而且還會助長秦府功臣們的跋扈心理，反倒讓他們變成了權重難控的朝廷隱患。

舉個例子就能知道了，玄武門之變過去幾年以後，當時擔任同州刺史的尉遲敬德參加了一個宴會，宴席上有勳官、職事官等更高的人坐在尉遲敬德上首的位置，尉遲敬德登時便怒了，質問道：「汝有什麼功勞，敢坐我之上？」在尉遲敬德等秦府功臣看來，在新朝地位的高下，取決於功勞，而不是什麼官職。

由此，秦府功臣反倒給了成為天子不久的李世民一股不安全感，不僅是因為他們平時對同僚的跋扈——跋扈沒什麼大不了的，特別是尉遲敬德這樣為李世民出生入死的功臣，自然有跋扈的底氣，李世民也需要尉遲這樣的一塊行走的功勳章來鼓勵其他將士們建功立業；讓他感到不安全的，是功臣們的權力日益強大，比如房玄齡、杜如晦擔任左、右僕射，總領吏戶禮兵刑工六部，掌握的權柄又多，能力又強，這就為他們的權力帶

來了無限的可能。就算李世民再怎麼信任房杜二人，他作為天子，也不可能坐視朝中有誰的權力大到影響朝中局勢的平衡。

王珪、魏徵就是在這個背景下崛起的，他們這個小團體經過了幾次事件，基本已經在解散的隊伍上徘徊，而李世民看中的就是這一點，所以在關鍵時刻大力提拔他們，成了王珪、魏徵等人的後臺。而李世民為他們設計的角色就是——諫諍。

對李世民來說，諫諍不僅僅是有則改之、無則加勉的諫言，更是他為帝國權力中樞設計的一項制度安排。中央朝廷的三省六部制，雖然尚書、中書、門下三省相互分工，地位相當，但實際上各項權力都在實際掌管六部的尚書省這裡，尚書省的長官尚書令才因此權力滔天，以至於朝廷不敢將其作為實權職位，而把權力放在曾經的尚書省副職，也就是尚書左、右僕射這裡，但即便這樣，左、右僕射的權力依然很大。李世民就是要發揮中書省、門下省的作用，透過諫諍，來監督尚書省從上到下的具體施政。王珪在貞觀元年擔任黃門侍郎，也就是門下省的副長官，第二年轉任侍中，全面掌管門下省，李世民反覆叮嚀，要求門下省發揮監督職權，對每個政令都要拿出來討論，甚至將討論大政方針的政事堂就設在門下省，並且參加政事堂議事的成員都相當於宰相，這一切都是為了制約尚書省的權力。

而魏徵，則更是以諫諍出名。他擔任諫議大夫兼尚書左丞，專門有風聞言事的職權。李世民經常把魏徵請進自己的臥室，讓他知無不言地提意見，魏徵一五一十地提，李世民便有多少是多少地接受。而且他們還經常上演一些驚心動魄的勸諫大戲，這樣既表現出了李世民從諫如流的風度，又無形之中抬高了魏徵的朝廷地位。

同時，李世民還語重心長地對房玄齡、杜如晦說：「兩位相公擔任僕射，要廣求賢人，做好宰相的職分。那些日常瑣碎的政務，太消耗精力，

做多了就沒法幫助朕求賢了。」所以下詔，尚書省的日常政務交給尚書左右丞打理，只有那些大事情，才需要僕射來處理。於是兩位尚書僕射的日常職權就進一步下放給了尚書左丞魏徵。

沒了日常處理政務的工作，那房玄齡、杜如晦這兩位左右宰相平時做什麼呢？其實，天子早就安排得明明白白了，修國史的任務，已經交給了房玄齡。

杜如晦不久後便去世了，右僕射的官職一直空置。房玄齡又是很通透練達之人，於是房杜「讓賢」於王魏的美名便就此傳揚開來。

幾年後的「創業守業大討論」也象徵著李世民苦心營造的朝廷權力格局的成熟。此時的魏徵已經繼任王珪成為侍中，主掌門下省。李世民問群臣：「帝王之業，草創與守成哪個更難？」

房玄齡當然回答說，創業更難；而魏徵有不同意見，認為守業更難。他們各有各的理由，但歸根結柢都是屁股決定腦袋，每個人自然會認為自己更重要。李世民最後對這次大討論總結道：「當年玄齡隨我定天下，備嘗艱辛，自然認為創業更難；魏徵與我安天下，自然認為守業更難。如今創業已經完成，如何守業則是我與公等要一起謹慎小心的事情！」

兩邊都肯定，但是隱隱之中，李世民和朝臣潛意識裡已經把房玄齡視為創業階段的功臣，而把這幾年治理天下的功績歸功到了魏徵這裡。房玄齡、長孫無忌最終成了貞觀初年的吉祥物，受到群臣尊敬的同時，已經將實權拱手讓給了魏徵等人這邊。

但這何嘗不是一種對秦府功臣們的保護？畢竟終李世民一生，都沒有做過其他朝代開國時那樣的屠戮功臣之舉。在太平年間漸次淡出舞臺，安享人生中剩餘的旅程，這樣的結果，既是秦府功臣們的可惜之處，也是他們的幸運之處。

05　妖言的代價

　　裴寂年輕時，也是有著神奇故事的人。他出身於高貴的河東裴氏，但所在的這一支早已經家道中落。據說，少年的裴寂曾在華山上的華岳廟中祈禱，祈求道：「我窮困至此，求神明為我指點命運。要是我的未來真有富貴在等著我，就請在夢中給我一點徵兆！」當天晚上，裴寂便夢見了一個白頭翁，對他說，「你到了四十歲之後才會得志，最終可以位極人臣。」說罷便消失了。

　　這其實是一個誰都無法證實，也無法證偽的故事，夢中發生了什麼，全取決於裴寂怎麼對別人說。關鍵是說出來之後，別人是否會相信。這個世上本無那些神神怪怪的事情，信的人多了，也就有了這些故事。不管裴寂是靠著他河東裴氏的人脈，還是自己的個人魅力，總之大家都信了，而這個故事也更加助長了裴寂的人望，成了日後李淵看重他的原因之一。

　　這是一個最講究門第、關係的時代，裴寂雖然父親早死，窮得叮噹響，但既然是河東裴氏之後，自然不愁仕途沒個出路。他十四歲時，就補上了州主簿的蔭官，大略相當於現在州政府辦主任的職位（正處級）。後來，他靠著自己出眾的外貌條件，被選為左親衛，也就是皇帝親軍的武官。大概就是這些時候，他結識了同在皇宮、正擔任千牛備身的唐國公李淵，二人成了好友。

　　裴寂的能力是很強，但說實話，還沒有強到可以從大隋帝國的貴族菁英中出類拔萃的那種程度。如果隋煬帝不作死，搞得天下大亂，他大抵會在中央和地方任上熬一些沒有突出政績的資歷，運氣好，到六七十歲的時候可以進入權力中樞，勉強對得起自己當初編造的那個白頭翁的預言。但世事就是這麼不按常理出牌，裴寂四十六歲那年，天下真的大亂了。而亂世的舞臺總是留給有野心的人，裴寂就有足夠多的野心。

作為元從功臣，裴寂等於是李淵父子之外整個起義隊伍中最重要的策劃者之一（與劉文靜並列），並且他看管的晉陽宮，為這次起兵提供了海量的糧草、財帛和甲冑軍器。靠著這些貢獻，裴寂完全可以高枕無憂地安心做他的第二大創始股東。所以，即便後來裴寂與劉武周在河東打仗，連連丟兵失地，但李唐建國以後的每次論功行賞，裴寂都像是釘在功勞簿上一般，每次都能得到最高級別的封賞。

李淵常和裴寂一起喝酒吹牛，將他二人自比於漢高祖劉邦和丞相蕭何。同樣是王朝的兩個主要締造者，劉邦、蕭何起於寒微，在陣前苦戰才取得成功，哪裡比得上他老李和老裴，世家出身，輕輕鬆鬆便能占有天下。但是平心而論，裴寂的才能其實並不能和蕭何相比。當初劉邦進咸陽，蕭何第一時間保護文書，但李淵進長安之後，雖然政權平穩過渡了，卻還是有大量戶籍田冊遺失在戰亂中。

不過，無論如何大唐的基業本身就有裴寂這一份，李淵也對裴寂極為優待，雖然裴寂說了不止一次，請求退休之後回歸鄉里，李淵不但送了裴寂鑄造銅錢的機器，還與裴寂結成兒女親家，說要和他一起相與偕老，逍遙一代。

玄武門的金戈鐵馬雖然打碎了李淵和裴寂把持權位的夢想，但李淵遜位為太上皇后權力依舊保留了不少，裴寂也仍然十分得寵，還與長孫無忌一起獲得了與新皇李世民同乘一車的榮寵。作為元從功臣團體的領袖，裴寂就是太上皇在朝中的代言人，不管李世民心裡情不情願，但面子上依然要尊重裴寂這位朝中元老。

從武德九年到貞觀三年，李世民透過整合秦府功臣和建成元吉舊部，終於形成了以房玄齡、杜如晦掌管尚書行政之權，王珪、魏徵等人負責諫議之權的貞觀朝新政局。裴寂一不留神，睜開眼睛後才發現，唐皇李世民已經將朝中派系調教得如臂使指，完全控制住了朝局。

第一章　雲日藏層闕，風煙起綺疏—太宗貞觀盛治

不經意間，朝中兩大派系已經被天子擰成了一團，悄然將元從功臣一派擠到了一邊——更確切地應該說，是將裴寂一派排擠到一邊，因為蕭瑀等舊臣，同樣站在李世民這一頭。

當今天子想要在朝中消除太上皇的影響力，這一點已經是昭然若揭的事了。

於是，貞觀三年（西元629年）的「法雅事件」就順理成章地發生了。

法雅是誰？他是一個沙門僧人，廣受達官貴人歡迎，出入於高門之間。歷朝歷代都有這樣的人，打著佛道、術法的幌子，其實做的是政治掮客的事情。說白了，就是一個中間人。

太上皇退位後，明言不參與政事，所以也不便會見裴寂等朝臣。太上皇如果要獲得朝局的資訊，或者要給誰傳話，就需要一個對外的窗口。而法雅作為知名僧人，出入宮廷與各個官員府邸再正常不過，所以便很自然地充當起了傳信人的角色，無數密室裡謀劃出的決策，就透過法雅出入各個府邸，相互傳遞。

這一切，唐皇李世民是看在眼裡的，但是一直沒有採取什麼措施。一來是因為涉及太上皇，面子上不好看；二來是因為，如果太上皇李淵的影響力在朝中足夠強，那麼就算掐掉了法雅這條線，也會有其他途徑來傳遞這些消息。直到貞觀三年，李世民的羽翼已經豐滿，才最終下令，禁止法雅出入太極宮。隨後，以法雅妖言惑眾為罪名，將其逮捕。

所謂妖言，其實是一個統稱，那些不方便公開說的大實話，還有太上皇等人對於現狀的抱怨和謀劃，都可以歸入妖言這一範疇。畢竟當今天子與太上皇父慈子孝，怎麼可能說出那些怨望之辭？顯然是亂講的妖言！

法雅的肚子裡藏著太多的祕密，從他被逮捕之日起，就注定了死路一條。李世民將審問法雅的任務交給了他一直信任的杜如晦，杜如晦不負眾望，掌握住了審訊的方向，供出了這樣一件事：司空裴寂聽過法雅所說的

這些「妖言」。

當裴寂聽說法雅的供詞時，心裡已經明白了一切。坦白交代是不可能的，要是他說，「但是太上皇確實說過這些啊！」那事情就嚴重了。這樣的大實話，可真的不能閉著眼睛亂說，他只能無力地辯駁道：「法雅當時只說了當前流行的疫情問題，一開始沒說過什麼妖言。」但是法雅已經豁出去了，將某年某月某日在某地密室裡他們說了什麼，全都一五一十地在公堂上說得清清楚楚。

都到這個分上了，裴寂還能說什麼？還是認栽吧。

於是，法雅妖言惑眾，被按律誅殺。裴寂因參與妖言，免除官職，封邑減半，遣回河東老家。

裴寂曾經常常想像自己衣錦還鄉的樣子，但唯獨不是這樣倉皇地被強行遣返。他還想保留一點開國元勳的尊嚴，請求唐皇李世民讓他留在長安城。

李世民不是無情之人，他可以讓裴寂留在這裡，但唯獨不是此刻，此時已經對太上皇出手，就要不留後患地將他在朝中的勢力連根拔起，因此斷不能留裴寂這樣的人物在長安。於是當面數落起裴寂來：「裴公徒以自己的恩澤資歷，才忝居於朝臣第一位，然而裴公在武德年間執政時，政令刑罰處處荒謬，行政管理鬆弛紊亂，這全是裴公的責任！只是念在裴公一起參與太原起兵的舊情，所以不能嚴懲，現在特賜公回鄉掃墓，怎麼還要過來求情？」

這番言辭極為尖銳，而且李世民說武德年間政治的惡習，可不是簡單地在打裴寂的屁股，而是太上皇李淵的臉啊。

裴寂無話可說，灰頭土臉地回到了蒲州老家。他的封邑雖然減半，但仍然有七百五十戶的實封，而且印鈔機還在，做個富家翁歸隱山林絕無問題。但不久之後，又爆出另一起妖言案——另外一個和尚對裴寂的家童說，裴寂有「上天之分」，裴寂嚇得不得了，只想把這件事情祕密壓下

去，於是密令親信將聽了這話的家童殺了。親信也怕自己被滅口，於是私自放了這個家童，後來因為別的事情，要被裴寂處罰，索性到長安城告了御狀。就因為這件事情，裴寂被判流放嶺南。

命運真是對他開了一個玩笑，當初裴寂因為一個神祕的預言而成名，結果又因為一個神祕的預言而淪落。

裴寂出事之後不久，在太極宮有口不能言的太上皇李淵終於決定，從太極宮搬出來，移居到以前天策府所在的弘義宮，更名大安宮。自法雅、裴寂這一系列事件之後，李淵在朝中的影響力終於被清除，當他真正失去了權力之後，就自然沒有理由再留在這個應當屬於帝國最高統治者的宮殿裡了。

登上太極殿的李世民志得意滿，向群臣重申了三省六部相互制衡，各有分工的道理，貞觀朝的政治終於艱難結束了過渡期，開始真正步入正軌。

三年後，唐皇李世民想到裴寂佐命開唐的功勳，將他召還歸朝，但裴寂沒能等到回長安的這一日，便已經在嶺南流放之地病逝。

這已是貞觀六年（西元632年）了，裴寂錯過的這三年，還有一段更為宏大壯闊的故事，發生在大唐帝國的北疆。

第二章

蕭關逢候騎,都護至燕然
——天可汗遠征

第二章　蕭關逢候騎，都護至燕然—天可汗遠征

01　五年磨劍，枕戈待旦

還是在武德七年（西元624年），當突厥大軍南侵，唐廷惶恐，商議遷都襄陽的時候，秦王李世民堅決反對，曾立下話來，給他十年時間，他定能平定漠北，說到做到。最後靠著李世民的五隴坂之戰擊退突厥。

這幾年來，從秦王到太子，從太子到天子，李世民始終不敢忘記。武德九年（西元626年）的渭水之盟，也是李世民無法忘卻的恥辱，他已經下定決心，等待時機成熟，天下百姓元氣恢復，定要揮兵北上，一雪前恥。

貞觀三年（西元629年），距離當初誇下海口的時候，已經過去五年了，時機不待人，李世民還有五年時間，這五年時間，足夠他平定漠北，掃除東突厥之患嗎？

太難了。

此時的東突厥是整個亞洲大陸上的主宰者，從西域諸國到東北亞的高句麗，無不向突厥稱臣，東突厥此時的實力已達到鼎盛。面對類似規模的匈奴，當初漢武帝雄才大略，衛青、霍去病等千古名將，也還是花了上百年時間才徹底平定匈奴。五年時間平定漠北，談何容易？

但是，李世民繼位以來的這三年，大唐已經做了充分的準備。

頭一件事，就是軍制改革。唐廷任命軍事家李靖為兵部尚書，開始大刀闊斧地整頓軍備。唐朝繼承了武川勢力兵農合一的傳統，恢復了在隋朝一度接近廢弛的府兵制，設置了各個軍府，下轄若干府兵，府兵們戰時出征，平時種田，府兵將士自備軍資，要是征戰立功，就能得到封賞。而經過兵部的改革，府兵制從關中擴展到全國，全國置折衝府六百多個，軍府大小不等，所有府兵總量達到六七十萬人。府兵之上，則由朝廷十二衛和

東宮六率來管理。李唐朝廷設了左、右衛，左、右驍衛，左、右武衛，左、右威衛，左、右領軍衛，左、右金吾衛，左、右千牛衛，左、右監保全一共十六衛，其中，前十二衛各自統領京師以外的五十個折衝府，以及駐紮在京師的直屬內府。東宮六率也分別管轄一些折衝府。但朝廷十二衛和東宮六率都只是行使日常管理權，真正到了戰時，朝廷還是要另設行軍總管來進行指揮。這就做到了軍權統一於中央。

左右十六衛概覽

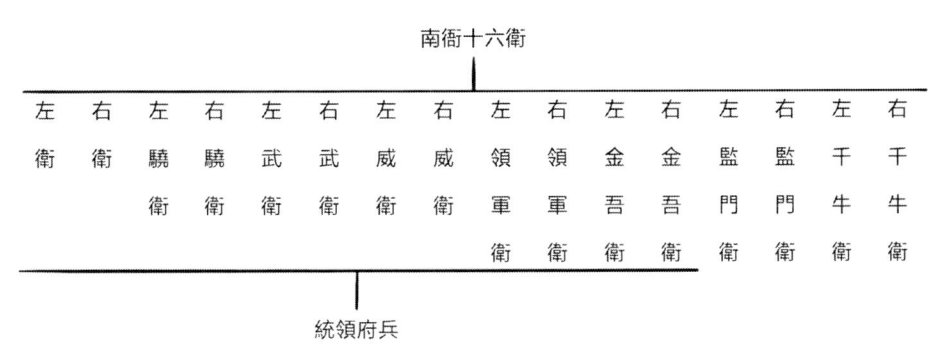

```
                        南衛十六衛
    ┌───┬───┬───┬───┬───┬───┬───┬───┐
    左  右  左  右  左  右  左  右  左  右  左  右  左  右  左  右
    衛  衛  驍  驍  武  武  威  威  領  領  金  金  監  監  千  千
            衛  衛  衛  衛  衛  衛  軍  軍  吾  吾  門  門  牛  牛
                                    衛  衛  衛  衛  衛  衛  衛  衛
                        統領府兵
```

左右十六衛概覽

府兵制的好處就是不打仗的時候府兵們可以自行回家種地，這為中央帝國以較少的養兵成本，維持了數十萬半常備軍性質的軍事力量。這些府兵們平時都由折衝府訓練，這就讓府兵們的兵員品質比那些臨時抓出來的壯丁們要好上不少。而且，府兵們都有順暢的靠軍功獲取功名的管道，因此他們尚武而又好戰，渴望獲取功名。「寧為百夫長，不為一書生」，就是那時社會的精神風貌。

但如果只是這樣簡單地改一改府兵制度，那就不需要李靖出馬了。李靖為大唐軍事體制帶來的，是一次徹底性的革命。

第二章　蕭關逢候騎，都護至燕然—天可汗遠征

在唐初的統一戰爭中，唐軍步兵的戰鬥力其實並不強，遇上薛舉、劉武周、劉黑闥這樣的硬骨頭，總是吃虧，最後是靠統帥的指揮，以及唐廷和秦王府強大的後勤能力和動員能力才取得了最終的勝利。

而李靖，則革新了整個軍事體制。

軍隊的核心，是編制的嚴整程度。一盤散沙的一百人和組織精良的一百人，完全是不同的面貌。唐朝以前的軍隊，從商周到南北朝，編制方式都是實行什伍制，五人為伍，二伍為什，進而疊加到百人隊、千人隊，這其實是最基本的軍隊管理方式。隨著戰爭藝術的升級，騎射兵、重騎兵乃至甲騎具裝都在戰場上輪番出現，到了隋唐這個年代，簡單的騎兵戰術、步兵戰術都已經被淘汰，步騎共同作戰成了最具戰鬥力的軍事編排方式。如果按照原來的什伍制來組織，那就是若干個步兵千人隊、若干個騎兵千人隊之間的配合，這已經是這個時代最好的配合方式了，隋朝就是將四個騎兵團、四個步兵團以及一個弩砲團、若干個後勤團組成軍團，號稱驍果軍，靠著這樣的軍團橫掃天下。

但是李靖要的不止是這些，他追求的是將軍隊的靈活度、配合度達到極致。用現代軍事術語來說，李靖要打造高水準的聯軍！

最基層的是三人組成的小隊，其上是三個小隊組成的中隊。五個中隊，加上一名隊長、一名隊副、一名軍法官和兩名旗手，組成一個五十人的大隊。大隊是基本作戰單位，內部兵種相同，以三人為單位實行具體戰術。五十人基本上就是人與人能相互熟悉、並且自我管理、有序配合的人數極限，再往上的話，隊伍就亂了。

大隊之上，直接就是軍。在李靖的規劃下，一個軍團包括了中軍，左、右虞侯軍，左、右前後廂軍共七個軍，每個軍之內都設有數量不等的長槍兵隊、陌刀隊、長弓隊、具裝甲騎隊、重騎兵隊、輕騎兵隊和後勤隊。整個軍團共計兩萬人，大將要發號施令，只需要經過兩道手就能將命

令下達給大隊長，達到了扁平化管理。而軍團裡的每個軍，都可以靠著本軍的兩三千人來進行多兵種混合作戰。

這種作戰方式，已經有點類似現代戰爭中的聯兵了，在唐初的亞歐大陸，足以憑藉編制層級的優勢，對周邊國家形成壓倒性打擊。

軍制之後，是財政。

李靖改制後的軍團結構

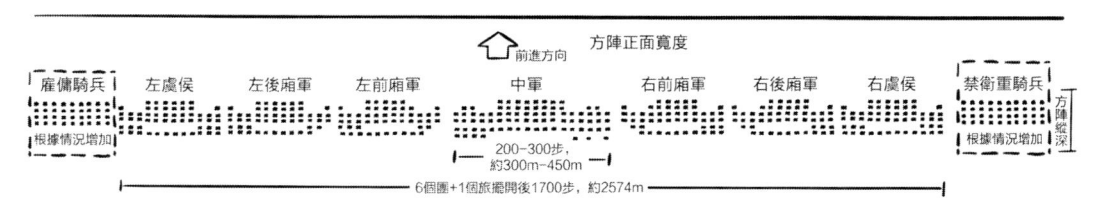

李靖改制後的軍團結構

打仗靠的是什麼？是錢糧，是後勤，將士在外征戰，後方就要源源不斷地補充糧草物資，後勤要是一斷，前方的軍隊就會立刻崩潰。大唐開國不久，好在承襲了周隋以來的財政制度，對農田徵收「租」（租稅），對家庭徵收「調」（布帛），對壯丁徵「庸」（勞役），這就是「租庸調制度」，隋朝靠著這個財政制度而強盛一時。不過，隋朝兩世而亡的教訓擺在眼前，唐廷君臣們因此在徭役和租稅方面十分謹慎和克制，不敢興造那些勞民傷財的大工程。但憑藉著初生政權的蓬勃朝氣和制度紅利，國庫很快便從隋末滿地瘡痍的廢墟上重振生機。

有了財政力量的支撐，唐廷便可以大大方方地積極擴充軍備。配合著軍制改革，府兵們雖不到全副武裝的程度，也算是全副武裝了。一個府兵除了要自己準備「隨身七事」，也就是被服、氈帽、鞍轡等七樣出門遠行的隨身物件，其餘行軍時所需要的鐵錐、筐子、斧子等工具，由各地折衝府提供。其餘的裝備，包括戰鼓、軍旗、弩砲、弓箭、刀槍、鎧甲等一應

軍械物資，則全部由兵部統一調配提供。唐軍士兵，從上到下鎧甲兵器一應俱全。比如，一個戰鬥力較強的長槍兵，兵部會配發一領鎧甲、一根長槍、角弓一把、弓弦三根、羽箭三十枚、佩刀一口、匕首一把、鶴嘴鎬、斧頭還有絆馬索等雜項用具無數。要是騎兵，單兵的裝備就更為複雜、更為昂貴了。而這種種複雜的裝備，只是一個普普通通的唐軍野戰士兵日常配備的基本標準。

為了對付強悍的突厥騎兵，唐廷也立志打造世界一流的騎兵。訓練騎兵，馬匹是關鍵，騎兵一人配兩匹馬是常規狀態，到了遠距離作戰，每個騎兵往往要帶一匹戰馬和三匹備用馬。李世民破格重用精通養馬的劉武周降將張萬歲，擔任太僕少卿，主管馬政，在隴右、關內設立大量馬場，飼養軍馬。幾年時間，唐廷直屬的馬坊、牧監飼養出了數十萬匹良種馬，以供作戰使用。

同樣準備妥當的還有糧草。從武德六年（西元623年）開始，當時駐守在太原（并州）的李世民便開始在突厥邊境大量組織屯田，設立軍倉，以備不時之需。此時邊境的軍倉體系已經成熟，再加上各州縣官倉排程，足以支持北伐東突厥所需要的軍餉。

短暫的和平時期，唐廷與東突厥王庭日常遣使通好，但在這和平外交的畫皮之下，唐廷的外交和間諜攻勢也在無聲地展開。每個出使突厥的唐朝使者，都是諜報的關鍵一員，他們在出使的過程中仔細打探東突厥各部的情報，刺探虛實，漠北草原的雪災、牧民們的饑荒，全都被一一報告給大唐天子。在長安，朝廷的鴻臚寺既是外交機構，在表面上持續與各國使節迎來送往，同時也是情報機構，自鴻臚寺卿鄭元璹以下出使突厥的使節們不僅收集情報，還結好突厥上層貴族，透過裙帶關係和金錢利祿，讓他們為大唐所用。秦府舊將張公謹被任命為代州都督，主管邊鎮前線對東突厥的情報，監視著北方草原的一舉一動，還對突厥各部實施離間。

01 五年磨劍，枕戈待旦

不久之後，東突厥的政局不出所料地亂了起來，這當然也是由於頡利可汗貪婪無度，導致東突厥內部人心渙散，但來自大唐的神祕力量自然也功不可沒。貞觀二年（西元628年）四月，唐廷趁著突厥內亂，無暇他顧之機，趁機派遣右衛大將軍柴紹、殿中少監薛萬均帶兵消滅了殘存在陝北朔方的最後割據軍閥梁師都，拔除了北境的心腹之患，同時也掃清了討伐突厥之路。在將來，朔方也將成為征伐突厥的一個重要前線陣地。

在間諜的策應之下，大唐的外交使臣也走向了草原各地，建構起了環突厥包圍圈。帝國東北向突厥臣服的契丹、奚族各部，還有西北的回紇、党項各部，都紛紛投向唐廷。連當初與中央王朝打得你死我活的高句麗，都因為不願臣服於突厥，而向唐廷頻頻示好。為了打敗共同的敵人，唐廷將他們一一結納為盟友，悄然將突厥孤立起來。

此時，漠北之地的一個叫做薛延陀的部落進入了唐廷君臣的視線。薛延陀是鐵勒人的部族，與北遷的一支薛姓漢人通婚融合，便有了「薛延陀」這個名號。這幾年來，薛延陀在東突厥的北方崛起，成了一支強大的游牧部族，與回紇、拔野古等部聯合對抗突厥，氣勢洶洶。薛延陀部首領乙失夷男野心勃勃，將東突厥北方的一些小部落悉數吞併，實力大增。

貞觀二年（西元628年）末的冬天，唐游擊將軍喬師望悄悄潛入草原，躲過突厥人的盤查，將大唐皇帝的冊封文書交到了薛延陀首領夷男的手中，是日，唐廷正式封乙失夷男為真珠毗伽可汗。乙失夷男大喜，投向唐朝，並在郁督軍山（也就是當年霍去病燕然勒功的燕然山）下建立了可汗牙帳。至此，大唐終於從東南西北四個方向，完成了對突厥的策略合圍。

頡利可汗為了鎮壓這些叛亂，導致兵源不足，於是向姪兒突利小可汗調兵。突利可汗不出所料地拒絕，而頡利可汗又不出所料地要發兵攻打突利可汗──一切都按部就班地掌握在頡利可汗和突利可汗身邊潛伏的唐軍間諜手上。突利可汗驚懼，連忙向唐朝投降，並且請求搬到長安來住。

頡利可汗至此，終於成了孤家寡人。

貞觀三年（西元629年）八月，代州都督張公瑾傳來了消息，他們已經偵查到，薛延陀等各部皆叛，東突厥內部權力內鬥洶湧，塞北發生饑荒……諸多跡象表明，如今討伐突厥的時機已經成熟，建議朝廷批准用兵！

而此時，在長安的李世民也已經處理好了朝局，裴寂流放，太上皇搬離太極宮，一切步入正軌，萬事俱備，只欠東風了。李世民於是大筆一揮，下達最終命令，任命兵部尚書李靖擔任行軍總管，張公瑾為副總管，啟動北伐計畫。

五年生聚，五年教訓，蟄伏著的大唐，終於要開始絕地反擊了。

02 來自大唐天子的邀請函

征討東突厥，是大事情，但唐廷君臣們不想把它打成漢武帝討匈奴那樣的傾國之戰，導致國力虛耗。按照唐廷的計算，打一場十萬人規模的戰爭，應該在百姓能承受的範圍之內。

為了這場戰爭，朝廷從貞觀三年（西元629年）八月開始準備，調運內地的錢糧物資，同時發動關內關外的府兵，一起送往邊鎮，到了十一月末才大體完成。唐廷以并州都督李世勣為通漠道行軍總管，平定梁師都後駐守在朔方一帶的柴紹為金河道行軍總管，靈州大都督薛萬徹為暢武道行軍總管，檢校幽州都督衛孝傑為恆安道行軍總管，江夏王李道宗為大同道行軍總管，加上李靖、張公瑾的定襄道，一共六個行軍道。十餘萬兵眾，都受李靖統一調遣節度。

這是李世民對李靖的絕對信任，李靖再也不用作為一個掛名親王的副手，而是作為真正的大軍統帥，名正言順地指揮戰爭了。接下來，就是李

靖展現指揮藝術的表演時刻。

　　大多數的策略規劃都在出兵前完成，交給相隔千里的六路大軍分別執行。布置好一切之後，李靖自己親率三千驍騎作為前鋒，從馬邑出發，直取東突厥頡利可汗牙帳所在的定襄城。

　　定襄曾是隋朝故土，到這時候，隋煬帝的蕭皇后和孫子楊政道仍在突厥人的護佑下，以這裡為小朝廷，延續著隋朝的國祚。

　　貞觀四年（西元630年）的新年正月，李靖帶兵乘著凜冽的寒風抵達定襄城外的惡陽嶺。突厥人見李靖率軍而來，而且軍容軍貌竟好像脫胎換骨般地變了，全都出乎意料。這幾年草原上災害連連，牛馬都餓死很多，如今冬天，定襄城中的馬匹只能吃一些秋天存下的乾草，越吃越瘦。而唐軍的戰馬吃的是大豆、麥子，越吃越壯。所以惡陽嶺下的唐軍雖然只有三千人，但裝備精良、鬥志昂揚，戰馬膘肥體壯，足可以一擋十。

　　定襄城內，一日數驚，早已經矛盾重重的可汗王庭變得更加風聲鶴唳。

　　頡利可汗也敏銳地意識到情況的不妙，和屬下們商議，認為唐軍這次定然是傾國而來，若非這樣，李靖怎麼敢孤軍殺到這裡？但頡利可汗不知道的是，他的可汗王庭此時對於李靖已經是一面到處漏風的布幕，頡利可汗剛這麼說，就有間諜轉頭把這話帶給了惡陽嶺下的李靖。李靖聽了這話，也只是笑笑，頡利可汗倒也不笨，但就算他知道，也已經遲了。此時六路大軍已經出發，頡利可汗的命運，在一個月前就已經定下了。

　　這就是李靖的底氣，突厥可汗儘管來，他只出三千人正面硬拚，隨敵人怎麼變換。

　　因為整個戰局對於李靖是單向透明的，頡利可汗直到李靖打到門前才知道唐軍大舉北伐了，而李靖卻連頡利可汗說了什麼話、拉了幾次屎都一

第二章　蕭關逢候騎，都護至燕然—天可汗遠征

清二楚。唐廷的情報網已經滲透到了突厥王庭的核心部位。連頡利可汗的親信康蘇密，早在幾年前就已經被出使突厥的莒國公唐儉所策反，此時見到李靖軍至，立刻直接向唐軍投誠，打開城門，放李靖大軍進了城。

頡利可汗知道時已經晚了，連康蘇密這樣他平時信賴的嫡系親信都勾結李靖，頡利可汗再也無法確知自己在定襄城還能相信誰了，只好自己隻身往北逃去。

唐軍入城之後，清剿城中突厥殘餘勢力，並俘虜了蕭後和「隋王」楊政道，那寫著「隋」字的王旗，時至今日才終於消失在歷史的塵埃中。

李靖派人押送蕭後和楊政道前往長安，隨後便氣定神閒、不慌不忙地準備再次動身。

頡利可汗一路北上，一邊逃，一邊收攏前來救援的部下和逃散的士卒，卻絲毫不知道自己已經被唐軍安排得明明白白。他們撤退到了白道，也就是當年的武川鎮附近，派使者往長安向唐廷投誠，同時抓緊時間休整。

就在頡利可汗立足未穩的時候，李世勣率領的大軍已經殺到了這裡。

李靖平時一貫以正兵取勝，不是因為他不會用奇兵，而是正兵明明可以輕鬆解決的問題，不用再出一趟奇兵。如果真要他用奇兵的話，那奇兵的用處就是為那些被正兵打垮敗退的敵軍收屍。

李世勣就是唐軍的奇兵，他與李靖幾乎同時出發，李靖正面向定襄突進的同時，李世勣則向西北的雲中進軍，當頡利可汗從定襄敗退到白道的時候，李世勣的大軍就已經按部就班地等在了附近。

一番大戰，突厥人再次大敗，頡利可汗再次往北逃竄。

長安城裡，突厥使者執失思力再次請求觀見唐皇李世民。

02 來自大唐天子的邀請函

時過境遷，時移世易，四年前他來到長安的時候，突厥大軍正在城外的渭水便橋邊飲馬，整個長安城都盼著可汗能握手言和，收兵北歸，那時的執失思力，何其志得意滿。而此時他受頡利可汗之命而來，則滿是失敗的酸楚和屈辱。

入宮之後，執失思力在殿前下跪，代表頡利可汗向唐廷謝罪，請求舉國依附於唐朝，並且承諾，頡利可汗自己也將親自入朝，接受大唐天子的處置。

和上次執失思力所受的雷霆盛怒，乃至差點要被李世民斬首的驚險情節不同，唐廷君臣對執失思力十分客氣，皇帝十分仁慈地接受了他代表突厥所提出的請求，還以莒國公唐儉為鴻臚卿，與執失思力一同返回突厥王庭安撫突厥所部。唐儉是突厥百姓的老朋友了，多次出使過東突厥，派他再次出使，無疑是一個善意的訊號。

不過，執失思力也明白，仁慈是強者才配擁有的，唐廷的仁慈，意味著這個不可一世的突厥帝國，此時已經日薄西山了。

但執失思力不知道的是，當他獻完請罪表退下之後，唐皇李世民向在一旁看著的唐儉問道：「唐卿覺得，這次可以把頡利可汗抓來麼？」唐儉的回答是，「靠著我們大唐的力量，自然可以拿到他。」唐儉的回答意味深長，卻正中李世民下懷，因此就有了唐儉出使的故事。

有這幾年蒐集的情報打底，唐廷君臣早已經將頡利可汗的性格習慣摸得透透的。這次頡利可汗卑辭求和，絕不可能是他的本意，突厥人想的不外乎就是拖得一刻是一刻，等到來年草綠馬肥之際，撤退到大漠以北，與九姓突厥會合。要是真的讓頡利可汗的圖謀得逞，那他就真可謂是困龍游於大海了。

此時的頡利可汗正在鐵山，鐵山往北不遠就是磧口，過了磧口，也就是翻越了陰山天險，再往北就是茫茫大漠。此時阻擋頡利北上的，就只有

第二章　蕭關逢候騎，都護至燕然──天可汗遠征

漠北的嚴冬了。頡利可汗要是被逼急了，絕望北逃，大漠茫茫，唐軍就算在頡利身邊安插了間諜，他們也沒有機會把情報送出來，唐軍就再也找不到突厥人在哪裡了。李世民、唐儉要做的，就是讓頡利可汗穩住，所以他們明著下詔准許投降，其實是在為塞北的唐軍提供巨大的機會。

下一步，就看前線的李靖怎麼做了。

當李靖和李世勣兩支大軍在白道會師的時候，他們都已經得知了頡利可汗上表謝罪，天子已下詔允許投降的消息。所以，當李世勣在白道的軍營迎接李靖到來時，兩位當世名將最想要了解的都是對方的想法。李靖沒有別的話，開門見山地問：「懋功（李世勣字），你怎麼看？」

李世勣是直爽人，當即便道：「頡利雖然戰敗了，但此時仍有數萬之眾，此時他就在磧口不遠，如果他從磧口逃亡至陰山以北，道路艱險，那就沒法追上了。為今之計，只有一戰，趁他們接到詔書，以為事情已經擺平了的時候，徹底解決他們！」

這想法恰恰與李靖不謀而合，也與千里之外長安城的李世民所見略同。一戰解決突厥，是對待游牧部族的最佳做法，草原廣袤，中原王朝的軍隊大舉而來，游牧部族很可能就騎著馬不知躲哪裡去了，要是曠日持久地打下去，那就是軍隊後勤的災難。所以當初出征之際，李世民就寫了親筆信給李靖，說：「軍中的事情，一切由你決定，我就不管了！」有了李世民的首肯，李靖這個節度諸軍的主帥，就有底氣放手一搏。

從頭至尾，唐軍的策略就是打一場快、狠、準的斬首行動，將突厥可汗的部隊全殲於陰山以南，就算是擊潰了突厥軍，但如果讓頡利逃出了磧口，也不能算成功。此時此刻，頡利可汗就在磧口邊上，半隻腳都要跨出陰山了，再不出擊，難道還留著過年？

因此，李靖和李世勣乾脆地拍板決定，繼續出擊。當天夜裡，李靖便點起精騎一萬，帶足二十日的糧草，即刻出發，直取鐵山的可汗牙帳。

這件事情，唐軍將領中其實還有點不同意見，副總管張公瑾說，鴻臚卿唐儉還在可汗牙帳那裡和談，這不是把朝廷使者往火坑裡推嗎？想當年楚漢相爭的時候，漢王劉邦派酈食其說服齊國投降，齊國放鬆了戒備，而韓信趁機帶兵滅掉了整個齊國，出使齊國的酈食其被盛怒的齊王給扔進鼎鑊裡活活煮死了。要是頡利聽說唐軍反水，那唐儉豈不是也會有相似的命運？李靖當即就懟了回去，「這就是當初韓信破齊的計謀，難道真的要為了一個唐儉而犧牲整個戰局？」軍情緊迫，他不想聽部下提問題出來，有問題請自己解決，大唐在那裡不是有很多間諜嗎？是打是和，這件事沒得商量，有能耐就自己去把唐儉救回來！

李靖的大軍一路北上，終於到達了陰山山麓之下，沿著山腳再繼續前進，便是鐵山牙帳了。卻在此時，前面忽然遇上了千餘人的突厥斥候隊。為了保證這次行動的絕對保密，李靖當機立斷地把這隊斥候俘虜了下來，帶著俘虜們繼續往前。

在鐵山大營的數萬突厥軍面前，李靖的一萬人占有著明顯的劣勢，到了這時候，行動的保密性就更為重要了，不能讓突厥人提前發現唐軍的行蹤，否則有了防備，仗就會變得非常棘手。眼下這一萬人的馬隊，長途行軍，一人帶著一匹戰馬，兩三匹備用馬，目標實在太大。李靖於是決定，派出小股先鋒打頭陣，大軍隨後就到。而他選擇的前鋒指揮官，卻是一個叫蘇定方的年輕人。

蘇定方出身於河北，參加過竇建德的軍隊，被夏軍大將高雅賢收為義子。竇建德兵敗之後，蘇定方又跟隨高雅賢響應劉黑闥起兵，當初在洺水城與李世民血戰的，就有他蘇定方一個。劉黑闥兵敗被殺後，蘇定方再次歸隱田園。貞觀初年，蘇定方在大刀闊斧的府兵制改革中被重新啟用，受命擔任一個折衝府的折衝都尉，這次他隨大軍出征，一路也立下了不少戰功。

第二章　蕭關逢候騎，都護至燕然—天可汗遠征

李靖一眼就看中了這個年輕人，他沒有與劉黑闥直接交過手，但感覺到蘇定方有著和劉黑闥類似的狠勁和狡猾，是個不可多得的人才。所以，李靖將突擊的任務交給了蘇定方，令他領輕騎三百，作為前鋒。

此時的草原冬春交替，清晨時濃霧瀰漫。蘇定方帶著手下乘霧而行，奇蹟般地沒有迷失方向，終於摸到了鐵山的可汗牙帳這裡。

可汗牙帳中，唐儉打出的迷魂砲彈一炮奏響，從頡利可汗到手下的首領們，全都沉浸在天子降下的仁慈的聖恩裡，漸漸地放鬆了警惕。直到清晨的濃霧在初升的紅日下一朝散去，負責放哨的突厥兵才恐懼地叫道：「唐軍……打來了！」

而此時，蘇定方的前鋒部隊距離牙帳只有一里之遙。蘇定方當即帶頭，與身後三百唐軍高聲呼喝，馳馬望著可汗牙帳殺來。

這三百人，竟然殺出了千軍萬馬般的氣勢。

突厥人毫無防備，無組織狀態下的部隊，就好比一盤散沙，一衝就垮了。唐軍騎兵衝入營帳，到處騎射砍殺，突厥人的防禦被徹底撕開，暴露在了唐軍的鐵蹄之下，很多突厥人都放棄了抵抗，俯伏在地。被驚動的頡利可汗又是驚恐，又是憤怒，大聲怒吼著唐儉的名字，恨不得手刃了這個唐朝人，但此時的唐儉，早已經得到消息，消失得無影無蹤。頡利可汗絕望了，他帶著妻子隋朝義成公主倉皇而逃，此刻他只有一個信念：向北，向北，向北……逃出磧口，一直到漠北，只要到了漠北，那一切都還有轉圜的餘地……

在頡利的身後，李靖的大軍也已經趕到，趁勢摧枯拉朽地推平了突厥餘部的抵抗，這一戰，唐軍斬首萬餘人，可汗牙帳裡剩下的十餘萬男女全都成了俘虜，數十萬頭牛羊雜畜，也都成了唐軍的戰利品。風餐露宿多日的唐軍，終於可以放鬆一下，吃點烤全羊，開一場篝火狂歡節了。李靖放任士卒搶劫抄掠，一場殲滅戰演變成了群鴉的盛宴。

02 來自大唐天子的邀請函

那頡利可汗怎麼辦？

當頡利可汗帶著義成公主和一同逃出來的首領、部眾們，一路奔逃到磧口時，終於徹底絕望了。在這裡，另一支唐軍正吃著火鍋唱著歌等著他們來。原來，李世勣在李靖軍出發後，也立刻出兵，按照約定來到了磧口，等在了這座隘口前。他們早已經料定了頡利可汗的行蹤，就等著頡利可汗鑽入口袋。

一陣廝殺，原本就瀕臨崩潰的突厥殘部崩潰得更加徹徹底底，各部首領、酋長們沒了膽氣，全都乖乖向唐軍投降。

前隋的義成公主死在了亂軍之中，這也許是她所希望的結局——這個了不起的女人，從小就遠嫁突厥，先後嫁給了啟民、始畢、處羅、頡利，二十多年裡，她位於突厥權力角力的中心，卻從不忘效力於自己的母國，哪怕自己的母國大隋已經分崩離析，最後宣告滅亡，她也用盡全力周旋，只為了向那些大隋的敵人復仇。此刻，她的計畫徹底失敗，而她自己，卻也算徹底得到了解脫。

頡利可汗仍然在奔跑。磧口去不了，那便去其他地方避一避，他決定一直向西，先投奔駐紮在河西附近的部下蘇尼失，然後再取道河西走廊，向吐谷渾求援。蘇尼失是他一手培養出的人，突利投奔唐廷之後，頡利可汗便任命蘇尼失做小可汗，有如此恩德，蘇尼失一定不會負他。

但來到蘇尼失那裡的頡利可汗，很不幸地被蘇尼失綁了，獻給了唐廷。

053

第二章　蕭關逢候騎，都護至燕然——天可汗遠征

唐滅東突厥行軍路線圖

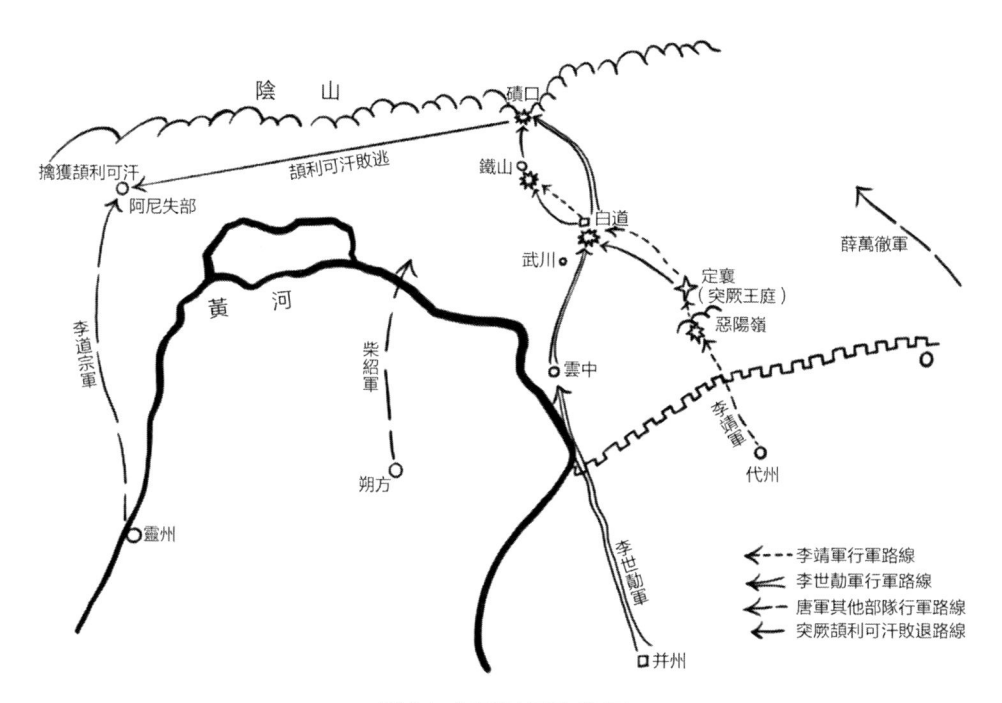

唐滅東突厥行軍路線圖

　　原來，頡利可汗會逃這件事情，也同樣算在了唐軍統帥的計畫裡，大通道行軍總管李道宗這一路，就是為了防止突厥可汗西逃而設的。在李靖、李世勣進兵的同時，李道宗也從靈州（今寧夏銀川）出發，擊敗了蘇尼失所部，迫使其投降。頡利可汗逃往蘇尼失之前，河西這邊就已經擺上好酒好肉等著他了。

　　即使頡利可汗不往西邊逃，而是往東邊逃，去投奔高句麗或者渤海國，也沒有關係，東邊的暢武道行軍總管薛萬徹在營州等著他。要是頡利逃往契丹、奚人這裡，也完全沒問題，恆安道行軍總管衛孝傑也從幽州出兵，抵達契丹人這裡靜靜地等著。

　　總之，這張來自大唐天子的邀請函怎麼說也都是要親手送到頡利可汗

這裡的。這位幾年前還不可一世的大陸霸主，此時乖乖地坐上了為他準備好的小車，一路往長安而去。

03　萬歲！天可汗

塞北大捷的消息被寫在露布之上，由快馬飛傳，一路到達長安。聽聞消息後整個長安城沸騰了，萬人空巷，慶祝這場勝利。四年前突厥人在渭水便橋前耀武揚威的樣子還歷歷在目，而此時大唐將士一戰滅國，從陰山開始往北一直到大漠，萬里疆域全都併入了大唐的版圖，實在是一個令人揚眉吐氣的大好消息。

天子李世民為此大赦天下，這個好消息配得上一次大赦。

唐軍一戰擒突厥可汗，最為震驚的不是唐朝百姓，而是那些之前向東突厥稱臣的周邊小國的主君們。他們難以想像，那個在他們眼裡猶如龐然大物一般的突厥，居然一朝被大唐完全消滅了，不可一世的突厥騎兵，也在唐軍面前土崩瓦解。突厥王庭原本聚集著各個附庸國的使者，目睹了唐軍的軍容，回國報告給各自的主君後，他們全都傻眼了──這個大唐，居然有這麼強？

所以塞北的鐵勒諸部、四方小國的使者們蜂擁著來到長安，都希望抱緊唐朝的大腿。他們一起拜謁天子，請求大唐天子上尊號為「騰格里」可汗。

騰格里，是突厥、鐵勒等草原游牧部族信奉的最高天神。騰格里可汗，也就是「天可汗」，草原諸國的萬王之王，諸國共主。

李世民撫鬚微笑：「我乃大唐的天子，也要紆尊降貴再來做你們的可汗麼？」語氣和緩，但帶著一代雄主的驕傲。聽到天子沒有說不，群臣和

第二章　蕭關逢候騎，都護至燕然—天可汗遠征

四夷長上盡皆拜倒，高呼萬歲。從此之後，李世民又多了一個「天可汗」的名號，從今以後四境諸國的主君更替，都需要天可汗的允准，如果天可汗不准，那他就是偽王。諸國之間若有矛盾抑或戰事，都由天可汗來裁斷，對那些不義的主君，天可汗可以下令征伐，各國有兵出兵，有錢出錢，都要配合天可汗的調遣。

不久之後，頡利可汗被帶到了長安，作為一國之君，雖然被俘虜，但護送的唐軍仍然給予相當的優待。李世民登上順天樓，在諸國使臣們面前訓斥頡利可汗：「汝有五罪：繼承父兄王業之後，濫施淫威導致亡國，這是其一；多次與我大唐背盟，這是其二；恃強好戰，導致生靈塗炭，這是其三；騷擾我國，擄掠大唐子民，這是其四；方才我寬赦汝的罪，卻拖延著不來親自謝罪，這是其五。不過當初在便橋你我曾有盟約，其後便不再大舉入寇，所以赦了你的死罪！」頡利可汗哭著拜謝天子的恩典，被人帶下。從此之後他的時光便在太僕寺度過，被封為左威衛大將軍、歸義郡王，享受著豐厚的優待，並憑藉著自己在游牧方面的專業素養，為大唐帝國的養馬事業獻計獻策，發揮餘熱。

住在城外大安宮頤養天年的李淵聽著身邊人繪聲繪色地講述順天樓上的情景，沉吟良久，終於長嘆一聲說道：「當年漢高祖在白登受困於匈奴，一輩子都沒看到大仇得報；如今我可以在有生之年，看到兒子滅亡突厥，也算是無憾了。託付得人，又有何憂？」

此時李淵已經離開皇帝之位四年了，這四年裡，最初他被迫傳位，心中是不甘的，李世民繼位後立刻廢止了他定下的很多政策，李淵也自然心中不快。幸好這幾年，兒媳長孫皇后一直帶著孩子們來看望他，這讓李淵心中的不快略有緩解。但李淵作為開國帝王，對權力有種本能的追逐，退位之後，依然利用自己對舊臣們的影響力，左右著貞觀政局，他甚至還放任自己的舊臣密謀奪權，雖然失敗，李淵仍然一直試圖掌控著手中還剩下

的那點權力。直到裴寂被流放，朝局重新洗牌，他這才戀戀不捨地放棄了權力鬥爭，樂享於太妃後宮之中，李世民於是就又多了一大堆的弟弟妹妹。

而直到此時，李淵心裡才算略微對這個兒子做下的事情感到釋懷。

李淵很高興，於是邀請了兒子李世民和相熟的公卿大臣十幾個人，以及諸親王、妃嬪在凌煙閣擺酒設宴，慶祝這次可以載入史冊的不世之功。酒酣胸膽尚開張，李淵玩到興處，自己彈起了琵琶，李世民隨著歌聲起舞。這個節目將夜宴推向了高潮，公卿們接連敬酒祝壽，鈿頭銀篦擊節碎，血色羅裙翻酒汙，琵琶聲中賓客群起歡飲，直到深夜方才罷休。

酒要一口一口喝，事情也要一件一件做，接下來的問題就是：如何對待俘虜和收降的突厥部眾？東突厥原本幅員遼闊，人口眾多，其實是種族、血統、文化各不相同的部落聯盟，此時王庭被一鍋端，其餘部落有的向北依附薛延陀，有的向西投奔西突厥，有的則直接投降了唐朝，粗略估計，有十萬多突厥部族投降了唐朝。對這些人，應該怎麼辦呢？

朝廷中比較多的一種說法就是，將這些突厥人遷往山東、河南內地，讓他們散居在百姓當中，學習男耕女織的技術，補充關東地區緊缺的勞動力。同時，永空塞北之地，禁止游牧民族居住，以防再有新的游牧部族南下騷擾。但這個建議很快被其他人否定了——塞北之地是不可能變成真空地帶的，野火燒不盡，春風吹又生，一批游牧民族遷走，就會有新一批的游牧部族過來，更何況，把突厥人安置在中原，要是一旦他們被策反，那反倒會生出無窮的禍端。

討論著討論著，逐漸形成了溫彥博和魏徵兩種意見。

溫彥博建議，應像漢朝那樣，保全突厥部落，把他們就近安置在長城外的邊區，讓他們成為守護內地的屏障。溫彥博很敏銳地看到了帝國即將面臨的新的威脅，北方的薛延陀吞併了部分突厥部族，正在雄心勃勃地四處擴張，所以要利用突厥人的力量，在唐朝與薛延陀之間建立一道緩衝區。

而魏徵則舉了魏晉時期少數民族南下的例子來反駁。當初漢朝將匈奴部族安置在邊境，漢末三國變亂，中原人口銳減，胡人就趁機起兵，最終導致了西晉的滅亡。有這樣的前車之鑑，魏徵主張將突厥人放歸原地，不讓他們與唐人的城池接壤。

這個爭論，其實關係到李唐下一步的外交政策。按照魏徵的主張，唐廷就只需要守好長城以南的傳統疆域，不要耗費人力物力去管草原部族的內部事務。這很容易理解，因為唐朝天下初定，國家尚未完全恢復到隋朝時那種財大氣粗的狀態，而把版圖擴張到塞北，實在是一樁不斷投入資金、卻收效甚微的事。漠北草原產出的只有牛羊，從經濟角度，實在不用耗費有限的國家開支，去做這樣沒有收益的事。

但李世民最終卻採用了折中的方案，下詔將突厥降眾安置在長城以外從幽州到靈州近萬里的廣袤邊境上，設立順州、祐州、化州、長州四個都督府，由突利等突厥酋長擔任都督；同時，在突厥的漠北故地設置定襄、雲中兩個都督府，令歸降的蘇尼失、阿史那思摩（賜姓後改名「李思摩」）分別擔任都督，駐紮在黃河以南，遙領頡利可汗的舊部。又命令突厥族出身的開國名將史大奈擔任豐州都督，率部監視和保護突厥諸部。其餘歸降的突厥大小酋長們，則遷居長安，擔任一些將軍、中郎將之類的職務。就此，唐廷建立了對突厥故土的統治，這樣的統治方式被稱為「羈縻」，朝廷不像對內地州縣那樣、對州縣百姓編戶齊民地治理，而是只管那些部族酋長，再由部族酋長來管束自己的部族。

之所以決定將突厥故土納入帝國的版圖，是因為李世民不僅要考慮治理漠北的經濟效益，還要從政治、國防上通盤考慮。自古以來，中央王朝的邊患主要來自北方，北方邊疆的穩定，關係到帝國能否安心治理百姓們。但是，只要北方游牧部族存在一日，那邊患就一日難以消除，最好的辦法，就是將這些部族也順手管起來，讓他們成為帝國的附庸。李唐皇室既

是漢人家族，同時又有著鮮卑人的血脈，這也為李世民管理草原部族帶來了血統上的優勢，讓他可以作為部族的天可汗，來號令各部。

這為大唐歷朝的對外策略定下了基調，那就是積極防禦。積極防禦，不是積極擴張，也不是消極防禦，簡單說，其實就是你要打我，那我就先打敗你；你可能威脅我的安全，那我就先把你給合併了。大唐帝國不像世界歷史上其他大帝國那樣具有侵略性，它的對外擴張，始終是立足於保障自身安全。

此時漠北薛延陀汗國的崛起也引起了唐廷君臣的注意，薛延陀可汗乙失夷男隱隱有著承繼突厥地位的野心，所以，大漠南北的突厥部族，也就成為唐廷有效抗衡薛延陀南下勢頭的籌碼。

相比於善使淫威的頡利可汗，薛延陀可汗夷男則更加虛偽、狡猾。多年事奉突厥的夷男練就了刀砍不進、水潑不入的獨有智慧，他表面上向大唐的天可汗臣服，但實際上則是利用唐朝的庇佑，擴充自己的勢力。貞觀六年（西元632年），夷男出兵擊敗了西突厥的肆葉護可汗，又征服了北邊的點戛斯部，勢力範圍擴充到了天山南北，隱隱展現出有著與唐廷爭奪霸主的欲望。

但此時，唐廷還不急於對薛延陀用兵，因為西北方向的戰事，又重新燃了起來。

04　滅國吐谷渾

隋末的中原大混戰，讓中央王朝喪失了幾乎所有地緣外交上累積的成果，之前在隋朝的強大後盾下瑟瑟發抖的吐谷渾，在伏允可汗的謀劃下重建政權，並恢復了實力，占據了青藏高原東北部的廣袤地區，還威脅著河西走廊通往西域的交通要道。吐谷渾是鮮卑慕容部的後裔，伏允可汗趁著唐廷忙

第二章　蕭關逢候騎，都護至燕然——天可汗遠征

於統一戰爭之際，與南邊的党項人部族一起，大肆騷擾唐朝的隴右邊境。

隴右一直是長安的西北屏障，一寸國土都不能丟。如今，唐朝最大的威脅東突厥已經被去除，按照唐廷的積極防禦政策，是到了該好好清理西北邊境的時候了。

貞觀八年（西元634年），吐谷渾進犯涼州，唐廷於是令左驍衛大將軍段志玄為主將，率領西北的邊兵，討伐吐谷渾。在天可汗的號令下，唐軍還徵發了西北的党項部族兵力，與邊兵一起沿著黃河西進。但是，吐谷渾憑藉著青藏高原上覆雜的地形，與唐軍交戰剛一不利，便帶上牲口跑得沒影了。唐軍行軍八百里，人困馬乏，卻找不到吐谷渾主力的蹤影，只有副將李君羨的部隊找到了一支吐谷渾偏師，斬獲五萬頭牛羊，牽著牛羊返回了隴西。

這次出征無功而返。段志玄剛剛回軍，吐谷渾便又反撲過來，騷擾唐境。李世民既然是天可汗，就不能容忍這種時候吐谷渾主動向大唐挑釁，於是下詔，大舉討伐吐谷渾。

有了段志玄的前車之鑑，朝中上下都明白，征伐吐谷渾不是一件簡單的事情，它需要持續在高寒的山地高原作戰，後勤也會很困難。最硬的仗，自然要靠最硬的將領來打，環顧大唐朝野，能稱得上本朝第一名將的（李世民本人除外），那就只有李靖了。

李靖的這幾年，說實話過得並不怎麼樣。

貞觀四年（西元630年）平定東突厥，是他與李世勣、唐儉、張公謹等人的功勞，但在這其中，李靖作為主帥，從策略規劃、軍事排程到臨場應變，全部堪稱完美，足以稱得上是「一戰封神」。

所謂「封神」，就是字面意思的「封神」。正是因為李靖滅突厥這一戰肅清了北方邊患，後世的百姓們將李靖視為北方的守護神——毗沙門天王，也就是四大天王中的北方多聞天王。後來李靖就因此以手持寶塔的北方天王形象在廟裡被供奉起來，進入了代代相傳的佛道神話故事，成了哪

吒他爹「托塔李天王」。

然而，平定突厥後，李靖卻走入了人生的一段谷底。御史大夫蕭瑀彈劾了李靖，說他在鐵山之戰時放任士卒擄掠，導致可汗牙帳中的許多珍貴戰利品遺失。在朝堂上，一干重臣對李靖大加責讓，李靖啞口無言，什麼都沒說，只是俯首謝罪。

勝利之後縱兵擄掠，其實是那個時代軍隊激勵士氣的常態，李靖平時雖然嚴格御下，但還做不到秋毫無犯。李靖心知肚明，自己一戰滅國，這樣的功勳震動朝野，對於朝中內閣的宰相們的權力有著極大的威脅，甚至對於皇權也可能是一個挑戰。自古名將最怕的就是功高震主、兔死狗烹，昔年隋朝大將史萬歲擊破突厥達頭可汗，結果因罪被誅殺，就是因為功勳與兵權過大，遭到了猜忌心極重的隋文帝的忌憚。如今群臣攻訐，至少也算是降低自己威望、明哲保身的辦法。

看著李靖深陷在負面輿論中，天子李世民最後還是發了話：「李靖有大功，不但不賞，還要降罪，這不像話！」當即赦了李靖的罪，加封勳官為左光祿大夫，拜尚書右僕射，接替因病致仕的杜如晦擔任右相，還賜了豐厚的獎金。

但李靖擔任右僕射後，也始終低調行事，在政事堂的議政會議也不發言。每日最為關心的，大概也就是教新任兵部尚書侯君集兵法。李靖的兵法上承諸葛亮的兵學，在戰陣、行軍、後勤等方面都是一個時代的集大成者，幾十年來從未有過敗績，而侯君集繼任李靖成為新的兵部尚書，是年輕一代將才中最為出類拔萃的，所以天子李世民特地下令，讓李靖將兵法所學教給侯君集。

說到兵法，外行人往往立刻就想到奇門遁甲、奇謀祕計、祕傳韜略這類。與後世的軍事學類似，真正的「兵法」，其實關鍵也只是一些軍隊編制、訓練、行軍、戰陣等理論，不是什麼神鬼莫測的神技，而是一整套軍

第二章　蕭關逢候騎，都護至燕然──天可汗遠征

事理論體系，只不過為了避免那些草民出身的亂臣賊子學會了擾亂國家秩序，才加上了一些陰陽學的神祕因素。所以，李靖能教授給侯君集的，大體也就是那些枯燥的軍事理論。至於戰場上的指揮藝術，那些軍事謀略，其實是無法直接教會的，而是在於「運用之妙，存乎一心」，要靠實戰的經驗累積而悟得。

侯君集是出色的將才，但不免也想著從李靖那裡學得一些祕計奇謀，沒料想李靖教的只是那些枯燥的理論，下意識地就覺得李靖是在藏私，不想把真才實學傳給他，所以還向天子告狀，說李靖不肯傾囊相授，肯定是心懷不軌。害得李靖還不知如何解釋──他說自己沒有什麼祕笈，大家都不一定會相信，會覺得李靖打仗這麼強，怎麼可能沒有祕笈？所以李靖只能說，「天下已經平定了，用這些軍事理論已經足夠了」。

李靖已經老了，從貞觀四年（西元630年）到貞觀八年（西元634年），他一直消磨在這一件件官場上的瑣事當中，歷次征戰落下的病痛折磨著他的身體，遠征突厥時，他在隆冬凜冽的霜雪中行軍上千里，之後便得了足疾，嚴重時幾乎無法走路。所以李靖屢次請求退休，言辭懇摯。天子李世民也體恤他的情況，替他加官為特進，官位僅次於三公，這樣他便不用一直上朝，只要隔兩三天去中書省、門下省開個會、平章政事就可以了。和其他朝代的開國君王不同，大唐天子一向優待功臣，李靖得到如此厚待，差不多也可以就此淡出政事，安享晚年了。

但是，不久之後，吐谷渾的戰事燃起，大唐將士將再次出征。天子李世民遍覽朝中諸將，竟然找不到李靖之外可堪擔任主帥之職的大將。與李靖齊名的李世勣坐鎮并州，防備薛延陀來犯，暫時還走不開。侯君集、李道宗、薛萬徹等年輕一輩還稍欠火候，而其他將領都是將才而非帥才，左不行右不行，難道還要李世民來御駕親征不成？

就在此時，李靖上表，請戰！

他是軍人，軍人的歸宿就是馬革裹屍，如今他雖然已經年老，病痛折磨得他甚至沒法正常走路，但他還是想要回到屬於他的戰場。

　　李世民大喜，命李靖為西海道行軍大統領，統領六路大軍；兵部尚書侯君集為積石道行軍總管，出兵隴西積石山；任城王李道宗為鄯善道行軍總管，出兵河西；涼州都督李大亮為且末道行軍總管，從涼州出發；岷州都督李道彥為赤水道行軍總管，從川西出發；利州刺史高甑生為鹽澤道行軍總管，出兵鹽澤（今茶卡鹽湖）。總共六個軍團十餘萬人，其中，李靖統領侯君集、李道宗、李大亮，充當主攻部隊，往青海湖方向集結。

　　這場戰爭，更像是李靖最後的舞臺。唐廷安排了侯君集、李道宗、薛萬徹等一批帝國新的將星跟著李靖，來見證李靖最後的輝煌。不是說只有在戰場上，才能將兵法的玄機教給年輕人嗎？那就讓年輕人跟著，親眼看看李大師是如何指揮的吧！

　　伏允可汗聽聞唐軍大舉討伐，定下大縱深策略，為唐軍設置重重障礙，消磨唐軍的士氣和後勤補給，企圖讓唐軍像上次的段志玄那樣無功而返。同時拉動党項羌人叛亂，遲滯唐軍的進攻。但李靖毫不戀戰，繼續前進，領兵抵達了鄯州（今西寧附近）。

　　如何進軍？李靖徵詢一同出兵的侯君集的意見。與其說是在詢問，不如說是在考一考自己這個有想法的學生。

　　侯君集給出了他的答案：挑選精銳，長驅直入。

　　他們正在進行一場前無古人的行軍，伏允可汗狡猾得像隻狐狸，一在戰場上吃虧，立刻就跑得遠遠的，因此可以預計這場戰役需要長途行軍，這時候，人數多就成了劣勢，人越多，吃得越多，後勤壓力就越大。所以必須要輕軍簡從地踏上青藏高原。

　　李靖聽從了侯君集的意見，各路大軍都挑選少量精銳繼續前進。鄯善

第二章　蕭關逢候騎，都護至燕然──天可汗遠征

道李道宗做前鋒，首先在青海湖東邊的庫山擊敗吐谷渾軍。不出所料，付允可汗剛被打敗就腳底抹油地逃了，吐谷渾人燒掉沿途野草，讓唐軍戰馬沒有草料補給，全部撤入青藏高原中部的山脈之中。那已經是在黃河的源頭巴顏喀拉山一帶了，從庫山過去，要經過重重的山巒和關隘，中央王朝從未征服過這裡，甚至幾乎沒有踏足過。

征服難度太大了，連一向果敢的前鋒李道宗都覺得這仗沒法再打，當然，這也是大多數將領們的意見。李靖的中軍抵達庫山後，眾將一商議，竟然只有侯君集主張繼續打下去。

「如今我們要是退兵，那一回到內地，吐谷渾就又打過來了，像段志玄那次一樣，畢竟這次一樣沒有把吐谷渾打痛。」侯君集道，「如今是最好的戰機，趁著他們在山裡逃散了的時候，一戰成功，否則以後會後悔的。」

雖然眾將反對，但站在侯君集這邊的，還有主帥李靖，於是這件事情就愉快地決定了。繼續深入不毛，追擊吐谷渾！和眾將想得不一樣，李靖沒有什麼花裡胡哨的奇謀妙計，他的作戰計畫裡只有樸素無華的一招，那就是正面突破。畢竟李靖說過很多次了，他打敗敵軍的方法很簡單，那就是正面突破。

李靖下令，兵分兩路，北路軍由他親率，帶領薛萬均、薛萬徹以及胡將契苾何力；南路由侯君集、李道宗率領，兩路大軍分頭出擊。

跟隨過李靖打仗的將領，都是從一頭霧水到恍然大悟的。一般人想不到，李靖的戰術如此平平無奇，卻又驚人地奏效。他的北路軍一戰於曼頭山，二戰於牛心堆，三戰於赤水原，四戰於赤海，五戰於蜀渾山，六戰於居茹川，就這樣走了一條直線，吐谷渾人設下的六道防線，就這樣被李靖一道一道地攻破了，大軍直抵吐谷渾國都伏俟城（今青海共和縣石乃亥鄉）。

李靖正面部隊正以壓倒性之勢震懾吐谷渾之際，另一支部隊又從吐谷渾的後方出現，如神兵天降。那就是侯君集的南路軍，他們繞過崇山峻

嶺，經過破邏真谷（今青海瑪多縣花石峽），忍耐著高原的寒冷與缺水，通過漢興山到達烏海（今冬給措納湖）。在這裡，侯君集正好等來了敗退的伏允可汗殘部，一陣廝殺，又一次大破吐谷渾，斬俘無數。

侯君集馬不停蹄，繼續西進，深入吐谷渾國土內部，經過星宿海，抵達了柏海（今扎陵湖）。五月的夏天，高原上依然寒冷徹骨，天空飄著飛霜，侯君集、李道宗走了一個大幅度的迂迴路線，到了柏海方才回師向東北。他們縱橫兩千里，在沒有後勤、沒有友軍的情況下，漫長地行軍，終於來到了大非川（今青海共和縣西南切吉曠原），與李靖的北路軍會合於伏俟城下。

兩路軍夾攻之下，吐谷渾國都伏俟城很快就被唐軍攻破。

伏俟城雖破，但吐谷渾的主力還是帶著牛羊牲口遠遠地遁走了。不久，唐軍在吐谷渾的間諜傳來情報，伏允可汗已經向西逃竄，抵達了且末城西邊的突淪川，藏身於塔里木盆地的茫茫荒野，似乎想要前往西域的于闐國（今新疆和田縣一帶）暫避。

原本李靖與唐軍將領們的策略意圖就是南北兩路軍合圍，最終完全殲滅伏允可汗的軍隊，就像對待頡利可汗那樣。但受限於地緣，唐軍沒法在廣袤的青藏高原上完全封鎖各條道路，所以熟悉地形的伏允可汗成功脫身。不過伏允跑得越遠越好，大唐在東邊，他只要一路向西。

兩漢魏晉一直經略西域，但那片土地已經有三百多年沒有中央帝國的軍隊踏足了。

但這難不倒大唐的王師，此次西征的唐軍中還有很多鐵勒、突厥等部族的軍隊，比如鐵勒人契苾何力，就是出身於西域，這次出征他帶領所部，立下了赫赫戰功，還在赤水原之戰中，救下了陷入苦戰的薛萬均、薛萬徹兄弟，使戰局反敗為勝。他們熟悉西域地形，可以作為前鋒。於是李靖坐鎮伏俟城，李大亮、薛萬均兄弟以及契苾何力率領兵馬繼續西進。

第二章　蕭關逢候騎，都護至燕然—天可汗遠征

李靖自己的身體已經不適合長途行軍了，就把建功的機會留給年輕將領吧。

這條行軍路線穿越了整個青藏高原的北部，薛萬均、薛萬徹這樣膽大之人都遲疑著不敢進軍，畢竟深入荒原，缺乏補給，很容易就會在長途跋涉之下全軍崩潰，有來無回。但契苾何力卻似胸有成竹。他挑選精銳騎兵千餘人，帶足乾糧和馬匹，獨自向著突淪川挺近。薛氏兄弟只得率部跟著一起進軍。

這一進，就又是數千里，唐軍一路從青海湖沿著黃河的源頭，經過柴達木盆地，翻越可可西里。這是一場死亡行軍，不過死的不是將士，而是馬匹。唐軍將士一人帶著一匹戰馬和多匹備用馬，糧草有限，只能給人和戰馬食用，而備用馬就一路消耗著死在路上。一路荒原，沒有河流水源，將士們就刺馬血飲用；乾糧用完了，就吃馬肉。就這樣一路行軍，終於順著吐谷渾軍中臥底所留下的記號，抵達了伏允可汗設在突淪川的牙帳。

伏允可汗以降的吐谷渾人完全沒料到唐軍居然一路追殺到這裡，毫無防備地驟然遭到唐軍襲擊，全軍終於徹底崩潰。伏允可汗自己帶著千餘騎兵遁入了塔里木盆地深處的茫茫沙漠，不久之後，被崩潰的隨從所殺。整個吐谷渾部再也不敢幻想著向唐軍挑戰了，伏允可汗的嫡子慕容順知道大勢已去，於是向唐軍舉國投降。

貞觀九年（西元 635 年）五月十八日，捷報傳至長安，天子李世民下詔恢復吐谷渾國號，封慕容順為西平郡王，並且由李大亮領精兵數千人，長駐於吐谷渾。

這場戰爭是一代軍神李靖的告別演出，此後李靖的身體條件再也難以支持他指揮新的作戰了。同時，征伐吐谷渾也成了大唐新一代將才們的畢業演出，跟隨李靖出征的侯君集、薛氏兄弟、李道宗、契苾何力等將領，此後都大放異彩，成了李唐新的將星。

04 滅國吐谷渾

唐平吐谷渾之戰

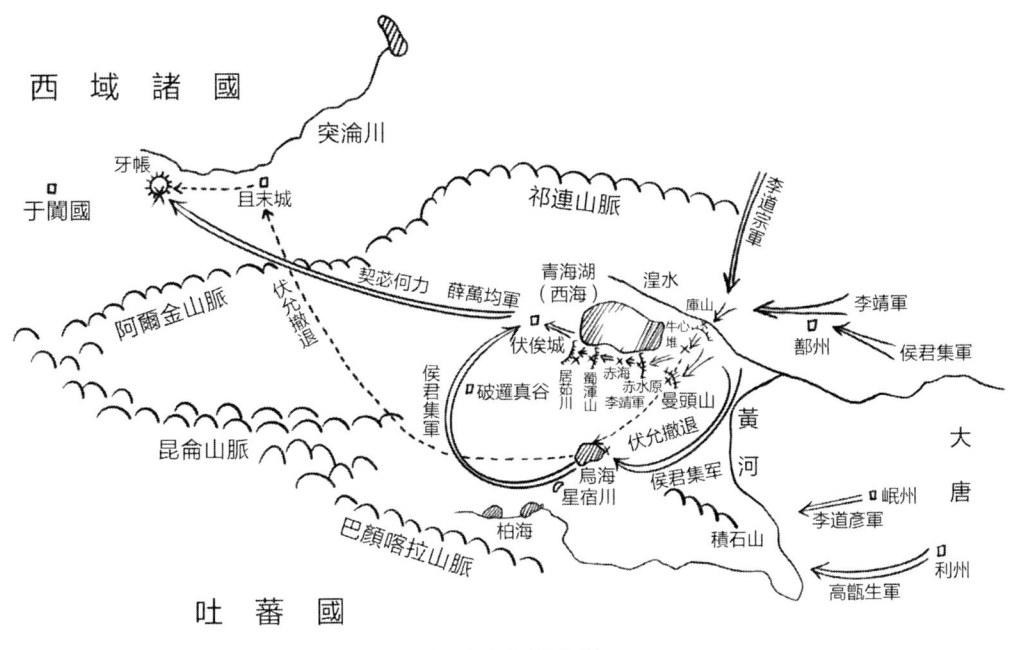

唐平吐谷渾之戰

貞觀九年（西元635年）年底，新的吐谷渾可汗慕容順被部下所殺，國內大亂，侯君集只是帶著小股部隊前往吐谷渾，吐谷渾便乖乖地聽從大唐的安排，以慕容順之子諾曷缽繼任可汗。新可汗接受李唐的教化，採用大唐的曆法，使用大唐的年號。

貞觀十三年（西元639年）四月，西域的高昌國與西突厥串通反叛，唐廷命兵部尚書侯君集帶領薛萬徹、契苾何力等將討伐高昌，高昌國王麴文泰聽說唐朝大軍逼近的消息後，居然驚恐發病而死。侯君集包圍高昌之後，圍城打援，擊破了前來救援高昌國的西突厥欲谷設的援兵，順勢占領了西突厥的可汗浮圖城。隨後，侯君集指揮唐軍最終勢如破竹地攻占高昌，高昌國遂就此滅亡。唐朝攻取二十二座城，拓地八百里，在高昌設立

第二章　蕭關逢候騎，都護至燕然—天可汗遠征

安西都護府，正式開始對西域的治理。

但是，在吐谷渾戰爭進行的同時，青藏高原南部另一個叫做吐蕃的部族出現在唐廷的視野裡，並開始相互進行了最初的接觸。吐蕃與大唐，相互之間還不夠了解，並不清楚對方的實力，雙方也就這樣拉開了兩百多年恩怨的序幕。

05 鐵勒雙雄恩仇錄

薛延陀可汗乙失夷男與契苾何力之間的故事，要從很久以前開始說起。

那時他們都還是孩子，鐵勒人世代居住於漠北，是突厥人的近親，有薛延陀、契苾、回紇、僕固、拔野古、同羅等大大小小十五個部族，到了乙失夷男與契苾何力爺爺這一輩，鐵勒人自己建立了汗國，契苾何力的祖父契苾哥楞擔任大可汗，實力居其次的乙失缽擔任小可汗。

但是，不久之後突厥人征服了鐵勒部族，鐵勒人的汗國破亡，薛延陀和回紇等部一起歸入東突厥，發配到北方作為東突厥人的屏障。而契苾何力的族人則歸入西突厥，被流往南方，成了西突厥對吐谷渾作戰的炮灰。吐谷渾衰落之後，契苾部又被西遷往西域，為西突厥人對抗那裡的異族部落。

乙失夷男與契苾何力，都成長在這樣惡劣的環境中，最終成功突破身上的枷鎖，帶領著族人重新開闢了新天地。貞觀四年（西元630年），唐滅東突厥，乙失夷男成為薛延陀的可汗，崛起於漠北；而契苾何力則趁著西突厥的內亂，帶領族人踏上漫漫長路，從中亞的熱海（今吉爾吉斯境內）一路來到了沙洲（今甘肅敦煌），投靠大唐，契苾何力也被封為左領軍將軍，與族人在河西走廊上安頓下來。

貞觀九年（西元635年），唐朝滅吐谷渾。乙失夷男的薛延陀已經成了

草原霸主,幾乎占據了整個漠北;契苾何力則隨唐軍在吐谷渾立下赫赫戰功。大唐天子對待異族將領,向來是以開放的姿態盡用其才,之前突厥的史大奈、執失思力就深受唐廷的重用。是金子總會發光,契苾何力也被天子李世民看重,讓他做了玄武門的宿衛官,拱衛宮城安全,並且還將宗室之女臨洮縣主嫁給他。

乙失夷男的夢想,是恢復祖輩的輝煌,建立一個屬於鐵勒人的汗國。這幾年來,唐廷開始旁敲側擊地針對薛延陀的崛起採取一些行動,但夷男並不想挑戰大唐的權威,也自知沒有這個能力。

對於大唐,夷男是心懷感激與嚮往的,薛延陀原本是漠北的小部族,飽受突厥欺凌,是大唐不遠千里地派來了使者,冊封夷男為可汗。夷男曾經在武德九年(西元626年)那次南下時,隨頡利可汗的大軍見過一次大唐,看著大唐天子在渭水橋頭縱聲大喝,如天神下凡,還隔著渭水眺望過長安城,這裡的雄偉與繁華讓夷男大開眼界,原來天下竟有這樣強盛的國度,這樣偉大的城池,這樣令人敬畏的君王。夷男從未想過與大唐為敵,他的野心,是在尊奉大唐為宗主國的前提下,掌控草原的霸權。

短短幾年時間,薛延陀在夷男的領導下快速地崛起,成了鐵勒部眾的領袖,稱雄漠北,統領著二十萬大軍。夷男相信,突厥既然滅亡,大唐必定需要在漠北重新樹立一個領導者,以薛延陀的實力,最適合擔任這個領導者。但夷男千算萬算,沒有算到,貞觀十三年(西元639年)在長安發生了一樁突發事件。

那是突厥突利可汗的弟弟阿史那結社陰謀作亂事件,阿史那結社被唐朝天子任命為中郎將,由於心懷不滿,便糾集宿衛中的四十幾個突厥人,密謀趁著夜晚突入九成宮行刺天子,所幸陰謀提前敗露,一場叛亂化為無形。阿史那結社雖然被殺,但天子卻擔憂起了身邊的突厥人來,不久之後,任命李思摩(阿史那思摩)為突厥可汗,將滅國後移民到黃河以南的

第二章　蕭關逢候騎，都護至燕然——天可汗遠征

突厥人全部遣返至黃河北岸的漠南地區，還下詔告知夷男，以大漠為界，薛延陀管漠北，突厥人管漠南。

這讓驕傲的夷男怒火沖天，突厥人手上有著鐵勒人無數血債，好不容易打敗了突厥人，這下居然要讓他們重新回到漠南做主人？要知道，漠南的水草遠比漠北豐美，憑什麼戰敗的突厥拿好處，讓薛延陀吃虧？更何況，被封為可汗的李思摩算什麼東西？根本沒有高貴的阿史那氏血統，有什麼資格與自己並列？夷男原本打著將突厥人俘虜獻給大唐的名號，提出要反攻李思摩率領的突厥人，但唐廷根本不予回應，還不停催促李思摩北上，派兵屯紮在邊境，為突厥人撐腰。為了不與唐軍發生衝突，夷男勉強嚥下這口氣，眼睜睜看著突厥人重獲自由，回到了漠南的故土。

夷男是善於隱忍的人，當初已經忍了突厥十幾年，終於等來了反攻的機會，此時夷男也可以再等，等到一個徹底趕走突厥人的時機。貞觀十五年（西元641年），這個時機到了，聽聞大唐天子抵達洛陽，即將前往泰山封禪，夷男認為機會來了：趁著唐廷專注於封禪大典，迅速出擊，消滅漠南的突厥人。

這年冬天，夷男調動漠北各部二十萬大軍，以突厥人盜竊羊馬為藉口，大舉南下。先鋒部隊由夷男的兒子大度設率領（乙失大度，「設」是官職名，類似於左翼統帥），三萬薛延陀主力部隊為前部，五萬其他部族聯軍在後方接應，只要大度設的三萬薛延陀軍首先擊潰思摩的突厥軍，各部聯軍就可以一擁而上，爭搶勝利果實。

大度設率軍一路南下，一直殺到長城腳下，卻發現突厥人已經燒毀了牧草，早早地撤退，這讓薛延陀人更加痛罵這些突厥人沒有膽量決戰。大度設派人登上長城，望著長城裡面大罵李思摩，然而，大度設和薛延陀將領都知道，長城那邊就是大唐的國境，不能再往南了。

就在此時，薛延陀人看見南邊煙塵漫天，大隊唐軍正在往這裡趕來，

恐懼於唐軍的聲威，大度設不想與之交鋒，連忙帶人撤走。撤退的途中，問題出現了，突厥人燒掉牧草，堅壁清野，薛延陀人的馬隊、牲畜沒有東西吃，糧草補給成了問題。向北行軍幾天，穿過白道，大度設終於抵達了諾真水，這片水源和河邊的水草，略微替薛延陀大軍補充了給養，所以大度設就決定在此休憩。但是沒休息多久，唐軍的騎兵就追了上來。

領兵的唐軍主將是李世勣，副將是薛萬徹，都是戰功赫赫的一方名將，此時他們帶著所屬唐軍騎兵，及部分突厥騎兵，共六千人，在大平原上擺開了陣勢。「諾真水之戰」就此爆發。

大度設決定迎戰，全軍列陣，擺下了長長的陣型。

薛延陀雖是草原部族，但長期的作戰經驗下，薛延陀軍也形成了步騎混合軍隊，每五人成一小隊，四人步戰，一人領著五匹馬掠陣。步兵在實戰中能完成更多戰術，以往與西突厥的作戰，就靠著步兵擊敗了西突厥的騎兵，然後騎兵將戰馬交給小隊中的其他人，乘勝追擊。面對李世勣的大唐、突厥聯軍，大度設也用了這樣的戰法，大部分兵力下馬，結陣步戰。

唐軍先派突厥騎兵衝擊薛延陀戰陣，但薛延陀的戰陣就是針對騎兵而設，輕鬆地擊敗了缺乏訓練的突厥騎兵。隨後，唐軍騎兵衝鋒而來時，薛延陀步兵照樣萬箭齊發，唐軍騎兵自己穿著鎧甲，雖然沒有怎麼傷亡，但胯下戰馬很多卻都中箭而死。

就在薛延陀人以為看到勝利的希望之時，卻只見對面唐軍騎兵全部下馬，手持長槊，徒步朝著薛延陀戰陣衝來。

之前見的都是唐軍在草原戰場上馳騁，直到此時薛延陀軍人才想起來，中原王朝，一直更擅長的是步兵。面對戰力恐怖的唐軍長槊兵，薛延陀的步兵戰陣終於在對面的衝擊下開始潰退。

而此時，薛延陀戰陣後方掠陣的騎兵，也受到了唐軍副將薛萬徹的騎兵襲擊，唐軍將薛延陀人的馬匹全部搶了過來。失去馬匹的薛延陀步兵腹

第二章　蕭關逢候騎，都護至燕然—天可汗遠征

背受敵，在唐軍前後夾攻之下，終於全線崩潰，四散而逃。大度設見情況不妙，連忙指揮大軍北撤，但隨行的大量牛、羊牲口卻被唐軍繳獲。缺少補給的薛延陀人穿越茫茫大漠，又遇到暴風雪，人畜一路凍死，大度設最後只帶著十分之一的人馬回到了漠北的大本營。

這場失敗，讓作為可汗的夷男進一步看到了大唐的恐怖實力。大唐只以三千軍馬，加上三千突厥兵，就擊敗了薛延陀的數萬主力。所以，夷男只得派遣使者與唐廷以及突厥求和。在使者面前，大唐天子嚴厲告誡，薛延陀與突厥以大漠為界，互不侵犯，否則大唐將會嚴厲討伐。天子還帶話給夷男：利害關係，可要做好選擇！

在唐廷的策略下，夷男服軟了，不再公然與突厥為敵。但夷男的雄心壯志不可能被一杯冷水就澆滅，所謂服軟，不過是他暫時的蟄伏。強行占據漠南這條路行不通，夷男可汗於是替自己定了一個新的「小目標」：求娶大唐公主。

大唐的公主，不是那麼容易娶的。此時四方諸國，求娶得一個縣主都已經是天朝莫大的恩典，公主就更加高不可攀了。只有貞觀十三年（西元639年）時，唐廷為了安定剛平定下來的吐谷渾，將弘化公主下嫁給了吐谷渾可汗慕容諾曷缽，再往前推，隋朝也只將公主嫁給東西突厥這樣的一方大國。如果沒有什麼實力和威望，是根本沒有資格迎娶大唐的公主的。夷男遣使來到唐廷請婚，並獻上駿馬三千，貂皮三萬八千張，為的就是能得到和親，以及這份和親所帶來的無上光榮。如果夷男真的求得了公主，那他就是天朝子婿，就可以憑藉這層關係來壓服草原各部。

苦等許久，夷男終於等來了唐廷的決定——可以和親，但前提是將囚禁在薛延陀的契苾何力送回來。

契苾何力被囚禁在薛延陀的緣故，還得從貞觀十六年（西元642年）發生的事情說起。

諾真水一戰後，薛延陀大度設雖敗，但並未傷及薛延陀的根本。唐廷還敏銳察覺到，薛延陀藉著這次小規模衝突，趁機整合了鐵勒各部，而原本被契苾何力帶到河西歸附大唐的契苾部，也出現了不穩的苗頭。於是，契苾何力征伐高昌國得勝歸來後，便奉詔前往涼州探親，去看望他的母親。

奉詔探親，自有一番深意，說是探親，其實也是讓契苾何力安撫居住在涼州一帶的契苾部族人，不要讓他們被薛延陀策反。

但是，當契苾何力來到涼州時才發現，局勢遠比想像當中的要糟糕。契苾何力的弟弟賀蘭州都督契苾沙門，已經帶著母親連同大部族人前往投靠薛延陀了。投靠薛延陀是契苾部大多數人的意思，畢竟契苾與薛延陀原本是一家，一個大可汗，一個小可汗，沾親帶故，比親人還親。族人們勸契苾何力一同投靠薛延陀，但契苾何力厲聲拒絕了：「大唐天子待我等如此恩重，為什麼要叛離呢！」堅決不與其他族人同去。

族人二話不說就把契苾何力綁了，帶到了乙失夷男的可汗牙帳前。

分別多年，何力與夷男終於又見面了，但此時他們已經不再是同袍，而是敵人。夷男其實也想拉何力入夥，從此薛延陀與契苾兩部再次攜手作戰，重出江湖。但是何力十年來與唐人並肩作戰，受到天子的信任和感化，思想上已經「唐化」，怎麼可能答應夷男的請求？拔出刀來，向著長安城的方向喊道：「我乃大唐忠烈之士，怎可受辱於胡虜之庭？我何力忠心昭昭，天地可鑑！」直接割下左耳，誓死不從。

夷男大怒，沒想到這些年下來，這個何力已經變成了「鐵勒奸」！恨鐵不成鋼，夷男揚言要殺掉何力，最後還是在他妻子的勸說下才罷休，從此將何力囚禁在了營裡。當然，何力既是契苾部的首領，又是當世名將，夷男也不會虧待他，平時一起吃飯喝酒，除了行動自由，別的什麼都給。而當夷男收到唐廷提出的條件，說要放了契苾何力才能和親時，夷男毫不猶豫地答應了，畢竟契苾何力沒有歸附的可能，而夷男確實真心想要娶公主。

第二章　蕭關逢候騎，都護至燕然—天可汗遠征

於是，契苾何力被遣還了長安，他回到長安後，聽到之前唐廷聽說何力被帶往薛延陀時，很多朝臣都認為何力背叛了大唐，只有天子力排眾議，堅持相信何力的清白。契苾何力的心中感動萬分，他作為胡人，與唐廷的朝臣和將領們共事，其實因為身分而受過不少的歧視，但之所以一心向著大唐，不只是他成為大唐將領時的自豪感，還因為天子推心置腹般的信任，以及他無與倫比的魅力。聽到之前發生了這樣的事情，何力更是無悔做一個唐人。

而在天子面前，何力首先提出的，就是勸阻這場和親。因為何力對夷男的心思再清楚不過了，夷男自己本身就有妻子（之前還勸他不要處死何力），再要求娶公主，不過就是為了得到唐廷賜給他的金字招牌，鞏固自己的汗位。唐廷如果將公主尚給夷男，無異於養虎為患，到時候夷男一翻臉又要興兵南下，那就是賠了夫人又折兵，得不償失！

送走了契苾何力後不久，乙失夷男接到了唐廷的知會，以新興公主尚給夷男為妻，並要求夷男備齊配得上大唐公主的豐厚聘禮，親自送到靈州，屆時大唐天子也將駕臨到此，禮會夷男可汗。夷男不禁大喜過望，苦等多年，夢想終於照進現實了，大唐天子的車駕親自駕幸靈州來與他相會，這是何等的榮幸！馬上下令加緊準備送給大唐的禮物，屆時由他親自送給天可汗。

這場籌備幾乎榨乾了薛延陀統屬的鐵勒各部，夷男派人四處徵稅，有羊出羊，有馬出馬，定要將這份禮物準備得風風光光的。有人勸諫說，薛延陀與大唐，都是一國之主，這時大唐定下日期讓夷男過去，這在外交上顯然不對等啊！但是夷男當場駁斥了這種幼稚的想法——大唐天子，是大唐的天可汗，和一般的國主能比嗎？這次不只是一場代表薛延陀榮耀的外交盛事，更可以讓薛延陀趁勢得到唐廷的官方承認，確認薛延陀為漠北的主人，這樣的回報，難道不值得現在的付出？

於是，籌備多日之後，夷男按計畫帶著羊、馬、禮物動身出發了。然而，這場路途行程萬里，還要經過騰格里沙漠，沒有水草，一路上不僅羊、馬大量死亡，迎親隊還受制於地理阻礙，最終沒能按時抵達靈州。

唐朝天子因為這個理由，拒絕了和親。

夷男也許至死也不敢相信，這場和親居然是大唐天子與契苾何力設計好的。大唐天子壓根就沒有打算將公主嫁給他，只不過是對夷男出了道難題，讓夷男徒耗國力罷了。對於大唐，夷男向來不憚以最好的善意來揣度天子的心思，也許自己真的錯了，沒能完成天子交辦的任務，以至於和公主失之交臂。

後來的日子裡，夷男只是進攻了李思摩的突厥人，將他們趕到了黃河南邊，但也僅此而已了，後來唐軍大舉進攻高句麗的時候，夷男也不為所動，自始至終保持著中立，這幾年裡，大唐的北境維持著難得的和平。

但契苾何力早已經把夷男算得死死的。他熟悉夷男的身體情況，估計他再過一兩年便會病死，到時候夷男的兩個兒子必然會爭權奪利，那時將是分化瓦解薛延陀的最好時機。

貞觀十九年（西元645年），夷男去世，而夷男的嫡子乙失拔灼馬上殺掉了庶長兄曳莽，自稱多彌可汗。此時的薛延陀，經歷了和親事件時的大肆搜刮，以及契苾何力等人對鐵勒諸部的分化瓦解，已然是內外交困，眾叛親離。為了轉移矛盾，拔灼發兵進攻黃河以南的突厥人，結果被突厥統領執失思力擊敗。次年，天子李世民親自來到靈州，指揮江夏王李道宗、右衛大將軍薛萬徹、左驍衛大將軍阿史那社爾等五路大軍發起進攻。而漠北的鐵勒諸部也紛紛起兵反抗薛延陀的統治，並投靠唐廷。這年九月，李世民在靈州與回紇、拔野古、同羅、僕固、契苾等十一姓鐵勒諸部會盟，各部再次擁戴大唐天子為「天可汗」，共同發誓，從此誠心歸附大唐，死無所恨。

會盟的同時，各路唐軍已經在回紇等部的配合下，將薛延陀軍摧枯拉朽般地擊垮了，拔灼也在亂軍之中被擊殺，唐軍一直殺到了郁督軍山（杭愛山中的一處）。薛延陀餘部七萬人一路潰逃，李世勣指揮唐軍一路追擊，最終徹底滅亡了薛延陀。

在占領的漠北土地上，唐廷設立燕然都護府，成為經略漠北的大本營。在燕然都護府的經略之下，諸如回紇等較強的漠北部落，稍有一點獨立的苗頭，就被死死地按下，再也難以成為下一個薛延陀了。幾年來的數場戰役，已經將大唐的策略威懾化成了草原部族們內心最深處的記憶，終唐之世，漠北的鐵勒各族始終與唐廷保持著友好的關係，幾百年來很少再有戰爭發生。

第三章

何意蕭牆內，陰謀中傾覆 ——
宮闈爭衡

第三章　何意蕭牆內，陰謀中傾覆—宮闈爭衡

01　李家的好兒郎們

　　晚年的李淵，過著清閒安逸、養尊處優的日子。歷朝歷代開國君主，都要為自己打下的江山嘔心瀝血，最終往往積勞成疾而逝，但李淵不需要想這些。他雖然出行自由略有些限制，但宮門一關，他在宮裡做什麼都是隨心所欲的。

　　都說一個人的心情影響生育能力，李淵提前退休以後，他以六七十歲的高齡，又添下了十幾個小皇子、小公主，看來這幾年他的心情確實還不錯。

　　天下漸漸安定，貞觀君臣們的精心治理終於有了成效，百姓好不容易過上了安居樂業的生活。貞觀六年（西元632年），朝廷清點死囚，共計三百九十人，天子下令允許他們回家探親，到了明年約定的日子再回監獄報到。到了第二年約定的時間，神奇的事情出現了，在沒人逼迫的情況下，這些死囚全都自發地按照約定回到了監獄，沒有一個囚犯因此逃匿。天子李世民有感於他們的誠信，下令將這些囚犯的死罪一一赦免了。

　　這件事固然帶有宣傳意味，更像是一場政治色彩濃厚的儀式，用以彰顯在大唐天子的統治下，百姓向善之風日盛，甚至連死囚也因朝廷的恩德教化而自覺遵守約定。但平心而論，這場表演秀也只有貞觀朝才有能力辦起來。因為這件事情就算有高層授意，但三百九十個死囚，自然有三百九十條心思，要是各想各的，很容易陷入可怕的「囚徒困境」之中──只有所有人全都回去覆命，才有可能得到赦免，而自己單獨逃走，有可能逃脫法網，但是其他囚徒就有可能最終接受死刑，按照現代博弈論的思想，最終的「納什均衡」得到的結論是，所有人全都不回去覆命，偷偷逃走，才是這場博弈的最佳做法。而中央政府完全將州縣百姓編戶齊民，按照戶籍帳冊統一管理，每個百姓的籍貫、戶口全都受到朝廷的嚴格管理，死囚一逃走就會無所遁形，最後只能選擇按照約定回監獄去覆命。

唐朝初年的戶籍制度，與租庸調制、府兵制形成了一個整體，每個戶口的男丁不僅要按律登記入冊，還要記錄下個人的外貌，防止冒名頂替，在沒有技術的那個時代，已經做到了盡可能地完美。因此，租庸調制才能得到貫徹，國家也就因此富強，朝廷也就可以有足夠的錢糧人力發動一系列的對外戰爭。

李淵也很高興看到大唐的戰爭節節勝利。也就是在貞觀七年（西元633 年），他與兒子李世民，帶著群臣和宗室們一起往長安城北的禁苑打獵，在少陵原上縱馬馳騁，好不快意。會獵結束後，天子請客，在漢長安城遺址中的未央宮擺下酒席。未央宮是當年大漢天子宮殿的正殿，雖然此時已經歷經滄桑，逐漸荒廢，但李淵圖的就是它的象徵意義，那就是如今的大唐，已經建下了遠邁漢高、漢武的功業。

未央宮的酒席上，李淵喝得有些醺醺然了，乘著酒興，他命令一同隨行的頡利可汗跟著音樂為大家跳舞。頡利可汗被軟禁在長安之後一直心情不好，唐廷之前還特殊關照，準備封他為虢州刺史，讓他去那裡的森林草原打獵，頡利誠惶誠恐地婉拒了。這次會獵，自然少不了他，卻不曾想太上皇會突發奇想這麼一齣。

看著當年叱吒風雲的草原霸主，此刻竟然為大家跳舞，唐朝君臣們的心裡都各自有著一番感慨。但李淵還不盡興，還讓南蠻酋長馮智戴當場詠了幾首詩，與頡利的舞蹈相和。看著這一番情景，李淵方才滿意地笑道：「胡越兩族酋長相親相愛地表演節目，這可是千百年來頭一回啊！」

李世民不失時機地回道：「如今四方蠻夷都來向我朝稱臣，全賴陛下的教誨，不是臣智力所及。當年漢高祖也在未央宮為他的太上皇擺酒，但漢高自己卻妄自尊大，臣等定然不會像他那樣！」這樣一番話，竟然將貞觀朝對外戰爭的功勞都歸於李淵之下，這可把李淵樂得哈哈笑。殿上群臣都高呼萬歲，未央宮的宴飲在一片快樂的氣氛下結束了。

第三章　何意蕭牆內，陰謀中傾覆──宮闈爭衡

未央宮的這次晚宴，終於讓李淵父子之前的隔閡消除殆盡了——至少表面上看起來確實如此。

拋開各自的政治角色，自李淵以降的李唐帝王們，其實都是性情中人，都深愛著自己的父親和兒孫，只不過權力讓家庭的親情變了味，最濃烈的父子兄弟血脈情，彷彿詛咒一般，最終變質為比死亡還要惡毒的仇怨。此時李淵父子的仇怨看起來化解了，李世民便迫不及待地想要盡孝，以彌補玄武門之變以來自己帶給父親的傷痛。

天子李世民，要送給李淵一件禮物。

李淵遷居的大安宮，原本是李淵當年為洛陽虎牢之戰得勝歸來的秦王李世民訂製的宮殿，所以規格形制上，都略低於太子居住的東宮。而且大安宮地勢低窪，夏季潮溼燥熱，李淵常常住得不舒服。為此，貞觀八年（西元634年），李世民採納了監察御史馬周的奏請，下詔在長安城北郭外的龍首原上，為李淵建造一座新的宮殿。

這座宮殿由著名藝術大家閻立本設計，司農少卿梁孝仁監造，起名為「永安宮」，不久之後，更名為「大明宮」。

但世事就是這麼無常，樹欲靜而風不止，子欲養而親不待，貞觀九年（西元635年），這座大明宮還沒有修建好，太上皇李淵便已經駕崩於大安宮的寢殿內，諡號為太武皇帝，廟號高祖，史稱「唐高祖」。這位大唐帝國的開創者，雖然在自己執政時期因為政變而被奪去了所有政治權力，但他所奠基的這個帝國，卻在他退位之後，一步步地邁向了世界文明的巔峰。

太上皇駕崩，留下遺詔說，政事重要，不要因為自己的崩逝而影響天子處斷軍國大事。這寥寥幾句話猛地觸動了天子李世民的內心，悲痛如潮水般捲來，往昔父親的關愛，全都歷歷在目地浮現於眼前。他曾是太上皇最愛的兒子，也曾是太上皇的驕傲，李世民曾以為，經歷了玄武門的奪權，骨肉相殘，李淵兩個嫡子因他而死，自己也許在太上皇的心裡已經如

同路人了。但此時此刻，看到父親的遺誥，李世民這才意識到，父親心中早已經暗暗認可了他繼位後的成就。

李世民拒絕了群臣的勸諫，按禮制輟朝，不再議政，朝中的日常政務，全都交由東宮太子李承乾來處斷。

這是李承乾首次以監國的姿態來處理包括軍國大事在內的一應政務，這件事情對於他來說，是熟悉又陌生的，因為從他還是個嬰兒開始，就為了監國的這一天做準備了。

他是李世民與長孫皇后所生的嫡長子，武德二年（西元619年）出生在太極宮承乾殿，於是就以這座殿為名字。取名雖然簡單，卻是由唐高祖親自取的，寓意為「繼承天位」，承載了祖父李淵的深意，與父親李世民的一片拳拳之心。身為李世民的嫡長子，李承乾被寄予了繼承李世民的宏圖大業的期望。從李承乾還是個孩子時起，李世民就把他作為自己的繼承人來培養，無論是師資還是歷練，李世民都為他安排了最上乘的條件。李承乾也不負厚望，從小就聰明又伶俐，很完美地完成了父親交給他的所有任務。

這次李承乾擔負起處理軍國大事的重任，同樣也交出了近乎滿分的答卷，各項政務處理得面面俱到。

父親李世民眼裡的李承乾，到目前為止，一直是如此地優秀，如此地知書達理、明德善斷。雖然貞觀五年（西元631年）李承乾生過一次重病，在精心照顧下總算是痊癒了，卻也落下了腿疾。不過李承乾還是能自己走路的，一瘸一拐雖是難看了點，但也不影響他日後繼承大統。然而，只有李承乾自己知道，做一個如此優秀的太子，實在是太累了。

從幼年開始，李承乾就深受一種不安全感的困擾。這種不安全感一半來自他的父親，一半來自他的兄弟們。

第三章　何意蕭牆內，陰謀中傾覆—宮闈爭衡

　　他的父親，是集英明神武、文韜武略、細膩果敢、仁義勇決等幾乎所有帝王應有的優點於一身的完美男人，是百年不遇的天縱英才。而作為父親千秋大業的繼承者，難免被周圍的人寄予了厚望，但李承乾太明白自己了，他不是天才，他只是一個普通人，就算再優秀，他也沒有父親那麼強的能力，父親信手拈來就能做到的一件事情，他也許要拚盡全力才能做得合格。

　　而治國，就是一件拚盡全力都未必能做好的事情，古代那些所謂的「昏君」，其實未嘗不想把國家治理好，只不過能力不好，或者時運不濟，無法勝任而已。而李承乾完成得不錯，就說明了他的能力，只是有他的父親珠玉在前，似乎所有人都認為李承乾的表現是理所應當的，一旦李承乾哪裡做得不對，那就是他的能力不好，無法成為一個像父親一樣的好皇帝。

　　但是，自古以來像李世民這樣的好皇帝能有幾個？難道不能做得像父親一樣好，在李承乾這裡就是不能原諒的錯？可怕的是，李承乾的老師以及東宮官員們心裡都是這麼認為的。他們所信奉的儒學思想、聖賢之道，原本就要求一國之君既是道德表率，又是治國全才，這樣才能引領群臣，做好治國理政之事，推進文治與德化，因此有唐一代，稱呼皇帝為「聖人」，就是以聖人的標準來要求皇帝。天子李世民，差不多勉強可以稱為皇帝的理想型，那太子李承乾，自然也要按著這個正規化來要求。

　　李承乾盡力了，盡力在自己的父親面前做一個好兒子，在百官面前做個好太子，而他所有的盡力，都沒有得到讚許，而只是堪堪合格，再接再厲。

　　而在這樣的日子裡，李承乾還要承受著兄弟們帶給他的另一種壓力。

　　和唐高祖李淵一樣，李世民也極愛自己的子女們，他與承乾的母親長孫皇后，一共生了三個兒子、四個女兒，他把幾乎所有的愛都留給了長孫皇后和這七個子女。其中，承乾無疑是最受眷顧的其中之一。按理來說，

李承乾作為嫡長子，可以憑藉父母的親愛和自己的尊榮地位，與弟弟、妹妹們相親相愛才是。但玄武門之變，改變了這一切。

那場暴烈的政變，是每個人心中的疤痕，也成了每個皇子長大成人之後的必修課。兒女是父輩生命的延續，同樣也可能是恩怨情仇的延續。父親李世民以慘烈的流血鬥爭，殺死兄弟才奪得皇位，兒子李承乾在心有餘悸的同時，難免會惴惴不安地想：是否自己的親兄弟也會像父親那樣殺死自己來奪位呢？也許自己不會想謀害自己的兄弟，可自己又怎麼確信兄弟不會想要謀害自己呢？怎麼確信兄弟是否知道自己不會想要謀害他呢？

人心最難揣摩，於是無盡的猜疑便在李承乾與諸兄弟之間滋生。

尤其是當李承乾的弟弟們，這些李家兒郎一個個都如此優秀的時候。

三弟吳王李恪，是父親與楊妃（楊妃是隋煬帝的女兒）所生，二弟早夭，所以李恪就是承乾最年長的弟弟。李恪英勇果敢，周圍人都說，吳王像極了天子年輕時英姿颯爽的樣子，所以廣受大家的歡迎和喜愛。

四弟魏王李泰，小名叫青雀，也是長孫皇后所生的嫡子，才華橫溢，聰穎絕倫，在藝術文化上造詣極高，平素禮賢下士，更受到天子的寵愛，李世民還允許李泰在府裡開設文學館，招攬有文才的士人──父親年輕時就做過這樣的事情，這怎麼讓承乾安心！

還有齊王李祐、蜀王李愔、蔣王李惲、越王李貞，也都是聰明伶俐之人。九弟晉王李治，是和承乾一母同胞的嫡子，雖然年紀還小，但也聰明善良。這麼多的弟弟，帶給承乾的是無窮的壓力，很多個夜晚，承乾都因為夢見玄武門之變重新上演在自己身上而驚醒。

其實，李承乾的兄弟們也同樣深受玄武門的夢魘所困擾，那段兄弟相殘的故事，有如惡魔在耳邊的低語，提醒著李家兒郎們，最危險的敵人，就來自他們兄弟當中。

第三章 何意蕭牆內，陰謀中傾覆—宮闈爭衡

02 父親的偏愛

貞觀十年（西元 636 年），對李承乾的人生來說是一道分水嶺，也是貞觀朝的一條分界線。這一年，李承乾的母親、李世民最心愛的妻子長孫皇后崩逝在了太極宮的立政殿。

李世民是個感情熾熱之人，平素性情激揚，猶如烈火，而長孫皇后則溫潤通透，猶如清爽的甘霖。貞觀的這十年，長孫皇后小心地幫助天子調處著他與後宮前朝的各處關係，後宮的宦官、宮女犯錯觸怒了李世民，李世民想要降罪的時候，長孫皇后往往會先把這件事情緩一緩，等到李世民氣消了之後，再慢慢勸導、說情，那些其實沒有犯罪的宮人也就倖免於降罪。而魏徵等前朝官員要是勸諫過於激烈，又惹怒了李世民，長孫皇后同樣會用她特有的方式，來讓李世民轉怒為喜。

二十餘年來相互扶持，長孫皇后與天子李世民已經超出了尋常的皇帝與皇后的關係，他們更像是一對靈魂伴侶、親密同袍，分別在前朝與後宮經營著他們夫妻二人共同創下的天下。

李承乾從母親那裡，得到了與父親不一樣的愛。長孫皇后的力量支撐著他，因此他才能頂住壓力，一直做好一個太子。

然而，如今母親就要離去了。

佛家相信因果與福報，李承乾年少重病時，父皇李世民下令大赦，為承乾累積業報，說起來也巧，承乾之後便奇蹟般地康復了，只不過落下了腿疾。這次，母后的病用盡藥物也難以奏效，於是承乾也想請父皇赦免罪人，並在民間增發度牒，允許更多人剃度進入佛門，以期為母后累積冥冥之中的福報。但是，這個要求首先被長孫皇后自己阻止了。

無助的承乾只能將自己的困難說給親近的大臣房玄齡聽，房玄齡又將這件事情陳述給了天子李世民，李世民也頗為哀楚，同意了大赦的想法。

但是病中的長孫皇后堅決反對，同時，長孫皇后的病已經到了藥石難治的地步，此時大赦，也已經來不及了。

李世民是在長孫皇后彌留之際，才知道了那些曾被自己有意無意地忽略的事情。

自從李世民成了皇帝，身上經年累月累積下的傷病漸漸顯露了出來。身經百戰的武將們進入承平的歲月後，主要的事情就是養傷，比如秦叔寶、尉遲敬德這樣的鬥戰之將，打起硬仗來不可能身上不帶傷，秦叔寶歷次戰鬥，流血數升，尉遲敬德也是每次身披創痕，所以他們在貞觀年間都因為身體等原因沉寂了下來，缺席了這幾年大唐的對外征伐。而李世民作為當年的天策上將軍，雖然沒有在戰場上受過傷，但是長期高強度的行軍和戰場指揮，也讓他累積下了許多的陳年舊疾。他年幼時一度體弱多病，身體底子並不好，這幾年的高強度工作，消耗了太多的精力，再加上李唐皇室遺傳的高血壓、心腦血管疾病（當時俗稱「風疾」），所以從貞觀六年（西元632年）開始，李世民的風疾愈演愈烈，多年以來怎麼也治不好。

李世民只知道自己染疾的這幾年，是長孫皇后晝夜不離地照料，卻不知道，長孫皇后自己也有著類似的病。他甚至還因為長孫皇后一族與京城的門閥，還有以往的秦府功臣們一直結好，而開始暗暗擔心，一旦自己的身體狀態惡化，長孫一族是否會有權重難控的危險？帶著這塊心病，李世民忽略了長孫皇后的病情，乃至最終醫治無效，才悔之晚矣。

彌留之際，長孫皇后給李世民看了當初她照料李世民時，偷偷藏在衣服裡的毒藥，對她的丈夫用最為禮貌的語氣鄭重地說道：「當初陛下病重的時候，妾身便準備了這一副毒藥，準備與陛下同生共死，免得日後落入當年呂后那樣擅權的境地。」

李世民這才恍然意識到，自己因為不知不覺陷入了帝王的猜疑，竟導致他錯失了這幾年與長孫皇后在一起的幸福時光。

第三章　何意蕭牆內，陰謀中傾覆─宮闈爭衡

　　長孫皇后最後時刻的話，也完全都是對李世民的勸告。她勸李世民，要好好對待房玄齡，因為他早年參與那麼多奇謀詭計，至今守口如瓶，可見是一個忠誠可靠的人；要避免任用她的親族，如果想要保全長孫無忌一家，那就不要讓長孫無忌把持權位；她不在的日子裡，要一直親君子，遠小人，納忠諫，屏讒言……

　　李世民沒有把所有的心思都留給長孫皇后，但長孫皇后卻把自己的一切都給了她的丈夫。

　　油盡燈枯的長孫皇后，與李世民見了最後一面，不久便撒手人寰。當年意氣風發的秦王李世民，如今已經漸漸變成了老謀深算、駕馭群臣的帝王，但在長孫皇后心目中，他始終是荳蔻年華時，她所初見的那個少年郎。

　　男人最容易犯的錯，就是失去了才懂得珍惜。長孫皇后崩逝後，葬在昭陵，也就是李世民為自己和妻子準備的共同陵寢。後來的日子，李世民終日思念不已，於是在玄武門外的禁苑裡造了一座高臺，當李世民想念亡妻時，便登臺北望，只是為了看一眼幾十里外的昭陵，以寬慰自己思念的心。

　　直到有一天，李世民帶著魏徵一起登臺，讓魏徵看遠處陵墓的輪廓。魏徵說看不到，李世民便指向遠處幫魏徵來分辨。魏徵於是說：「原來陛下說的是昭陵，臣還以為陛下說的是獻陵呢。」獻陵是高祖李淵的陵墓，魏徵的意思是，天子過於關心自己的亡妻，卻忘了自己的亡父。李世民自然聽懂了魏徵話裡的意思，沒說什麼，只是大哭了一會兒，下令毀掉這座高臺，再也不登高遠眺了。

　　天子對皇后的愛，被寄託在了皇后親生的孩子們身上，不僅僅是太子承乾，長孫皇后的其他子女也都得到了天子更深的疼愛。尤其是魏王李泰，更是受寵。李泰才華橫溢，但不愛運動，所以養得肥肥壯壯的，李世民見到圓滾滾的李泰，便想到他上早朝的時候一定會很辛苦，心疼之下特別准

許他乘著小轎子上朝。他聽說三品以上的朝廷大員對李泰不是很客氣，也不管三品以上的大員都是像房玄齡、魏徵這樣的重量級人物，不由分說便召集這些人訓斥了一番。為了李泰的教育，李世民還特地任命了宰相級人物王珪，擔任李泰的老師，負責教導，這樣的規格甚至超過了太子李承乾。種種踰越禮制的優待，都顯示出李世民對李泰的特殊偏愛。

然而，身邊缺少了長孫皇后這樣完美的後宮之主來左右平衡，李世民對兒女們的寵溺，反倒成了皇子們彼此之間相互疑慮的源頭。由於李泰受到的寵幸過高，太子承乾免不了要懷疑和焦慮，而其他的皇子心中也同樣滿是疑問，至於魏王李泰，則更是產生了許多對未來的美好幻想。

畢竟他的父皇就是靠著長年籌謀奪得皇位，他李泰也未嘗不可啊！

於是，魏王李泰的身邊聚集起了一個勢力，不僅有老師王珪，還有黃門侍郎韋挺、工部尚書杜楚客、中書令岑文本等一干朝中大員。再加上天子特許李泰設立文學館，於是他做起了和當年李世民還是秦王時一樣的事情，那就是結納社會賢達。在天子日益加重的寵溺和李泰逐漸增長的野心下，這個勢力一天天地擴大起來。

此時的朝局，便形成了太子黨與魏王黨相抗衡的態勢。所有人都心知肚明，如今雖然已經立了承乾為太子，但天子自己就是奪了哥哥的太子之位才成了太子。所以太子不是不可以被取代的，李泰決心冒著風險搏一搏，謀得太子之位。

而當李泰正春風得意，享盡榮寵之際，李承乾則在自己人生的谷底裡越陷越深。失去母親之後，李承乾的意志消沉了下來，更加聽不進周圍大臣的勸諫。東宮官員于志寧、孔穎達、張玄素等人，都是德高望重的宿儒，一直以來都以天子李世民這樣的標準嚴格要求著承乾，但是承乾累了，不想做那個所有人眼裡的「模範太子」了，東宮官員們的嚴厲激起了他的反感情緒，承乾唯一想做的，就只是喘口氣而已。

第三章 何意蕭牆內，陰謀中傾覆—宮闈爭衡

他只是和父輩們一樣喜好田獵，並且講究精緻的生活，這些小癖好對於世代貴胄的李家來說自然是無可厚非的。他不明白，在老師們的眼裡，它怎麼就是一件天大的罪過，按照于志寧、張玄素的勸諫，彷彿有了這些愛好，社稷就要崩塌了一般。更讓承乾窒息的是，他不能對諫言有不滿的態度，父皇已經在納諫方面作出了表率，面對勸諫，承乾必須虛心接受。而這些都是承乾難以接受的，父親的私心偏愛、魏王的咄咄逼人、近臣的緊緊約束，再加上自己因為足疾而產生的自卑，這些內外因素漸漸扭曲著承乾的內心。

於是，太子性情奢靡，不聽勸諫的惡名，便漸漸傳揚開來。

也許是魏王李泰黨羽們的渲染，也許是其他人的添油加醋，京師的名流圈開始流傳太子承乾的奇聞異事：一會兒說，太子請了許多突厥藝人來東宮尋歡作樂，放蕩淫靡的音樂裡追求生命的大和諧，不堪入目。一會兒又說，太子寵幸一個太常寺的少年歌手，還為他取名叫「稱心」，一直做些難以描述的事情。天子得知後，將稱心偷偷殺了，太子居然悲痛萬分，一連幾個月都不上朝，還在房間裡替稱心立了牌位，設靈堂祭奠……宮闈祕事，一切不能為外人道，但傳得駭人聽聞，神乎其神。

其實，天子對太子依然是十分優待的。不管是青雀（李泰）還是承乾，抑或是雉奴（李治），都是皇嫡子，也許李泰因為智商情商均高，讓李世民更喜愛一些，但這並不意味著承乾失去了天子的父愛。李泰因為事情辦得漂亮，而受到天子的大量賞賜，數量之多一度超過了太子的規格，可這主要是因為長孫皇后在世時，對太子的用度賞賜限制得太多，稍微多送了點就超過了太子規格，所以不久之後，天子乾脆下詔取消了太子出用庫物的限制，還對承乾把話說得明明白白：「你是國家儲君，原本就應該有特殊待遇，切勿推辭。」

而且，聽聞宮外傳揚紛紛的「太子不肖」之說，李世民也動用了重要

人物為太子壓陣,讓朝廷第一號人物尚書左僕射房玄齡擔任太子太傅。貞觀十五年(西元641年),天子東巡洛陽,準備封禪泰山時,也照舊讓太子留守長安監國,並安排了另一位尚書右僕射高士廉擔任太子少師。一年後,也就是唐廷大破薛延陀這一年,天子還任命掌握朝廷實權的魏徵來擔任太子太師。十餘年來,魏徵已經成了唐廷內閣最重要的決策參與者,主管門下省,此時身患疾病,加官為太子太師,主要也是為了顯示太子之位的分量。

然而,李承乾的心態已然潰敗,縱然天子不遺餘力地鞏固承乾的地位,為承乾提供政治籌碼,承乾依然無法克服內外各方帶給他的壓力。

在李承乾看來,魏王李泰來勢洶洶,就盯著李承乾的錯處攻擊,所以他自己一定不能坐以待斃,而是要果斷反擊。當初隱太子李建成失敗的教訓就擺在面前:要是承乾再不還手,那隱太子就是前車之鑑!

十幾年前的那場政變,李承乾會自然地把自己帶入隱太子李建成的角色當中。他不想重蹈覆轍,既然魏王李泰步步緊逼,那李承乾就要先發制人。而要克制李泰,不能靠于志寧、張玄素這些坐而論道的君子來成事,而是要靠軍人和謀士們。此時承乾首先想到的,便是當年在洛陽城間諜出身的張亮,此時的他是太子詹事,如果能讓他真正為承乾所用,那是再好不過的事情。承乾藉著職務之便趁機籠絡,但張亮似乎對承乾的計畫並不感興趣,不久之後,張亮藉著天子東巡,出外擔任洛州刺史,遠離了東宮這個是非之地。

但機會往往就在不經意間從天而降。

承乾的老師魏徵此時已經病重,於是承乾便遵守師生之禮,常常前去看他。魏徵是個直臣,天子命令他教導好太子,魏徵便一絲不苟地尊奉旨意,哪怕他已經病重。病榻之上,魏徵將自己胸中的韜略,包括如何御臣下、安百官的權謀之術,全都傾囊相授給了承乾。魏徵教給他的那些學

第三章　何意蕭牆內，陰謀中傾覆—宮闈爭衡

問，與孔穎達這些一代名儒口中的聖賢之道全然不同，而是魏徵步入政壇後，歷經李密、竇建德、李建成、李世民等主君後，二十多年來累積下的治國理政、掌控朝局的心法。

這些對於二十六歲的李承乾，無疑是打開了一片新的世界。

同時，魏徵還動用自己的私人關係，將他當初在隱太子李建成手下當官時就已經結好的李安儼推薦給了承乾。左屯衛中郎將李安儼當年是隱太子部下，親身經歷過玄武門之變，經驗豐富。玄武門之變後，天子賞識李安儼的作為，於是任命他為左屯衛中郎將，掌管宮城宿衛。而承乾要的就是這樣身居重要位置的將領，萬一真的遇上玄武門之變這樣的危急時刻，承乾也算是有了這一手準備。

侯君集更是意外之喜。此時李靖雖然在世，但早已經退休。侯君集在李靖的栽培之下，已經是與李世勣並列的名將，在軍事謀略上堪稱全才，是唐廷目前唯一指揮過大兵團作戰的在職將領（連李世勣都沒有真正指揮過）。當年玄武門之變，侯君集在謀劃方面出力最多，對派系鬥爭自然也是熟門熟路。幾年前在征討高昌國的戰爭中，侯君集作為主帥，指揮大軍一戰滅國，平定高昌，大敗西突厥，立下赫赫戰功，卻因為私自將高昌國寶據為己有而被下獄收監。雖然後來天子赦免了侯君集的罪，但有功而下獄，讓侯君集一直心懷不滿。魏徵與侯君集交好，侯君集的女婿賀蘭楚石也在東宮任職，因此侯君集便與李承乾建立了關係。

李承乾與侯君集，兩人都是政局當中的失意人，因此便惺惺相惜起來。

此前，李承乾的親信中主要是他平素所親近的皇親國戚，如杜如晦之子杜荷，娶了承乾嫡親的妹妹城陽公主；開化公趙節，是承乾的姑姑長廣公主之子。他們由於格局有限，只是幫著東宮豢養了一百多個殺手，領頭的是武功高手張師政、紇干承基，計劃暗殺魏王李泰。沒想到李泰看起來雖然胖乎乎的，內裡卻是個精細人，刺殺活動從未找到過機會實施。

02 父親的偏愛

　　侯君集這些實權派的加入，讓李承乾的班底有了實質性的躍升。侯君集看出承乾雖然努力，但其實在政治鬥爭方面資質平平。所以，要真正幫助承乾穩步踏上權力巔峰，就必須要建立起包含各方面力量的利益共同體——就像當年的秦王府一樣。

　　李承乾不能等了，他的足疾越發嚴重，家族遺傳的高血壓帶來了一系列的併發症，讓他的身體每況愈下。甚至天子都知道了承乾的健康問題，對臣下說，萬一太子身體無法支持，那其他皇子就可能接替成為皇儲，讓大家要對其他皇子好一點。

　　這一年的五月，象徵著殺伐與征戰的太白星再次有了異動，進犯到了畢宿（二十八宿之一）這片星野的左股，十幾天後，「太白經天」的星象再次顯現，這個十六年前伴隨著玄武門之變同時到來的可怕星象，似乎又在隱隱昭顯著新的一場大變的到來。

　　就在此時，出外擔任梁州都督的漢王李元昌回到了長安，與太子承乾見面。李元昌是高祖的第七個兒子，輩分上是承乾的叔叔，但其實兩人就差了一歲，是一起玩到大的同齡人。在權力鬥爭上，李元昌自然站在承乾這一隊。當然李元昌還有一個條件：他拜見天子時見到天子身旁的一位彈琵琶的宮女十分美豔，只求事成之後請太子將這位宮女賜予他。這個要求，承乾自是欣然應允。

　　於是，夜晚東宮狹窄的密室裡，李承乾、李元昌會同侯君集、李安儼、杜荷、趙節等人，聚在一起共同相謀。他們每人用匕首劃破自己的手臂，用同一塊絲巾揩下流出的血液，在火裡將浸透著每個人血液的絲巾燒成了灰。然後，他們將灰燼灑在酒裡共同飲下，從此他們便血液相連。他們對著燈火盟誓，共同蟄伏朝中等待時機，藉著星象指引的這場即將到來的大變局，幫助太子承乾繼承大業。

　　但就在此時，齊王李祐居然搶先在山東造反了。

第三章　何意蕭牆內，陰謀中傾覆─宮闈爭衡

03　絕望的反撲

貞觀十七年（西元 643 年），長安，山雨欲來風滿樓。

這一年的正月，面對愈演愈烈的太子與魏王相爭態勢，天子李世民不得不在朝會上對群臣表態，堅決保持李承乾的太子之位，萬一太子不豫，那也會按照古禮，立嫡長孫李象為儲君。但太子與魏王兩邊勢力已經勢如水火，各自代表一方派系的利益與未來，李世民的表態根本無法停止兩個兒子之間的政治鬥爭，正如當年的高祖李淵無力阻止秦王府與東宮、齊府的爭鬥一樣。

而一代名臣魏徵，也在這年的正月撒手人寰。魏徵臨終前，天子下令醫官全力搶救，不計成本地撥給大量藥品與補品，還讓李安儼留宿魏徵府邸，隨時通報病情。天子隨同太子一同探望魏徵，並當場將長孫皇后親生的最小的嫡女衡山公主許配給了魏徵之子魏叔玉，想要用婚事來沖喜。但魏徵的病情回天乏術，隨即薨逝，留給後世一大段正直敢言、忠誠直諫的君臣佳話。天子因魏徵之死悲痛不已，特將魏徵陪葬在昭陵，親自寫了魏徵碑文，刻在墓前的石碑之上，還說出了那句千古名言：「人以銅為鏡，可以正衣冠，以古為鏡，可以見興替，以人為鏡，可以知得失；魏徵歿，朕亡一鏡矣！」

是的，對於李世民來說，魏徵就是自己的一面鏡子，他從魏徵的身上看到了自己。當年的他還是天策上將、秦王、尚書令的時候，曾是一個和魏徵一樣敢言直諫的純臣，心無旁騖，心中裝的全是天下、社稷和百姓。登上帝位之後，魏徵就像當年的自己一樣諤諤直言，只要魏徵在身邊，李世民就不會忘記當年那個純粹、熾熱的自己。

此時，隨同李世民一起打天下的功臣們開始逐次凋零，杜如晦、屈突通、秦叔寶、張公謹、段志玄、柴紹等名臣名將都已謝世。尉遲敬德，那

03 絕望的反撲

個救過李世民不止一次的戰將，這十幾年來一直被天子告誡不得驕橫亂來，此時也已經成了白髮蒼蒼的老人，再沒了往日那股凌人的煞氣。

對於這些往日的同袍，李世民是滿懷感情的，雖然身處九五之尊，他不得不用上帝王術來駕馭臣下，但李世民終究沒有虧待過跟隨他的功臣們。杜如晦逝世多年後，李世民在吃一塊美味的香瓜時，忽然想念起當年他與杜如晦一起吃香瓜的樣子，一時間淚如雨下，讓人把自己吃剩下的半塊瓜送到杜如晦靈前祭奠，此後不時送上宮廷御饌來祭祀這位老友。

英雄遲暮，終究是一件令人唏噓的事情。唐初創業時的那場波瀾壯闊的傳奇，此時的親歷者們也都已經老去。李世民為了旌表開國功臣們的功績，命人為長孫無忌、李孝恭、杜如晦、魏徵等二十四位功臣錄下畫像，放置在凌煙閣上。凌煙閣是天子日常宴請貴族重臣的地方，在此掛上二十四位功臣畫像，也是為了讓君臣時時不忘當年創業的初心。

齊王李祐，就是在這個當口謀反的。

李祐與其說是一個亂臣賊子，不如說是玄武門詛咒的第一個犧牲品。他的生母陰妃乃是當年李唐起兵攻打長安時，長安城內隋軍主將陰世師之女。那時陰世師駐守長安，因為李淵起兵而派人掘了李家的祖墳和宗廟，與李家結下血仇，城破後被殺。陰妃流入掖庭宮後，被李世民發現並納為姬妾，然後生下了李祐。

因為自己的身世，李祐從小自然受到不少周圍人的流言蜚語，性格不免衝動易怒。天子的愛始終聚焦在幾位嫡子嫡女身上，李祐比李泰小不了多少，但待遇卻是天壤之別，李泰可以憑藉寵愛始終留在長安，就算封了外州刺史，也可以憑藉榮寵留在宮中。但李祐就不一樣了，就算他找了各種理由，卻終究不得不奉命出京去往封地齊州（今濟南），那時的他才十八、十九歲，正是青春中最徬徨不定的時候。在齊州，他無依無靠，只有嚴厲刻薄的長史權萬紀和陌生古板的典軍韋文振在輔佐他。李祐正值叛

第三章　何意蕭牆內，陰謀中傾覆—宮闈爭衡

逆又貪玩的年紀，自然與這兩人合不來。

齊州雖然說是齊王李祐的「封地」，但李唐一代並沒有實施分封制，李祐只是作為世襲的州刺史來到齊州就任的，所以他的長史和典軍，並不是齊王的屬官，而是唐廷任命的朝廷命官，最終是對中央政府負責的。這就防止了分封制下地方封國的坐大。

自李祐懂事之後，玄武門的故事就時時成為他心中的陰影，在宮中環境下，他感受不到兄弟之情，從哥哥、弟弟們那裡，他只能感覺到疏離與防備。他最信賴的大舅陰弘智也告訴李祐，他的兄弟們太多了，難免會在天子千秋萬歲之後生變，年輕的男孩子要注意保護自己，還是多找些護衛吧。李祐聽進去了，並且把舅舅的話奉為圭臬。

權萬紀表面上忠誠可靠，對李祐嚴格教育，但實際上不過是個偏狹的小心眼，他似乎摸清了天子納諫的愛好，對李祐的要求已經到了苛刻的地步，而這些苛刻的要求，最終只不過成了權萬紀管教皇子的成績，並得到了天子的讚揚。而李祐只是稍有些不滿，養了一些護身的護衛保鏢，就被他拿著說事。後來權萬紀家宅晚上被人用石頭砸了，便被權萬紀拿著作為要陰謀殺害自己的證據，收監了李祐的護衛，還上表參劾李祐的不軌行為，千里傳書到了長安。

皇子犯錯不是小事，唐廷派來了刑部尚書劉德威作為特派員調查，這麼一查，便查到了李祐豢養死士，到處遊玩這類斑斑劣跡。於是上報長安，著令齊王李祐、權萬紀赴長安覲見面詢。

事到如今，李祐再也不能忍了。權萬紀汙衊他圖謀不軌，那便圖謀不軌給他看！憤怒的李祐派出二十餘騎兵一路緊追，將權萬紀殺死在路上，然後帶兵控制了齊州城，殺死典軍韋文振，正式舉起了叛旗。

這場反叛，從開始到結束，都是荒誕的——一個地方大員，被自己的屬官給逼得造起了反，然後殺掉了自己轄地最主要的幾個手下，這時回

頭一看，完了，把手下都殺了，那現在該指揮誰來幫著造反呢？齊州雖然只是一州之地，但也管著好幾個縣，州長史管著整個州的行政，典軍管著州府的常備軍隊，沒了長史和典軍，州刺史就等於是兩眼一抹黑。所以，齊王李祐造反之後，雖然州府僚屬們馬上屈服在他的淫威之下，但李祐沒有得力的官員來協助他，能用的人就只有一幫不學無術的鷹犬。他煞有介事地封了一大堆的上柱國、開府等官員，指揮著府中護衛們驅使百姓入城，但整個局面已經失控了。他這一點人，根本無法管好齊州城，城門雖然已經派人關上，百姓們卻沒有傻到跟著李祐一起背上謀反的罪名，晚上全都在城頭吊下繩子逃了出去，而李祐的私兵們沒有絲毫辦法。

城中的治安也一片混亂。連李祐出個門，都讓一個叫做羅石頭的路邊圍觀人群衝到自己面前。羅石頭提著槍，當面把李祐罵了個狗血淋頭，挺槍向李祐刺去。幸好李祐的保鏢燕弘亮及時阻擋，並處決了羅石頭。

表面上控制了齊州城後（其實只是控制了齊州城門），李祐便興沖沖地開始攻城略地了，結果剛出城門，帶著騎兵經過高村時，一個叫高君狀的村民遠遠地朝著李祐罵道：「主上提著三尺劍平定天下，百姓們無不感蒙他的恩德，像上天那樣敬仰他。你這齊王忽然帶著幾百人就想作亂，怎麼會如此不自量力？」李祐大怒，把高君狀抓了過來，下令要殺了他，但李祐手下的將士們卻都覺得高君狀說得很對，沒有人願意下手，最後這件事只能不了了之，李祐自己也灰頭土臉地回了城。

回城之後，李祐自己索性也不出來了。他派出鷹犬們管著城中的兵馬，自己與燕弘亮等幾個親信整日吃吃喝喝，絲毫沒有對將來做打算。燕弘亮趁著酒意誇下海口：「大王不用擔心，到時候我們右手拿著酒杯，左手揮刀，為大王把敵人消滅個乾淨！」李祐聽了很高興，他原本就是沒有主見的人，此時他完全信了燕弘亮的話，也不管周邊的州府、縣城有沒有歸降。

這一切在英國公李世勣的大軍到來時，迅速地結束了。準確地說，李世勣的主力還沒有到，只是旁邊的青州、淄州等地的州兵抵達城外時，這場荒誕的叛變，就以又一場鬧劇告終了。被派去整頓齊州防務的兵曹杜行敏不想陪著李祐一起翻船，帶領手下發難，在城中起義，這樣一來，不僅是齊州城中的百姓們，連李祐的左右心腹也參與發難，鑿開李祐的府牆，殺了進來。

李祐帶領最後的黨羽躲進屋子裡，做著最後的負隅頑抗。杜行敏帶人將齊王府團團圍住，向裡邊喊道：「齊王昔年是皇子，如今已成國賊，不早點投降，恐怕要被我們燒成灰燼了！」

聽聞外面要放火，李祐連忙提出要有條件投降。他貴為皇子，官員們原本就不敢輕易處置，他提出的條件就是要保下他最信賴的燕弘亮。等到杜行敏答應會保全燕弘亮後，李祐便開門投降了。

李祐並沒有如願以償地保住他的燕弘亮，城破之後，有人挖下了燕弘亮的眼睛，扔在了李祐面前的地上。李祐被帶往長安發落，這場叛亂就在李世勣的主力還沒抵達戰場的時候，就完完全全地被齊州軍民合力平定了。

04　王侯的隕落

齊王李祐的這場荒唐的叛亂沒有興起絲毫波瀾，卻生生打斷了李承乾一黨的計畫。

原本按照杜荷的想法，就應該順應太白晝見這一天相的啟示，藉口太子病情危殆，引得天子親自來探望太子，屆時便可趁機發難，控制天子之後，便可以遵從玄武門之變的舊計，尊天子為太上皇，誅殺魏王李泰的餘

黨，李承乾便可以如願以償地重回舞臺。

齊王李祐叛亂的消息在此時傳到長安。對於這位想法大膽卻無雄才的弟弟，李承乾是頗不以為然的，也不信他能掀出什麼波浪。他還對紇干承基說，「東宮西牆距離皇宮大內只有二十步，要發動政變輕而易舉，哪裡是齊王可以比的？」他們的謀劃一步步近了，但沒想到，忽然有一天，紇干承基被捕了。

原來，當初齊王李祐聽了舅舅的話，要招納武功高手做護衛，就曾找過紇干承基。紇干承基不得不按照有關部門的要求接受調查，因此被齊王謀反案牽連下獄，接受嚴刑審問。牽涉謀反可不是什麼小事，按照唐律，是妥妥的死罪了。紇干承基不想死，於是千方百計地想做汙點證人，在刑部積極自首，尋求立功，不但把他和李祐發生的事情一股腦兒說了，還把東宮裡那些陰謀詭計乖乖供了出來，只求免於極刑。

紇干承基叛變，稱太子謀反，這可不是什麼小事。刑部不敢擅作主張，趕緊上達天聽。天子立刻下詔調查。長孫無忌、房玄齡、蕭瑀、李世勣等官員領銜，奉敕令組成了一個審案團，排程中書省、門下省以及大理寺的各路管員參與協助。審案團裡沒有庸人，全面調查之下，東宮裡的那些圖謀、圖謀的那些參與者一一浮出水面，查得清清楚楚。於是長孫無忌、房玄齡等人就此上奏，稱太子一黨反形已具，案件事實清晰、證據確鑿，李承乾、侯君集、李安儼等一應參與圖謀的官員，都犯下了十惡不赦之最重的首位 —— 謀反罪。

親子謀反，這似乎是任何人都不願意看見的人倫慘劇。但李世民看上去似乎並不覺得意外。其實，早在張亮調離東宮，前往洛陽任職的時候，他就已經將東宮的種種異動，還有侯君集等人的不滿情緒一一彙報給李世民，李世民只是示意暫且不動聲色，等待他們一黨的反叛跡象真正顯現出來時，再處理也不遲。

第三章　何意蕭牆內，陰謀中傾覆──宮闈爭衡

其實李世民還抱著一絲希望，如果李承乾最終沒有行動，或許可以暫且掩蓋過去，他也可以不用對自己這位嫡長子採取行動。

在李世民眼裡，太子承乾還是太稚嫩了，承乾甚至無法真正收服以詹事于志寧、左庶子張玄素、右庶子趙弘智為首的東宮僚屬，實質的威脅性其實並不大。李安儼雖然身居宿衛武官，直接影響天子的個人安全，但李世民自己當年就是靠著策反北門宿衛取得了玄武門之變的決勝，歷來就注意自己宿衛隊伍的掌控，從當年的阿史那結社謀反案以來，李世民進一步加強了對宿衛兵的重視，李安儼並不能真正策動宿衛參加反叛。

但是，李世民沒有想到，真正可能給天子帶來威脅的，是侯君集這個軍界巨擘。侯君集掌管兵部多年，又在帶兵打仗中累積下很高的聲望，他在軍中的影響力，怎麼高估都不會多。

太子一黨謀逆一案被查後，由於侯君集是軍中的棟梁，三法司輕易不敢驚動，直到侯君集的女婿、東宮千牛備身賀蘭楚石走上朝堂，在天子和百官們面前告發了侯君集參與太子黨陰謀的事情。於是天子召見侯君集，當面對他說道：「朕不想讓刀筆吏來折辱侯公，所以自己來審問侯公這件事情。」

李世民繼位以來，平常都與大臣們推心置腹，不愛擺些什麼九五之尊的架子，談話時與繼位前一樣，都是自稱為「我」，要擺架子的時候，也是道一聲「吾」。而在此時的場合下，他自稱為「朕」，也許是因為侯君集問題牽涉實在太大，這位平滅數國的名將氣場實在太強，連身經百戰的李世民都要靠皇帝的威壓來鎮住場面了。

面對自己身受的指控，侯君集斷然否認。

但是，當賀蘭楚石被傳喚上殿，在所有人面前將東宮密室裡侯君集參與的歃血盟約、定策獻計，從頭到尾一椿椿、一件件地說出來時，侯君集啞口無言了。侯君集無法斷定，賀蘭楚石這個平素他所信賴的女婿，究竟

是因為貪圖性命和富貴，臨時起意告發了自己，還是他從頭到尾就是天子安插在自己身邊的臥底，既藏身於東宮，又刺探著這位掌控軍權的岳丈。

侯君集是個執著又純粹的人，他似乎就是為了建功立業而生的，當初他因為一腔熱血追隨李世民，就是為了施展自己的抱負。參與太子一黨，也並不是因為什麼個人與家族的利益，而是不忿於高昌滅國一戰後自己所受的折辱，想要透過復刻玄武門之變的奇謀，再造一個能讓他繼續建功立業的新朝。此時的他知道，自己一步踏錯，已經無可挽回，賀蘭楚石是否是天子設下的暗樁已經不重要了。

侯君集是李靖之後難得的帥才，這幾年大唐創下的功業，離不開他這一份，李世民心有不忍，問左右侍臣：「君集有功，想要為他求得一條命，可否？」雖是這樣問，他和群臣都心知肚明的是，侯君集這次是必須要死的，他的戰功太大，聲望太高，一旦捲入了這場謀逆案，如果不處以極刑，那以後就會帶給朝局無窮的變數。群臣也很乾脆地一致認為不可免，畢竟謀大逆是《唐律》中明確不能赦免的十惡不赦之罪之一。得到了否定的答案後，李世民看著侯君集說道：「就此與侯公長訣了。」說到這裡，淚如雨下。

望著眼前正在垂淚的天子，侯君集心中感慨，那些一起並肩作戰的往事歷歷在目，他們本該是千古稱頌的君臣，可惜他錯估了自己，也錯估了君上。一切都不可追諫了，侯君集只能向著李世民拜別。

皇城外的鬧市，是處斬過竇建德、蕭銑等梟雄們的地方，侯君集從來不曾想過，自己有朝一日會在此被處斬。臨刑前，被問到有什麼遺言，侯君集對監刑將軍說道：「君集蹉跌至此！只是當年從秦王府時就事奉陛下，後來還擊取二國，只求陛下念在君集做過的事情，留下我一個孩兒，保全香火。」

聽聞了侯君集的遺言，天子李世民不免長嘆，下令不再株連殺戮侯君

第三章　何意蕭牆內，陰謀中傾覆─宮闈爭衡

集的家人，他的妻子兒女，只是被流放於嶺南。

其餘同謀者李安儼、趙節、杜荷等人，一同處斬。張玄素、趙弘智等其他沒有參與同謀的東宮官員，因為不能匡正太子言行，因此被免官，降為庶人。不過一切到此為止了，不再搞那些株連三族的事情。

這也是天子李世民能給出的最大的仁慈了。

此時的李世民，也許忽然想起了自己崩逝的父親，十七年前，年輕氣盛的李世民悍然發動了玄武門之變，那時的他一心只有江山和社稷，並沒有太多考慮人倫之情。可惜命運彷彿開了他一個玩笑，十七年後的今天，當初種下的因結下了多年後的果，父親遇過的事情同樣發生在自己的身上，李世民才切身感覺到親人背叛所帶來的痛苦。太子承乾、漢王元昌的謀逆雖是板上釘釘，但他實在不忍心看到骨肉相殘的事情再發生在自己和嫡親兒子的身上了。

「怎麼處置承乾呢？」李世民詢問左右。但這個問題卻沒有人敢回答。太子謀逆，論罪當誅，秦漢以來的歷朝歷代，謀逆的太子大多逃不了被殺的命運，而天子忽然這麼問，看起來像是不太想殺自己的親兒子，但朝中大臣，哪裡敢為太子求情？這幾年太子與魏王的黨爭愈演愈烈，求情之人，難免有為太子站隊之嫌，到時候就算天子不會懷疑求情者是太子一黨，也難保不會為魏王黨所容。太子既然完了，魏王無疑就是下一任儲君，得罪了未來的儲君，這不是找死麼？

最終，還是一個從六品的中書省小官站了出來，他就是通事舍人來濟，當年隋朝名將來護兒之子。來濟進奏道：「若能讓陛下以慈父之心處斷，讓太子得盡天年，那不失為一個善舉！」李世民馬上聽從，保全了太子承乾的性命，只是下詔廢為庶人。

來濟的話，說得恰到好處，不偏不倚，是站在天子的角度出發，為如何不傷害君父的德行而出謀劃策的。既不像是在為太子求情，也沒有傷害

魏王的利益，畢竟來濟也已經暗示給魏王一黨說，只要讓太子得盡天年就好了。而太子的身體狀況原本就不好，遭此變故，自然也會大減陽壽。承乾被廢之後，過沒多久便鬱鬱而終了。

對於漢王李元昌，天子還想免其死罪，但是群臣無不是人精，這時立刻敢說話了，反對赦免漢王。於是李元昌被賜自盡於家中，不過，元昌的母親、妻兒全都得以保全。

對叛亂平定後被捕送京的齊王李祐，天子李世民則親自寫了一封詔書，字字帶血，行行垂淚：

> 汝素乖誠德，重惑邪言，自延伊禍，以取覆滅，痛哉何愚之甚也！為梟為獍，忘孝忘忠，擾亂齊郊，誅夷無罪。去維城之固，就積薪之危；壞盤石之基，為尋戈之釁。背禮違義，天地所不容；棄父無君，神人所共怒。往是吾子，今為國讎。乃自為之，吾所以上慚皇天，下愧后土，悼嘆之甚，知復何云。

我的兒，你為何如此愚蠢，以至於自取滅亡？

你所犯下的罪孽，人神共憤，天地不容，以往是我的孩子，今後便是仇敵！

但這都是我的錯，我上愧於天，下愧於地，此時只有悼嘆，其餘無話可說⋯⋯

這些話語，更像是李世民寫給自己的獨白，接連遭受兩個兒子、一個弟弟的叛亂，李世民陷入了人生的谷底中，以往他對自己的骨肉愛有多深，被背叛後就對他們恨有多切。承乾是長孫皇后的骨肉，是他的嫡長子，或許李世民很難真正恨起來，但對一直以來被他嫌棄的齊王李祐，李世民將他滿腔的恨意傾瀉而下。

最終，李祐被廢為庶人，賜死於內侍省，以國公之禮厚葬。那兩位關鍵時刻站出來的小民羅石頭、高君狀，則分別追贈和加封了官職。

不久前逝世的魏徵，由於和侯君集、李安儼關係密切，又和這次的太子謀逆案有著緊密關聯，因而也承受了李世民的怒火。李世民下令推倒了魏徵墓前自己親手書寫的神道碑，還下令終止了魏叔玉與衡山公主的婚約。

帝王之怒起，必有驚濤駭浪。這片巨浪裏挾著短短幾個月發生的數場變故的餘波，讓整個朝堂走向了一場大洗牌。

05　長孫無忌的崛起

自貞觀元年（西元 627 年）以來，長孫無忌長年身居閒職，一坐就是十七年。

那一年，他被定為功臣第一等，進封齊國公，擔任尚書右僕射，但僅僅幾十天後，他就離開了相位，改任開府儀同三司，雖然職級與宰相相同，但卻沒有了實際的權力。之所以罷相，據說是因為長孫皇后擔心她兄長榮寵過大而帶來災禍，所以一再懇請，天子迫於無奈才免去長孫無忌右僕射的職位，但其實長孫無忌也心知肚明，他是因為遭到朝野的非議才不得不離開實權職位的。

自魏晉以來，世族門閥對朝局的影響就非常大，甚至可以左右皇帝的決策。此時的世族們鄙夷身為外戚當上宰相的長孫無忌，推崇尊敬老牌士族出身的房玄齡、杜如晦。世家大族看不上長孫無忌，滿是鄙薄的議論，畢竟大唐立國以來，擔任尚書僕射的，都是像裴寂、蕭瑀這樣出身書香世家的士族，還沒遇見過像長孫無忌這種武將家族的子弟。為此，天子也就不得不讓自己最信賴的這位大舅哥坐上冷板凳。

說起來，長孫無忌也是出身於家大業大的長孫一族，但還是被世族門閥所看不起。

05 長孫無忌的崛起

隋唐之際，門閥之間也是存在著鄙視鏈的。

高居鄙視鏈頂端的，是中原的「郡姓」，他們是從漢朝開始就讀書仕宦的老貴族，幾百年來開枝散葉，出過不知多少王侯將相，經歷了南北朝混戰，依然巍然不動、樹大根深，連皇室都可能不放在眼裡。像這樣的郡姓，關東有王、崔、盧、李、鄭，關中有韋、柳、裴、薛、楊、杜。

鄙視鏈往下，則是江東的「僑姓」。他們是少數民族南下之際從中原南遷的北方士族，在南國打造了六朝煙雲。其代表就是大名鼎鼎的琅琊王氏、陳郡謝氏、蘭陵蕭氏、陳郡袁氏等姓。近百年來，僑姓在江東受到戰火摧殘，有所衰落，但由於他們與中原郡姓是老鄉，共同語言多，所以在隋末唐初的朝堂上也都有著一席之地。

再往下，則是「吳姓」，也就是世代居住在江南的土著世家，代表家族是朱、張、顧、陸四大家族，他們從東吳開始就活躍在南方的官宦圈子裡，只不過作為欠發達地區的南方人，受到北方發達地區家族的輕視。

還有就是發源於代北邊塞的「虜姓」，也就是南下的鮮卑貴族，比如元、長孫、宇文、于、竇等姓。這些鮮卑貴族是北魏到北周數個政權的建立者，因而也成了新興的貴族，只是他們根基較淺，血統也並非漢人，雖然他們封爵很高，但對中原郡姓、高門望族而言，是不願意和這些虜姓通婚的。

周、隋、唐三朝出自武川軍人家族，都帶有鮮卑人的血統，天子的李氏雖然號稱是出自高貴的隴西李氏，但其實只是趙郡李氏的一個分支。李唐皇室的家風，也帶著鮮卑人的風格，天子李世民在政變成功之後，納了巢剌王妃（李元吉妻子）入後宮為妃子，這樣採納弟媳的做法，在士族高門的眼中簡直可以說是不堪入目。在中原郡姓高門的眼裡，李唐建國才十多年，暫時還只是和周、隋這樣國祚只有幾十年的短暫王朝差不多。這幾百年來，各路王朝像流水一般過去，鐵打不變的也就只有他們這些中原大

第三章　何意蕭牆內，陰謀中傾覆—宮闈爭衡

姓了。所以郡姓高門寧願在士族之間相互通婚，也不願意和皇室結親。

連皇室都看不上，那世族們也就更看不上在他們眼裡是靠攀附李世民才上位的長孫無忌了。

在戰爭中形成的武川勢力，進入關中後吸收關中勢力，進化成了「關隴勢力」，伴隨李唐開國，最初的「關隴勢力」又已經隨著大一統王朝的建立而失去了意義。這段歲月裡，李唐皇室賴以鞏固政權的根基，就是皇室與功勳家族組成的同盟。

長孫無忌在這十七年間沒有白白乾坐著，而是跟著天子李世民一起維繫著這個靠聯姻、社交連接起來的勳貴同盟。天子李世民刻意地抬高這個勳貴同盟在貴族圈子裡的地位，所以讓吏部尚書高士廉（也是重要的功勳貴族）負責編寫了《氏族志》，把世家大族從高級到低階做了一個排名，並且力排眾議，幾經刪改，最終將皇族定為第一等，那些有著國公之類封爵的勳貴、國戚為第二等，然後才是關東、江東的那些望族，連博陵崔氏這樣的頂級士族門閥，都只能排為第三等。此舉實為朝廷欽定的貴族排序，硬將勳貴門閥中的新貴推至世家舊族之上

由於國舅的身分，長孫無忌也就成了靈魂人物。

太子與魏王的黨爭中，勳貴門閥和士族門閥都牽涉其中，但對長孫無忌來說，無論太子還是魏王，都是他的親外甥，他只能選擇明哲保身，沒有參與到站隊當中。而其他宰相級的人物，比如身為太子少師的房玄齡，自己屬於東宮官員，但他的兒子房遺愛，則是魏王李泰的心腹。其他宰相們也或多或少地都與這場黨爭有些關聯。

權力的遊戲，關鍵就是選邊站，選對勝出，選錯玩完，而什麼都不選，那就是什麼機會也沒有。這十幾年來，長孫無忌的心思越發地沉穩，他心甘情願地放棄了選擇的權利，等待天子自己做出選擇。這一點難能可貴，也讓長孫無忌得到了朝臣們的尊重和天子的感激。而貞觀十七年

05 長孫無忌的崛起

（西元643年）的這場多事之秋，長孫無忌終於迎來了他人生當中最大的機遇。

身為勛貴門閥的領袖，長孫無忌對於太子被廢後重新立儲的態度，顯得舉足輕重。

立誰為新的太子呢？

原先李承乾與李泰一起競爭太子之位，如今承乾被廢為庶人，十有八九自然就是李泰了。但天子李世民似乎還有些疑慮——魏王如今已經結納朝臣勛貴，組成了聲勢浩大的黨羽，如果成為太子的話，那就可以獲取更大的權勢。東宮的權力比尋常親王大多了，不僅名正言順地統領著軍隊，而且還有編制龐大的東宮僚屬，李泰若是入主東宮，是否會成為李世民權力的一個新的威脅？

更何況，李世民與長孫皇后還生下了七皇子晉王李治，他年紀雖小，只有十五歲，但也十分聰慧。

經歷了種種風波，李世民已經心亂如麻，實在難以好好思考這件事。好在李泰等幾個兒子每天都來看望他，這讓李世民的心裡有了些許安慰。當李世民與兒子李泰獨處時，李世民也講了他在立儲方面的為難，畢竟李泰和李治都是嫡出，立哪個都讓人為難。

但李泰卻貼心地安慰，肥碩的身軀靠在李世民的懷裡說道：「這些青雀都不在乎，經歷了這些事情，臣剛剛才算真正成了陛下的兒子。陛下如果在立儲上為難的話，臣有一個兒子，臣死的時候，就會為陛下殺掉他，好將帝位傳給弟弟晉王。」看著李泰貼心的樣子，李世民心軟了，點頭答應，將要立李泰為太子。

李泰走了之後，中書侍郎岑文本、黃門侍郎劉洎兩位出身於南朝望族的宰相級重臣，再一次上奏，勸說李世民立魏王為太子。但是，這樣的催促卻讓李世民的心中冒出了一絲疑慮，他不由得想，魏王的勢力已經大到

第三章　何意蕭牆內，陰謀中傾覆—宮闈爭衡

讓岑文本、劉洎都為其站臺了，難道真的已經到了權重難控的地步？

而就在此時，長孫無忌上奏，堅決建議立晉王李治為太子。這位低調了十幾年的小舅子，終於站到臺前，表明了自己的態度。

長孫無忌歷來被李世民視為心腹。看到他站在了晉王李治這一隊，李世民又是欣慰又是驚喜，也許這就是他們幾十年相處形成的默契，即使沒有事先溝通過，長孫無忌也總是能準確地猜到李世民真實的心意。

但立儲這件事情，其實不是天子想要立誰就立誰的，朝中掌握權力的重臣的態度同樣很重要。所以李世民決定投石問路，探一探周圍大臣們的口風。

第二天，李世民對身邊的侍臣們提到了李泰探望他時所說的殺掉自己兒子來請晉王繼位的想法，感慨了一番。

「陛下此言大錯，望陛下好好想想，以免犯錯！」話還沒說完，諫議大夫褚遂良便站出來勸阻道，「魏王說繼位後，要殺掉自己的親兒子，反倒讓弟弟來繼位，怎麼可能有這等道理？當初陛下寵愛魏王，賞賜比太子還多，所以給了魏王不切實際的想法，然後才有了如今的禍亂。前事不遠，足以為鑑，難道還要重蹈覆轍嗎？如今陛下既然要立魏王為太子，那就不能再寵愛晉王，最好先把晉王給處理了，這樣方才能保證後宮變亂不再發生。」

但如此愛自己孩子的李世民，又怎麼忍心再失去別的兒女呢？他流著淚說道：「對，我的確不能這樣！」

而當李世民召見晉王李治時，正看到他滿臉憂心忡忡的樣子，反覆追問之下，李治才吞吞吐吐地說，是哥哥青雀告訴他，因為他與漢王李元昌交好，所以肯定會被牽連降罪。聽了這孩子的陳述，李世民心裡憮然不悅，沒想到以往在自己面前可愛聰穎的李泰，逼反了承乾不夠，還想要逼瘋親弟弟。

李世民最後一次與承乾見面時，承乾已經是個庶人了，身體很差，看起來活不了多長的時日，但卻顯出了久違的輕鬆。自知大勢已去，承乾倒是能坦白地說幾句實話了：「臣已經是太子，不需要再求什麼。只是被李泰算計，才到了今天的地步。要是李泰成為太子，那就讓他陰謀得逞了。」

　　雖然不願意承認，但李世民的心中其實明鏡似的雪亮，李泰是個不錯的皇帝候選人，因為他城府深、心機重、善於籠絡人心，也靠著一步步的造勢，把大哥承乾逼到了死巷裡，不得不籌謀舉逆。皇位就需要這樣兼具狐狸和獅子兩種性格的人來繼承，即使這在道德上確實有問題。

　　李泰什麼都好，可李世民的內心卻終究不願意立他為太子。因為要是李泰做了太子，那不就意味著太子之位能以層層權謀鑽營而得？若要為子子孫孫傳位穩定，那就斷然不能起這樣一個頭。更何況，按照李泰的性格，要是真的繼承了皇位，就容不下承乾和李治幾個兄弟了。而李治的性格相對溫和，想來可以善待他的兄長們。

　　而且從上次的對話也可以看出，晉王李治並不是「傻白甜」，他在李世民的追問下，幾句話就把自己與李元昌的關係撇得乾乾淨淨，還順便將李泰抹上一層告密之嫌。年紀尚幼便如此深謀，將來必成大器。

　　所以，李世民最終決定了太子的人選。為了讓朝中的主要重臣們接受並支持新的太子，李世民還要先排演一幕大戲出來。

　　這場戲的導演、編劇是李世民和長孫無忌。

　　大戲從兩儀殿開始，朝會結束後，群臣散會離開，內閣幾位宰相被李世民留了下來。李世民對幾位宰相訴苦道：「我三個兒子加上一個弟弟，做出這些事情出來，我活著還有什麼意思！」說著便用頭撞向坐榻，雖然演技略顯浮誇，但情緒和動作都已經到位。

　　長孫無忌等人急忙上前抱住李世民。

李世民被拉過來後，還要尋死覓活，抽出佩刀就要往自己身上刺，褚遂良幾步上前，奪過佩刀，遞給了一旁不知如何演戲的李治。長孫無忌安撫下李世民，相互使了眼色，向著李世民問道：「請陛下示下，所欲為何？」

　　李世民回答得很乾脆：「我欲立晉王。」

　　在場的人裡，房玄齡是傾向於魏王的，李世勣的態度還不確定。不等他們開口，長孫無忌搶先道：「謹奉詔！請陛下放心，要是有人提出異議的話，那臣就上奏斬了他！」

　　李世民要的就是這句話，轉頭看向一邊的李治：「你阿舅同意立你了，還不快快向他拜謝？」

　　李治行禮完畢，說出了他在這場戲中的唯一一句臺詞：「謝舅舅！」

　　其他幾位宰相看著這一切，他們知道天子的心意，所以就以默許表達了支持的態度。李世民環顧一圈道：「公等既然都同意了，卻不知外朝的群臣是否認可？」

　　長孫無忌等人答道：「晉王仁孝，天下人一直全都心儀於他，願陛下召集百官問個清楚，若非如此，那臣等便只能萬死謝罪了！」

　　於是，天子李世民立刻下令在最隆重的太極殿升朝，把那些剛散會回去不久的六品以上文武百官，全都重新召集在一起。面對群臣，李世民開門見山地問道：「承乾悖逆，李泰也很是凶險，皆不可立為太子。那朕要選擇皇儲，應該選誰呢？」

　　承乾、李泰已經是欽定了不能入選的皇子，答案已經很明確了。事先已經得到口風的群臣們不約而同地歡呼著答道：「晉王仁孝，當為皇儲！」

　　看著群臣如此歡欣鼓舞，李世民也很是欣慰，這一場大戲也到了結尾。這一天，還做著成為太子繼承大統之夢的魏王李泰接到李世民的傳

令，帶著隨從入宮。到了永安門，在城門司的指引下，隨行的一百多騎士被阻隔在外，李泰獨自進入宮城。李泰入宮之後，立刻被帶到了皇城的肅章門內，隨即被拘禁起來，幽禁在了長安城北的禁苑之中。隨後晉王李治被封為皇太子，大赦天下。

新的東宮組建了起來，長孫無忌兼任太子太師，房玄齡為太傅，蕭瑀為太保，李世勣為東宮詹事，左衛大將軍李大亮領右衛率，諫議大夫褚遂良為東宮賓客。長孫無忌也因為立太子的功績，成了新一屆「太子黨」的領銜人物，兩年後又兼任侍中，重新進入了核心的權力圈。

一個屬於他的時代，終於即將到來。

第三章　何意蕭牆內，陰謀中傾覆—宮闈爭衡

第四章

千乘萬騎動，飲馬長城窟——
邊塞鏖兵

第四章　千乘萬騎動，飲馬長城窟—邊塞鏖兵

01　唐僧回國，唐皇出國

　　貞觀十九年（西元 645 年）的正月二十四日，長安城迎來了一位貴客。為了迎接這位貴客的到來，上至擔任京師留守的宰相房玄齡，下至長安城的普通百姓，在長安城西沿途排成了長達十里的長隊，萬頭攢動，只為了瞻仰一下這位貴客的容顏。

　　這位貴客，便是大名鼎鼎的高僧玄奘法師。他自貞觀元年出國，前往西方天竺的那爛陀寺，學習佛經原典，遊歷天竺各國，訪師參學，前後十九年，終於帶著大量珍貴典籍，以及一百五十粒如來肉身舍利等法寶，行程五萬里，回到了大唐的領土。

　　當年他出國時，並沒有得到朝廷的允准，而是越過玉門關的邊防與烽燧私自離開，但回國之時，他得到了朝廷正式批准的敕令。而此時的大唐，疆域已經不只及於玉門關，而是遠拓西域，征服了高昌、焉耆等國，驅逐西突厥。從于闐到蔥嶺，都是大唐的國土。

　　玄奘抵達長安後，入住修德坊的弘福寺。此時天子李世民正在籌劃一次新的遠征，已經抵達東都洛陽，隨時都有可能率領大軍出發。佛家禮敬當世的君王，玄奘要在大唐弘揚佛法，勢必需要大唐皇帝的支持。因此，玄奘得到天子從洛陽發來的召喚後，馬不停蹄地動身，風塵僕僕地來到東都，在洛陽宮的儀鸞殿拜謁了天子李世民。

　　連續二十天，玄奘每天都被召入內殿密談，從早到晚直至擂鼓關閉宮門，他們不只談論玄奘研究的佛法，還談論了大唐天子更為關心的事情，那就是西域的情報。玄奘途經西域各國，又在天竺生活十餘年，熟悉西方各國高層的情況，整個人就是一部行走的西域資料庫。相比於玄奘法師所沉心的佛法，天子李世民更感興趣的是經略西域能帶給帝國的利益，他不止一次地提出，要玄奘協助唐廷，投身於開疆西域的事業，但是都被玄奘

婉拒了。

之所以拒絕天子的隆重相邀，是因為玄奘早已發下宏願，要將此番取得的真經全都翻譯為漢字，光大佛法。最終，開明的大唐天子成全了玄奘的心願，在長安弘福寺設立譯經院，請玄奘掌理。三年之後，太子李治為紀念母親長孫皇后而建造的大慈恩寺落成，玄奘法師又入寺升座，此後玄奘餘生的大部分時間，都是以「大慈恩寺三藏法師」的名號，與弟子們共同在這裡潛心譯經。

當然，為了回報大唐天子的看重和朝廷的支持，玄奘首先做的，就是撰寫他遊歷西域的報告。這份報告由玄奘口述，徒弟辯機筆錄，記載了玄奘親眼見到和親耳聽到的關於西域一百三十八個邦國的地理、交通、氣候、物產、民族、語言、歷史、政治、經濟、宗教、文化、風俗等方面的重要情報，具有極高的策略意義。這份報告剔除了一些敏感的情報資訊後，就是最終流傳於世的《大唐西域記》，千百年後，《大唐西域記》幾經流傳改編，並經過藝術加工和文學創作，最終成了家喻戶曉的《西遊記》。

而此時的李世民，還有更為重要的事情要關心。他在洛陽與玄奘法師談了二十天的話，談好之後，立刻啟程北上，開始了向高句麗的遠征。

高句麗和中央王朝結怨已久。當初隋文帝、隋煬帝兩代人，以傾國之力征討，換回了一個損失慘重、動搖國本的結果，最終導致了隋朝的覆滅。遼東遍地樹立起的用隋軍屍骨堆起的京觀，幾十年來沉默無聲地紀念著這幾次慘烈的遠征。

唐初，為了對抗共同的敵人突厥，唐廷與高句麗曾有過一段聯合，在這段蜜月期裡，唐廷還順便派人前往遼東，拆除了邊境的幾座京觀，將隋軍將士的骸骨帶回中原安葬。但隨著東突厥的覆滅，高句麗再次恢復了實力。不僅如此，高句麗王高建武還在遼東邊境修造了一條長達千餘里的長城，防禦外敵的進攻。外敵是誰自然不言而喻。

第四章　千乘萬騎動，飲馬長城窟—邊塞鏖兵

　　唐朝上下皆感困惑——這麼多年來一直都是我們修長城防禦蠻夷外寇，怎麼這回變成別人依樣畫瓢，修長城來防禦我們了？

　　這其實也容易理解，高句麗並不是什麼蠻夷，而是有較高發展的農耕文明，他們的人口充足而富庶，城池堅固而又完備，重灌騎兵訓練有素且裝備精良。當年的隋帝國掃平了東亞大陸上肉眼可見的鄰國，卻唯獨打不下高句麗銅牆鐵壁的遼東城。而且，高句麗與同樣是扶餘人的百濟國聯盟，對新羅人（也就是後來的朝鮮人）建立的國家步步緊逼，大有一統朝鮮半島的趨勢。

　　貞觀十六年（西元642年），高句麗權臣淵蓋蘇文在政變中殺掉了高句麗王，掌握了大權，然後立刻大舉攻伐新羅國。新羅抵擋不住，向唐廷求助。唐廷派遣專使，帶著天子的詔書前去調停，遭到了淵蓋蘇文的拒絕。

　　其實到了這個時候，唐廷早已經注意到了高句麗蠢蠢欲動的跡象，既然淵蓋蘇文給了唐廷宣戰的理由，那就卻之不恭，不客氣地笑納了。

　　由於隋煬帝三征高句麗的慘劇才過去三十多年，大唐朝野對這段故事記憶猶新。人們往往會把那場亡國之戰與這次的遠征連繫起來，所以反對這次戰爭的大有人在，連右衛大將軍李大亮病逝之前寫的遺表，都用主要篇幅苦口婆心地勸說李世民停止這場遠征。但是李世民力排眾議，堅持發動戰爭。

　　對李世民來說，征討高句麗是他於公於私都要做的一項事業。

　　於公，是要維護大唐的國家安全。李世民執政以來，大唐始終信奉著守國門於藩籬的策略，以策略攻勢保持內地的安全。高句麗已經把百濟、靺鞨等周邊勢力收做了小弟，還與海那邊同樣是扶餘人建立的倭國交好，如果再吞併新羅，那就更加威脅大唐一直以來建設的這套「以大唐帝國為核心的天下朝貢體系」，這套朝貢體系的要義就是，天下只能有一個天朝，一個大哥，別的國家只要接受了這套邏輯，沐浴在文明燈塔的照耀

下,那就是好的小弟。可如果像高句麗這樣要冒出頭來另立山頭做二號大哥,那就要吃天朝大哥的鞭撻懲罰。

這件事情宜早不宜遲,李世民這一代人能解決的事情,就不要留給下一代來做。因為李唐的強大軍事機器是以府兵制為基礎的,府兵制下的府兵,都是官宦後代出身的具有優異軍事素養的「良家子」,平時休養訓練,戰時應召建功立業,好處是耕戰結合,朝廷不需要為養一支常備軍而耗費財政成本,但壞處就是,要是長期以來沒有戰事,那府兵們的訓練就會廢弛,墮落成弱不禁風的「少爺兵」。自征服東突厥、吐谷渾的戰事以來,唐廷大約已經十年沒有進行過大型的軍事動員了,之前對高昌、焉耆、薛延陀的戰爭都是小打小鬧,出動一萬人左右的府兵,主要軍事任務都是由藩屬國的僕從軍來承擔。要是府兵們再不出來,那一些折衝府的武備就真的廢弛了。從這個角度來說,征伐高句麗也是有必要的。

而於私,李世民也希望透過這次戰爭,重新振作起貞觀的新氣象。

後世所稱道的貞觀之治,是以朝政清明著稱的,但隨著魏徵等賢臣的去世,到了這個時候已漸漸顯出了頹勢。幾次政變不僅暴露出唐廷表面平靜的水面下一如既往地洶湧而黑暗的政治鬥爭,而且讓李世民自己也嘗到了親人背叛的苦果。這兩年來,李世民的胸中彷彿一直憋了一口惡氣。貞觀十八年(西元 644 年)十二月,廢為庶人的李承乾病逝在了流放之地黔州,李世民心中悲痛,以至於不再上朝。

他一直都是天之驕子,如果他的人生是一段精采紛呈的史詩,那這部史詩寫到這裡已經有了要爛尾的跡象。難道經歷過波瀾壯闊的開國之戰,還有雲譎波詭的玄武門十二時辰,最後他的故事結局,竟然是在兄弟兒子背叛之後,孤獨地老死在長安城陰森的皇宮裡?

不,他不可以選擇這樣的結局,因為他是李世民。

他是大唐的戰神李世民,曾經的天策上將,今天的大唐天子、番外諸

第四章　千乘萬騎動，飲馬長城窟—邊塞鏖兵

國的天可汗，他就算老了，也要繼續他的輝煌！

所以，當看到一切準備就緒之後，李世民下詔，大軍集結，開始出發高句麗。隨後的幾個月之內，大唐的盟友吐蕃、吐谷渾、突厥、回紇、薛延陀、鐵勒、高昌、契丹、奚、新羅、于闐、伊吾、焉耆……全部向高句麗宣戰。

半個亞細亞大陸的軍事力量都集結了起來，一起向著高句麗出發，只為了奉大唐天子之命，報當年父輩折戟於遼東之仇！

02　集合了

這場戰爭，李世民動員出了一支精銳雲集的軍事班底。

首先，當然就是情報戰了，這沒什麼好說的，三十年來，大唐始終長於此道。從貞觀十五年（西元641年）開始，唐廷打算經略遼東時，就派了職方郎中陳大德出使高句麗，說是友好訪問，其實就是實地勘察，蒐集情報。陳大德到了高句麗之後，拿著珍貴的絲綢賄賂當地官員，並無他求，只願一覽當地山川風物。「熱情好客」的高句麗官員聽說這位天朝來使不求別的，只是觀光，都對這筆買賣高興得不得了，帶著陳大德到處遊覽，什麼看起來新奇有趣，就帶陳大德往那裡鑽，就這樣來來回回在高句麗全境逛了一個多月，陳大德載著紀錄和手繪地圖滿載而歸，順便還在高句麗這裡找到了很多流落在此的漢人，將他們成功策為協助引路的內應，以備將來為唐軍引路和刺探。

戰爭前夕，營州都督張儉率領由契丹等外族兵組成的調查團，偵查高句麗長城以西的山川地形、水草長勢，隨後回到洛陽，將實時的軍事情報彙報給了李世民。唐軍此後踏入遼東，全依靠情報口的同僚們所提供的詳

實精確的資訊。

其次，就是軍械物資。有賴於三十來年的戰爭，李唐軍械技術歷經連年戰事的淬鍊，水準之高，足令敵國震懾。將作大匠姜行本，作為精通機械的巧匠統籌打造的拋石機，可以將三百多斤的巨石拋到一里之外，如果是比較脆的城牆、寨牆，可以直接打出一個缺口。其餘的攻城戰術，自然也是得心應手。姜行本受命擔任工程兵這一路的行軍統領，在幽州的安羅山準備建造雲梯、衝車，當時還有各地巧匠爭相進呈所製奇器，在天子的帶領下選取實用性強、殺傷力大的攻城器械，編入工程兵中。

而最有聲望的專家還屬工部尚書閻立德了。閻立德帶領的工部，是整個遠征的技術總支持。吸取了當年隋煬帝東征時後勤運輸困難的教訓，閻立德在江南的九江、南昌等地建造大船四百艘，用來運載輸送前線的軍糧。

同時，大唐海軍還有五百艘戰艦，在山東的萊州港集結，由刑部尚書張亮擔任平壤道行軍大統領，選取江淮、嶺南的兵卒四萬人，加上長安、洛陽的良家子三千人，組成艦隊。在平壤道行軍大統領張亮的率領下，以左武衛大將軍左難當、右武衛將軍常何（就是那位玄武門之變時玄武門的守將）為副總管，一等接到命令，便直取遼東。

陸上部隊則由太子詹事、左衛率李世勣負責指揮。李世勣擔任遼東道行軍大統領，率領步兵騎兵各路軍團六萬人，加上蘭州、河州的胡人降卒，合力並進，集結於幽州。

水陸兩路軍，共計十餘萬人，名將不計其數。要指揮這樣一支龐大的軍隊，可不是容易的事情。以往這樣級別的出征，除了李世民親自掛帥，一般都是由李靖來領銜，後來還多了侯君集這位李靖門生。然而，侯君集已經在兩年前的謀逆案中被賜死，李靖如今已經老得走不動路了，難以擔任這次重任。所以，以誰為帥成了一個大問題。

第四章　千乘萬騎動，飲馬長城窟─邊塞鏖兵

大唐軍界，如今可以擔當重任的名將，應該只有三個人 —— 李世勣、薛萬徹、李道宗。這三位大將的能力，是李世民親自認可過的，每個人的身上都有著殺敵破軍，毀城滅國的赫赫戰功。

但李世民作為軍事策略家，對這三位名將卻看得更清楚。李世勣、李道宗，領兵打仗中規中矩，雖然穩健，但難以取得大勝；而薛萬徹愛好劍走偏鋒，兵行險著，用兵若非大勝，就是大敗。這次指揮大兵團作戰，最佳結果就是大敗敵軍，滅亡高句麗，若不能做到，那也要重創敵軍主力，保持已經取得的勝利果實。從這個目的上看，三位將領都不能保證這一點。

李世民還特地去探望了已被加封為開府儀同三司的一代名將李靖，詢問他對征伐高句麗的事情怎麼看。李靖此時已經年過七十，幾十年戰爭生涯落下一身傷病沉痾，但聽出李世民的意思，當即表示，他已經病癒了，完全可以出征。

都說老驥伏櫪，志在千里。然而廉頗老矣，尚能飯否？看著白髮蒼蒼、連站起來都很困難的李靖，李世民最終還是沒有忍心讓他繼續出征。

所以，李世民做了個大膽的決定 —— 御駕親征。

誰讓他是整個帝國最強的主帥呢？

自登基以來，李世民身為天子，就沒有再親自領軍出征打過仗了。在宮城的層樓重闕裡待得久了，整日考量朝中權力平衡的事情，盤算著那些帝王心術，差點要讓別人忘了，這金鑾殿上的天子，曾經也是叱吒風雲的名將。如今他倒要看看，他這把絕世好刀，多年未曾出鞘，如今究竟還是否鋒利。

就這樣，興師遠征、問罪於敵的精銳之師至此集結完畢。

大軍統帥自然是天子李世民。除去房玄齡留守長安，蕭瑀留守洛陽，大軍出發後，行至定州，又留下了太子李治在此，作為監國坐鎮這一重要

的後勤補給重鎮，並有高士廉、劉洎、馬周三位宰相一同掌管機要事務。中書令岑文本、侍中長孫無忌、吏部尚書楊師道作為統帥部的參謀，隨李世民一同出征。

這時，退休多年，在家沉迷於修仙的尉遲敬德也出來了，他一生最為輝煌的時刻，就是在當年的開國戰爭中出生入死立下的戰功。承平年間，尉遲敬德因為對人驕橫，常常惹下禍端，也經常被李世民警告處分，後來沉迷於求仙問道，漸漸地就把這一切給看開了。如今既然天子李世民決心御駕親征，又怎能少得了他呢？

面對尉遲敬德的請戰，李世民答應了，任命其為左一馬軍總管。這是當年秦王府的官職序列，如今的尉遲敬德，已經是開府儀同三司，位同最為尊貴的三公，一個馬軍總管看起來不算什麼，卻有著別樣的象徵意義。這就彷彿一個熱血的故事，那些追風的少年老去多年，被蠅營狗苟所牽累，終於有一天，一陣大風襲來，而那些追風少年一夜之間，全都回到了人們的面前。並肩禦敵，一切都宛如昨日。

尉遲敬德領騎兵，像以往一樣護衛李世民的鑾駕，而陸路大軍主力，則由正副行軍大統領英國公李世勣、江夏王李道宗這兩位當世名將統領。開國老將劉弘基擔任前鋒大總管，負責前哨。另一位名將薛萬徹，此時還在代州的雁門關，防範漠北薛延陀汗國的入侵，因而沒有加入這次遠征。

缺席了薛萬徹的遠征軍，依然是全明星陣容。

行軍大統領李世勣以下的陸路六軍，有漢兵，也有唐廷從各部族徵調的蕃兵。漢兵由張士貴等人率領，既有大唐府兵，也有從關中、關東徵召的兵募。此次朝廷下令募兵，有數以十萬計的適齡男青年前來應徵，但唐廷不打算像當初的隋煬帝那樣追求軍隊的規模，而是以能力取勝，此次參加遠征的漢軍只有不到三萬，但他們都是長安、洛陽的良家子弟，裝備精良、戰術優異，是這次遠征的主力部隊。而六軍之中，來自突厥、鐵勒、

第四章　千乘萬騎動，飲馬長城窟——邊塞鏖兵

契丹等周邊屬國的士兵，由執失思力、李思摩、契苾何力等外族將領統率。大唐天子既然是他們的天可汗，自然可以可汗之名，調動屬國的大軍。

唐軍還特別設置了前軍，作為開路的先鋒部隊，以開國元勛劉弘基領銜，擔任前軍大總管。這支先鋒軍主要由契丹、靺鞨等蕃兵再加上幽州、營州本地兵馬組成，以騎兵為主，由之前負責偵查的營州都督張儉實際統領。

在出征的將領和文官之中，比如劉弘基、尉遲敬德這樣的老將，很多已屆垂暮之年，早已經退隱養老，此時毅然出征，大多都心裡清楚，這也許是自己這輩子最後一次披掛上陣的機會。既然這樣，那不妨再創下些名垂青史的戰果，也讓年輕的晚輩們看一看，他們這些老骨頭當年在戰場上的英姿。

聽聞大唐天子御駕親征，高句麗朝中也是慌了手腳。

淵蓋蘇文等高句麗的統治者們，都清楚大唐此刻的實力。高句麗雖然雄踞長白山南北，但體量上終究無法與大唐及其朋友們硬碰硬。此前之所以有恃無恐，不過是因為仗恃著遼澤天險的地利之便而已。

大遼澤南北一千里，東西二百里，上古時期曾是一片大湖，這片大湖千百年間在遼河泥沙的沖積之下逐漸乾涸淤塞，形成了河網密布、泥濘難行的沼澤，步兵通過尚且艱難，騎兵和大隊輜重車輛就更難行走了。當初隋朝兩代人，四次征伐高句麗，相當程度上都是因為遼澤難行導致後勤困難，才最終折戟沉沙。

但契丹、奚人這些塞外部落原本就熟悉遼東地形，已經在前軍總管張儉的率領下抵達了遼河對岸，準備等到唐朝天子的六軍跟上以後就進攻。探得這些消息，淵蓋蘇文等人意識到形勢緊急，連忙一邊整軍備戰，一邊遣使去唐朝天子那裡請罪，答應高句麗成為大唐的藩屬，並會像突厥、契丹那樣派遣年輕貴族充當天子的宿衛。

這些請求被唐朝天子一一拒絕了，天子的態度很明顯，這仗，鐵了心要打。

張儉指揮的騎兵在遼河以西四處襲擾，擊破高句麗的邊防部隊。前軍統轄的這些契丹、奚族人沒有什麼軍紀，四處襲擾，侵掠如火。面對唐軍的兵鋒，淵蓋蘇文果斷下令，將軍民撤往千里長城以東，而高句麗的大軍，則集結在千里長城一線組成防禦。

這個計畫，也是仿效了當年乙支文德等將領擊敗隋煬帝兩百萬大軍時採用的謀略，主動將遼澤作為屏障，利用長城和後方的遼東城、玄菟城、安市城等堅固的城池要塞作為策略大縱深，逐步消磨唐軍的兵力士氣，最終讓對方不戰自潰。

當高句麗諸軍正全力防備張儉的一舉一動之際，三月，李世勣的大軍卻來勢洶洶地抵達了大遼澤旁，從李世勣派出的斥候們的行蹤看起來，唐軍是準備沿著當初隋煬帝東征的路線，經過懷遠鎮，攻打遼東城。於是，高句麗軍將主力布置在了懷遠鎮對岸的長城防線上，留下一部分兵力來防備南線張儉方面的入侵。

遼東城經歷了幾代人的修繕，早已經固若金湯，守在這裡，讓高句麗軍的將士們略微定下了心來，祈禱著這一次能繼續得到上天保佑，守住這座堅固的要塞。

然而，在懷遠鎮和遼東城附近守了一個月，高句麗軍錯愕不已地收到了李世勣大軍兵臨玄菟城下的消息。

原來，一切都是李世勣散布下的幌子，唐軍佯裝要向懷遠鎮進軍，實際上到了大遼澤後，就率領數千人偷偷潛行向北，沿著當年隋煬帝留下的甬道，直接向著通定鎮迂迴。在通定鎮，李世勣率軍渡過了遼水，由於高句麗大軍集結在懷遠鎮對面，所以李世勣領兵輕鬆地翻越了千里長城。四月一日，大軍抵達了玄菟城下（今遼寧瀋陽附近）。

第四章　千乘萬騎動，飲馬長城窟—邊塞鏖兵

　　玄菟城告急，如何是好？高句麗急忙準備前去救援，可還沒等到援軍出發，四天之後，遼東道副大總管李道宗率領數千人又殺到了玄菟城東北邊數十里外的新城（今遼寧撫順北）。李道宗麾下十幾名騎兵逼近城門，面對唐軍兵威，城中守軍竟不敢出戰，只能堅守待援。

　　但堅守待援，也要有援軍來才行，如今唐軍的行蹤詭異不定，可能出現在任何一個地方，這讓高句麗各路軍怎麼敢放下本城，出來救援？

　　果不其然，當高句麗軍的注意力全都放在北線李世勣、李道宗大舉進兵的時候，前軍總管張儉率領著胡族騎兵組成的前鋒部隊，沿著南邊的海岸線，突破遼河防線，來到了遼東半島的建安城下（今遼寧蓋州附近）。建安城的高句麗守軍膽子略微大一些，見張儉帶來的前鋒部隊人數只有幾千，又是由高句麗人平時看不起的契丹人、奚人組成，便出城迎戰。上天總是把機會留給大膽的人，張儉果斷地擊破了出城迎戰的高句麗守軍，斬首數千級。

　　說起來，高句麗軍的裝備並不差，精銳部隊都裝備著工藝精湛的鐵甲，張儉帶著的胡兵們沒有這麼多的經費，裝備也許還不如高句麗軍。但軍隊不僅僅是靠著裝備取勝的，高句麗軍的軍事體系仍然沿用漢魏時期的軍制，而貧窮的胡族雖然使用著丐版裝備，卻經歷了大唐帝國的軍制改革，戰術體系上已經和高句麗軍拉開了代差。

　　高句麗人到了現在才略微摸清對面唐軍的布署，原來唐軍是分一南一北兩翼突進。那麼問題來了，哪一邊才是主攻方向呢？

　　問題很快得到了解答，玄菟城被圍十五天後，與新城一河之隔的蓋牟城（今遼寧撫順南）出現了大股唐軍。原來，李世勣和李道宗並沒有強攻玄菟和新城，而是留下一部分兵力圍城之後，率主力繼續攻打蓋牟城。蓋牟城也是險峻的山城，一千四百年後的遼瀋戰役中，這裡曾發生了慘烈的阻擊戰。唐軍不玩虛的，開始對蓋牟城進行猛烈的攻擊，十天之後，攻破

了蓋牟城的城防，城中兩萬餘人口，還有十餘萬石糧食，全部成了唐軍的戰利品。

有了蓋牟城這一處據點，唐軍便可以大膽地在遼東四處活動了。幾天之後，李世勣、李道宗的主力抵達了遼東城外，迂迴了一個大大的弧線，唐軍終於叩響了這座擊退隋朝兩代君王的傳奇之城的大門。

高句麗算是明白了，原來這一系列虛虛實實的操作，都是為了打進這座遼東城啊！

但唐軍彷彿那愛作弄人的命運一樣，當你以為你已經明白了些什麼的時候，命運總是會反過來搧你一個巴掌，告訴你：「不，你沒有明白。」

五月三日，大唐天子率領六軍，抵達了大遼澤的東岸。

在李世勣率軍迂迴通濟鎮的同時，天子李世民率領車駕抵達幽州，與應召到此的各國聯軍會合在一處，一共約五萬人，帶著之前姜行本打造好的攻城器械，一起向遼東出發。為了車駕和輜重器械通過遼澤，帝國的將作大匠閻立德填土造橋，修建了長達兩百多里橫跨遼澤的野戰橋，讓大軍順利通過了這片大沼澤。高句麗軍意識到，之前不管是張儉，還是李世勣、李道宗，都只是這場戰爭的序曲，而天子率領的部隊，才是這次遠征的主力，真正的大戰，此時才堪堪打響。

而高句麗人原本計劃的大縱深策略，自然也泡湯了。當初高句麗人想得完美，在遼河東岸、千里長城、遼東各城分別築下三條防線，層層防禦，哪想到唐軍先派了一隊人繞到三條防線後面，然後在正面和背後一起發起攻擊，要是一不留神，這三條防線的十幾萬守軍就要被唐軍合圍了。

長城沿線的高句麗守軍這時做出了一個果斷的決定：回軍先擊潰包圍遼東城的李世勣，然後回頭來迎戰大唐天子的親征部隊。於是，高句麗人收攏兵馬，步兵騎兵合計共四萬人，先去解救遼東城，然後與唐軍背水一戰。

第四章　千乘萬騎動，飲馬長城窟——邊塞鏖兵

遼東城外，聽聞高句麗四萬援軍趕到，李世勣、李道宗等一眾唐軍將領倍感壓力山大。

從幽州出發，李世勣和李道宗的軍隊為了保證軍事行動的隱蔽性和機動性，一直輕裝前進，兵力也並不算多，此時來到遼東城下的，不過數千人而已。此時一邊是遼東城內守軍，一邊是剛到的援軍，唐軍就只能分兵守禦，李世勣負責應對城內守軍，留給李道宗來對付援軍的，只有四千騎兵而已。

敵我兵力對比懸殊，軍中都覺得不可硬抗。暫且退卻也許是理智一些的做法，但大唐天兵豈可為高句麗人退避三舍？所以將領們沒有人提議退兵，但都覺得最好的辦法是安營紮寨，加強工事，用深溝高壘來暫時拖延高句麗軍的進攻，等到天子率領主力抵達之後，再打敗敵軍。

但李道宗對此不以為然——敵軍遠來疲憊，難道不是一個絕佳的戰機麼？他對眾將說道：「我等屬於前軍，前軍的責任，自然是為天子車駕掃清道路，難道還要把打仗的任務留給君上嗎？」

這個想法，與李世勣不謀而合。兩位主將定下方針，將士們遂全力以赴。

大軍在遼東城外的廣袤原野上列陣，李道宗下達了衝鋒的號令。果毅都尉馬文舉高聲叫道：「不遇上勁敵，怎麼能顯出誰是壯士？騎兵們，衝鋒！」一馬當先，帶領一隊騎兵衝入敵陣。馬文舉是隋朝驍果軍將出身，參加過江都宮變、童山大戰以來的無數次戰爭，因為有參與宮變的黑歷史，才一直不被重用，只是擔任一個折衝府的副長官。他帶的一隊騎兵也都身經百戰，數十年間，親歷唐軍大規模騎兵作戰戰術臻於極盛。而高句麗人大多未曾目睹如此凌厲的騎兵衝鋒，看著唐軍的重騎兵殺來，情不自禁地掉頭逃竄。

唐軍騎兵輪番結陣衝鋒，兩軍戰作一處。高句麗軍終究人多勢眾，而

且也都是訓練有素的兵團，漸漸藉助著絕對兵力優勢，挽回了原本的不利局面。

而這個時候，戰線一側，行軍總管張君乂的本隊出了狀況，高句麗人逼退了唐軍的進攻，張君乂不敵高句麗軍的兵鋒，敗退了下來。這一處敗退，導致整個戰陣出現鬆動，唐軍軍陣終於崩潰了。

「不許退卻！」李道宗見狀立刻收攏潰退的士卒。也全賴唐軍扁平化的指揮體系，敗退的唐軍以五十人為一大隊，迅速重整隊形。李道宗登高而望，只見遠處的高句麗軍正在重新集結起來，準備追殺潰退的唐軍。多年以來的戰場經驗讓李道宗敏銳地發現，高句麗軍在編組上顯露出紊亂，也許因為是多支軍團臨時拼湊起來的原因，高句麗人集合的過程中，出現了肉眼可見的混亂。李道宗當即下令：「收攏兵馬！重新衝鋒！」他自己帶著幾十名親隨的重灌騎兵，帶頭衝進了混亂的高句麗軍陣。

那一刻，彷彿是李唐列祖列宗靈魂附體，原本就混亂的高句麗軍，在李道宗的左衝右突之下，開始瀕臨潰散。

這給了敗退下來的唐軍寶貴的喘息之機，其他唐軍將領也藉此重新整頓本部兵馬，開始準備反擊。

而這時，從戰場之外飄來了一股殺氣。駐防在遼東城旁的李世勣也帶領一支軍隊趕到了戰場，重步兵列陣而前，齊頭並進，將混戰演變成一場殺戮。高句麗軍在夾攻之下終於大敗，全軍潰退。

這場戰役終於以唐軍反敗為勝告終，高句麗軍陣亡千餘人，傷者不計其數。

兩天後，天子李世民的車駕終於到達了遼東城外，主力大軍在馬首山上安營紮寨。得知了兩天前的戰況，李世民大為欣喜，賞賜了李道宗，並破格提升馬文舉為中郎將，依法處斬了先逃跑的張君乂。然後，李世民帶著數百騎兵來到遼東城下，查看圍城情況。此時李世勣正在一步步緊張地

第四章　千乘萬騎動，飲馬長城窟—邊塞鏖兵

拆除遼東城外高句麗軍修造的城防工事，填埋城外的溝壑。李世民騎在馬上，也開始幫著兵士運送土方。

天子親自運土，圍城將士們都是精神大振，鑾駕隨行的官員們也爭相投入築城行列，築圍工程大大加快，不多久便宣告完工。

接下來，就是見證大唐絕對實力的時候了。築圍工程完工之後，李世勣開始指揮大軍攻城。大唐工程兵部隊那能投出三百多斤巨石的拋石機，還有各式各樣的衝車、衝竿、雲梯、望樓等花式器械，全都派上了用場。十多天的時間裡，巨石的轟炸聲伴隨著唐軍將士們的呼喝，讓城內守軍只能躲在牆裡瑟瑟發抖。

五月十七日，南風大作。李世民意識到機會來了，派遣精銳的敢死隊登上城西南的衝竿，藉著風勢點燃了遼東城西南的城樓，猛烈的火苗從西南邊順風颳向了城中，這一點點散開的星星之火，燎起了全城各處木製的屋樓，整個夜空都被大火點亮。

總攻的時候到了，大軍趁勢如螞蟻一般登上城牆，攻入城門，攀上那些被拋石機轟開的缺口，殺進了城裡。高句麗軍人英勇地抗擊，但終究抵禦不住唐軍的攻擊。唐軍殺敵萬餘，俘虜士卒也萬餘人。李世民登上遼東城，下令點燃烽燧傳信，將獲勝的消息傳至千里之外在定州城監國的太子李治。

歷經幾代君臣的征伐，遼東城終於被中央王朝攻克，成了大唐帝國統轄下的遼州。

在千里之外的南邊，大唐艦隊在平壤道行軍大統領張亮的率領下，越過茫茫大海，抵達了遼東半島南端的卑沙城（今遼寧大連附近）。

卑沙城是海岸邊一座險峻的要塞，四面都是高聳的懸崖，只有西門可以登上。行軍總管程名振帶領本部兵馬，趁著夜色攀上了城牆。唐軍登上

城牆後，圍繞著城牆防禦工事，與高句麗守軍展開拉鋸戰，最終攻下了這座城池。張亮隨即領軍北上，接應遼東城的親征大軍，同時另派丘孝忠率領一路偏師，向著鴨綠江挺進，騷擾沿途的城池。

戰爭的第一階段，就此圓滿地完成了，玄菟城、新城等城池的守軍見遼東失守，也都放棄了抵抗，唐軍順利占領了遼東北面的各個地區。各路大軍此時都抵達了遼東戰場，對高句麗軍終於形成了合擊之勢。

李世民對高句麗作戰行軍路線圖

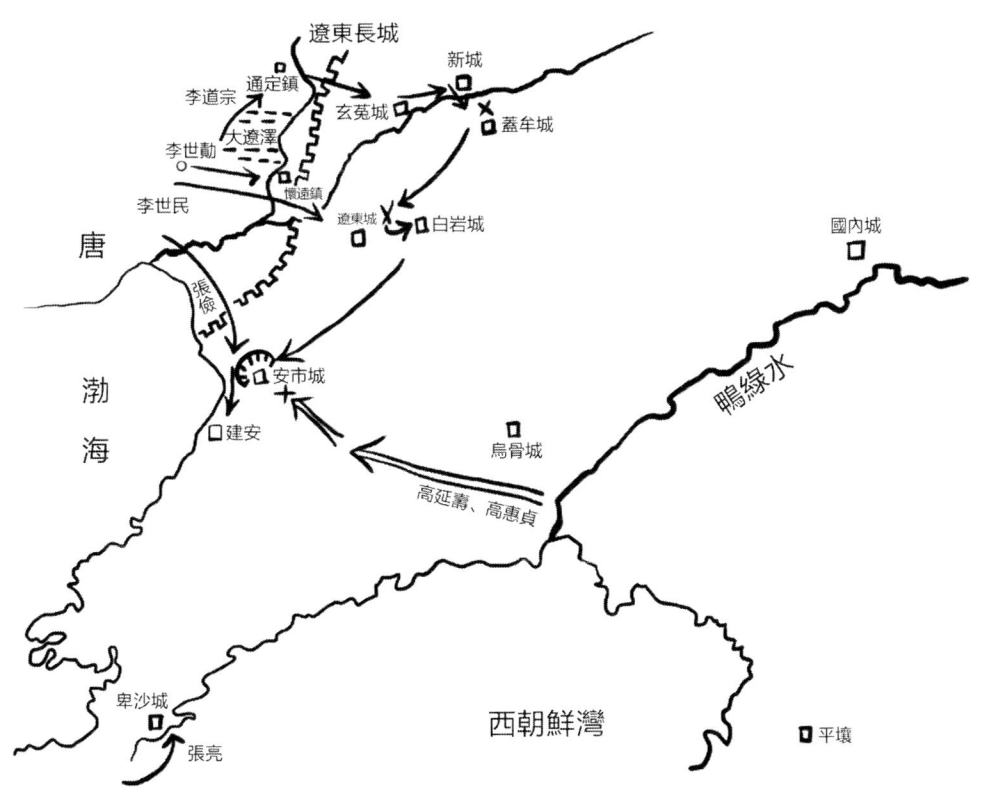

李世民對高句麗作戰行軍路線圖

第四章　千乘萬騎動，飲馬長城窟—邊塞鏖兵

03　安市城合戰

　　多年以後勇冠三軍的薛仁貴，是在安市城下開始自己的傳奇故事的。那時的他已經三十歲了，出身於河東望族薛氏的他，蹉跎到了而立之年，始終一事無成。直到天子親征遼東，招募關中、關東良家子為兵募，才給了薛仁貴一次機會。這是千載難逢的建功立業之機，各家子弟全都擠破了頭想要入伍，薛仁貴靠著關係拜謁了行軍總管張士貴，最終如願以償地成了張士貴麾下的一員大頭兵。

　　攻克遼東城之後，唐軍稍事休整，又繼續向著東北方向的白岩城挺進。薛仁貴也在軍中，但攻城這樣的苦活累活，自然不能動用他們這些寶貴的良家子弟兵，突厥、鐵勒的部族兵承擔起了主攻的任務。

　　白岩城是一座建在水邊的山城，居高臨下，險峻異常。突厥兵在可汗李思摩的帶領下徒步登山，迎著守軍的箭矢而上。李思摩不幸中了流矢，受傷後被抬下陣來。李世民親自來到突厥軍營看望李思摩，還親口幫他吮血。聽聞天子親自下嘴為可汗吸血，突厥、鐵勒等部的參戰部隊大受鼓舞，攻城之勢更為凌厲。

　　此時，烏骨城守軍派一萬多人前來救援白岩城，來到了城外不遠處。契苾何力率領八百騎兵，攔在狹長的山道口上，迎頭回擊。他騎馬挺身衝入敵陣，高句麗軍槍刺如林，契苾何力腰部中槍，血流如注，被人救下之後，勇氣更盛，簡單地一包紮，然後再次躍馬上陣，帶著騎兵繼續衝鋒。

　　狹路相逢，膽小的怕膽大的，膽大的怕不要命的，高句麗軍雖然強悍，熟悉地形，但面對唐軍騎兵瘋狂的衝擊，終於承受不住壓力崩潰了。契苾何力一路追擊，狂追幾十里，一直追到天黑看不見才停下來。

　　援軍全都被擊敗之後，李世勣指揮唐軍繼續猛攻，拋石機裡一顆顆巨石向著城頭夯去。最終，白岩城主孫代音感到勝利的機會渺茫，派人出城

向天子請求投降。聽說天子將唐軍的旗幟交給白岩城的使者，讓他們一旦投降，便將唐朝旗幟樹在城頭上。

知道白岩城準備投降，包括薛仁貴在內的大多數唐軍都不樂意了。因為高句麗人投降，可不僅僅意味著唐軍不用再努力攻城了，還意味著大唐將給予白岩城體面，城中的守軍和居民都會被文明對待，從而倖免於城破後的劫掠。可這怎麼行呢？打了這麼多天的城池，眼看著要城破，高句麗人卻在這時要求什麼體面，可將士們當初託關係、託人脈好不容易從了軍，一是為了建功立業，二是為了賞賜和戰利品。唐軍已經是一支仁義之師了，向來只取錢財奴僕，不做那些屠城之類的事情。要是拿下白岩城之後，天子因為體面而不准軍隊劫掠，那這麼多天的攻城不就白做了嗎？

行軍大統領李世勣將軍立刻表示不同意，帶著幾十個全副武裝的甲士氣勢洶洶地來到天子鑾駕前請願，說出了薛仁貴等一線戰士們的心聲：「士卒們之所以冒著槍林箭雨攻城，不外乎想得到敵軍手裡的財物；如今白岩城眼看就要打下來了，怎奈何就要接受敵軍投降，寒了戰士們的軍心？」

聽說主將李世勣做了這樣的事，薛仁貴也不禁為他捏了一把汗——帶著甲士闖到天子這裡上訪，要是碰到氣量小一些的皇帝，那就是逼宮、兵諫這樣的重罪了。好在當今天子畢竟非同一般，當即下馬，向著李世勣等人解釋道：「將軍說得是，但縱兵殺戮，朕終究於心不忍。要不這樣，將軍麾下有功的將士們，朕用府庫的錢財來賞賜，如何？」說起來，就是用天子的私房錢來贖買整座城池百姓們的身家性命。

這個方案，是各方都能接受的結果，畢竟只有天子一個人吃虧。隨即，白岩城頭豎起了大唐的旗幟，全城軍民終於向唐軍投降。而天子也遵從自己的諾言，用府庫的錢財獎賞攻城將士們，薛仁貴也拿到了頗為豐厚的一筆。

但賞賜終究沒有劫掠讓人刺激，薛仁貴和同袍們都期待著下一場戰役——領軍主將已經許諾了，下一場戰役，勝利後保證會有一次痛痛快

第四章　千乘萬騎動，飲馬長城窟──邊塞鏖兵

快的搶劫。

下一站就是安市城了，在那裡，命運之神將親吻薛仁貴的額頭，但此時的薛仁貴卻絲毫不知。

六月十一日，天子李世民從白岩城出發，向著南邊的安市城（今遼寧營口附近）進軍。六月二十日，大軍抵達安市城北，前軍剛剛抵達安市城，就立即發起了攻擊。而就在此時，淵蓋蘇文派遣北部傉薩高延壽、南部傉薩高惠貞率領高句麗、靺鞨等族十五萬聯軍，前來援救安市城。傉薩這個官職，相當於高句麗的一方軍區統帥，南北軍區傉薩皆出，就表示高句麗已經發動了傾國之兵。而此時安市城的唐軍，滿打滿算也不過三萬多人。

面對五倍於唐軍的高句麗人，李世民卻是成竹在胸，雖然他之前沒有和敵軍交過手，但卻把他們的動向算得明明白白。在李世民看來，高句麗軍的對策不外乎三種：利用地利之便，與安市城守軍會合之後，據險防守，讓唐軍頓兵在堅城之下，逐漸消磨士氣，這是上策；看到唐軍之後，掩護城中守軍，趁著夜色悄悄撤走，這是中策；而不自量力地拿著十五萬大軍與唐軍三萬人硬剛，這就是下策。李世民對長孫無忌等人說道：「以他們這些人的程度，必定會選擇下策，與我們硬碰硬。那就看著他們被唐軍擒獲好了！」

把十五萬人攻打三萬人說成是自不量力，大概只有李世民才會有如此底氣。

高句麗軍果然選擇了第三條方案，準備與唐軍決戰。既然如此，李世民也早已經為高句麗人選好了戰場。高延壽、高惠貞的大軍從東南而來，要穿過從鴨綠江到安市城的連綿數百里的千山山脈。這裡遍地都是山地與河谷，大軍難以展開，就算高句麗軍有十五萬人，戰鬥區域就只有狹窄的幾里地，也很難形成戰場上的優勢。

為了確保高句麗軍能順利到達安排好的戰場，李世民還命阿史那社爾

率領一千多突厥兵不停地騷擾引誘。看見裝備簡陋的突厥兵，高句麗軍不由得哂笑起來，以為唐軍都是如此不堪一擊，於是沿著通往安市城的狹長河谷一路直追，一直到了安市城東南邊八里開外的六山山口前。在這裡，唐軍主力三萬人已經等候多時。高延壽等人也是身經百戰了，看見前方的唐軍，於是也在六山腳下沿著山谷結陣，由於山谷太過狹窄，十五萬人形成了延綿長達四十餘里的連營。

和以往數次大戰之前所做的一樣，李世民帶著總參謀長孫無忌等人，連同數百騎兵登上高山，就近查看高句麗軍陣的情況。看著山下的景象，李世民君臣心中了然，勝利已經可以說是牢牢掌握在手中了。高句麗大軍將所有的兵力都安排在了這段四十多里長的山谷中，只要堵住山谷兩頭，那三萬唐軍就可以輕輕鬆鬆完成對十五萬敵軍的包圍。

這時，李道宗提出了一個更為大膽的想法：趁著高句麗人以傾國之兵來戰，後方必然空虛，他可以帶著精兵五千南下，直驅高句麗首都平壤城，徹底攪翻高句麗的大後方。

但是這個想法過於大膽了，如果是當年的秦王李世民，也許權衡之下會欣然答應，但此時李世民身為九五之尊，一舉一動關係甚大，此次御駕親征也更傾向於穩妥。面對高句麗十五萬大軍，誰也不能確保到時候沒有突發情況會出現。李道宗獻完策之後，李世民沉吟良久，並沒有回應。

六月二十二日這天夜裡，李世民下令諸將升帳議事，命李世勣領一萬五千人，在山谷口列陣，迎擊高句麗軍的正面攻擊；出奇制勝的任務，則交給急需軍功來提升朝中威望的長孫無忌，由他負責帶領步卒一萬一千人作為奇兵，從河谷北山的另一處峽谷取道，繞到山谷的另一頭，伺機發起攻擊；而李世民自己，則帶領步兵騎兵四千人，挾帶鼓角，收捲旗幟，登上北山，作為總預備隊，既以號角和鼓聲指揮山谷兩頭的唐軍，同時也會在開戰之後尋覓戰機，一起出擊。

第四章　千乘萬騎動，飲馬長城窟—邊塞鏖兵

　　布置妥當之後，李世民心中頗感自得，甚至在帥帳旁另設受降帳幄，篤定地下令道：「明日午時，便可在此接納降虜。」

　　次日，李世勣指揮步騎，在谷口列陣。高句麗這邊見狀，也立刻整軍出戰，要衝破谷口唐軍的陣形，殺往開闊地帶。兩軍交戰之後，雙方都驚奇地發現，對面敵軍超乎想像地棘手。高延壽此番打頭陣的都是高句麗軍中的驍勇精銳，一波又一波地向李世勣的大陣發起衝擊，自遼東遠征以來，唐軍從來沒遇到過如此凶猛的攻擊。一批又一批的唐軍精銳奮勇而上，才堵住了陣形的缺口。

　　此時，登上北山的李世民終於望見峽谷那頭飛揚起的塵土，知道是長孫無忌的奇兵已經到達了指定地點，當即下令鼓角齊鳴。低沉渾厚的號角聲響徹整個峽谷，這是唐軍齊攻的訊號，唐軍鼓譟而進，發起了反衝鋒。

　　此時的高句麗軍就像是一隻龐大而遲緩的巨獸，前後兩頭都受到了攻擊，但大多數士卒都停留在四十多里長的谷地無所事事，只聽見遠處唐軍震耳欲聾的鼓角聲，卻看不到唐軍的人影，缺乏訓練的靺鞨兵首先慌亂起來，出現了混亂的狀態。

　　陰暗的峽谷裡，空中黑雲密布，彷彿在呼應著下方的殺戮，突然風雲變幻，一時間雷電交加。薛仁貴在陣中，與同袍們並肩浴血而戰，身邊不知有多少人倒下，這些倒下的同袍都是和他一樣家世背景優越的良家子弟，此刻卻像塵土一樣地倒在地上。一股力量推動著他奮起，薛仁貴披上鮮麗的白袍，手持戟槍，腰挎雙弓，大聲疾呼，衝入敵陣，此時正好一道閃電劃破天際，映照著滿臉血汗的薛仁貴，猶如上天降下的殺神。雷聲響徹戰場，薛仁貴左衝右突，所向披靡。

　　站在北山上的天子李世民看見了山下身形勇健的薛仁貴，看著他一路大呼而前，竟然獨自衝破了高句麗軍的戰陣。這樣的身姿，不禁讓他回憶起當年虎牢關外銳不可當的自己。眼見高句麗軍陣已經被衝亂，最佳時機

已經到了，李世民一聲令下，率領著本部衛隊衝了下來，徹底擊垮了高句麗軍的戰鬥意志。

唐軍前後夾攻，追亡逐北，一戰殲滅敵軍兩萬餘人。高延壽收集殘部，背靠著山崖固守，他們還有四萬人，絕對兵力上甚至還多於唐軍，但已經被唐軍團團包圍。長孫無忌又拆除了所有橋梁，斷了高句麗人的退路。最終高延壽率領餘部三萬六千多人請降，並帶著高惠貞等部將躬身膝行，進入唐軍營門，在天子帳前拜伏請命。

看著跪倒在地的高延壽、高惠貞等人，李世民微笑著說：「東夷少年，跳梁海曲，今後還敢與大唐天子交鋒麼？」

高延壽等幾位高句麗降將，都拜服在地，啞口無言。這場戰役，高句麗占盡了天時、地利，卻輸得徹徹底底，五萬匹馬、五萬頭牛，一萬多領鐵甲，軍器輜重無數，全都成了唐軍的戰利品。高延壽等人這次徹徹底底地知道了什麼才是天之驕子，從此把屁股穩穩地坐到了大唐的凳子上，為大唐出謀劃策，並成了唐廷的鴻臚卿和司農卿。

薛仁貴因為作戰表現優異，得到了天子的特別接見，並拜為游擊將軍。他和其他得勝的士卒，都得到了應有的犒賞 —— 限時自由劫掠活動。趁著唐軍大獲全勝，高句麗舉國震駭之際，附近的城池因此都自動捲鋪蓋撤退，唐軍大肆抄略之下，安市城方圓數百里都成了無人區。

然而，安市城卻在唐軍的圍困之下，久攻不克。

這座城池，歷來有城險兵精的名聲，在高句麗諸城當中是個異類。如今見到唐軍大破十五萬高句麗兵，非但不投降，反倒在城頭鼓譟。因此李世勣請求破城之日，殺盡城中所有男丁，既是出一口惡氣，也可以把安市城搶劫得徹徹底底。而安市城中的守軍見狀，更加沒有了投降之心，全城一致守城。

唐軍的拋石機、衝車在這邊轟啊轟，這邊的安市城就跟著不停地修啊

第四章　千乘萬騎動，飲馬長城窟──邊塞鏖兵

修，用木柵來填補城牆上被轟開的缺口。

唐軍又在城牆的東南一隅堆起了土山，準備越堆越高，最終居高臨下地攻城。而安市城這裡則跟著開始抬高城牆，唐軍的土山高多少，高句麗人的牆便建多高。

而且，城中守軍並非死板地守城，而是有來有回地打。有一天，安市城中雞鳴大作，前方指揮官李世勣還不以為意，李世民卻聽出了不對──圍困到現在，城裡的雞估計已經被吃得差不多了，這時候到處是雞叫聲，一聽就是城裡的守軍在大舉吃雞，又沒有節日，為什麼要吃這麼多雞？肯定是在犒勞士卒，準備反攻了！因此急忙提醒李世勣小心夜襲。

當晚，安市城守軍吃完了雞，果然放下幾百個敢死隊，吊著繩子出來襲營。幸好李世民及時親率援軍趕到，猛烈回擊，數百敢死隊這才被擊退，拋下幾十具屍體撤回了城中。

其實，盯著安市城攻堅，並不是唐軍的最佳策略。高延壽、高惠貞投降之後，折服於大唐天子的人格魅力，都獻出了寶貴計策，建議唐軍留一部分人在安市城，其餘部隊繼續南下，攻打實力更弱的烏骨城，然後在張亮的海軍部隊配合下，南渡鴨綠江，直取平壤城。

在長孫無忌的勸說下，李世民最後放棄了這條計策。這條行軍路線雖有著極大的機會，卻也存在著不可預估的風險，畢竟在唐軍後方，新城、建安城還控制在高句麗手裡，屯戍著十餘萬兵馬，雖然有前軍總管張儉的牽制，但萬一被擊敗，唐軍連同天子鑾駕，都有後路被斷、無法回國的危險。

說到底，都是唐軍此次出征兵力不足的緣故。為了避免勞師動眾，唐軍只派出了六萬多人，加上張亮的海軍也不過十萬，和當年隋煬帝的傾國之師不可同日而語。所以當初沒有分兵李道宗襲擊平壤，此時放棄了攻打烏骨城，其實都是因為兵力捉襟見肘。

因此唯有傾力先取安市城。唐軍分班輪戰，每日轟擊六、七個回合；

城東南的土山,亦在李道宗監督下晝夜趕築。歷時六十日,終於堆起五十萬土方之巨壘,高出安市城牆數丈。居高臨下,李道宗令果毅都尉傅伏愛率隊駐紮山頂,以俟總攻之時,憑險制敵。

但是,天有不測風雲,日夜不停地趕工終於引發了重大安全事故,整個土山忽然塌了,五十萬方的土石向著安市城牆垮下來,把城牆也壓垮了一截。

這場事故為唐軍帶來了千載難逢的機會,城牆崩塌,正可以趁勢衝進城去。但由於唐軍的應急措施不到位,主將李道宗、一線指揮官傅伏愛都不在現場,倒是城裡的守軍率先反應過來,數百人殺向了土山,土山上的守軍沒有防備,高句麗軍一舉奪取了土山,迅速在土山邊修造工事,挖起塹壕。

當駐紮在城外東嶺的天子李世民得知消息時,整個土山都已經被占據了,這個絕佳的進攻機會就這樣與他失之交臂。李世民憤怒地處斬了傅伏愛,命令諸將強攻土山,但是接連三天,高句麗軍頂住了攻擊,牢牢地把土山攥在了手裡。

這場軍事失敗,負責土山攻擊的李道宗難辭其咎,按照軍紀,這是失職的死罪。李道宗卸下鎧甲,赤著腳徒步至天子帥帳前請罪,但李世民終究愛惜將才,特赦了李道宗,對他說道:「汝罪當死,但與其殺了汝,不如像秦穆公那樣赦免戰敗的孟明視,讓你以後再立功勳。」

這時圍城已經兩三個月,遼東的冬天來得特別早,九月的天氣就已經草枯水凍,寒風刺骨了。隨行的補給,以及繳獲的幾萬頭牛羊,已經被唐軍吃得差不多了,如果再打下去,大軍便難以為繼。九月十八日,李世民最終下令撤軍,先將蓋州、遼州的百姓人口遷移到關內,隨後,大軍最後一次在安市城外閱兵,李世民正式下令,各軍凱旋而歸。

說是凱旋,但其實並沒有取得預期的效果,雖然大唐攻取了十座城池,遷徙遼東戶口七萬人,還在新城、建安、安市打了三場大戰,斬殺敵軍四萬餘人,但安市城還掛著高句麗的大旗,唐軍攻占的十座城池,撤軍

第四章　千乘萬騎動，飲馬長城窟—邊塞鏖兵

後也很難繼續駐守下去。

安市城上，見唐軍準備離開，城主親自登上城樓，遙遙向著大唐天子拜別。望著遠處城樓上的人影，李世民也以綢緞百匹回禮。這場攻城戰，雙方都是令人尊敬的對手，各自向對方透露出了惺惺相惜的意思。

完成無數不可能任務的李世民，終究沒有在遼東再次創下奇蹟。

回師的路走得很艱難，歷經秋雨之後，閻立德原本督造的野戰橋已經不堪使用，唐軍忍著寒風，冒著暴風雪，用草木、器械填塞出道路以供行走，雖然一路減員並不算太多，但是隨行的馬匹卻十有七八都死了。十月十一日，大軍回到營州，清點人馬，這場戰爭中，唐軍陣亡達兩千多人，這和李世民以往的戰績相比，已經是個不小的挫折了。陣亡將士的遺骸被收集在一起，用最高級別的太牢祭祀，李世民親自寫了祭文，在儀式上灑淚祭奠——這次犧牲的戰士，很多都有可能成為將來的將種，如今卻已成了一堆冰冷的遺體。李世民心中帶著懊悔，意識到自己缺少了魏徵這樣的諫臣，不免暴露出容易膨脹的缺點。帶著對魏徵的思念，他下令重新修好了貞觀十七年（西元 643 年）時被他下令推倒的魏徵墓前的神道碑。

好在這次他還得到了薛仁貴這樣的將才，他們將是帝國未來的希望。從安市城回來的一路，薛仁貴一直跟在李世民身邊，這個年輕人甚得他的喜愛，李世民甚至還說：「我得遼東千里，不如得到你。」

回京的路上，李世民又會見了年邁的軍事家李靖。李靖與他拿著行軍紀錄，重新覆盤了這場戰爭的每一個部署，嘖嘖地嘆了一聲：「當初陛下若是同意李道宗的提議，派他帶領五千人前往平壤，戰局也許就有轉機了。」

「有這回事嗎？」李世民問著，冥思回憶了一遍，緩緩說道，「那時事情雜多，我已經想不起來了。」

李世民是否真的想不起來，此時已經不再重要，因為這次向高句麗的遠征，結局已然是無法更改了。

04　誰是女主角武王？

　　這次遠征高句麗，從貞觀十九年（西元 645 年）三月二十四日車駕離開定州，到十月二十三日車駕回到臨渝關（即山海關），得到太子李治的迎接，整整七個多月，李世民都沒有洗澡、沒有換衣服。

　　出發時，李世民指著自己的戰袍對太子說，「等到下次見面時，我再換掉這身袍子。」於是從春天到夏天，夏天到秋天，不管渾身汗酸臭，還是長了蝨子跳蚤，李世民愣是一直穿在身上，沒有脫下過，風吹日晒雨淋地，都已經穿得朽爛了。從者們都勸李世民換件袍子，李世民則說，「將士們的衣服都穿破了，只有我穿著新衣，合適麼？」直到此時見到太子，太子如約獻上新的衣袍，李世民這才換了衣服。

　　軍中條件簡陋，整支軍隊都瀰漫著濃烈的體臭味。李世民可不是像當年的隋煬帝那樣乘著觀風行殿出征的，而是實打實地和將士們同甘共苦，他在這麼惡劣的環境下待了七個多月，平時還要日理萬機，處理軍機要務，神經無時無刻不處於緊繃狀態，直到回到定州，一切重擔卸下之後，李世民終於病倒了，身上長出一個巨大的癰瘡。

　　於醫藥未臻發達之世，這是一項極為危險的症狀，很容易導致細菌進入脊髓，引發全身的敗血症，最終不治身亡。當年西楚霸王項羽的亞父范增，還有三國時的劉表、曹休，都是得了癰瘡之後病逝的。李世民得了癰瘡，形同叩關於鬼門。

　　患癰之後，李世民由於感染引起的炎症，一度高燒不退，太醫一度呈上病危奏疏。當留守在定州的宰相馬周、劉洎探望李世民時，李世民已經陷入昏迷，失去意識了。二人出來之後，劉洎控制不住表情，悲哀而憂懼地對同僚們說：「病勢如此，聖躬真的要危急了啊。」

第四章 千乘萬騎動，飲馬長城窟—邊塞鏖兵

好在癰瘡也不是不能治，只是需要將癰瘡中的膿血吸出，然後依靠人體自身的免疫力自行康復，這個過程，三分靠醫術，七分靠神佛。縱然是在大唐太醫院，以當時頂尖的醫療技術看，似乎也只能如此了。

而為李世民吸出膿血的，是太子李治。李治一口一口地，為昏迷中的李世民吸掉瘡中的汙血。也許是上天注定李世民能逃過這一劫，或是幸而身體底子好，李世民的身體免疫系統終於發揮了作用。在步輦上躺了好幾天，終於從鬼門關前撿回一條命，恢復了健康。

但李世民病癒後不久，黃門侍郎褚遂良告訴了他一個令人震驚的消息：宰相劉洎在李世民病危時曾說過，朝廷大事不足慮，只要依循伊尹、霍光的故事，輔佐幼主，誅殺有二心的大臣，便可以了。

病中之人，常常會陷入無法理喻的敏感焦慮中。此時的李世民正處於極為脆弱的狀態，褚遂良轉述的話觸碰了他的逆鱗，他不能容忍有人圖謀在他死後做什麼僭越權位的事情，哪怕只是說一說，他也無法接受。所以，儘管劉洎極力否認，中書令馬周也為其作證，找了證人對照劉洎當初說的話，口徑都是一致的，但李世民在褚遂良的堅決指證之下，最終下令賜劉洎自盡。

不管劉洎是否真的說過這樣的話，李世民都會賜死他，其實也是為了殺一儆百，杜絕其他朝臣的僭越之心。

在御史臺官員的監督之下，劉洎奉旨服毒自盡。但臨決之時，請求給他紙筆，要向天子上奏遺表，陳述自己的情況，但御史臺原本就是褚遂良以往統管的機構，派出的御史自然拒絕把紙筆給他。當李世民聽到這段情節的時候，他漸漸恍過神來，意識到劉洎可能是清白的，但劉洎早已經自盡了，沒有留下任何遺言。

天子不可能有錯，有錯也一定是派去的人出了問題。所以，李世民只有在心裡惱恨著整件事情。

04 誰是女主角武王？

　　這件事情的始作俑者，其實是首先檢舉的褚遂良。但褚遂良並不是什麼奸佞之臣，他不僅是絕世的書法大家，還精通文史，正直敢言。他擔任起居郎，負責撰寫皇帝起居注的時候，以一己之力將想要偷窺國史文件的李世民擋在外面，到了褚遂良離任以後，李世民才如願看到了自己的起居注。李世民信任褚遂良，正是因為褚遂良的客觀公正、眼光獨到。

　　褚遂良之所以無故指控劉洎，表面上似是門下省副職（褚遂良時任黃門侍郎）傾軋正職（劉洎為侍中）的一樁官場事件，然若將視野放寬，則可見此爭實已波及整個朝局。褚遂良此舉，並非出於一己私怨，而是朝廷諸陣營角力所致。

　　這幾年的朝堂，原本的派系鬥爭並沒有如天子所願的那樣結束，而是換了新的面孔繼續上演著。過去的魏王黨雖然沒了魏王，但當初支持魏王李泰的岑文本、劉洎、馬周卻並沒有離開政壇，相反，他們還是李世民計劃中將來輔佐太子李治的重要大臣，在東宮兼任了各種要職。而且他們與貞觀朝的壓艙石、棟梁——房玄齡交好，可以說，房玄齡隱然間就是這一派的領袖。

　　另一邊，長孫無忌這幾年在李世民的支持下，權力迅速擴大，成了炙手可熱的權臣。除了舅舅高士廉之外，褚遂良也成了長孫無忌這一邊的得力助手。

　　如今太子已立，政治鬥爭已經無關於立儲，而是關係到將來新君繼位後的朝堂控制權了。長孫無忌是太子的舅舅，岑文本、劉洎、馬周等人是太子的老師，那太子應該聽老師的，還是聽舅舅的？這個問題，兩邊都難以確定，正因為難以確定，所以大家都想要爭一爭。

　　東征高句麗的行軍途中，岑文本專責處理各項軍務排程，最終因積勞成疾而卒。岑文本一去，劉洎遂成長孫無忌、褚遂良一派亟欲除去之人。劉洎性情耿直，在李世民出征前曾立下言辭激烈之誓，稱必當盡心輔佐太

子，若有大臣犯罪，必立即誅治，其言矛頭直指同樣留守定州輔佐太子監國的褚遂良。

種瓜得瓜，種豆得豆，劉洎說過的話，最終變成了別人的矛，把自己置於死地。

留守長安的房玄齡，其實也並不容易。他身處高位，權力太大，貞觀朝的二十年來，一直如履薄冰、如臨深淵。這次遠征遼東，房玄齡與鎮軍大將軍程知節一起鎮守長安，掌控整個帝都，權力非同尋常，自然引起了別派的嫉恨。李世民出征沒多久，就有無數關於房玄齡的流言傳入李世民的耳中，幸好李世民對房玄齡依舊信任，明察秋毫，這才讓房玄齡安安穩穩地坐鎮長安。

貞觀二十二年（西元 648 年）正月，中書令馬周病逝，房玄齡這一派又失去了一個臂膀。長孫無忌隨即被任命為檢校中書令，並主掌尚書省、門下省事務，全面掌握三省六部大權，成了名副其實的首相。褚遂良也在不久後被任命為中書令。至此，朝廷兩大派系的對抗，終於以長孫無忌、褚遂良一派勝出，房玄齡一派悄然退場而告終。

與波動不定的朝局相伴隨的，還有極不穩定的星象。從貞觀初年至今，象徵著變革與殺伐的太白晝見星象屢次發生，著名預測大師李淳風接到天子之命仔細研究之後，最終得到的結論是：「太白現，女主昌。」

大師就是大師，回答言簡意賅，惜字如金。而字數越少，資訊量往往就越大，「女主昌」是什麼意思？是一個叫「女」的主公將要崛起？還是一種「女」的徵兆預示著將會興旺昌盛？這個「女」又是什麼意思？總不可能是一個女人將要做皇帝吧？因為這句「女主昌」的預言，長孫皇后作為第一夫人，就一度處於尷尬的境地，甚至與李世民的夫妻關係都受到了影響，這讓後來的李世民始終感覺懊悔和歉疚。

而好巧不巧，民間近年來廣為流傳的一本記載著各種神乎其神的讖語

的《祕記》中也寫道：「當有女武王者。」兩下對照，就把這個「女武」的讖語傳得神乎其神。

天子李世民，歷來是討厭這些妖言的。之所以討厭，其實是因為李世民和大多數士庶百姓一樣，打心裡相信這些神祕難測的事情——無神論者不會討厭妖言，而只會蔑視它。當初李唐就靠著「李氏當有天下」、「桃李子」這些讖語來加強政權的神聖性，如今怎容得下別人妖言惑眾？因此妖言歷來都是重罪。

就在兩年前的貞觀二十年（西元 646 年），凌煙閣二十四功臣之一張亮，因涉妖言而被治罪。當時張亮率領海軍班師回國後，鎮守鄴城（今河南安陽）。及聞有人言其應合圖讖「有弓長之君當別都」，心甚喜悅，不久即為鄴城百姓所舉發。李世民聞之大怒，張亮昔日從事諜報之職，已知曉國家諸多機密，如今更涉妖言，豈可容貸？遂下令斬之於市。

而這句「女主武王」的讖語，在如今太白晝見的詭異星象下，更加被民間傳得沸沸揚揚。對此，李世民不由大皺眉頭。所幸這句讖語不可解，內容匪夷所思，所以還沒有人敢冒出頭聲稱自己就是這句讖語的對應者。畢竟要成為對應者，既要套得上「女」這個特徵，還得套上「武」這個字，滿足這些條件的實在太少了。

而就算少數滿足了條件的人，也都不可能興起什麼風浪。

比如後宮的武才人，是開國功臣武士彠之女，貞觀十一年（西元 637 年）入宮，因為面容姣好，被李世民賜號為「武媚」，又是「女」的又姓「武」，那不就符合讖語裡的條件麼？但武才人當了十年才人，並不太受李世民寵幸，如今二十郎當歲，還像個不經事的傻子。大唐之朝雖然風氣開放，但還沒有開放到真有女人來當王的程度。要說她就是讖語裡那個「女主武王」，恐怕連武才人自己都不信。

就當這句讖語的熱度即將散去的時候，李世民卻又有了新的發現。

第四章　千乘萬騎動，飲馬長城窟—邊塞鏖兵

　　一次宴會上，李世民設席款待三品以上的武官。雖然貞觀之治多倚重文臣，然李世民骨子裡仍喜與性情率直的武將交遊。是日宴席賓主盡歡，李世民與諸將興起酒令，至酣時，更設「真心話」之戲題——童年乳名為何？

　　左屯衛大將軍程知節言其乳名為「咬金」，滿座皆笑。左領軍大將軍張士貴稱其乳名為「忽峍」，即鱷魚，座中復笑。至左武衛大將軍李君羨，則言乳名為「五娘子」，眾人聞之先愣，旋即哄然大笑——誰能料到，這位素以驍勇著稱的大將，竟有如此婉約的小名。

　　李世民也跟著笑個不停，邊笑邊道：「竟然有如此剛猛的娘子？」但是笑著笑著，李世民心念一動，想到了什麼，忽然就笑不出來了。

　　李君羨的小名，是女子的名字，而且是「五」娘子。

　　李君羨的官職，是左「武」衛大將軍。

　　李君羨的封爵，是「武」連縣公，連他的屬縣，都是在武安縣。

　　這真是一件細思極恐的事情，要不是這次無意間玩了遊戲，誰能想到那個「女主武王」的預言，竟然是對應在了李君羨的身上。李君羨是跟隨李世民多年的老臣了，從征討劉武周、王世充開始，李君羨一步步從一線戰士升遷到了統軍一方的大將，還在一直跟著李世民，在玄武門之變中奪位，在渭水便橋擊退突厥，立下赫赫功勞。但誰也無法拍著胸脯保證，李君羨將來不會危害到大唐的社稷，所以出於保證李唐江山穩固方面的考慮，李世民在這次宴會不久之後，就找了個理由，將李君羨解除軍職，外放到了外地。

　　幾個月後，李君羨又被御史彈劾，說他勾結妖人，圖謀不軌。這件事情不幸給李君羨帶來了殺身之禍，六月十三日，李君羨被定罪處斬，全家財產均被抄沒。

04 誰是女主角武王？

據史官記載，李君羨被殺之後，李世民召見了大占星家李淳風，詢問道：「民間所傳的那本《祕記》中的預言，可信嗎？」

李淳風答道：「臣仰觀天象，俯察曆數，那個祕記中所預言的女武王，已經在陛下的宮中，還是陛下的親屬。從今以後不超過三十年，這個人就會成為天下之王，將李唐子孫誅殺殆盡。《祕記》中的預言已經成真了，雖然如今還不知道這個女武王是誰，但天命注定，無法改變。」

李世民沉吟道：「那如若是將疑似之人全數誅殺，又會如何？」

李淳風的回答是：「天之所命，靠人力是躲避不了的。如今多加殺戮，未必真的能殺掉這個王者，只會徒勞地讓無辜之人枉死，還會增加此人的戾氣，反過來更加狠毒地對待陛下的子孫。況且這位王者如今已是陛下的眷屬，三十年後，恐怕此人已經老了，受陛下的仁慈親愛，或許能被感化，到時候也可以仁慈地對待陛下的子孫。要是真能如此，即便江山易代，也不能斷絕大唐的社稷。」

聽了李淳風這一席話，李世民最終沒有再對「女主武王」的預言繼續追究下去。

但預言這件事情，弔詭之處在於，現實和預言往往會相互影響。就像那句「李氏將興」的讖語引來了大唐的開創，預言往往會在無意識當中對現實世界發揮作用。李世民不知道的是，多年以後，這句「女主武王」的預言，竟然真的潛移默化地影響了他身邊的武才人，在她的心裡種下了野心的種子。

多年以後，武才人換了一個新的名字，叫做「武曌」，寓意為日月當空。如今只要略微了解一點歷史的人都已經知道，武曌，也就是武則天，日後成了中國歷史上唯一的一位女皇帝。

05　一包印度神藥引發的慘案

這一場慘案，最初還得從三藏法師玄奘說起。

玄奘從天竺取經回國，在長安城的大慈恩寺開設譯經院，著手將梵文經書翻譯成漢文。這是一件功德無量的事情，得到了從天子李世民到長安一眾天潢貴冑們的鼎力支持。

然天子李世民尚有一囑：玄奘法師既為唐竺文化往來之橋樑，不可僅譯佛經、專事文化之引入，亦當將我大唐之文教遠播天竺。

天子的擔心確實是有道理的，大唐建立在幾百年戰亂的廢墟上，如今雖然在經濟、軍事、外交上成了東方世界的領袖，但在文化領域卻貧瘠得嚇人，詩歌、文章，沒有什麼能拿得出手的。自建國以來，論文學成就，似僅領袖詩詞尚可稱道。時之文壇分為兩派：一派崇尚質樸剛健之漢魏風骨，一派醉心浮華綺麗之南朝風度；然無論孰優孰劣，較量之狀皆如弱者相爭，不過翻陳古人之舊作而已。

所以，玄奘法師奉命將道教典籍《道德經》翻譯成梵文，準備往天竺傳播。

既謂傳播，必有人負其責。是時玄奘已辭謝朝官，專心譯經，前往天竺傳經之任遂委於他人。唐廷乃命太子右率府長史王玄策為使團之長，出使天竺，奉譯成之《道德經》為國禮，贈諸天竺諸國國主。此行非惟傳經，亦肩負睦鄰修好的使命，並將自諸國攜回其最新製糖之術。

王玄策曾經作為副使去過一次天竺，這次再度出使，自然是駕輕就熟。貞觀二十二年（西元648年），王玄策帶領一支三十多人組成的使團，取道吐蕃，越過喜馬拉雅山脈，經過泥婆羅（今尼泊爾），到達了天竺列國。

天竺自從一百多年前的笈多帝國崩潰以來，一直處於列國林立的狀

態。不過這些年情況有了轉機，中天竺摩揭陀國一個叫做尸羅逸多的諸侯崛起，號稱戒日王，征戰六載，迫使周圍四個天竺國盡數臣服，國力盛極一時。戒日王也對東土大唐很感興趣，當他見到唐朝和尚玄奘時，就問玄奘，他是不是就是來自那個傳說中的遙遠大國「摩訶至那」。

「摩訶」在梵語中是「巨大」的意思，「至那」就和西域諸國語言中的「Cina」、「China」一樣，來源於幾百年前的「秦」，「摩訶至那」就是「大秦」，當年的大秦帝國和後來的漢帝國的強盛，深深地印刻在天竺人的記憶裡。

玄奘回答：「摩訶至那是前朝的國號，如今我國名叫大唐。」

於是戒日王熱情款待了玄奘，還派遣使者到達長安，建立友好外交關係。當年的王玄策就是因為戒日王的那次通使，才受命第一次出訪天竺的。

然而，當王玄策第二次踏上天竺的土地時，情況變了。

戒日王尸羅逸多已經在不久前逝世，他所建立的摩揭陀帝國就此陷入混亂。在亂局中，戒日王曾經的手下阿羅那順擁兵自立，控制了這個王朝。這時阿羅那順聽說大唐使者到來，首先擔心的就是自己的權力。他篡位上臺，根基並不牢固，要是國內的反對勢力藉助大唐使者的聲威，聯合起來反對他，那阿羅那順好不容易樹立起來的權威就要如付諸東流的恆河水了。

因此，阿羅那順率領各路兵馬，對並沒有準備好的王玄策使團發起了攻擊。王玄策區區三十多人的使團，如何是阿羅那順的對手，手下三十多人全部被擒，這一路上天竺列國獻上的貢品，也都成了阿羅那順的戰利品。只有王玄策和副使蔣師仁兩人逃到了吐蕃。

出使在外，而大唐使節竟遭辱沒，此實損國體。大唐欲統御諸國，最重威信，帝國之嚴不可有絲毫玷汙。於是王玄策決意討伐阿羅那順，以雪國恥。

第四章　千乘萬騎動，飲馬長城窟—邊塞鏖兵

當時王玄策身邊只有兩個人，對面卻是中天竺百年來最強盛的王朝，實力差距看似天壤之別。可別忘了，他背後站著的是大唐，聲威遠播，眾國臣服。從吐谷渾到吐蕃、泥婆羅，都是大唐的屬國，向來聽命行事。於是王玄策開口便說：「立刻集結兵馬，大唐要向你們徵兵出戰。」

吐蕃是青藏高原上崛起的新秀，曾與大唐打過幾場小仗，但最終被唐廷的「軍事問候」感動了，吐蕃贊普松贊干布上表歸順。唐廷也看到了吐蕃不容小覷的國力，於是使用了對待藩國最高規格的待遇，在松贊干布的反覆請求下，將宗室之女文成公主、和順公主嫁與吐蕃和親。此時的吐蕃與唐廷之間正處在蜜月期，連贊普都是大唐天子的女婿，有什麼話自然是好說。

於是，王玄策從吐蕃借到一千兩百人，又從泥婆羅借得精銳七千人，轉過身就帶著兩國聯軍殺了回去，向阿羅那順興師問罪。

貞觀二十二年（西元 648 年）五月，王玄策率軍開始攻打阿羅那順所在的茶鎛和羅城，阿羅那順帶領數萬人迎戰，雙方激戰三天，天竺軍被殺三千多人，溺亡近一萬人，阿羅那順棄城逃跑。王玄策副手蔣師仁率軍在後面一通猛踹，阿羅那順收集殘餘力量回軍再戰，結果又被蔣師仁打得大敗，連阿羅那順自己，都在這場戰鬥中被唐軍俘虜。

王玄策異軍突入，為摩揭陀帝國內部帶來了連鎖反應，那些原本就對阿羅那順心懷不滿的城主們，立刻倒向了阿羅那順的另一邊，短短幾天，天竺五百八十座城邦全都向王玄策投誠。東天竺、章求拔等國又是送來牛馬勞軍，又是發兵援助。不久之後，副使蔣師仁又率領吐蕃軍和泥婆羅軍，與摩揭陀的殘餘勢力在乾陀衛江與天竺人激戰，唐朝陣營再次大獲全勝，阿羅那順的老婆孩子也終於和阿羅那順自己在戰俘營相會了。

當年戒日王窮其一生締造的這個龐大帝國，就被小小的一個唐廷使團給擊潰了。至此戒日帝國不復存在，天竺又回到了曾經那個城邦林立的時代。

05 一包印度神藥引發的慘案

王玄策大獲全勝，帶著被俘虜的阿羅那順全家，還有數萬俘虜、無數戰利品返回長安。天竺的很多婆羅門、剎帝利老爺們，因為嚮往王玄策背後的大唐帝國，想要一睹天朝的容顏，也都跟隨著王玄策的使團，一路到了長安。

這一連番擊破異國、俘虜國主、揚國威於萬里之外的功績，在唐廷君臣們看來，確實是大功一件，值得重賞，不過也就如此而已了。天竺兵弱，對他們的戰功衡量標準，類同於帝國南方的蠻族，遠遠不如抵抗北方強悍的草原民族所得到的戰功這樣重要。所以王玄策被加封為從五品的朝散大夫，成了有資格穿上緋紅色官袍、腰間佩銀色魚袋的朝廷重臣——從五品以下的官職，只有資格穿綠色官袍，沒有魚袋。

而這次出使，王玄策還有另一件收穫，那就是一同跟隨使團來到長安的著名天竺方士，那邏邇娑婆寐。那邏邇娑婆寐據說已經有兩百歲了，習得了長生不老之術，能製作一種神藥，名叫「畔茶佉水」，能消草木金鐵，服用之後，小則延年益壽，大則讓人得道成仙。王玄策深通天竺文化，也對那邏邇娑婆寐的這套說法深信不疑，聽說天子李世民自出征高句麗之後，身體一直不好，於是將這位天竺仙師引薦給了天子，希望那邏邇娑婆寐能有辦法來治好天子的身體，讓偉大領袖可以千秋萬載地治理大唐江山。

當時所謂的「天竺神藥」，在長安宮城裡外已經被傳得神乎其神，貴族圈裡十分追捧。仙師那邏邇娑婆寐見了天子後，立刻享受到了最高規格的禮遇，還被特批住進金飆門裡專心煉丹。兵部尚書崔敦禮更是接到命令，全力滿足仙師的各種需求。只要他開口，不管藥材在哪，都要派人搜索。更妙的是，這位仙師還特別講究「原產地正宗」，同樣的藥材只要是產自大唐，就嫌沒靈效，非得遠赴天竺的婆羅門各國去採才行。兵部家底雄厚，他這點要求，自然全都辦了。

第四章　千乘萬騎動，飲馬長城窟─邊塞鏖兵

貞觀二十三年（西元 649 年），第一期神藥終於煉成了。那邏邇娑婆寐將神藥鄭重地獻給了天子李世民，李世民欣喜地服下。此時的李世民，已經在家族遺傳的高血壓、糖尿病及其併發症的折磨下，長期受苦於病痛之中。他的身體在年輕時的征戰中透支了不知多少，其實早在貞觀十年（西元 636 年）時，李世民的身體就出現了問題，如今方才五十一歲，身體已經到了各個機能老化衰竭的時候。若非如此，他也不會等不及前往婆羅門諸國採藥的唐軍回來，就急於要求天竺仙師把藥先煉出來試試了。

服用天竺神藥（第一期）之後沒多久，李世民的病情更重了，太醫再次出具了病危通知書。

太醫和宮人們誰也不敢斷言，這次天子的病危是否真的和前不久服下的天竺神藥有關。若天子真的是服用了天竺仙師製作的丹藥而病危，那天竺仙師這一帖藥就真的是名副其實，把大唐天子送上「得道成仙」之路了。

病危的李世民，也隱隱感到自己大限將至。據說那邏邇娑婆寐的第二期神藥在原產地藥材到貨後馬上就能製成，但這已經不重要了，李世民估計自己已經等不到新藥的製成。也許是看天竺進口醫療技術不靈，他選擇再試一試本土醫療技術，所以移駕到了道教名山終南山就近治療。這裡空氣清新，適合療養，雖然只有武才人等幾個年輕的低階嬪妃照料，但有太子李治隨行，日夜奉侍湯藥，這讓李世民的心裡略感欣慰。

縱橫天下三十多年，他最大的遺憾就是無法擁有真摯的人倫親情，如今李治連日的悉心照料，略微讓李世民找到了一點尋常父子間的親情。最後的這段時光裡，李世民和李治無話不談，他只想抓緊這最後的機會，將自己幾十年的故事、心得與悔恨，一股腦地全都說給兒子聽。

看著這個他與長孫皇后共同的兒子，李世民想著，也許真到了要交待身後事的時候了。

05 一包印度神藥引發的慘案

新君即位,需要靠得住的重臣班底來保證政權的平穩交接。此時朝廷原本的兩大陣營抗衡的形勢,已經隨著房玄齡、馬周的逝世,演變成了長孫無忌、褚遂良聯手控制的局面。長孫無忌是李世民多年的親密同袍,褚遂良也跟隨他多年,找這兩人來託孤,李世民非常放心。

政界安排好了,李世民還得為李治在軍界安排一個得力的助手。長孫無忌治國能力雖強,但軍事素養明顯不足,李世民給過他很多歷練的機會了,但對每次的結果都心知肚明。如今李靖已經在四月去世。軍界支柱,還得數李世勣、薛萬徹和李道宗三人。這三人裡,李道宗首先被排除了,因為李道宗是皇室宗親,對皇位是有繼承權的,所以不能讓他軍權過大,威脅到他乖巧的愛子。李世勣和薛萬徹兩人相比起來還是李世勣更值得託付,一是因為他久經考驗的人品,二是因為他比薛萬徹更穩重,更能服眾。當然,還有一個特殊原因——李世勣是秦府舊臣,二十三年過去了,雖然秦府功臣作為一個政治團體已經淡出,但當年秦王府的舊將們,如今不知有多少已經是軍界巨擘,李世勣憑藉這一層身分,或許能得到更多的支持。

當然最關鍵的,還是得讓李治收服這位大將。李世民對李治說,「李世勣是可以倚靠的將領,但你對他沒有過什麼恩惠,很難讓他真心效力。我現在準備貶他為外官。等到我死之後,你就授予他僕射之職,他蒙受了你的恩惠的話,必定為你盡死力。」隨即外放李世勣為疊州都督。

李世勣也是明事理的人,乖乖地就去疊州赴任了,等待著下一個機會的到來。

這些日子裡,李世民最後所想的還有一件事情,那就是星相預言下三十年後將要取代李唐江山的那個「女主武王」。如若這個「女主武王」是自己身邊的眷屬,那這個人會是誰呢?這些天來,那個被自己取名為武媚的才人一直和太子共同照顧自己,十分貼心。這個女孩十幾年前入了後

第四章　千乘萬騎動，飲馬長城窟—邊塞鏖兵

宮，但李世民並不太關注她，直到這些天，得到她的照顧，才對她漸漸有了感情。看著武才人年輕而又姣好的臉龐，李世民實在不敢相信，這個女孩會是預言裡的那個人。

李世民這輩子殺過無數的人，但他內心並不是嗜殺之人。雖然李淳風做了預言，但也未必真的會有自己後宮的眷屬在三十年後奪取江山，又何必再行殺戮呢？即便預言是真的，然而天命不能更改，也只能盼望著這個人會仁慈地對待李唐的族裔了。因此，對自己後宮的眷屬，李世民決定用佛法來薰陶她們，下詔要求，等他死後，這些女子一概削髮出家，陪伴青燈古佛。

但還有一個問題，萬一長孫無忌權力過大，變成權臣，權重難控怎麼辦？畢竟李唐至今只有兩代人，誰也難保不會有一個楊堅一樣的人，在李唐的體制內篡了李唐的皇位。所以，當李世民自覺大限將至之際，他找來了長孫無忌和褚遂良，當著陪在床邊的太子的面，交待自己的後事：「太子就交給你們了。我死之後，一切都委給你們行事。」說完，李世民對太子李治說道，「有無忌、遂良在，我就放心了。」末了，李世民還對褚遂良一通叮囑：「無忌對我忠心耿耿，我能有天下，無忌出了不少力。你以後做了輔政大臣，千萬別讓其他人的讒言損害無忌。要是真的發生了，那你就不是個好臣子。」

此時的李世民，在駕馭群臣的權謀方面已經是爐火純青，他看似是在叮囑褚遂良，保護長孫無忌，可是在場三個人裡，真正能保護好長孫無忌的是未來的皇帝李治，李世民何必對褚遂良說這樣的話？

其實，他是把話說在前頭。對長孫無忌，這段話是震懾，提醒他以後不能過於膨脹，導致朝野非議；對褚遂良，則是預先把長孫無忌倒臺的鍋安在他的身上，將來太子即位後萬一真的要對長孫無忌有動作，那也不是李治做錯了什麼，而是褚遂良沒有保護好長孫無忌。從頭到尾，不管長孫

無忌將來的命運如何，不管李治未來是否會對長孫無忌開刀，錯都不在李治，李治的身上一定會乾乾淨淨。

貞觀二十三年（西元 649 年）五月二十六日，當安排好了身後的一切之後，李世民在終南山下的翠微宮含風殿溘然長逝，結束了他五十一年傳奇一般的生命。

太子李治悲痛萬分，抱著舅舅長孫無忌的脖子哀哭不止，但長孫無忌迅速點醒了這位夢中人：「主上將宗廟社稷交付殿下，您怎能只知哭泣？」此時的局勢並不絕對安全，皇子李泰、李恪仍對皇位虎視眈眈。於是，在長孫無忌的統籌下，他們祕不發喪，太子帶著羽林飛騎、宿衛精銳迅速趕回長安，控制了京師的局勢。隨後，太子左庶子于志寧、右庶子高季輔、太子少詹事張行成等東宮班底火線任命進入三省中樞，擔任侍中和中書令，控制朝堂。安排停當之後，長孫無忌、褚遂良在太極殿宣布了天子的遺詔。六月初，李治在太極宮繼位，追諡駕崩的李世民為太宗文皇帝，葬於昭陵。

聽聞太宗皇帝的死訊，四方諸國前來朝貢或者在唐廷做官的幾百外國人，都不禁痛哭流涕，剪掉頭髮、刺傷臉面、割去耳朵，各自按照本族祭奠可汗的禮節，紀念這位不世出的王者。

唐太宗李世民的時代結束了，此後的一千多年裡，會有無數人稱讚和歆慕這二十三年的貞觀朝，以及唐太宗和他的朋友們。

第四章　千乘萬騎動，飲馬長城窟—邊塞鏖兵

第五章

入門見嫉，蛾眉不肯讓人——
后宮風雲

第五章　入門見嫉，蛾眉不肯讓人—后宮風雲

01　永徽朝的「三大支柱」

　　新皇帝李治登基後的第一個新年，朝廷下詔改元「永徽」，至此大唐帝國終於有驚無險地進入了第三個紀元。

　　李治繼位之後不久，立刻加封不久前被外放疊州的李世勣為特進、檢校洛州刺史、洛陽宮留守，然後再加封為開府儀同三司、同中書門下三品，召回長安，入朝擔任尚書左僕射。此時李世勣已經依法避諱太宗皇帝的名諱，改名為李勣——唐太宗李世民在世時，囑咐如果只是和他的名諱重了一個字的話，就不必避諱。如今太宗駕崩，成了先帝，那該避的諱還是得避起來。

　　長孫無忌擔任太尉，兼檢校中書令，同時還負責一起處理尚書、門下二省的政事，管起了整個三省六部。長孫無忌、褚遂良兩位託孤大臣，再加上左僕射李勣，組成了永徽朝的三大支柱。三大支柱輔佐著二十出頭的年輕天子，延續著貞觀年間的政令，因此百姓生活安寧，有著貞觀的遺風，世人皆稱道這段時間是「永徽之治」。

　　永徽之治的祕訣在於「無為」二字，李治垂拱在太極殿、兩儀殿上，由三大支柱以下的百官們處理政事，上層不好大喜功，下層沒有天災人禍，於是海內晏然。而如今朝中重臣，都是貞觀朝培養出的能臣幹將，雖然帝國的疆域越來越大，但是朝臣們處理這些事情仍然是綽綽有餘。

　　永徽元年（西元650年），右驍衛郎將高侃率領回紇、僕固等部聯軍，在西域大破西突厥的車鼻可汗，一路追擊，最終俘虜車鼻可汗，收降西突厥各部。東西突厥終於全部收撫在了大唐朝廷的王旗之下。唐廷在原來的突厥境內分別設置了單于都護府和瀚海都護府，管轄突厥全境。

　　永徽二年（西元651年），長孫無忌等人統籌刪定了新版的律令，稱為《永徽律》，頒行四方。長孫無忌主編的這部《永徽律》品質極高，甚至可

以說是上下幾千年整個中華法系的律令巔峰。律令是帝國的根基，四方百姓都生活在唐律的規制之下，各地州縣也能維持井然有序的秩序。

皇帝李治推行無為而治，其實並不是他真心想這麼做，而是因為他的威望還不夠，只能這樣權宜行事。畢竟他才二十出頭，沒有父親李世民那樣的領袖氣度，面對滿朝能幹的大臣，難免心裡沒底。更何況，他的叔叔、哥哥們也都還在朝中，他年紀輕輕，說起話來自然得格外謹慎。

荊王李元景，是高祖皇帝第五個兒子，也是高祖年紀最長的兒子。李元景從太宗駕崩後來奔喪開始就留在了長安，此時加封為司徒，儼然是李唐宗室的領袖。

吳王李恪，是太宗皇帝最年長的兒子。宮中的人一直都說李恪最像太宗皇帝，太宗還曾一度想要改立李恪為太子，最後還是在長孫無忌等人的力勸之下，才沒有真的更改儲君的人選。太宗駕崩後，李治、長孫無忌最擔心李泰爭權，唯獨不許他來奔喪，但對李恪卻並沒有什麼限制。此時的李恪還是司空兼梁州刺史，他風度翩翩，一舉一動都是士人圈子的模仿對象，是那個時代大唐的著名跟風者。

玄武門之變以來的李唐宮廷，一直鬥得很激烈，一旦控制不住，就是你死我活的對決。面對著優秀的叔叔、哥哥們，李治年輕得就像個孩子，除了皇帝的頭銜，他還沒有足夠的威望來與他們硬抗，他只能選擇扮演好一個乖寶寶，將軍國大事的決策權交給外朝。當然，李治並不是一個簡單的乖寶寶，他也在等待時機，拉攏自己的盟友。

而李治能指望的，自然是舅舅長孫無忌了。自古以來，舅舅都是家族男性中最能被信任的天然代理人和保護人，是外甥最可以依靠的外援。因為無論叔叔、伯伯還是哥哥、弟弟，都可能在家族利益方面存在衝突關係，而舅舅是親娘的親哥哥，超脫於父系家族之外，尋常人家的孩子要是受了點欺負，都會去找舅舅來幫忙，帝王之家的舅舅自然也是這個道理。

第五章　入門見嫉，蛾眉不肯讓人—后宮風雲

長孫無忌此時權力再大，也是作為外戚執掌的相權，和李治的叔叔、哥哥們對於皇權的直接威脅，自然不可同日而語。

更何況，李治的舅舅長孫無忌，還是先帝欽點的託孤大臣，沒有理由不和李治站在一邊。

長孫無忌也自然樂意幫忙了，不只是為了先帝的囑託、外甥的期望，還為了他自己在朝中的地位。三十年來，長孫無忌在朝中都是毀譽參半，有人稱許他的功勞，有人鄙薄他的能力，這些他都不在乎。他的利益已經和這位當皇帝的親外甥捆綁在了一起，皇帝的對手，就是他的對手；反過來說也是一樣，他的敵人，就是皇帝的敵人。

在著手行動前，必須先確定突破口。長孫無忌選中的目標，是他的朋友兼政壇對手房玄齡之子——房遺愛。

房遺愛曾是魏王陣營的主力，但自魏王李泰被降為濮王、失去競逐儲位資格後，他的人生陷入低谷：父親病逝、仕途受阻，甚至在婚姻上也遭到背叛。

當年他娶了太宗皇帝的女兒高陽公主為妻，照理說是門當戶對，佳偶天成，但實際上夫妻生活並不和諧。高陽公主和房遺愛都出身高貴，免不了帶些驕傲的性子，婚後相處不好，索性就「各玩各的」，過起了一種類似「開放婚姻」式的生活。然而，唐代雖然風氣開放，終究還是男權社會，房遺愛可以妻妾成群，享受齊人之福，高陽公主若是尋找婚外伴侶，卻很難被社會所容忍。

更何況，高陽公主尋找到的，是更為禁忌的一段感情。在慈恩寺的經院裡，高陽公主結識了玄奘法師的高徒——辯機和尚。在梧桐森森的幽靜禪院裡，高陽公主和辯機打開了一段「地下」感情。而不巧的是，一場盜竊案意外地把這一件宮闈祕事公諸於世了。

御史臺在核查司法案件時，意外發現一名盜賊所盜贓物中，居然有皇家

御用的浮屠寶枕。進一步追查後，確認這件贓物是從著名的辯機和尚住所中被盜走的。隨著調查深入，高陽公主與辯機之間的往來逐漸浮出水面。御史們不僅查清了他們的關係，還發現高陽公主曾送給辯機珍貴財物與金銀；此外，為了彌補丈夫房遺愛，她甚至特意為他尋來兩名女子以供取樂。

這樣一個驚天大八卦，引來了整個長安城朝野眾人爭相看熱鬧。太宗皇帝震怒，下令腰斬辯機，誅殺知情奴婢十餘人，強行平息下了這件事情。

房玄齡、唐太宗接連去世，房家又鬧出了家庭矛盾，房遺愛和長兄房遺直因為爵位、家產之類的事情爭執不已，到處告狀，再一次驚動了朝廷中央。皇帝李治下令，房遺愛貶為房州刺史，房遺直貶為隰州刺史。

接連遭到綠帽、貶官等種種打擊的房遺愛，心中的怨氣越來越強。此時皇帝換屆，正是一朝天子一朝臣，失意的房遺愛正好有很多境遇相似的朋友，可以一起傾訴平生不得志。

比如名將薛萬徹，多年來在和突厥、吐谷渾、薛延陀的戰爭中立下赫赫功勳，太宗征討高句麗失利後，薛萬徹還擔負起侵擾高句麗的任務，率領海軍將高句麗打得大敗。但是薛萬徹在政治方面似乎缺了根弦，並不太擅長處理朝廷關係，因為功勞太大，成了被打壓的對象，一度被貶流放，到了永徽朝，僅僅只擔任寧州刺史的職位。房遺愛和薛萬徹都娶了公主，有了沾親帶故的姻親關係，再加上相似的遭遇，共同話題便特別多。兩人談到興起，就謀劃起來：「要是國家有變，就尊奉荊王李元景為主。」

而他們的另一位姻親，也就是娶了巴陵公主的柴令武（柴紹之子），也加入到他們的談話當中。柴令武和房遺愛一樣，當初都是魏王李泰的親信，如今新君登基，他與房遺愛這類娶了庶出公主的駙馬都尉，都在宗室圈中被邊緣化。天子李治嫡親的姐妹，長樂公主和衡山公主，分別嫁了長孫沖、長孫詮，所以李家的「長房」一系，差不多是和長孫氏玩在了

第五章　入門見嫉，蛾眉不肯讓人—后宮風雲

一塊。其他「偏房」的駙馬都尉們，難免會感覺受到了冷遇。他們互倒著苦水，情不自禁地把希望寄託在荊王李元景身上，彷彿李元景才是天命之子。

說到底，這也只是幾位正值失意的中年將領與受了冷遇的皇帝女婿，在情緒激動時說出的氣話，連房遺愛與薛萬徹本人恐怕都未必當真。李唐是天下的共主，太宗皇帝又深受百姓敬仰，若要讓一位並非太宗血脈之人登上帝位，也必須考慮天下人是否會接受。

不過，源出武川的李唐皇室，受草原部族文化影響很深。像突厥可汗阿史那家族，從始畢可汗到處羅、頡利可汗，都是兄終弟及的路子，李元景作為高祖皇帝在世最為年長的兒子，按照突厥、鮮卑人兄終弟及的繼承方式，倒是在順位上排得很靠前。薛萬徹是鮮卑後代，也許是受鮮卑人的傳統文化影響，才冒出這樣的想法。

然而，話雖出於無心，卻被人銘記在心。正巧此時，房遺愛在高陽公主的慫恿下，意圖從長兄房遺直手中奪取父親房玄齡的封爵。高陽公主甚至打算上奏指控房遺直對她有非禮之舉（房氏家族的內部關係複雜，這件事或許並非空穴來風）。房遺直一家乾脆反將一軍，直接將房遺愛與高陽公主一併揭發，指稱二人罪行重大，為免牽連房家，特向朝廷舉報。

按照儒家倫理，強調的是「親親相隱」，兄弟若有過錯，應當設法掩護，而不是直接揭發。若是不顧血緣而舉報，便被視為不仁不義。房家此次兄弟反目、互相檢舉，就如同「狗咬狗」般，相互撕咬，不僅違背傳統道德，也成了士族圈中的一樁大醜聞。

長孫無忌藉著房家事件作為突破口，展開嚴密審訊，最終從房遺愛、薛萬徹、柴令武三位皇親國戚口中，問出了他們曾經談及擁立李元景的言辭。這些話或許只是宴席間的玩笑，但在長孫無忌的定性下，被視為謀反之語。朝廷隨即將三位駙馬，以及被牽連的荊王李元景，一同拘禁。

這一輪操作，傻子也能看出長孫無忌是在針對過去黨爭的對手。房遺

愛也隱約意識到，沒有天子李治在後面背書，長孫無忌光靠自己的勢力，是不敢把這麼多皇親國戚一股腦全抓起來的。這幾年累積下的政治經驗，讓他有了一個大膽的想法──在獄中房遺愛指認吳王李恪，聲稱他也參與了這次同謀。

吳王李恪，也許是在魏王李泰被打壓放逐之後，最能威脅天子李治地位的人。房遺愛希望自己能發揮自己的價值，充當一支射向吳王的利箭，以求得能像貞觀十七年（西元 643 年）的紇干承基指認李承乾謀反一樣，成為汙點證人，立功然後得到特赦。

長孫無忌十分感動，然後逮捕了吳王李恪。所有他想要扳倒的人終於盡數落網，是該到結案的時候了。

案件的擬辦意見呈送至天子李治案前，長孫無忌在意見中明確指出：自李元景、李恪以下的同謀者，皆依律處以死刑。李治則試圖維持寬厚形象，對左右侍臣哀求道：「荊王是我的叔父，吳王是我的兄長，我希望能赦免他們的死罪，可以嗎？」然而，在兵部尚書崔敦禮等人的嚴正勸諫下，李治最終放棄了求情，依既定程序批示辦理。

房遺愛也並沒有如願以償地得到立功特赦，李治當面對房遺愛說，「你受了尚公主的尊榮，沒有所有好處全都占的道理。如今你告發李恪謀反想要求寬大，已經太晚了。」

永徽四年（西元 653 年）二月，朝廷下詔，房遺愛、薛萬徹、柴令武，皆處以斬刑；李元景、李恪、高陽公主、巴陵公主，因為是宗親，所以寬大處理，改為賜死。侍中宇文節、江夏王李道宗、左驍衛大將軍執失思力（他也是另一位駙馬）也受到牽連，因為和房遺愛交好，所以流放嶺南。薛萬徹的弟弟薛萬備，也一同被流放。

這次處理，無異於唐朝政壇的一場大地震，連李道宗這樣的名將，也因為與長孫無忌、褚遂良關係不好，同樣獲罪流放。當朝三大名將，一口

第五章　入門見嫉，蛾眉不肯讓人—后宮風雲

氣就被長孫無忌除掉了兩個。長孫無忌也藉由這次事件權傾朝野，無人再敢得罪。

而李治也如願坐穩了自己的位置，雖然他不是像父親一樣無畏的英主，但他還是以自己特有的方式，無情地剷除了宗室當中對自己的潛在威脅。

當然，對於嫡親的哥哥李泰，李治保留了自己的溫情，最終讓李泰安然度過了生命的最後時刻，也算是踐行了他對父親的諾言。

臨刑前，薛萬徹高聲呼道：「薛萬徹一介武將，本當為國家效命，怎能因房遺愛之事而連坐處死！」他心存僥倖，認為自己或許能如當年的名將李靖般，在刑場上慷慨陳詞，以忠勇之言打動行刑官與旁觀者，進而獲得皇帝下詔赦免，重返戰場，藉由立功來贖罪。

但薛萬徹一番慷慨陳詞，確實感動了在場的觀眾，卻沒有感動那位能決定他生死的人。

時間到了，赦免的命令遲遲沒有到來，絕望的薛萬徹意識到，自己的救星終究不可能到來。二十八年前，他本來應該在玄武門前被當場斬殺於秦王府的玄甲鐵騎之下，但那位不世出的君王看重他的才華，赦免了他，讓他披上鎧甲繼續馳騁天下，立下名垂青史的功勳。這二十八年，不白活！

既然如此，何不死個痛快？薛萬徹解下衣衫，引頸就戮。

劊子手一刀砍下，也許是懾於薛萬徹名將光環下的威嚴，又或者是那個人對薛萬徹開的一個玩笑，這一刀不幸砍偏了，薛萬徹血流如注，但卻沒被砍死。這是一場令人揪心的痛苦死亡，血泊中的薛萬徹用盡氣力吼著，「何不用勁！」只想求得一個痛快。劊子手又砍下第二刀，然後再砍下第三刀，場面一度殘忍血腥，劊子手用盡全力，這才斬斷了薛萬徹堅硬的脖頸。

一代名將的頭顱被砍下，一同被斬斷的，還有貞觀年間留存的最後一絲溫情。

02　感業寺絕戀

當永徽朝局正風雲變幻之際,那個在多年後將改變歷史的女人正在感業寺裡清苦地生存著。

對於武媚來說,文皇帝李世民既是她的第一個男人,也是對她的一生影響最大的人。

第一次遇見這個男人時,她是被同父異母的哥哥們趕出家門、與母親相依為命的少女,而他是受萬民愛戴的皇帝,他們的年紀相差二十歲,十四歲是她初入宮的年紀,「武媚」是他賜給她的名。

和洛陽城裡其他仕女一樣,她從小聽著李世民當年征戰天下的故事,對這位英俊天子傾慕不已。她很高興自己能夠被選入宮中,成為五品的才人,她以為憑藉著自己出眾的美貌,能夠贏得天子的青睞,但很可惜,她並不是李世民喜歡的女人。她不像長孫皇后,長孫皇后端莊、賢淑,而武媚卻是飛揚、嬌憨的一個女子,兩人不是同個類型,所以她入宮十餘年,始終沒有得寵,空虛地度過了自己最美好的一段青春。

幼年喪父的武媚,對於年長的李世民有一種難以名狀的依戀,她把李世民的人格投射到自己的人格上,情不自禁地模仿李世民的行為,學習李世民的喜好,李世民寫得一手漂亮的飛白體書法,於是武媚也學著臨摹飛白;李世民愛好駿馬、弓箭,武媚也學著馴馬、騎射;李世民性格激揚澎湃,武媚也暗自模仿著李世民的作派。這一切有如女兒對她崇拜的父親的一種模仿,武媚以為她越與李世民相像,就越容易引起李世民的注意,殊不知,她有板有眼模仿李世民一舉一動的樣子,在遍覽人世滄桑的李世民眼裡,顯得如此幼稚。

武媚沒有想到,欣賞她身上這股魅力並為之著迷的,並不是李世民,而是他年輕的兒子——李治。

第五章　入門見嫉，蛾眉不肯讓人—后宮風雲

　　李治的年紀比武媚小四歲，武媚剛入宮成為才人時，李治只是一個什麼都不懂的孩子。那時武媚見了這個名喚雉奴的小弟弟時，她的第一感覺就是，這是一個內向而羞怯的孩子，他在那麼小的年紀就失去了親生母親長孫皇后，生活在暗流湧動的後宮，見證著太子李承乾和魏王李泰這兩個他嫡親哥哥們之間的明爭暗鬥，整日生活在憂慮之中。好在有薛婕妤的照顧和宮人們的悉心服侍，讓他幼小的心靈得到了一點點的撫慰。

　　李治性情細膩，平日言語不多，卻善於觀察與思考。成長於帝王之家，他自幼便經歷激烈的權力鬥爭，使得心智在少年時期便已早熟。在他最為關鍵的成長階段，男性帶給他的多是壓力與攻擊，而女性則成為撫慰心靈的依靠與庇護，因此他在不知不覺間養成了對女性的天然好感與依賴。

　　十年後，武媚與李治再次相見時，李治已是二十出頭的青年。李世民自從征遼歸來後，身體每況愈下，兩人長期一同在病榻旁侍奉。日復一日的相處中，年輕的他們逐漸產生了微妙的情感。偶爾在傳遞湯藥或其他物品時，手指無意間觸碰，便能感受到對方掌心的溫度與脈搏的律動，那份悄然的心緒在彼此之間悄悄滋長。處於高度的精神壓力下，兩人很容易產生默契，並擦出火花。

　　武媚這樣一位容貌出眾的少婦，恰好契合了李治的審美喜好。

　　貞觀二十三年（西元649年），二十一歲的李治，對眼前這位美麗幹練、剛毅堅韌、氣質成熟的武才人產生了強烈的好感。二十五歲的武媚，因這位帝國皇太子的出現，讓她久已平靜的心湖再度泛起漣漪，重新感受到久違的溫暖與情感牽動。

　　但就在這一年，太宗皇帝崩逝，也意味著這段並不為世俗所認可的感情，還沒有來得及開始，連禁果都尚未吃到，便被生生掐住了。武媚和其他太宗皇帝嬪妃一樣，按照太宗皇帝遺命，削下滿頭青絲，進入禁苑中的感業寺為尼。

02 感業寺絕戀

皇帝崩逝之後，讓嬪妃出家為尼，並不是皇家的什麼慣例，前朝確實有孀居的嬪妃出家修行的先例，但讓所有嬪妃都剃度出家做比丘尼，恐怕是頭一回出現。所以宮裡常常謠傳，是因為當初李淳風算到，那個「女主武王」是太宗皇帝眷屬，太宗不忍心將嬪妃們誅殺，這才下令所有后妃出家的。武媚也聽說過這個謠言，有時候她不免想著，自己是個姓武的女人，那段讖緯會不會說的就是她自己呢？

這是個危險的想法，武媚不敢再繼續想下去。但無論如何，她不甘心就這樣伴隨著青燈古佛，結束自己的餘生。

登基後的李治，全身心地投入了新的職位中。他年紀輕輕，血氣方剛，立志要做一個像他父親那樣偉大的君王。至於當初在父親病榻前發生的祕密戀情，並不是他最需要考慮的，雖然略有些遺憾，但還是得把這件事情先放一放。

李治在繼位前，就有自己的後宮。他的正妻，也就是如今的皇后，出身名門太原王氏。王皇后雖然血統高貴，但性格古板，並不是李治的理想型。李治寵幸更多的則是南朝梁蕭皇室血統的蕭淑妃，這個女人性格活潑，甚至帶一點潑辣，但李治就好這一口。

永徽元年（西元650年）的五月二十六日，是太宗皇帝的忌日，李治親自來到感業寺進香，祭奠太宗，進香之後，他還順便探望了感業寺中過去的宮人。

李治環顧左右，掃視寺中女尼。人群之中，他一眼就望見了那個熟悉的身影，那是他一年前的祕密情人，此時略帶憔悴，寬大的僧袍依然掩蓋不了她風姿綽約的身形。此時，他們一個是萬丈榮華的帝王，一個是麻衣布衫的比丘尼，看上去就像隔著深不見底的溝壑，可那時的眉目傳情還恍如昨日，他們的心都未曾遠離。兩人相互久久凝視，她沒有說什麼，只是流淚，猶如梨花帶春雨，無聲地訴說著這一年來的遭際。李治也跟著流

第五章　入門見嫉，蛾眉不肯讓人─后宮風雲

淚，一切盡在不言中。

回宮之後，李治收到了武氏傳來的一首情詩，詩中寫盡了此前兩人相隔兩地的痛苦情思。李治讀完此詩，不禁心潮澎湃，閉上眼睛時，兩人當時的情意綿綿歷歷在目。他方才發覺自己內心，對武氏已思念如狂。

看朱成碧思紛紛，憔悴支離為憶君。

不信比來長下淚，開箱驗取石榴裙。

從這以後，他們之間的感情，便隨之重新開始了。

這件事情，很多人都看在眼裡，傳著傳著，總算是傳到了消息並不靈通的王皇后這裡。此時王皇后正與蕭淑妃爭寵，聽說李治和過去的武才人相互對哭，感覺到了一絲機會。既然皇帝喜歡武才人，何不把武才人收攬為自己人，來對抗那個咄咄逼人的蕭淑妃呢？

於是，王皇后主動做起了紅娘，為李治和武媚牽線搭橋。在感業寺，王皇后囑咐武媚，先在寺中蓄起長髮，等到時機成熟，就將她迎入後宮。

在王皇后眼裡，她不過是天子一時興起才有的戀人，只是因為當初身分阻隔，天子求而不得，才會對她念念不忘。論年齡、論出身、論地位，武媚都沒有什麼拿得出手的，至少如今的後宮嬪妃幾乎都是貞觀年間出生的，只有武氏生於武德年間，已經是個二十七、二十八歲的老女人了，再過幾年她年老色衰，自然更不會對自己造成什麼威脅。

她很熱情地等著武氏蓄髮，只等武氏回宮，就能有一個控制後宮的臂膀了。

永徽三年（西元652年），武媚回到了後宮，不是作為太宗皇帝在世時的才人，而是當今天子的昭儀。這種採納父親姬妾的行為被稱為「烝」，是明擺著的僭越行為，但出自武川的隋唐皇室一直帶有鮮卑風氣，一些儒生們無法在道德上接受的事情，隋唐兩代皇室往往都很看得開。前朝隋煬

帝就「烝」了隋文帝的寵姬宣華夫人，先帝唐太宗也納了弟弟李元吉的妻子楊氏為妃。相比起來，當今天子封武氏為昭儀，也並不算是一件太過於匪夷所思的事情。

當然，天子的詔書也做了一番解釋：當初天子在貞觀年間就受到武氏的照顧，太宗看著喜歡，於是就將武氏賜給了李治。這番漏洞百出的說辭，勉強填住了百官的悠悠之口。

入宮之後不久，武昭儀便誕下了一位小皇子。這是李治的第五個皇子，也是和武昭儀所生的第一個孩子，從時間推算，這也許是武昭儀在感業寺留長髮期間懷下的。李治對這個新生的孩子喜歡得不得了，特意為他取名叫「李弘」。

李弘，是幾百年來道教圖讖當中預言的太上老君降世在人間的化名，也是預言當中的天命之子，從取名中可以看到李治對這個皇子的厚望。

但剛剛二度進宮的武昭儀，一開始的日子並不好過。

後宮是一個自成天地的小社會，嬪妃、女官的設立，就像外朝一樣品秩森嚴。整個後宮以皇后為尊，其下是貴妃、淑妃、德妃、賢妃四妃，相當於正一品；再下是昭儀、昭容、昭媛、修儀等九嬪，相當於正二品；再下一等是世婦，有婕妤、美人、才人各九個編制；然後還有寶林、御女、采女各二十七人。如今永徽朝延續貞觀的節儉政策，嬪妃數量總體不多，四妃九嬪的編制都沒有滿，只有日常與王皇后爭風吃醋的蕭淑妃。昭儀是嬪位之首，此時在後宮的位分僅次於王皇后和蕭淑妃二人。

而武昭儀一沒有家族靠山，二沒有後宮的人脈資源，如何在這個後宮立足，就成了大問題。好在她是在王皇后安排下進宮的，只要暫時在王皇后面前多加討好，就沒有人敢對她不客氣。可如果只是託庇在王皇后之下，做一個負責與蕭淑妃搶風頭的鷹犬，那武昭儀就只不過是一個整天想著邀寵的普通后妃了，也許現在靠著李治對她的新鮮感，可以暫時取得一

第五章　入門見嫉，蛾眉不肯讓人—后宮風雲

些榮寵，但又能如何呢？此時風頭壓過了蕭淑妃，難保以後不會有其他更為美貌、更為年輕、更為善解人意的女子進入后妃隊伍，她到時候怎麼去爭？女人的青春轉瞬便會老去，這一點武昭儀自己清楚得很。

她不是那種只圍著男人轉的尋常女子。在太宗皇帝身邊的十餘年裡，她逐漸明白了「權力」的真正意義。太宗是她政治之路的啟蒙者，讓她領略到權力的魅力。當時，她只是依附於權力的光環，誤以為自己已經擁有它。太宗駕崩後的一連串變故，像冷水般將她驟然驚醒。如今既然重回後宮──這個天下權力的核心，她決心要親手握住那份夢寐以求的權力。

權力的本質是什麼？武昭儀約摸看透了一些，她知道，權力的本質在於人心。這一點，儒家經典上老生常談般地說過，但經歷過權力的種種人和事，才會讓人有真實的體悟。權力是讓他人服從的意志，服從的人越多，權力也就越大，就像玄武門之變前，唐高祖和隱太子雖然有著更高的名分，但真正擁有最強權力的，始終還是天策上將李世民。

所以，武昭儀在謙恭地奉事著王皇后的同時，也開始有計畫地編織起自己的權力網。漸漸地，這個謙虛而親切的武昭儀慢慢被宮人所接受──相比於貴族世家出身的王皇后和蕭淑妃，這位武昭儀簡直是人間的四月天，讓人春風拂面。從她相識的宮女、內侍開始，武昭儀靠著她的親和力以及一點點小恩小惠，一步一步、一點一滴地讓更多的宮人為自己所用。

雖然此時還無法預料未來將會發生什麼事，但武昭儀相信，這些她結好的宮人們，總有一天會為自己派上用場。

永徽五年（西元654年），屬於武昭儀的機會終於來了。

03　陛下要離婚

　　永徽五年（西元654年）三月，唐高宗李治帶著深受寵愛的武昭儀，與群臣一同前往萬年宮。萬年宮原是隋朝的仁壽宮，由楊素、封德彝主持修建，依山而立，風景清麗，冬暖夏涼，規模宏大，宮殿極為華美。後來改名為九成宮，歐陽詢的《九成宮碑》便立於此。到了高宗時期，萬年宮已成為朝廷休養與處理政務的所在。李治在此得以暫時離開宮中與王皇后及其他嬪妃的隔閡相對，與武昭儀共度時光；群臣也能一邊賞景，一邊辦理國事，兼得清閒與政務。

　　五月的一天，山上下起一場暴雨，沒人預料到，這場暴雨在夜晚竟然引發了山洪爆發，整個萬年宮的居住者們熟睡之際，大水夾雜著泥石流洶湧地沖向萬年宮的北門。

　　在大自然的絕對力量面前，任何人都是無助的，守衛的將士見狀全都四散逃走，要不是值班的右領軍將軍薛仁貴冒著擅闖宮禁之罪，拚死登上宮門，踏著大門的橫木拚命呼叫，驚醒了李治和武昭儀，後果簡直不堪設想。被驚醒的李治連忙帶著武昭儀狼狽地逃出宮殿，他們剛剛爬上高坡，想要喘息一下的時候，就看見洪水沖進了寢殿，整座宏偉的萬年宮頃刻間變成了一片汪洋。

　　這場洪水，造成了三千人喪命。李治死裡逃生，難免會感到生命的無常，而對於自己的人生，也有了新的思考。

　　李治這年二十七歲，先帝太宗在二十七歲時，已經先後攻滅薛仁杲、劉武周、竇建德、王世充、劉黑闥，立下驚世功業，成了萬眾敬仰的軍神。一樣是二十七歲，李治卻只不過是靠著父親垂愛而將皇位傳給他，坐在帝位上，卻處處受限於長孫無忌等執政大臣，自己無所作為。幸好後宮有武昭儀在，但整個後宮還是被王皇后和蕭淑妃爭得烏煙瘴氣，不讓他省

第五章　入門見嫉，蛾眉不肯讓人—后宮風雲

心。李治死裡逃生，更感覺到了生命的脆弱，他的身體並不好，年紀輕輕就有了白髮，父親和哥哥李承乾、李泰都英年早逝，也許自己的壽命也不會太長。他決心一定要在有限的生命裡，真正做出一番大事來。

而要成就大事，必須將權力重新掌握在自己手中，做一位真正掌握朝政的皇帝。

他的舅舅長孫無忌曾是他最依賴的人，靠著長孫無忌在朝中坐鎮，李治才坐穩了他的皇位。但是時移世易，長孫無忌的權傾朝野，此時已經成為李治通向真正的權力巔峰道路上的絆腳石。

這幾年，朝政在長孫無忌等貞觀舊臣們的帶領下，治理得一切如常。非但「如常」，而且平靜得幾乎反常，貞觀朝曾經盛況空前的大臣諫議，此時已經銷聲匿跡，取而代之的是如水一般平靜的朝局，一切彷彿都在長孫無忌等人的掌控之下。李治多次鼓勵百官諫言，但應者寥寥，百官都說，如今有貞觀遺風，一切都好，沒什麼可以再勸諫的。

但事實是否真的如此呢？住在太極宮裡的李治聽不見，看不見，只能憑著對朝臣的信任，相信外面的百姓真的安居樂業。然而，萬一真的是長孫無忌等人矇蔽了李治，把情況都壓下不報，又會有怎樣的後果？

大唐立國只有三十多年，和以往的北周、楊隋的國祚長短並無區別。前面這幾朝，都是皇親國戚奪取了皇位。改朝換代的最大風險，從來都是這些帝國所仰仗的貴戚們。長孫無忌會不會是下一個楊堅、下一個李淵？誰也無法回答這個細思極恐的問題。

所以李治就在五品以上官員參加的朝會上說到：「當年先帝在世時，五品以上的官員上殿勸諫終日不絕，難道只有如今這個時候沒有大事情發生嗎？為何諸位都沒有事情報告？」話裡既透著對如今朝局的不滿，也帶著一絲擔心失去權力的恐慌。

面對天子的疑問，整個朝堂回應的是一片沉默。不論是否為長孫無忌的羽翼，朝臣們都沒有吭聲。

只有一個從六品的雍州參軍薛景宣大膽地上書勸諫，勸諫朝廷幾個月前大興土木，修造長安城的外郭牆，說當初漢惠帝修長安城不久就晏駕了，如今又在造城，必有不利的事情發生。這封諫言寫得很沒水準，而且還烏鴉嘴般地暗示修了城牆之後皇帝會有不好的事情，宰相于志寧等人一直認為，薛景宣胡言亂語，建議誅殺。

但這一次，李治少有地批駁了宰相們的奏議，下令赦免薛景宣。千人之諾諾，不如一士諤諤。在滿朝朱紫貴胄全都一言不發的時候，是這個六品小官大膽地站了出來，要是連這個好不容易才等到的諫言者都砍了，那李治還要鼓勵誰來大膽直言？

李治一向都是一個性格溫順的人，他因為這樣的性格被先帝選為太子，也因此被群臣讚一聲「仁君」。溫順的外表就像是李治用來保護自己的外衣，李治很喜歡裹在這一層外衣裡，來獲取他人的認同和愛戴。然而漸漸地，李治身邊的人們也都感覺到，這位年輕的帝王開始變得強硬起來，不再是過去那個乖寶寶，開始會對朝臣說「不」了。

這樣的改變，既是李治經歷劫難之後的自我成長，也是因著武昭儀帶給他的力量。武昭儀雖然是一介女流，但是英姿颯爽，生氣勃勃，為李治帶來了全新的精神世界。從此，李治不再因為照顧面子而客氣地對待王皇后和蕭淑妃，將他全部的寵愛都集中在武昭儀身上，對王皇后和蕭淑妃越發地冷淡起來。

王皇后的舅舅，擔任中書令的柳奭也因為王皇后失寵而感覺不安，試探性地提出了辭官，解除中書令的職位。想著如果天子仍舊看王皇后一分面子的話，就會好言相勸，繼續將他留在中書省的職位上。

沒想到的是，李治二話不說，乾脆地同意了柳奭的辭呈。

第五章　入門見嫉，蛾眉不肯讓人—后宮風雲

而柳奭解職事件也給了李治啟發：或許他全面掌控朝局之路，可以從後宮開始做文章。後宮雖是天子私事，但一舉一動都牽扯權力關係，而後宮恰恰是李治的主場，從主場開始行動，自然更為穩妥。

做一個怎樣的大文章呢？李治深思熟慮之下，做了一個重要的決定──他要離婚了！

王皇后沒想到，她親自招來的武昭儀，確實是幫她壓住了蕭淑妃的風頭，可連她自己的地位也受到了威脅。

這一年，武昭儀的第二個孩子出生了，是個女嬰，也許是萬年宮那場山洪時受到驚嚇、動了胎氣，小公主非常虛弱，過不多久便夭折了。可從此之後，宮中開始瘋傳起了「皇后殺死了小公主」的謠言。謠言煞有介事地說，小公主在王皇后探望過之後，便突然夭折了，十有八九是王皇后嫉妒武昭儀得寵，就趁著看望之機親手扼殺了這條年輕的生命。

這件事情，王皇后百口莫辯。她沒有殺死小公主的動機，如果是個皇子，王皇后也許還會動一動心思，可她何必要殺死一個對自己的利益沒有威脅的小女孩呢？其實王皇后並沒有受到正式的指責，流言卻發瘋般地傳播著，讓她根本沒有自我辯解的機會，這讓王皇后百思不得其解。

她確實不可能明白，因為她對自己出身門第的驕傲，注定讓她不會注意那些傳播謠言的宮人們。她不知道的是，自己隨口的喝斥、無心的羞辱，會帶給別人多大的恨意，而這些對自己有恨意的人，都悄悄地被武昭儀收攬了，如今遇到這起並非空穴來風的謠言，所有被武昭儀籠絡的宮人們，都成了四處傳播流言的幫手。

這件事情傳到了李治這裡，李治怒道：「后殺吾女！」就算王皇后哭著向李治謝罪辯駁，可王皇后又怎麼能證明自己沒有做這件事情呢？

從此，天子李治便動起了廢后的心思。他要和王皇后離婚，改立武昭儀為后。

03 陛下要離婚

夫妻關係，是五倫之首，離婚自然非同小事。民間家庭的和離，只要夫妻雙方達成一致意思之後，寫下文書就可以了。但是天子之家，皇帝皇后這對夫妻是天下人的道德垂範，怎麼可以說離就離？更何況，皇后不僅僅是皇帝的妻子，也是國家女性官爵中的一級，是有正經編制的，廢后自然不同於尋常夫婦的離婚。

按照唐律和典籍，如果有七個理由，丈夫可以依法休妻，斷絕婚姻關係（稱為「七出」），但都是沒有子嗣、作風淫亂、不事舅姑這樣一些了不得的大事。就算天子要廢后，那也應當有一個正當的理由吧。

李治仔細研究了唐律，鑽研禮法典籍，終於靈機一動，找到了理由：王皇后至今生不出孩子！如今的太子李忠，是宮人劉氏所生，由王皇后來撫養而已。這不就滿足了合法休妻七個條件中「無子」這一項了嗎！

即便有了法理依據，仍不足以成事。王皇后出身名門望族，欲廢其位，終究需要朝中群臣的支持，尤須取得李治事實上的「監護人」——長孫無忌的同意。況且，在大唐的律令體制下，皇帝若要下詔廢后，須先由中書省草擬詔書，再由門下省複核後頒行。長孫無忌總攬中書、門下兩省之權，若他不予首肯，這兩省便未必會配合皇帝的廢后之舉。

所以李治決心要離婚之後，立刻帶領武昭儀親自登門拜訪他的舅舅。在長孫無忌的家裡開懷暢飲，然後，李治賜給長孫無忌寵妾所生的三個孩子五品朝散大夫的散官階。不僅如此，還賞給他金銀珠寶絲綢整整十車。禮物送出去了，長孫無忌也坦然接受了。李治有意無意地把話題扯向皇后無子的問題，就等著討論深入之後，將這個問題套到休妻的標準上來。長孫無忌當然聽出了話外音，當這位小外甥帶著寵妃武昭儀一起登門時，他就已經猜到皇帝此番來就是想廢黜王皇后。但長孫無忌也是一等一的人精，他不直接拒絕，而是用別的話題遮擋，就是不回應王皇后無子這個問題。李治沒有辦法，只好掃興而歸。

第五章　入門見嫉，蛾眉不肯讓人──后宮風雲

　　李治是天子，當著舅舅的面難以開口，那就只有找第三者來從旁規勸了。武昭儀的母親楊氏，出身於弘農楊氏，家裡與長孫無忌之父長孫晟有舊交，拜訪了幾次長孫無忌，最後被冰冷地回絕了。禮部尚書許敬宗也迎合著李治的心意去勸說，結果被長孫無忌無情地斥退。

　　這下，李治真是束手無策了。他性格並不強勢，處理朝政時往往先進三步，再退兩步，最後在妥協中與朝臣達成共識。這種手法其實是一種高明的政治智慧，也讓永徽朝在長孫無忌等人治理下呈現一派和諧。然而，若遇上必須硬碰硬的難題，這性格便顯得不合時宜。面對長孫無忌對廢后一事的強硬反對，李治只覺棘手，為顧全大局，只得暫時擱下此事。

　　這一放，就是大半年。這大半年裡，好不容易辭退了柳奭空出來的中書令的職位，馬上被來濟頂上，侍中一職則由韓瑗擔任。這兩人都是長孫無忌的人，李治好不容易鼓起勇氣爭取到的要職名額，轉眼又被長孫無忌奪了回去。

　　其實李治也挺無奈的，他在朝中沒有真正屬於自己的人，許敬宗也許是他的人，但威望還不足以擔任中書令這個關鍵職務，而年輕一輩，官位上更是無法勝任。曾經他以為舅舅的人就是他的人，但事到臨頭，卻遭到了當頭一棒。

　　按照李治一般的行事風格，如果事情演變到這一步，往往會先認栽，暫時消停下來，蟄伏起來等待下一個機會。而這樣的機會，往往要幾年甚至更久才能等到。但一切從這時開始便不同了，因為他的女人，是武昭儀。

　　之前嘗試廢后的路徑都進入了僵局，那武昭儀便開一條新的路。永徽六年（西元655年）六月，王皇后和她的母親魏國夫人柳氏，被人發現在偷偷地扎小人，行詛咒厭勝之術。她們到底是否真的施行了詛咒，其實不重要，武昭儀在後宮的羽翼已經遍布各宮，在王皇后身邊放一個針扎的小

人，並不是什麼難事。厭勝是重罪，尤其是後宮之中，一旦發現就要嚴懲，漢魏以來已經有不少皇后因為被發現偷偷扎小人而獲罪。武昭儀為李治提供的這顆砲彈，著實不輕。

但當王皇后母女陷入厭勝的指控時，門閥貴冑們再一次出來保下了她們二人，李治還是沒能借助這顆砲彈一舉實現目的。這場風波，最終以禁止柳氏入宮，柳奭再次被貶外放這種不痛不癢的處罰方式告終。

看到朝臣們如此強勢，一個厭勝之罪都不能扳倒王皇后的支持者們，李治真的有點灰心喪氣了。他退而求其次，提出一個妥協折中的方案：皇后也不廢了，我只加封武昭儀為妃可以了吧？只不過如今貴、淑、德、賢四妃作為正一品的皇妃，官銜比同樣是正一品的長孫無忌差不了多少，這樣太委屈了李治的武姐姐，所以李治想了想，提議說：「加封武昭儀為宸妃如何？」

宸，乃是北極星（北辰）所居之處，也代指帝王。宸妃這個名號，其含義比貴妃更高，是李治為武昭儀獨創。李治在取名方面一直有獨特的心得，以後還能反覆地看到李治想出其他千奇百怪的名稱。這樣安排，既避免了朝臣因為廢后的問題而爭執，武昭儀也可以如願抬高位分，可謂一舉多得，連李治自己也為這個創新的想法而自豪。

然而，朝臣們依然是一片反對，而且就數剛剛升任中書令、侍中的來濟和韓瑗反對得最凶，說「宸妃」這個名號太過於「非主流」，沒有先例可以遵循。

此時，李治終於看清了朝臣的態度——在長孫無忌等一眾大臣眼中，他依舊是那個溫順可控的「雉奴」，即便心中不願，也會最終順從。他們認為，朝廷內外的一切大事，只要由大臣們拍板即可。李治明白，這已經不僅是立誰為后的問題，而是一場關乎朝廷最終決策權歸屬的爭奪戰！

第五章　入門見嫉，蛾眉不肯讓人─后宮風雲

04　決戰廟堂

　　就在李治放棄幻想，準備正面與長孫無忌的勢力開戰之時，很多在長安城追逐夢想的官員從中看到了機會。

　　多年以後被評價為奸臣的李義府，就在其中。他確實是個小人，但這個「小人」，不是說他道德卑下，而是說他的身世低微。和世代官宦的士族、門庭顯赫的勛貴們不同，李義府是寒門出身，先祖做官做得最大的只有他的祖父，官職是射洪縣丞，一個九品芝麻官。這樣的家族，雖然在縣裡混得還不錯，但在世族豪門眼裡只是不入流的螻蟻，在一個論門第、論出身的時代，李義府如果要進入仕途，充其量只能做到八、九品的地方小官。

　　但唐朝繼承隋制，發展起了科舉制，給了寒門子弟躋身中央朝廷的機會。李義府貞觀八年（西元634年）成為進士，終於有了被上層社會賞識的機會，隨後被劉洎、馬周等宰相發現了特殊才能，成為監察御史，並隨侍當時還是晉王的李治。

　　他的特殊才能在於善於撰寫文稿。無論在哪個時代，擅長起草奏章與公文，都是一項極為突出的本領。達官貴人的政務文書，往往需要有才識的人將上位者的構想化為文字，因此歷來不乏由幕僚出身而躋身名臣、宰相之列者。李義府相貌端正，機敏聰慧，且文筆精湛，因此成為李治的得力助手，從晉王時期便一路追隨至太子之位。他曾撰《承華箴》奉進，勸勉太子「勿輕小善，積小而名自聞；勿輕微行，累微而身自正」。太子將此文上奏太宗，太宗讀後大喜，稱：「朕得一棟梁也！」隨即下詔賜帛四十匹，並命其參與國史編修，任弘文館直學士。

　　在弘文館，李義府與來濟都是最優秀的筆桿子，被併稱為「來李」。但是，來濟因為是隋朝大將來護兒的兒子，原本就在門閥圈子裡，所以升

遷得特別快,到了永徽六年(西元 655 年),已經成為中書令、檢校吏部尚書;而李義府沒有家世、沒有背景,職事官七年沒有變過,就只不過是一個中書舍人。

這其實也是李義府的運氣問題,此時長孫無忌名震朝野,權力達到巔峰。而李義府是劉洎、馬周舉薦的,這二人正好是長孫無忌曾經的對頭,再加上李義府沒有背景、靠山,行為舉止也沒有什麼貴族樣,所以一向驕傲的長孫無忌一直不喜歡他,甚至有點討厭。得罪長孫無忌之後,李義府便被尋了個理由,被貶為壁州司馬。

這類五品官員的人事任免,如今皆由長孫無忌一手決定。中書省批示後,轉交門下省覆核蓋印,李義府便須照令離京外調。所幸李義府彼時仍在中書省任職,得以提前祕密探知此事。然而,他既無權勢,又觸犯權臣,即便得知消息,也難以改變結局,反而可能因觸怒對方而自招不測。

走投無路的李義府急忙找到了同為中書舍人的好朋友王德儉,急切地商量對策。王德儉還算夠義氣,透露一個重要機密給李義府:天子想要廢王皇后,立武昭儀為皇后,但是苦於長孫無忌等宰相們的不同意。

到此時為止,天子李治為廢后而做的一系列籌劃,全都僅限於皇室內部的核心圈子裡,不單是普通老百姓,就連李義府這樣身處中書省這樣的中央普通官員,都對此一無所知。王德儉興許是因為和太原王氏沾邊,這才略微聽到一些風言風語。他建議李義府,如果能起頭建議天子立武昭儀為后,興許接下來可以逢凶化吉。

李義府在中書省雖然是邊緣人物,但也明白王德儉這個建議非同小可。

中書舍人官居正五品,有權直接上書諫言。要是他上奏建議「廢王立武」,那就是把暫時還被壓在宮闈中的這場廢后風波,直接撕開包裝,赤裸裸地放在朝廷的眼前,讓群臣議論。這事要是成了,李義府興許就有機會再向前一步,謀得更高的發展;可如果這件事沒成,李義府就得罪了

第五章　入門見嫉，蛾眉不肯讓人—后宮風雲

所有王皇后的支持者，包括長孫無忌在內的長安城數也數不清的達官貴人們。

留給李義府考慮的時間很短，因為貶謫他出京的詔書很快就會經過門下省的用印，正式下達。絕境中的李義府終於狠下了決心，他原本就是赤條條一身，沒有家族庇佑，亦沒有家族的牽累，如今已經得罪了長孫無忌，其實也沒有其他什麼可以失去的了。既然如此，那何不賭一把，博取那翻盤的機會？

這一天，李義府代替王德儉在宮禁之中的內閣值晚班，這天夜裡，他用渾身解數，寫下了一封酣暢淋漓的諫言，仔細謄寫完畢之後，叩響了天子李治的御門，大聲疾呼：「臣諫言：請廢皇后王氏，立武昭儀，以厭兆庶之心！」

李義府自己並沒有完全料到，這一封上奏，竟然意外地成了天子李治逆勢反擊的序曲。

聽聞李義府的上奏，李治大喜，親自召見了李義府，和他徹夜長談，然後賜給他整整一斗珍珠。聽聞李義府馬上要被貶官外放，李治爽快地大手一揮，吩咐說，就別讓他出京了，還是留在中書舍人的職位上。

李治非常高興，因為自繼位以來，和他打交道的朝臣主要都是政事堂的宰相們，對於四品以下的官員，李治其實並不太了解他們的所思所想。李義府的進言，使李治意識到，朝政並非盡由長孫無忌獨攬大權。朝中仍有不少次一級的官員，尤其是出身寒門庶族者，對長孫無忌等當朝重臣頗有微詞，並傾向支持他立武昭儀為后。只不過李治身為皇帝，住在宮禁之中，平時無法與這些支持他的臣子們通氣。要是把自己的意思傳遞出去，就一定會有大臣站在他這邊，在朝中形成輿論，來倒逼長孫無忌和他的黨羽們。為了更好地傳遞出天子廢后的意思，武昭儀還專門悄悄地派遣密使去嘉獎李義府。李治也開口，破格提拔李義府，將他連升數級，擔任中書

侍郎，也就是中書省的副長官，一舉進入政事堂宰相的班列。

提拔李義府的決定，長孫無忌並沒有阻撓或者反對。畢竟他是李治的舅舅，並不是真的要奪皇帝的權，李治既然開口要提拔李義府，長孫無忌自然不好多說什麼。

這是一場君權與相權的鬥爭，一邊是太極宮的天子，一邊是地處「南衙」的中書、門下、尚書省宰相們。朝臣們都看出了皇帝的真實心意，那些想要博取上升機會以及皇帝青睞的官員們，都紛紛上表，支持皇帝的意見。兩個月時間裡，朝廷沸沸揚揚地都在議論廢后立后之事，而且輿論漸漸偏向了武昭儀，提議更換皇后的建議越來越多。衛尉卿許敬宗、御史大夫崔義玄、御史中丞袁公瑜都暗中透過武昭儀，向天子表達忠心。軟弱多年的李治，在武昭儀的支持下終於振作起來，嘗到了其中的好處。

趁著這股勢頭，李治展開了最後的衝擊。

一日朝會後，李治示意太尉長孫無忌、司空李勣、左僕射褚遂良、右僕射于志寧四人留步，入內殿議事。此四人皆為朝中舉足輕重之臣，所為何事，不言自明。褚遂良言道：「今日召見，多半為議廢立之事。陛下既已定意，凡逆者必誅。太尉乃陛下之舅，司空是開國功臣，若爭之，恐令陛下背負弒舅、誅功之名，不如由我這無功之臣，與陛下力爭。」

到此為止，司空李勣始終沒有表態。這與他在朝中的角色有關。作為軍界第一人，李勣一直對朝廷的政事保持著一定距離，也不想為誰站隊，而是專心於大唐開疆拓土的事業。這一次內殿會議，一向身子硬朗的李勣立刻表示自己病了，掉頭便請假離開了朝堂。

所以這次內殿密會，由李治與長孫無忌、褚遂良、于志寧四人參加。坐定之後，李治也不廢話，直接對著他舅舅長孫無忌說道：「皇后沒有兒子，武昭儀為我生了兒子，吾如今想有個自己的嫡子，那麼立武昭儀為皇后，如何？」廢后風波吵吵嚷嚷了大半年，這是李治第一次直接表態，向

第五章　入門見嫉，蛾眉不肯讓人—后宮風雲

長孫無忌提出了他的訴求。

長孫無忌還沒有回答，褚遂良便先發言了——這應該是他們預先商量好的戰術，長孫無忌作為舅舅還是懷著一片苦心的，出於為外甥的考慮，他暫時不能直接表態，因為他一旦表態，一切就沒有轉圜的餘地了。褚遂良的回應一如他既往的風格那樣鋒芒畢露，滔滔不絕。他搬出了太宗皇帝的話，來說明王皇后沒有犯過錯，又是先帝認可的兒媳，那就不可以違背太宗的遺願，擅自廢后。

這一番話，不僅說得李治啞口無言，而且還否認了之前宮人們對王皇后的一切指控，包括扼殺小公主、施法厭勝詛咒，等等，甚至連李治特別強調的「沒有兒子」這項過失，褚遂良也沒有回應。這一場正面交鋒，也就這樣不歡而散。

這一場交鋒，天子沒有撿到任何便宜，朝臣們以為，按照這位青年天子的脾氣，撞了南牆之後，一般就會接受現實，放棄廢后的打算。然而他們都錯了，李治已經不是當初那個柔弱的年輕人，這幾年裡，他的柔軟已經化作沉著，逐漸成了一個成熟的帝王。他知道，這一次不能軟，再軟下去，君權就注定會一直在相權面前抬不起頭來。

第二天，李治鍥而不捨地再次召開內殿密議，李勣仍然因病缺席，長孫無忌、褚遂良、于志寧到場。李治還是前一天那幾句話，無形之中也是一種宣示，讓宰相們知道，要是不答應這件事情，他就會一直這樣和宰相們耗下去。

也許是前一天夜裡重新整理了思路，褚遂良給予了更為有力的還擊，他直指武則天不夠資格。他指出，就算要更換皇后，也要找個配得上天子的人選，而武則天不夠皇后資格有兩點：其一，出身一般。不是名家，不是天下令族，家族地位太一般。其二，武則天侍奉過先帝，人所共知，如果讓武則天當皇后，如何遮掩天下耳目，如何對待天下的言論？而天下會

有什麼言論呢？當然是說皇帝不孝了。前一點說明當時朝廷盛行與大族通婚，這是當時社會普遍認同的觀念，但後一點更擊中要害，這種言論大家都會想，但是誰也不敢或不好意思說出來。而褚遂良竟然直接說了出來，徹底撕開了宮闈祕事的這層薄紗。

話說到這裡，君權與相權雙方已將底牌盡數亮出。相權一方雖使天子難堪，卻提出了無可辯駁的理由。李治心中憤懣難當，但褚遂良立於絕對的道德高位，使人無從發作。就在這時，褚遂良又繼續趁熱打鐵：「臣今天得罪陛下，罪過太大，死罪死罪！」他一邊說著，一邊把象徵地位的笏版放在臺階上，解下頭巾拚命磕頭，以至於鮮血直流，「還陛下笏，乞放歸田里。」

褚遂良原本的用意，也許是覺得自己與天子的關係勢必無法緩和，這才請求辭官。可這件事情在李治眼裡，卻是拿著辭官來要挾他。李治的怒氣爆發了，下令左右將褚遂良拉出去。

在公開場合下，這是李治第一次對著大臣，尤其是宰相們發飆。

而此時一聲嬌叱，將場面推向高潮：「何不撲殺此獠！」

說話的，是被推向風口浪尖的武昭儀，原來她一直在殿後，隔著珠簾聽著這一切。這個時候她衝到了臺前，恰到好處地發起了宣戰書，向著眾人宣言，褚遂良這個南蠻子在御前無禮，理應當場撲殺！

只見武昭儀怒目圓睜，厲聲叱罵，這樣荒誕而勁爆的場面，直接震撼了在場的所有人。

局勢開始難以收拾了，長孫無忌終於被逼出來發言：「遂良是先帝選中的顧命大臣，不可以加刑！」面對這樣的場面，與長孫無忌並不完全穿一條褲子的于志寧也懾於壓力，不敢多說話。

原本大家爭論的焦點還是在要不要廢后的問題上，李治面對宰相們

第五章　入門見嫉，蛾眉不肯讓人—后宮風雲

根本沒有還手之力。可武昭儀一出場，硬是把話題轉到了「褚遂良該不該治罪」這件事上。褚遂良之前確實有失禮的事在先，長孫無忌又偏要護著他，兩人理虧在前，就很難再站在道德高地上去反對皇帝廢后了。

局面登時扭轉，接下來的幾天裡，換成了韓瑗、來濟等重臣開始勸諫，反對改換皇后的舉動。可事情已經不再是廢后是否合乎規範，而變成了朝廷到底誰說了算的問題。李治鐵了心要廢后，這些反對的諫言全都沒有採納。

主動權已經開始向著李治傾斜，此時的李治還需要一個人的意見，那就是司空李勣。

幾天後，李勣的「病」好了，入朝覲見天子李治。李治還是問了那個問題：「朕想要立武昭儀為皇后，可遂良固執地覺得不行。遂良是顧命大臣，這件事情就只能到此為止了嗎？」他這句話，已經有了深謀遠慮、掌控局勢的氣度，既擺明了自己的意願、朝臣的分歧，明確要求李勣表態，又把李勣框在了李治設好的範疇當中——褚遂良是顧命大臣，李勣也受過天子的顧命，只要李勣這個顧命之臣首肯了，那接下來的一切就都好辦了。

李勣沒有猶豫，用極為輕描淡寫的語氣，說出了足以讓整個朝廷譁然的話來：「此乃陛下家事，何必更問外人？」

這個回答，看似沒有表明態度，只是說這件事情由天子自己裁度，但其實是再明確不過的回答了。顧命大臣又如何？這是天子自己家的事情，不用聽別人的意見。李勣輕飄飄一句話，直接否定了褚遂良的反對資格。李治得到李勣這個意思表示，就像吃了一顆定心丸，最終安心作出了自己的決定。

在永徽朝，雖然李勣在朝中的地位僅次於長孫無忌，但李勣始終低調處事，多年以來與太宗李世民共事的經驗讓他明白，自己在朝中的角色不

是蕭何，而是周勃，他在宰相職位上存在的意義恰恰是他的存在本身。與長孫無忌相比，他並沒有太多的治國才能，從一個樸實少年一步步升級成長為一代名將，他的全部長處都集中在軍事上。

當年太宗李世民曾對李勣說過，沒有任何人比他更值得託孤了。李勣一直記得這句話，他骨子裡還是那個山東豪俠，輕生死、重然諾，既然被太宗託付，那就要傾其所有來實踐自己的使命。按照太宗臨終前的設計，李勣其實是長孫無忌的制衡者，他們共同保障著李治的皇權。如今，李治的君權與長孫無忌代表的相權已經到了劍拔弩張、勢必要判出輸贏的地步，那就到了李勣出面來保衛天子權位的時候了。

冥冥之中，六年前去世的李世民又一次出手，透過他安排下的李勣，拉了他心愛的兒子一把。

所謂「一言定鼎」，不外乎如此。李勣一句話，象徵著這場君權與相權的鬥爭，李治將全盤獲勝。

西元655年十月，褚遂良被貶官為潭州都督。

王皇后、蕭淑妃以下毒害人的罪名，被廢為庶人，母親、兄弟全都流放嶺南。許敬宗還順便啟奏，將王皇后死去父親的贈官也一併削去，天子欣然同意。

六天後，百官上奏請立新的皇后，天子於是下詔，立武昭儀為皇后，大赦天下。皇后的冊封典禮上，李勣臨時受命，親手將皇后璽綬交給武皇后。

一場廢后風波，李治終於取得了完勝。這個勝利，不僅意味著他心愛的武媚正式成了他的妻子，也意味著李治真正掌控住了朝廷的局勢。這是李治與武媚共同爭取到的成果，李治決心在這個屬於妻子的大日子裡，讓她接受整個唐廷的祝福，所以破天荒地加設了一個環節，讓百官在肅義門集體朝見皇后。

第五章　入門見嫉，蛾眉不肯讓人—后宮風雲

肅義門前，百官無論大小，都真心地拜賀門樓上佇立的武皇后。此時此刻，不論是李治還是武皇后，或許都心中明瞭，百官其實是在向強大的權力而拜——誰贏，他們便拜誰。

05 貪婪的新貴

在被冊封為皇后的第三天，武皇后便寫了一個奏表，請求不再追究之前反對廢后的來濟、韓瑗的責任，同時還要褒獎他們深情為國的精神。

這次上表無疑是表明皇帝皇后的一種態度，既然李治的目的已經達成了，那一切事情就到此為止，大家相互和解，恢復原本和樂融融的樣子——至少假裝和原來一樣。這當然是武皇后與李治夫妻二人商量後的決定，畢竟武皇后由於早年境遇，已經養成了睚眥必報的性子，請求獎賞那些抗議封她為后的大臣，不可能是她的本意真心。

而此次的有功之臣許敬宗、李義府等人，也都被大加封賞。許敬宗拜為侍中，李義府也晉升為中書侍郎，相當於副宰相，官階提升為同中書門下三品。

到了這裡，朝政達成了微妙的平衡。一邊是退居二線的長孫無忌、于志寧、來濟等人，他們雖然沒有貶官降職，朝中影響力依舊很大，但卻失去了原本的權力。另一邊是李治夫婦和許敬宗、李義府這些朝廷新貴們。

永徽六年（西元655年）結束了，新的一年，新的氣象，宰相們共治天下的永徽朝結束了，屬於李治的時代到來了。李治下令改元顯慶，大赦天下，永徽七年改為顯慶元年（西元656年）。

李治並不是父親李世民那樣的不世出的英雄驕子，也沒有李世民征戰四方所累積下的威望和駕馭群臣的能力，所以並不能完全讓朝堂內的各方

勢力都臣服於他。這一次強行壓制朝堂對於改立皇后的爭議，他也付出了代價，那就是他與舅舅長孫無忌之間所產生的無法彌補的裂痕。武德、貞觀朝的勳貴們，大多數都多多少少與長孫無忌沾親帶故，李治並不能完全有把握可以駕馭得了這些高貴的長輩們。

不過幸好有上一代人留下的禮物——科舉制（此時的正式名稱叫做「貢舉」）。貢舉起於隋朝，在貞觀年間被尤其重視。太宗皇帝曾在端門前，看著新科進士們魚貫而入，自豪地感嘆道：「從此之後，天下英雄都入吾彀中了！」原本的朝廷官員，一般由士族薦舉，或者功勳貴族們世襲，天下官員都是幾個小圈子裡的人，沒關係、沒出身的寒門子弟，甚至是本地土豪大戶們，想要走仕途的話，要麼從比九品芝麻官還小的流外官開始一步步熬資歷，像李義府他爺爺那樣熬一輩子只是個九品縣丞，要麼就是從軍，出生入死，用戰功來獲得勳賞和官職。而貢舉制度一出來，朝廷開科取士，就等於是跳出這些圈子，向天下招攬人才。那些普通人家的子弟，若是有才華，也可以一朝登科。

在貞觀朝，每年進士及第的只錄取九人，更低一級的明經科人數也差不多，一年所產生的官員也就那麼幾十個人。全國的士子當中選幾十個人，勝出的自然也要看家學淵源、學習條件，家裡要是沒錢，連書也看不到，就更談不上考進士了。所以即使是進士當中，也有相當多的士族子弟，真正出身寒門的就更少了。

可即便是這樣，科舉對於天下士子的意義，也絕不為言過其實。

顯慶元年（西元656年）的宰相李義府，如果沒有開科取士，那他一輩子也許都是達官貴人們的幕僚。

中書侍郎郭正一，如果沒有開科取士，父祖都沒有官位的他就算文才再好，也許也只能是當地的一個能吏。

太子中舍人上官儀，如果沒能成為進士，那他也只能透過賞識他的楊

第五章　入門見嫉，蛾眉不肯讓人—后宮風雲

恭仁，去謀取一些看上去還過得去的官位。

這些年輕一代的官員們，都是貞觀年間的進士，如今，他們已經成長成了中央朝廷的中堅力量。李治也充分利用著這些太宗拔擢出來的人才，讓他們成為自己的左膀右臂。一時間，這些朝廷新貴風頭正旺。

不過，一朝天子一朝臣，這一朝的新貴們，倒是有些自己的特色。

李義府成為天子的寵臣，不僅僅是因為他在關鍵時刻上奏廢后，幫了李治一把，還因為他成功地承擔起了長孫無忌等人撂下的擔子。

這個帝國，已經不是當初草創時的樣子了。它東到遼水，西至西域，南至交趾，北至瀚海，自秦始皇統一天下以來，從未有過如此龐大的疆域。而全國各地的事情都要上報唐廷中樞，經過中書省來處理，壓力可想而知。而顯慶朝的帝國疆域比之貞觀，甚至比永徽年間還要大上不少，機要事務就更加多了。當年宰相岑文本擔任中書省長官時，就是因積勞成疾而活活累死的。如果讓一些能力不足之人來主導，那整個帝國就全亂套了。

顯慶元年（西元656年），帝國與西突厥的戰爭正在如火如荼地進行業中。這年八月，蔥山道行軍總管程知節率領各部族聯軍，不遠萬里前往西域，討伐西突厥阿史那賀魯。十二月，程知節引軍至鷹娑川，遇西突厥強兵兩萬騎，其前軍總管蘇定方率五百騎馳迎衝擊，西突厥大敗。唐軍追奔二十里，斬敵一千五百餘人。

這場戰爭從永徽四年（西元653年）就有了苗頭，到了三年後的現在，已經是戰事最為緊要的時候，程知節、蘇定方率領大軍在外，唐廷中樞要及時提供後勤保障，同時要透過前方傳來的情報來判斷戰局，防止大軍有孤懸在外的風險，還要處理戰事相關的外交、情報，工作艱鉅無比。如今，長孫無忌因為「廢王立武」事件而做了甩手掌櫃，連帶著朝中與長孫無忌結好的許多老臣也都態度消極。中書令來濟之前因為廢后，也與天子李治鬧出了些不愉快，幸好他總算是以國事為重。但李治要證明自己的人

也能擔當重任,所以壓力都到了李義府這個中書省副職身上。

李義府可謂天生的宰相人選,他深諳帝國中樞的運轉規則,在他的帶領之下,中書省運作張弛有度,井然有序。童年的經歷總會在一個人成年後的行事風格中留下烙印。與長孫無忌、褚遂良等世家子弟不同,李義府的成長道路充滿艱辛,曾歷盡白眼與譏諷,因此養成了寒門特有的處世方式——對人總是滿面春風、態度和善,不當面與任何人結怨;即便遇上政敵,也先以笑容相迎,轉身再靜靜將對方排除。

這當然和世家大族們光明磊落、以直報怨的風度截然不同,所以李義府也就得到了笑裡藏刀的名聲,人稱「李貓」,說他像貓一樣看上去柔柔的,其實最會害人。

說到底,李義府這些寒門子弟,和長安城的門閥貴族們來自不同的世界,那些含著金湯匙長大的貴人們,何嘗會去設身處地地考慮小人物的感受?

但對李治來說,李義府等新貴們的表現大大超出了預期,讓他十分滿意。當初李治成功將武氏捧上皇后之位後便及時收手,與長孫無忌、來濟等人和解,很大一個顧慮便是擔心要是把這些宰相們逐出中樞,那就沒人來幫他經營這個帝國了。如今的李義府,可謂才具兼備——通曉人情世故,善於揣摩上意,能詩善文,又精於治國理政。得此良佐,李治猶如得遇奇才,心中大為欣慰,也更有底氣去面對那些貞觀朝的老臣。

只是美中不足的是,李義府操守有缺。

後世的很多落馬貪官,都是從窮苦的農民家庭出來的,為什麼貪汙受賄?原因就是「窮怕了」,因為自己窮過,所以對錢財美色有著一種本能的欲望。李義府也有些類似。錢財、美色,哪個男人不愛?只不過以往的勳貴們,本來就家底雄厚,財大氣粗,欲望並沒有那麼強烈,而且就算是攬財,吃相也不會太難看。但李義府的吃相就未免難看了一些,剛剛上

第五章　入門見嫉，蛾眉不肯讓人—后宮風雲

位，便在工作的閒暇大肆攬財。比如，他聽說大理寺關著的一個名叫淳于氏的女子長得好看，就暗地裡讓大理寺悄悄把人放了，然後納她為妾室。這件事情很快被正直之臣發現，鬧成了大案。

不過，天子李治還要依傍李義府的才能，便硬生生地把這個案子給壓了下去。對李治來說，是否貪汙其實並不會損傷自己什麼，能夠幫他治好國家才是首要的。

這就是李治不如他父親的地方，他還沒有明白，風氣的清正也是治理國家的重要一部分。如果皇帝只喜歡能臣，而不重視清官，那朝廷的風氣就會自上而下地敗壞下去。當初太宗皇帝看重大臣是否正直，靠著明辨是非的慧眼和強大的駕馭群臣的能力，最終成功養成了貞觀一朝的純樸之風，一直延續到永徽朝而沒有衰絕。然而這一切到李治親政之後便有所轉變了，那股貞觀之遺風，從此開始漸漸地黯淡消散。

羽翼日漸豐滿的李治，終於可以對長孫無忌的勢力發起總攻了。

顯慶二年（西元657年），許敬宗、李義府帶頭對貞觀老臣們發起攻擊，聲稱侍中韓瑗、中書令來濟與被貶的褚遂良圖謀不軌，有所密謀。雖然這個指控乍一聽起來就讓人感覺不合理，李治還是認可了許敬宗、李義府的指控，將韓瑗貶為振州刺史，來濟貶為臺州刺史，終生不得有機會入朝覲見。又將褚遂良繼續貶為愛州刺史，那位可憐的前皇后的舅舅柳奭又從容州刺史繼續被貶為象州刺史。

頂著謀逆的罪名，卻只是被貶官到外地擔任市長，可見李治是不信這個謀逆指控的，他只是需要這樣一個藉口，將這些占著宰相之位、阻擋他獲取權力的老臣們請出去。

振州（今海南三亞）、臺州（今浙江臺州）、象州（今廣西來賓）這些地方，雖然此時還沒怎麼經過開發，但都是風景秀麗之地，荔枝、椰子、香蕉等熱帶水果隨便吃。貶官外放的處罰，主要是讓這些宰相們經歷貶官就

任路上的旅途之苦。褚遂良先貶為潭州（今湖南長沙）都督，然後轉為桂州（今湖南桂陽）都督，接著再貶為愛州（今越南清化）刺史，這就要經歷三次旅途顛簸，忍受南方的蚊蟲瘴氣，還有大得嚇人的蟑螂。旅途中的褚遂良上表給天子，陳述自己當初含辛茹苦擁立李治為帝的經過，請求皇帝念在自己的功勞，給予自己寬大。

只是這封表奏幾經輾轉送到了李治的案前，李治翻也不翻，就把它放到了一邊。

皇帝的態度已經很明顯了，將褚遂良、柳奭等人送出去，只剩長孫無忌一個人孤零零地待在長安。長孫無忌再也沒有什麼依傍，他要獨自面對皇帝、皇后還有朝廷新貴們的暴風驟雨。

從「廢王立武」之後，長孫無忌消失在了朝廷日常理政的紀錄裡，連韓瑗、來濟被貶，他也不發一言。直到顯慶三年（西元658年），他終於再次現身，這三年他沒有閒下來，而是召集團隊，將朝廷禮制重新編訂成冊，獻給皇帝。李治於是下詔，將這部《顯慶禮》昭告天下。

古人說的「三不朽」，是立德、立功、立言。三十年前，長孫無忌在玄武門之變立下大功，幫助太宗上位；永徽朝的這六年，他又成功幫助李治和平地接掌大權，並創下了「永徽之治」的功業。但這些功業也許幾年之後便如過眼雲煙，長孫無忌的權力也很快隨著李治權力的擴張而消散。

只有長孫無忌主編的這些著述，將會流傳千百年，成為他留給時代的不朽獻禮。幾年前的《永徽律》和《唐律疏議》，是律令體系的集大成者，堪稱「長孫無忌法典」，影響了大唐以及東亞的朝鮮、日本等國千餘年。而這一部《顯慶禮》，也是後世君臣行事的依據，影響非凡。

長孫無忌自己也看開了，和這些不朽之事相比，長孫無忌個人的榮辱已經算不上什麼。

第五章　入門見嫉，蛾眉不肯讓人─后宮風雲

　　三十年前，他的妹妹長孫皇后曾力勸太宗，不要重用當時就已經擔任左僕射的長孫無忌，甚至在她臨終時還反覆囑咐太宗，這不僅是因為當時朝野輿論的壓力，或者是擔心作為外戚身處擅權的嫌疑，更是因為長孫皇后太清楚自己兄長的性格了。長孫無忌的忠心、才幹，都是世間一流，只不過在軍事上的技能點沒有點開，他唯一的弱點，也在於他強勢的性格──進退自如是做人的一種境界，而長孫無忌只知進，不知退，他和大多數人一樣，掌握了權力之後，往往以為自己就是權力本身。殊不知，作為外戚家族，他的權力來源於皇帝，如果失去了皇帝的支持，他的權力也就轉眼變成了沒有根基的樓臺。

　　這幾年來，長孫無忌對朝政，對天子，一直都是竭誠盡力，他與褚遂良等賢相們一起，貫徹著太宗皇帝的遺志，讓帝國持續蒸蒸日上。連他設計在房遺愛一案中扳倒吳王李恪、江夏王李道宗，歸根到底也是為了維護李治的權力。在「廢王立武」事件中，李治步步緊逼，長孫無忌所做的也沒有踰越人臣的本分，與褚遂良一樣，是站在有理的一方據理力爭，而在李勣表態支持李治之後，長孫無忌也就偃旗息鼓，不再強爭。他本以為，透過這樣的退讓，最終可以與李治和新貴們在朝局上形成一個新的平衡。可長孫無忌沒想到的是，這位看上去柔弱的小外甥，野心其實大得很，他不要什麼平衡，他只要皇帝大權獨攬。

　　顯慶四年（西元659年），清算的時候終於來了。許敬宗指使他人向李治呈奏密章，稱監察御史李巢勾結長孫無忌，圖謀造反。許敬宗上奏道：「長孫無忌謀反已露苗頭，我擔心他知道事情暴露，會採取緊急措施，號召同黨，必成大患。希望陛下能果斷處理，盡快拘捕。」

　　李治聽完就哭了，說道：「我怎麼忍心治舅舅的罪？後世的史官們會怎麼看我？」雖然哭得令人感動，但李治自始就先認定了長孫無忌有罪，只是在問許敬宗，如何處理長孫無忌，才能讓他死後不被史官批評。

05 貪婪的新貴

　　許敬宗回答得也很巧妙：「長孫無忌與先帝謀取天下，天下人都信服；又當了三十年宰相，天下人都畏懼他的威望；如果一旦開始謀反行動，陛下又能派誰去阻擋他呢？如今有賴蒼天有眼，我們及時發現，這是天下的幸運。如果長孫無忌得知情況，氣急敗壞，提前發動，那就有大麻煩了。陛下想想，隋煬帝當年就是被他所信任優待的宇文化及殺害的啊！」這話直指皇帝內心深處最為恐懼的地方——唐朝立國至今，不過才四十年，和當初的北周、楊隋差不多，而篡北周的楊堅，取楊隋的李淵，全都是皇室親戚，武川一脈的關隴王朝，最危險的敵人一直都在皇室內部。

　　從這個角度看來，長孫無忌只要存在一日，就是李治權力的一大威脅。

　　隨後，許敬宗又繼續舉了漢文帝殺了舅舅薄昭的例子來寬慰李治，勸說道：「願陛下速速決之！」

　　李治完全被說服了——與其說是被說服，還不如說是終於找到了一個完全合理、並且能自圓其說的說辭。這個案子自始至終都沒有審問過長孫無忌本人，長孫無忌收到消息時，已經是朝廷的正式處置命令。天子也沒有親自與他的這位舅舅對質並問清實情，便下令削去他的官職和封邑，流徙黔州，並讓沿途州府發兵護送，嚴加監視，防止長孫無忌趁機造反。

　　長孫無忌接到這個消息，惋惜的心情也許多過了憤怒。他的這位好外甥，直到現在還想讓別人扮黑臉，自己扮白臉，他讓親信許敬宗、李義府衝在前面，為他擔下誣陷託孤重臣的惡名，而自己始終躲在重重帷幕後面，甚至不敢見他一面。

　　畢竟連當初謀反的侯君集臨死前，李治的父親唐太宗都和他見過最後一面。在這場權力鬥爭裡，長孫無忌願賭服輸，可是讓他惋惜的是，自己與李治血濃於水的甥舅之情，難道還不如太宗與侯君集的同袍情嗎？

　　三個月後，李治看到朝廷對長孫無忌的倒臺反應平靜，於是再次下令讓司空李勣和許敬宗一起覆審長孫無忌一案。中書舍人袁公瑜接受任務，前往

第五章　入門見嫉，蛾眉不肯讓人—后宮風雲

黔州調查長孫無忌的謀反罪狀。袁公瑜一到黔州，便逼令長孫無忌自縊。

孤寂的長孫無忌在袁公瑜的逼迫之下，懸梁自盡。他的家產隨之被抄沒，近支親屬都被流放嶺南為奴婢。

此時，褚遂良已經在遙遠的愛州抱憾而逝。而永徽朝的其他兩位宰相韓瑗、柳奭，隨後被下令在貶官的當地處斬。

臺州刺史來濟被改任為庭州刺史。庭州是大唐在極西的邊界，在這裡，大唐與西突厥十姓的戰爭還在繼續進行著，庭州此前的很多位官員都戰死在了前線。兩年後，西突厥部落大舉進攻庭州，來濟統兵防禦。他在前線對眾將說道：「吾曾經觸犯刑律，所幸蒙恩赦免死罪，如今自然應當完成自己的職責！」他沒有披上甲冑，便率領所部騎兵衝進對面突厥人的軍陣當中，戰死在了沙場。

他這一生都秉持著正直的原則，最終也因為這個原則而流落至此。也許來濟是真的累了，想要休息一下了。

永徽朝的宰相們先後殺青，離開了歷史的舞臺。而顯慶朝的新貴們，則繼續走在事業的上升期，李義府榮升中書令，許敬宗榮升侍中，把持了朝政。李義府繼續斂財，與家人一起賣官鬻爵，廣結朋黨，權勢熏天。

出來混，遲早是要還的，李義府不知道，這一切冥冥之中都已經注定了，幾年之後，他自會迎來粉身碎骨的結局。

許敬宗、李義府等新貴們雖然貪婪，但萬幸都不是庸碌之臣，在他們的經營下，大唐繼續開疆拓土。在遼東，程名振、薛仁貴的大軍持續向高句麗發起攻擊，在貴端城、橫山等地屢次擊敗高句麗人；在西域，蘇定方率領諸國聯軍大破西突厥的阿史那賀魯，一直窮追至碎葉水，滅亡西突厥，整個中亞西河諸國歸附在了大唐麾下。唐廷在西域又設置了濛池都護府和昆陵都護府，將整個西突厥及其屬國按照州府制度管理起來。

大唐兒郎、漢家王旗，已經插滿了長城內外，天山南北。

第六章

牙璋辭鳳闕，鐵騎繞龍城 ——
初唐開疆

第六章 牙璋辭鳳闕，鐵騎繞龍城—初唐開疆

01 熊津戰

永徽五年（西元 654 年），天下風調雨順，普遍獲得了大豐收。在洛州，只需要兩個半文錢便可以買下一斗粟米，十一文錢便可以買一斗粳米。極低的物價、豐厚的糧食儲備，讓唐廷的財政能力空前充盈，可以支撐東北、西北兩條戰線的作戰。

西北戰線上，西突厥阿史那賀魯叛亂，自稱沙缽羅可汗，一度氣勢洶洶。永徽六年（西元 655 年）的鷹娑川之戰中，程知節、蘇定方率領的唐軍由於指揮體系出了問題，雖然擊敗了西突厥，但未竟全功。這對於唐軍來說已經是十分可恥的失敗了，主帥程知節直接被降罪免官。兩年後的顯慶二年（西元 657 年），唐廷派遣蘇定方、阿史那彌射兩員大將，分兩路征討西突厥，終於取得了大勝。唐軍一路追擊，在石國（今烏茲別克的塔什干）成功俘獲了阿史那賀魯全家，西突厥終於徹底平定。

前後十六年，大唐終於徹底擊敗了西突厥。沙缽羅可汗賀魯被蘇定方大軍一起帶到了長安，在昭陵，賀魯被當作祭品，告祭陵寢中的唐太宗。告祭之後，賀魯被免於一死，繼當年被俘的頡利可汗一樣，成了長安城裡人見人愛的吉祥物，有如一塊行走的紀念碑，展示著大唐的昭昭武德。

而得勝的蘇定方在顯慶四年（西元 659 年）再次出兵西域，征討蔥嶺以西的思結部，如神兵天降一般地出現在敵軍城下，俘虜思結部首領都曼。蘇定方將都曼直接提到東都洛陽，在洛陽宮乾陽殿交給了天子李治。

靠著四處征戰的功績，蘇定方升任左武衛大將軍，然後馬上隨著天子李治巡幸太原，一個月後的顯慶五年（西元 660 年），他接到了一個新的重大使命——擔任神丘道行軍大統領，率領左驍衛大將軍劉伯英等水陸大軍十萬人，征討東海對岸的百濟國。

之所以征討百濟，是因為它屢次不聽唐廷訓示，三番五次地攻打唐朝的盟國新羅。在朝鮮半島上的三個國家中，高句麗和百濟都是扶餘人建立的，只有新羅是三韓人所立。於是高句麗和百濟兩國的扶餘人就一起欺負新羅的三韓人，新羅便只好向唐廷求助，只是新羅位於朝鮮半島的東南，與大唐並不接壤，實在鞭長莫及。

百濟確實不怕什麼，天塌下來，有高句麗頂著。高句麗真是東亞諸國中的傳奇，其他國家撐不住一次大唐的進攻，只有高句麗，對抗了隋文帝、隋煬帝、唐太宗三代帝王的攻擊，依然屹立不倒。雖然在唐軍面前，高句麗和百濟加起來都不一定是一支少數民族僕從軍組成的偏師的對手，但五百里遼澤，還有安市城的寒冬，都是扶餘人最好的屏障。

如今的李義府，可謂才具兼備——通曉人情世故，善於揣摩上意，能詩善文，又精於治國理政。得此良佐，李治猶如得遇奇才，心中大為欣慰，也更有底氣去面對那些貞觀朝的老臣。

所以，唐廷決定要認真對付一下百濟了，正好如今西邊戰事已經平定，到了用兵東北的最佳時期。

自太宗皇帝第一次征伐遼東之後，已經吃準了高句麗的那一套防禦策略，於是對症下藥，從班師回朝第二年開始，展開了一系列措施。

簡言之，就是透過長期、頻繁的騷擾，耗盡高句麗的國力。

貞觀二十一年（西元647年）開始，唐軍便派出小股遠征軍，持續地從海上、陸上兩邊，對高句麗發起進攻。今天殲滅數千人，明天燒了高句麗人的外羅城，就是不讓高句麗休養生息。這樣的出征，對大唐來說只不過是幾千人、幾萬人的小規模戰鬥，而高句麗卻要全部投入進來應對，最終讓他們全國衣不卸甲，馬不釋鞍，無法恢復正常的生產生活。

太宗皇帝本想在幾年後繼續新一輪的總攻，但天不假年，他不幸溘然

長逝，對高句麗的用兵也就停了下來。高句麗終於得到了寶貴的喘息之機，漸漸恢復了國力。李治在顯慶朝執掌大權以後，重新沿襲了貞觀年間的策略，繼續不停地進行騷擾戰，程名振、薛仁貴連續兩年率軍渡過遼水，大敗高句麗軍。

就在高句麗自顧不暇地抵禦著東出的唐軍時，躲在高句麗後面、位於朝鮮半島西南邊的百濟國似乎覺得這是一個好機會，趁機打起了鄰居新羅國的秋風。

於是，就有了蘇定方受命擔任行軍大統領，跨海東征的這個故事。

這是一個大膽的想法。

百濟國沒有想過唐軍會真的跨海來襲，因為這樣的操作在軍事上的成功率其實低得嚇人。百濟和大唐，在陸路上隔著一個高句麗，大唐的陸軍不可能跨過高句麗打到百濟來。所以就算大唐水軍來到百濟，那也是孤軍深入。百濟只要擋住唐軍最初的一波攻擊，就能等到高句麗的援軍，聯合起來將來犯的唐軍推到海裡去。

但蘇定方偏要去做這件幾乎不可能完成的事。嚴格說來，他過去並沒有多少指揮水軍的經驗，只因出身河北沿海，對水戰略有涉獵罷了。水戰和陸戰雖然在具體指揮技術上千差萬別，但軍事思想卻是相通的。在與天子李治共同巡遊并州的路上，蘇定方提出了這個精妙的作戰計畫，最終說服了天子，並成了這場軍事行動的總指揮。

這個作戰計畫，精髓就在於快，透過精準的兵力投送和高效的水陸兩棲行軍作戰，趁著高句麗沒有反應過來的時候，徹底擊敗百濟國的有生力量，讓他們退出戰局。

這是一場大唐的閃電戰。

顯慶五年（西元660年）八月，蘇定方率領十萬水軍，從成山（今山東

榮成）渡海，向百濟出發，直取百濟國都熊津城。同時，唐廷還下令新羅國也同時出兵，策應唐軍，對百濟發起攻擊。

百濟王扶餘義慈聽聞唐軍真的來了，緊急動員全國士兵迎戰，同時向高句麗求救。但高句麗的主力此時還布置在遼東的北方邊境，調往南方來救援百濟還需時日。而百濟國內各地的軍隊向熊津城集結，也同樣需要時間。所以扶餘義慈孤注一擲，將手上可用之兵派往熊津江口，防禦大唐水軍。

唐軍精銳，天下聞名，百濟有自知之明。他們只求拖住唐軍三日五日，為百濟全國動員之兵集結都城，以及高句麗援軍的到來爭取到時間。

只見大唐龐大的艦隊覆蓋了熊津江口的整個海灣。艦隊中的壯士在蘇定方的調度下，搶灘登陸，迅速擊潰了熊津江口的百濟守軍，殲敵數千人。唐軍艦隊乘潮而上，戰艦在江中首尾相連，帆槳如雲，舟中將士們擂鼓吶喊，壯觀無比。蘇定方親率步兵騎兵大隊，沿著熊津江，與江中艦隊齊頭並進，一路凱歌高奏，直逼熊津城。

唐軍離熊津城只有二十里時，百濟全國緊急動員的各路兵馬終於趕上勤王。傾國之兵在熊津城外擺開決戰之勢。蘇定方明白，這一仗必須要打，而且要打得漂亮——一戰摧毀百濟人的精氣神，用最快的時間迅速達成勝利，這就是這次「閃電戰」行動的精髓。

這些唐軍都是在西域、遼東戰場上爬摸滾打過來的百戰之兵，熊津城一戰，真殺得昏天黑地，血流成河。百濟傾國之兵一朝覆滅，一萬餘人當場戰死，其餘士兵全部作鳥獸散。場面太過於慘烈，以至於百濟國王扶餘義慈已經完全失去了繼續打下去的信念，連忙帶著太子扶餘隆與親信隨從，向著百濟北境逃去，希望能依託高句麗人，繼續負隅頑抗。

國王和太子出逃，熊津城中群龍無首，而唐軍則轉眼跟了過來，包圍了熊津城。受命防守熊津城的，是扶餘義慈次子扶餘泰，情急之下，自立

第六章 牙璋辭鳳闕，鐵騎繞龍城——初唐開疆

為王，指揮城中軍民固守待援。

可是一起留在城裡的，還有太子扶餘隆的兒子扶餘文思。看到扶餘泰自立為王，他可不樂意了，於是直接帶著自己的部下，翻越城牆投靠了唐軍。

扶餘文思的投降像是西洋骨牌一般，在城中掀起了投降的狂潮，城中百姓全都跟著扶餘文思的腳步出城投降，守軍想攔都攔不住。唐軍也藉著勢頭登上城牆，將大唐的旗幟插在了城牆之上。

勢窮力竭的扶餘泰只得打開城門，正式向蘇定方投降。

而熊津城一投降，扶餘國其他城池，連同扶餘國王扶餘義慈、太子扶餘隆一起，也都被蘇定方擊碎了戰鬥意志，紛紛主動投降了唐軍。從熊津江口之戰，到百濟君臣投降，前後只經過了短短十天。至此，創立於東漢末年，延續長達四百多年的百濟國，帶著二百座城池、七十六萬戶人口，自動成了大唐的屬地。大唐在這裡設置了熊津、馬韓、東明、金連、德安等五個都督府，管理這一片新的疆域。

這已經是短短幾年時間裡，蘇定方率軍滅掉的第三個國家。

扶餘義慈一家，與同樣被蘇定方俘虜的阿史那賀魯、思結都曼等人，一同被押解至東都洛陽，呈於天子李治面前。對於這樣的場面，李治或許早已見慣不驚，略作訓誡之後，便以寬仁之心赦免了扶餘義慈及其隨行的百濟貴族。

仁慈是強者的專屬品，而大唐就是這樣的強者。

滅亡百濟之後，整個朝鮮半島的形勢忽然起了變化，原本高句麗、百濟合力欺負新羅的局面，變成了大唐、新羅夾攻高句麗。百濟國就有如大唐在高句麗南邊設立的一個橋頭堡，穩健地插在了高句麗人的後心。天子李治於是順勢下令，蘇定方、契苾何力等大將率軍一起，從北邊（遼

東)、中間（平壤）和南邊（百濟）三個方向，發兵征討高句麗。

也就在這個時候，東亞世界的另一個勢力也進一步介入了朝鮮半島。

02 東亞大混戰

倭國，也就是日本，其統治者也是扶餘人的後代。「倭」這個國號，雖然如今聽起來不雅，但確實不算是中央王朝對他們的蔑稱，而是日本人自己所立的國號。此時的倭國，定都於飛鳥城，進入了所謂的「飛鳥時代」。到了唐代貞觀年間，中大兄皇子把持了朝政，遷都難波城（今大阪市），展開了一場大化改新，模仿著海那邊的大唐，一樣建立起了一套律令制度，還有自上而下的中央集權體制。

倭國從聖德太子的時代以來，逐漸占領了日本列島的各個地區，還不間斷地征討北邊的蝦夷和肅慎，從一個偏僻之地的島國一躍成了東北亞除大唐以外數一數二的大國。甚至當初隋朝時，在給隋煬帝的國書上驕傲地寫出：「日出處天子向日沒處天子問安」這樣的話來，引得隋煬帝不快。因此，他們反倒藐視起了朝鮮半島的扶餘人親戚建立的高句麗、百濟和三韓人建立的新羅，開始要求他們朝見天皇，建立自己的朝貢體系來。

在倭國統治者眼中，百濟是自家附庸，屬於大倭國的勢力範圍，百濟王子扶餘豐此時還在倭國作質。沒想到大唐突然發動突擊，如同出海撒網般，便將百濟國君臣擒獲押送至洛陽，讓倭國措手不及，百濟就此滅亡。這種打擊，換作任何一方都難以接受。雖然倭人心知大唐國力強盛，卻不願相信對方能如此出其不意行事──更不願承認大唐是天下共主。百濟的存亡，牽動著倭國太多利益，因此他們必然要出面干涉。

龍朔元年（西元661年），孝德天皇駕崩，中大兄皇子掌握大權，數年

第六章　牙璋辭鳳闕，鐵騎繞龍城—初唐開疆

後登基為天智天皇。是年，倭國決定全面介入百濟局勢，出資、出力並派兵五千，竭力扶持滯留倭國為質的扶餘豐返國，繼承百濟王位。

而百濟境內的局勢，這一年也發生了變化。

上一年，蘇定方帶著百濟義慈王，以及王族、臣僚還有一萬兩千百濟軍民，率領主力軍返回大唐，留下了郎將劉仁願率領一萬人留守在泗沘城。蘇定方人雖然走了，但是影響仍在，而且是極為惡劣的影響。

當年平定東突厥之戰時，蘇定方率敢死前鋒在鐵山大破頡利可汗牙帳，卻因縱兵劫掠而遭嚴厲問責。太宗在位時，他也因此事被雪藏。這其實是蘇定方視野所限──他是一名純粹的軍人，習慣用精準而冷酷的計算來追求戰果最大化。他打的幾場仗都極為艱苦，若不讓士兵們在勝利後稍作放縱，恐怕以後就再沒人願意拼死殺敵。對他而言，劫掠是出於軍事考量，從未顧及政治影響。

突擊百濟的這場行動也是如此，從熊津江口登陸，到攻破熊津城，整個軍事行動節奏緊張，全軍都處在高度壓力逼迫之下，因此蘇定方選擇在勝利之後放縱劫掠，以此犒賞麾下的將士們。

但這樣的「犒賞」卻釀成了禍患──唐軍縱火劫掠，反而把百濟人逼成了敵對勢力。百濟國原來的達率兼郡將黑齒常之（相當於州刺史），是極為出色的軍人，原本見百濟舉國投降，也放棄了抵抗準備投降，結果蘇定方縱兵劫掠之後，黑齒常之便改了主意，與手下十多人逃歸本部，收集逃亡失散的士卒，齊心協力保守任存山，十天之內糾集了三萬人馬，武裝阻止唐軍騷擾附近的城池。

如果局勢發展到這裡，那唐廷只需要制止唐軍的劫掠，並派善於治理的文臣好好處理就是了。唐廷事實上也是這麼做的，並且還按照治理西域、漠北的方式，委派百濟當地的酋長、城主繼續擔任都督府的都督和羈縻州的刺史。這樣一來百濟就能從一開始的混亂裡平靜下來，在大唐的主導下

好好自治，當地貴族、百姓也能繼續安安穩穩地生活。

但是，百濟之事已非單純的地方矛盾，而是攸關多國利益的局勢。唐廷在百濟的行動，實際上觸動了倭國的利益根本，倭國又怎會坐視不理？

留守在周留城（今韓國扶安）的義慈王的姪子扶餘福信，在倭國的支持下，與僧人道琛公開對抗起了唐朝，迎立留在倭國的扶餘豐為新的百濟王。在倭國出兵武裝支持之下，福信也發展得越來越壯大。那些原本投降唐廷的城池，都慢慢轉而歸附於扶餘福信。兩百七十多座城池，超過兩百座都已經被百濟人在倭國的支持下重新收復。

扶餘福信野心勃勃，倭國送來的扶餘豐只是扶餘福信的傀儡，真正的大權全由福信掌握。北面有高句麗的支持，南邊有倭國的援軍登陸，泗沘城的劉仁願，漸漸地被百濟人的大軍圍了起來。

短短一年不到的時間，由於唐廷在百濟處置失當，導致百濟復國勢力越來越強，泗沘城中的唐軍已經到了生死關頭。

所幸，唐廷在此時派來了劉仁軌。

劉仁軌本是文臣，從縣令一步步做到了給事中，但由於得罪了宰相李義府，在顯慶四年（西元 659 年）被貶為青州刺史，然後又獲罪免職為平民。直到原本被派來百濟擔任熊津都督的王文度在路上病死，實在沒有別的人可以用，這才勉強任命劉仁軌為「檢校帶方州刺史」，代替王文度統帥百濟駐軍。

檢校，也就是職務較低的官員臨時被任命為更高的差遣官。劉仁軌是平民之身，只能勉強提拔上來管一管軍政大事了。

而擔任指揮官的劉仁軌，迅速整頓士氣低落的唐軍，帶領這一萬人，再加上七千新羅軍士，到處轉戰，擊破了各路復國的百濟義軍。

百濟已經成為大唐與高句麗、倭人角逐的戰場。高句麗暫時因為要全

第六章　牙璋辭鳳闕，鐵騎繞龍城—初唐開疆

神貫注應對遼東來犯的唐軍，自顧不暇，百濟這一兩萬人的唐軍，主要由倭軍和百濟義軍合力應對。扶餘福信手下有數萬人，百濟大將黑齒常之有三萬人，再加上護送扶餘豐回百濟的倭軍五千人，幾倍於唐軍的兵力向著泗沘城懟了上去。百濟軍還封鎖了熊津江，建立柵欄，試圖將泗沘城的唐軍、新羅軍封鎖在城裡。面對這一局勢，劉仁軌果斷出擊，水陸並進，在新羅軍的配合之下大破百濟的封鎖，百濟軍士兵戰死、溺死的有萬餘人。

這場仗打得漂亮，但唐軍兵力有限，仍然沒有扭轉不利局面。而應唐廷要求前來策應的援軍在半途中被扶餘福信率軍擊敗，新羅人不敢再來救援，戰局不免陷入了膠著。

此時，大唐已經又一次向著高句麗出發。遼東道行軍總管契苾何力率軍抵達高句麗邊境，從鴨綠江過江，卻遭到了淵蓋蘇文的兒子淵男生，數萬精兵的還擊。九月的鴨綠江，江面已經冰凍，契苾何力率領部下踏著冰面渡江，一戰擊穿了高句麗人的鴨綠江防線，一直追殺了數十里，斬首三萬人，其餘高句麗精兵幾乎全部投降。

而蘇定方率領的水軍也到達了平壤城外，將這座高句麗國都團團圍住。

整個東北亞世界就這樣全都捲入了戰火。

蘇定方原以為，可以照搬在百濟的戰法，用迅速突擊直接拿下平壤城。他的艦隊順利通過大同江，一路像在熊津時那樣連戰連勝，直逼平壤城下。然而到了城前才發現，這座城遠比所有人想像的還要堅固，連續圍攻數月，仍牢牢掌握在高句麗人手中。就在此時，唐廷傳來緊急軍令——因回紇、僕固等鐵勒部族叛亂，必須立刻抽調鐵勒王子契苾何力，以及薛仁貴、鄭仁泰等名將回國平叛。

久攻不下的平壤城正處於嚴冬的大雪之中，蘇定方也被迫回師，結束了這場不成功的奇襲。

在泗沘城，劉仁軌、劉仁願也受到了天子的敕令，唐廷決定收縮戰

線，鑑於百濟駐軍孤懸在外，泗沘城與中原的航線也被封鎖，為了防止他們在倭國和百濟義軍的圍攻下全軍覆沒，便下令駐軍撤退到新羅境內，然後乘船返回大唐。此時的泗沘城裡，唐軍將士們已經奮戰了兩三年，全都已經歸心似箭，只想著快一點班師回朝。

但是劉仁軌拒絕了，唐軍浴血奮戰了兩年多，如此戰果一旦拋棄，百濟便會捲土重來，形勢將比開戰前更為不利。

正巧，扶餘福信聽聞唐廷下詔召回駐軍的消息，也不願與唐廷撕破臉，便主動與泗沘城內的劉仁願、劉仁軌聯絡，表示若唐軍撤離，百濟方面會予以禮節性的送行。今後有事仍可坐下商談，彼此依舊是朋友。

而劉仁軌恰恰看到了機會，趁著百濟人以為唐軍即將撤軍，降低了防備之時，突然對百濟義軍發動襲擊，重新攻占了支羅城、真峴城等幾個要塞。

這對於唐軍來說意義非凡，他們不僅奪回了主動權，還成功收復了被百濟人奪回的熊津城，恢復了唐軍與新羅的交通線。

收到來自泗沘城的上表後，唐廷認可了劉仁軌的主張，決定重新對百濟增兵，在山東齊地的淄州、青州等地方，徵召勇士七千人，由孫仁師帶領，趕赴熊津城，更讓劉仁軌如虎添翼。

龍朔三年（西元663年），又有了新的情況出現。

其一，是奸相李義府的倒臺。

自永徽六年（西元655年）起的八年間，李義府作為宰相班子中的中堅力量，與天子之間逐漸形成一種微妙的默契：在外朝，他是天子意志的精準傳聲筒，確保中樞運轉順暢；在內廷，天子則回報以豐厚的權勢與財利，甚至遠超其本應所得。李義府藉職聚斂，官職買賣明碼標價，雖然行徑過甚，卻仍在天子的容忍之內。李治的底線很清楚——他必須完全駕馭李義府，並以此為手段牢牢控制朝局，絕不再讓朝堂出現如長孫無忌那

第六章　牙璋辭鳳闕，鐵騎繞龍城——初唐開疆

般權傾一時的人物。

結果，李義府沒有控制好自己，最終觸碰了天子的禁區。有一次，李治覺得李義府賣官鬻爵的行為過火了些，影響到了朝廷的體面和他明君的聲望，所以裝作從容地跟李義府說：「聽說卿家的兒子、女婿不夠謹慎，犯錯很多，連我都要幫他們遮掩。還請卿家管教一下，下不為例。」面對皇帝的旁敲側擊，李義府原本承認犯錯便罷了，誰知他過於敏感，緊張地認為有人背後搗自己的亂，甚至追問皇帝是誰說的。李治回答：「如果我說得對，你何必要問誰說的呢。」話裡已經有些不悅之意。但李義府卻一聲不吭地梗著脖子，自顧自地緩步離去了。

這樣的態度，在菜市場吵架的時候用一用倒也罷了，怎麼可以在天子面前如此呢？這讓同樣心裡敏感的李治，開始懷疑李義府的忠誠。

而李義府回到家，不想著重新贏得皇帝的信賴，卻開始懷疑最近是不是風水運勢不佳。正好有一個名叫杜元紀的術士及時出現，對李義府說他的住宅上空籠罩著一股「監獄之氣」，恐有大變。李義府慌了，請求祓除之法。

杜元紀一開價：兩千萬錢，保你錢到法力到，禳除獄氣除。

自古以來，這類騙局都是專為「有緣人」量身打造的，坑的正是那些心中有鬼之人的不義之財。李義府正好對號入座，花了大筆銀錢請這位大師替他作法。兩人凌晨時分悄悄出城，到郊外觀星相，不料行跡很快被人揭發，被指為結交妖人、意圖不軌。

這幾年來，對李義府的彈劾和指控沒有幾百也有幾十了，李義府照樣悠然自得，依靠天子的袒護繼續穩如泰山。但李義府沒有想到，天子徹底放棄他，竟來得這麼快。結交妖人事件一出，天子李治立刻下令徹查。於是御史臺追根究柢，連同一起追查到的以往的各項罪名，數罪併罰，經過天子首肯，李義府一家全都發配到嶺南的荒郊野嶺流放去了。

李義府的倒臺，讓遠在百濟的劉仁軌有了更自由的發揮空間。沒有李義府的唐廷，全力支持百濟的戰事，讓劉仁軌有了一個堅強的後盾。

其二，就是百濟人的內訌。

從倭國遠道而來，被推舉為百濟新國王的扶餘豐，一直都充當著扶餘福信御用圖章的作用，作為一個擺設，被扶餘福信用來套取倭國的外援。扶餘福信雄心勃勃地展開著他的復國計畫，要不是劉仁軌率軍一次又一次地擊敗了進攻泗沘城的百濟義軍，扶餘福信幾乎就要完成他的復國大業了。

但是，扶餘福信沒有想到，最危險的敵人，往往藏在他最不能預料的地方。傀儡王扶餘豐，居然先走一步，開始了他的奪權之路。龍朔三年（西元663年）六月，扶餘豐突然發難，宣布福信叛國，下令誅殺。福信心知必死，高聲唾罵道：「腐狗痴奴！」扶餘豐大怒，下令直接斬殺福信，還用他的頭顱做成了肉醬，活脫脫一場「舌尖上的百濟」。

雖然扶餘福信屬於「親日派」，站在大唐的敵對陣營上，但他尚且在保持百濟與高句麗、倭人的獨立性方面上還有所堅持。而成功掌權的扶餘豐，則全面地倒向了背後支持他的倭國。倭國也應了扶餘豐的請求，大規模地向百濟增兵。一百七十餘艘戰船，兩萬七千餘名士卒，殺往朝鮮半島。這是倭軍第三次向百濟增兵，增兵之後，倭軍投入百濟戰場的兵力已經達到了四萬多人。

八月初，唐軍和新羅軍隊一起包圍了百濟王扶餘豐所在的周流城，而倭軍大舉增援，慘烈的白江口海戰拉開了序幕。兩萬七千倭軍艦隊在將軍毛野稚子率領下，先奪取了新羅國的沙鼻岐、奴江二城，切斷了唐軍與新羅的海上聯繫。這時，倭人聽聞唐朝派出的孫仁師七千齊地兵已經到達熊津，唐軍因此實力大增，於是決定主動尋求決戰，也往熊津而去。

這時，第四批倭軍的一萬餘人，也在將軍盧原君臣的率領下趕來。在到達熊津江入海處的白江口時，盧原君臣的先鋒部隊遇到孫仁師率領的大

第六章　牙璋辭鳳闕，鐵騎繞龍城—初唐開疆

唐水軍的截擊。

倭國靠海而生，舟師艦隊是國家的驕傲，他們造出的大船，可以容納一百二十餘人。所以倭軍自信可以在海上憑藉優勢兵力與唐軍艦隊一較高下。

然而，當倭軍艦隊真正與大唐舟師狹路相逢時，方才驚覺雙方戰力的懸殊差距。

大唐的樓船，甲板之上仍有三層之樓，容納士兵八百多人，水戰之中，居高臨下，士兵上下三層齊射，箭如雨下。還有絞車弩、炮車射來飛石。樓船下還有鬥艦，上層士兵作戰，下層船伕划槳，乘風破浪，進退自如。各船在旗艦的排程下，行動有序，秩序井然。

倭軍艦隊的大船和大唐的樓船相比，完全不能說是大船。而且大船上缺少遮蔽，船內士兵全都暴露在唐軍舟師的射程之下，演變成了混亂的潰退，廬原君臣不敵唐軍，敗退下來。

敗退後的廬原君臣率領倭軍艦隊，與毛野稚子的艦隊，以及扶餘豐率領的百濟艦隊會合至一處，整頓舟船，第二天再次去救援正被唐軍圍困的周留城。絕對優勢之下，倭軍以為可以順利擊敗唐軍艦隊，於是藉著風勢，向唐軍舟師的水上戰陣發起衝擊。幾輪箭雨之後，倭軍和百濟軍衝進唐軍戰陣，一陣轟隆作響，最前頭的幾百條大船碰撞在了一起。

激烈的接舷戰發生了。

倭軍船隻眾多，擁擠在唐軍艦船前。之前的倭國、百濟指揮官，自信可以靠實力取勝，誰都沒有事先查看過戰場，這時他們才發現，艦隊已經擠在一片淺灘之上，很多艦船都擱淺了，難以轉動，場面混亂不堪。

中了唐軍的計了——毛野稚子等倭軍將領心想。而就在這時，唐軍的鬥艦、小型艨艟戰船出現在倭軍、百濟軍的兩翼，遊走著射來了火箭。倭軍在淺灘之中難以調轉船隻，眾多船隻全都擁堵在一起無法動彈，只能

眼睜睜地看著火勢越來越大,漸漸地將所有船隻吞沒。

短短幾個時辰,戰鬥已經變成了一場火災,煙炎灼天,海水皆赤,四百艘倭軍戰船化為灰燼。

白江口之戰示意圖

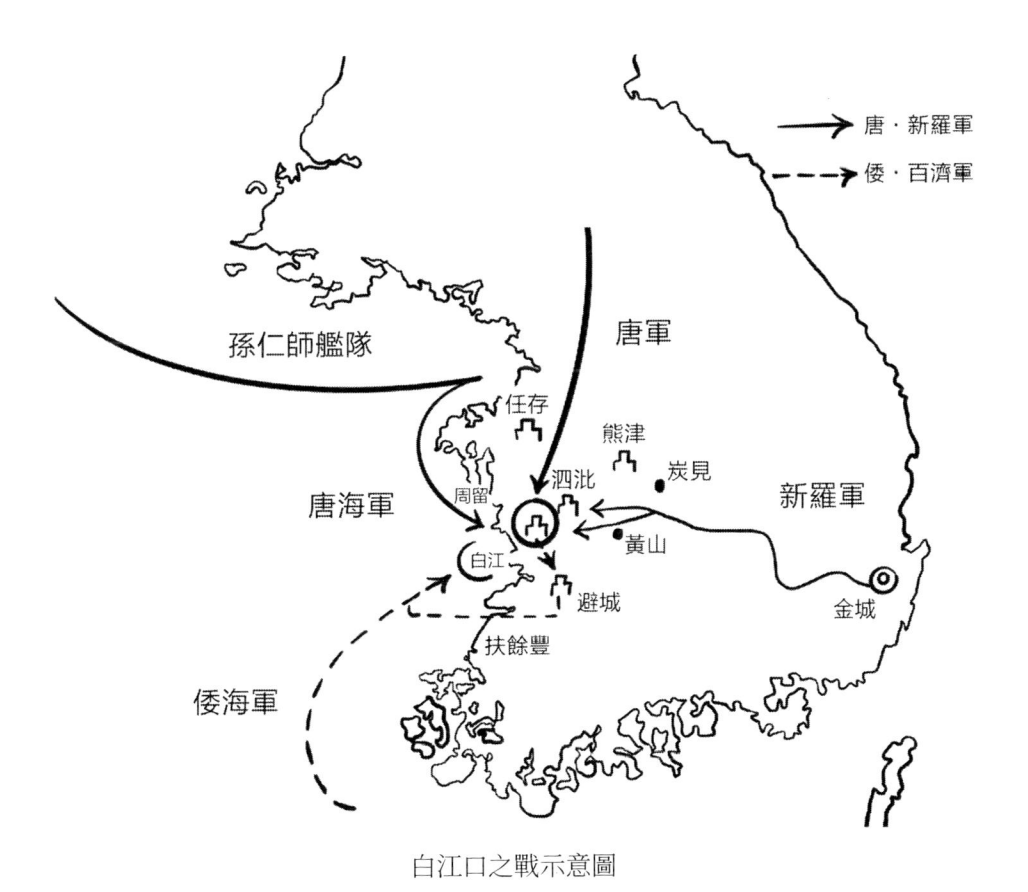

白江口之戰示意圖

白江口之戰,以唐軍的完勝而告終。倭軍傾國派出的主力艦隊,幾乎全軍覆沒。倭國幾十年累積的精銳戰艦、武士,連同他們征服三韓、百濟的野心,都在一夕之間化為泡影。由於傾國之兵全軍覆沒,倭國已經沒有了再與唐廷抗爭的力量,甚至無法守備本土,因此天智天皇遣使朝貢,向唐廷稱臣。

這場戰役也直接摧垮了百濟人的信心，扶餘豐逃出戰場，也不敢再去他搖搖欲墜的靠山倭國那裡，而是往北逃竄，投奔高句麗。其餘百濟將士全都投降了唐軍。這場歷時三年的戰爭，百濟全境生靈塗炭，屍骨遍野，民生凋敝。造成這樣慘劇的，既是唐廷的征伐，也是百濟貴族、倭國勢力的一己之私，但最終受苦遭殃的，還是百濟的平民。

戰火無情，興亡苦的皆是百姓。

劉仁軌平定百濟後，抓緊時間撫平戰爭的創傷，收斂骸骨，修橋補路，百濟平民終於重新過上了安定的生活。

這場戰爭，除了讓大唐得到了百濟各城的支持之外，還帶給了唐廷一個意外的禮物，那就是大將黑齒常之。白江口之戰後，百濟全境投降，只剩下黑齒常之駐守的任存城仍然堅守。在劉仁軌的勸說之下，黑齒常之率城投降。這位年輕的扶餘族將領，將在未來成為新一代的名將，帶著大唐的王旗，征戰在帝國的西疆。

03　武皇后

顯慶五年（西元660年），距離長孫無忌勢力垮臺才過去短短一年，李治的身體就出現了問題。三十二歲的李治，這幾年在照顧父親唐太宗和與朝堂的明爭暗鬥上耗費了極大的精力，對身體的損耗很大，因此家族遺傳病過早地發作了。李治的症狀有些特殊，還併發了一種特殊的風眩，現代醫學稱之為「梅尼爾氏症」，這種疾病往往出現在三十歲以上、平時思慮過多的中年人身上，發作過程中，內耳膜迷路積水導致旋轉性眩暈、波動性聽力下降，使他經常頭暈目眩。發作的高潮期，還會出現波動性眼震，眼睛不能正常看書稿，這讓李治無法正常治國理政。

所以，李治一度請武皇后來幫他處理政務。百官上奏的奏表，李治便交由武皇后代為處理。武皇后是聰明人，也讀過一些書，通曉古今文史，又與李治心意相通，所以很好地扮演起了助手的角色。

疾病往往會動搖一個人的心境。李治患病後，雖在帝國最優渥的醫療資源傾力救治下旋即痊癒，武皇后也因而不再代理政事，然而風疾本為慢性之患，以當時的醫療水準幾無根治之方，唯能藉藥暫時壓制。李治與太醫們皆無法預料，下一次發作將在何時，又會何等凶險。

這一切讓剛剛步入中年的李治提早開始考慮自己的身後事了，或者毋寧說是自己病重後的國事安排。

如今，李治的兒子們很多已經長大了。他的長子李忠十七歲，是曾經的太子，武皇后冊封之後，李忠被降為梁王，李治和武皇后的兒子李弘成了新的太子。太子李弘生於永徽三年（西元652年），此時只有八歲，八歲的小孩如何能撐起帝國的重擔？之前李治和武皇后移駕東都，留下李弘在長安做監國太子，沒幾天太子李弘就因為離開了父母手足無措，哭著鬧著喊阿爹阿娘，硬是追上來與李治夫婦同行。太子尚且年幼，李治與武皇后生的其他幾個兒子，沛王李賢、英王李哲（後改名為李顯）、相王李輪（後改名為李旦），就更小、更不懂事了，李治要是不久之後崩逝，誰來保障皇位的正常更迭？

找幾個得力的宰相做顧命大臣？長孫無忌的前車之鑑還在眼前，李治當然不會再讓自己的兒子重蹈覆轍。選擇宗室來託付？這更不可行，要是宗室越俎代庖，直接把兒子取而代之怎麼辦？要是李治選擇長子李忠來輔佐李弘為帝，那就更危險了，李忠本來就做過太子，誰也難保他會再起異心。

於是，李治把目光放在了一直陪伴他的妻子武皇后身上。武皇后聰明體貼，一直以來與他風雨同舟，同甘共苦，共同戰勝了長孫無忌勢力，李

治相信武皇后能在自己的指導和培養下，擔起帝國的重任。

李治也意識到梁王李忠可能會影響他的安排。聽說李忠被廢後，似乎得了被迫害妄想症，整天擔心有人來謀害他，還悄悄地穿上女子的衣裙，等刺客來時好假扮女僕逃過一劫。李治也乾脆給了李忠一點解脫，下令把李忠廢為庶人，遷移到黔州，住在當年李承乾徙居時的舊宅裡。

還有一點，李治也考慮到了。如果他的身體恢復得好，以後可以繼續坐在帝位上，他也一樣會把更多的權力留給武皇后，而不是李弘、李賢這些兒子們。李治想著，要是皇子們手裡沒有什麼實權，那就沒有利益衝突，大家相互安安穩穩、客客氣氣的，便不會再出現武德、貞觀時這樣兄弟相殘的局面了。

更何況年長的皇子同樣也會威脅皇帝的權力，李治的一生所感受到的愛，大部分都來自女性，從長孫皇后到他的乳母，還有武皇后，她們在李治眼裡都是無比善良的，所以李治願意信賴他的妻子武皇后，並將最重要的保證權力順暢交接的任務交給她。在此之前，李治會更多地為武皇后創造歷練的機會，讓她可以在將來快速適應自己的職責。

為了使武皇后熟悉政事，李治甚至不惜同意她的建議，把三省六部還有百官的名稱都改了，以便武皇后記憶：改尚書省為中臺，門下省為東臺，中書省為西臺，門下省長官侍中稱為左相，中書省長官中書令為右相，尚書省的左右僕射為匡正，其他官職也都是怎麼記憶簡便怎麼改。

這或許也是李治作為一國之君，向武皇后表達愛意的方式吧。

夫妻之間難免有爭執，若全無齟齬，反倒不合常情。李治與武皇后亦時有嫌隙，只是身為帝后，他們的一言一行皆關乎朝堂內外。

武皇后初助李治理政時，尚謙虛自持，猶如初入堂奧的勤學者。然而隨著對朝政日益熟稔，漸生己見。若李治決策與其意見相左，武皇后便難

掩正宮之威,甚至與帝爭辯。武皇后素居中宮,本性強勢,爭執之後,李治往往獨自鬱鬱不樂。

龍朔三年（663年）,有一次李治和武皇后剛吵完架,正好宦官王伏勝來告狀,說武皇后在做一些厭勝法術,還悄悄扎小人。這讓李治很生氣,武皇后悄悄扎小人,扎的難道是她的這位夫君不成？於是祕密召見西臺侍郎（也就是改名前的中書侍郎）上官儀,問他的主意。上官儀恰恰是王皇后一門的同情者,趁機建言道：「皇后專橫恣意,海內各家都不贊同她,還請廢掉武后。」

上官儀這番話,其實又翻出了當初「廢王立武」時攻擊武氏的老招數——拿士族門閥不支持武皇后這個理由來勸李治廢后。偏偏李治當時正氣頭上,一聽就順著答應,立刻吩咐上官儀起草詔書。

上官儀是宮廷文體的大家,擅長寫纖細婉約的宮體文,正當他打算盡情發揮一番,寫一篇酣暢淋漓的廢后詔書的時候,武皇后平時籠絡的宮人們早已經把這個消息悄悄通知了武皇后。武皇后意識到了問題的嚴重性,連忙趕到李治的御書房,追問她的丈夫,不過就是夫妻吵個架,為什麼要談離婚的事情？

李治此時也緩過勁來,想到他們夫妻多年的情誼,終於和武皇后重歸於好。

而上官儀那篇催淚好文,才剛剛提交到李治的案前。李治當即解釋說：「我一開始沒有這個心思,是上官儀教我這麼做的。」

武皇后本以為,上官儀只是李治一時氣頭上找來出出氣的人,可一查才發現,這上官儀和那個密告她的宦官王伏勝,原來都是當年太子李忠的人。這不免讓李治和武皇后懷疑,上官儀和王伏勝是不是預先有著相互的配合,抑或都是為了讓遠在黔州的廢太子李忠返回長安？

局面一下子緊繃起來，像是踩到了皇帝的痛處。李忠原本就遠離朝堂，李治對這個長子雖然不甚喜愛，但父子有情，總希望他能平安一生。但偏偏有人想要拿李忠做文章，這個人不是別人，恰恰是他所寵幸的宦官和他在外朝的心腹之臣，這些人以為博取了自己的信任，就妄想著能重新給前皇后王氏，乃至她的門閥親舊們翻案？

李治絕對不能容忍這麼做！他立刻採取了雷霆手段，經過許敬宗的彈劾，上官儀被認為夥同庶人李忠謀逆，被下令處死，上官儀的妻子、女兒，全都發落到掖庭宮做奴婢。還有右相劉祥道（原來的中書令）等多位受牽連的宰相級大員，也都貶官外放，這才將上官儀謀逆案平息了。

這件事讓李治更清楚地意識到：外廷大臣終究難以完全同心，真正可以依靠的，還是身邊的皇后。自此，帝后縱有爭執，亦能很快言歸於好，感情越發深厚，甚至勝過初時。

至此，李治每當與大臣們朝會，總要讓武皇后在簾幕裡聽著，退朝之後再一起商量。朝中大小事情全都一起告訴武皇后，賞罰、生死之類的大事，也全都先徵詢武皇后的意見，然後李治再下定奪。後宮內外都悄悄地說，如今的帝后真像當年隋文帝和獨孤皇后那樣默契，於是也像那時一樣，將天子和皇后合稱為「二聖」。

04 盛大的樂章

龍朔三年（西元 663 年），唐廷還完成了一件大事，蓬萊宮的含元殿，終於完工了。

蓬萊宮，也就是大明宮，當初是太宗皇帝為高祖建造的宮殿，一度因為唐高祖先行去世而被擱置，就這樣一晃過了近三十年。

長安城為隋代名匠宇文愷所設計，堪稱當世一流之作。然而，其布局亦有一大弊端——設計者過於追求對稱方正，務必使皇居太極宮位於城池的中軸線上，全不顧長安城的高點實在在東部。結果，中軸線上的太極宮恰處龍首原下的低窪地帶，地勢低而潮濕，居住頗為不便。或許因此，宇文愷在後來規劃洛陽城時，終於打破此拘，將宮城大膽置於城池西北隅，避開了地勢之弊。

天子李治患上風疾之後，住在太極宮裡就更加覺得不舒適，便下令重啟大明宮的修造。因大明宮裡有一個巨大的湖，裡面有模仿蓬萊三島的人工島嶼，大明宮後來又被改名為蓬萊宮。

歷時一年，蓬萊宮的核心部分終於宣告落成。它的中心是紫宸殿、含元殿、麟德殿。含元殿是整個長安城的最高處，僅殿前的臺階就有七十公尺。在這座殿上，可以望見整個長安城如巨獸一般伏在龍首原。

天子夫婦很快就搬進了這座新的宮殿。入住第三天，李治召集百官來到蓬萊宮，從此便在紫宸殿上聽政。

這幾年，帝國在李治的手上欣欣向榮。他終於解決了李義府帶來的負面影響，成功地將這位貪婪的新貴流放，然後又清掃了上官儀勢力。李義府和上官儀相繼垮臺之後，李治又提拔了杜正倫、任雅相、劉祥道、竇德玄等人為相，這些宰相們很好地履行著自己的職責，維持著大唐的穩定。

白江口之戰後，唐廷基本確立了在東亞帝國的領袖地位。李治還繼承了太宗皇帝天可汗的名號，是突厥、鐵勒等游牧部族的共主。此時大唐的領土空前絕後，放眼整個世界，恐怕也只有拂菻國（定都於君士坦丁堡的東羅馬帝國）和大食國（伊斯蘭教哈里發建立的阿拉伯帝國）可以與大唐相媲美，但就算是拂菻和大食，也遠比不上大唐這般輝煌繁榮。

大唐帝國的疆域已經遠抵中亞，與大食國接壤。連曾經稱雄西方的波斯國也上表稱臣，唐廷在那裡設置了波斯都督府。

第六章　牙璋辭鳳闕，鐵騎繞龍城—初唐開疆

此時許敬宗上表，建議天子繼續當年太宗皇帝因戰事沒能完成的事業——封禪泰山。

封禪是皇帝最高的榮耀。天子乃是上承天命的天選之子，但只有滿足三個條件，才有資格來到最接近上天的泰山之巔，向泰山祭祀：一是天下統一，二是政績卓著、國泰民安，三是太平盛世，天降祥瑞。

李治自認為開創了國泰民安、國家一統的治世，而在許敬宗還有各地百姓的心領神會之下，各地紛紛敬獻祥瑞，這裡出現了龍，那裡出現了麒麟，天下祥瑞井噴，滿地都是。這就更為李治提供了封禪泰山的理由。

龍朔二年（西元662年），李治曾下詔準備有事於泰山，但隨後因為高句麗戰事不順而暫停。兩年後，唐廷改元麟德，麟德元年（西元664年）七月，李治再次下詔，將帶著百官和後宮東巡，正式舉行封禪大禮。

一場盛大的封禪儀式，就此拉開了帷幕。

泰山在東海之濱，西域的波斯、天竺各國距離這裡極為遙遠，要跨越整個大陸。所以從麟德元年開始，大唐各個屬國的王侯們就從世界各地陸續動身出發，計算著日程，向著泰山匯聚。

東洋的倭國，兩年前剛剛經歷了慘痛的白江口之戰，舉國震驚，一直擔心大唐的水師有一天會來到本土。在接到唐廷要求參加封禪的詔書後，倭國馬上派遣天皇皇室成員，按照屬國的禮節出發前往泰山。同時，倭國還棄用了原來的制度，轉而採用大唐的麟德曆，實施唐朝的永徽律，總之一切都向大唐看齊。

在高句麗，聽聞封禪消息的高句麗王庭也想向唐廷示好，派出了太子福男前來侍祠。

在泰西之地的君士坦丁堡，波斯帝國薩珊王朝的大酋長、被封為金城郡開國公的阿羅撼王子奉命來這裡出使，向西方各國宣諭大唐即將封禪泰

山的消息。此時的東羅馬帝國正值君士坦斯二世在位期間，剛剛從倫巴底人那裡收回了一部分南義大利的故土。由於阿拉伯帝國的崛起，東羅馬帝國正經受著嚴重的威脅，他們很高興聽說遙遠的東方，那個傳說中的「桃花石帝國」（古代歐洲人和中亞人對中國的稱謂），似乎可以成為牽制阿拉伯人的另一支力量。於是東羅馬帝國盛情款待了這些大唐使節，還為他們在帝國的西界立下一座方尖碑作為紀念，並且派出使者前往大唐觀禮。

然而由於路途遙遠，觀禮的東羅馬使者並沒有如期到達。大唐也並不了解這個遙遠的拂菻國（唐朝對東羅馬帝國的稱呼），不知道他們曾經的輝煌。在鴻臚寺的眼裡，東羅馬使者和其他那些來自西域萬邦的使者們相比，並沒有什麼區別。

麟德二年（西元665年）十月，天子車駕從東都洛陽出發，開往泰山。世界各國前來朝會的王侯、使者也匯聚到了這裡，他們的扈從、牲畜，造成了通往泰山道路的擁堵。

而對於這場封禪，李治還有著別的想法。

此前歷史上，只有秦始皇、漢武帝、光武帝三位皇帝有過封禪之舉，李治作為第四位封禪泰山的皇帝，能與秦皇漢武齊名，就等於是向天下昭告他的權威。

同時，這也是李治重塑自身政治格局的良機。數年前，他所代表的皇權曾與長孫無忌主導的相權決一高下，並最終獲得全勝。此後，李義府、上官儀等宰相雖時有更替，但只要有人露出專權之勢（如李義府），便會遭到李治毫不留情的打擊。經過數年的整飭，朝中再無一位宰相能如當年長孫無忌、褚遂良般權傾一時。

皇權雖然壓住了相權，可李治對此仍然沒有滿足。他想要的，是皇帝享有無上的權威，讓宰相以下的朝廷大臣們，皆聽命於皇權之下，不敢有違。

第六章　牙璋辭鳳闕，鐵騎繞龍城──初唐開疆

所以李治夫婦在封禪的禮儀上做起了文章。按照封禪的規矩，皇帝率文武百官登上泰山後，要一起在山巔向昊天上帝祭祀。祭祀分兩步：皇帝做初次獻祭，負責祭天；選一位職位最高的職事官來做第二獻祭人（稱為「亞獻」），負責祭祀地下的神祇。這位負責亞獻的執事者，不出意外應該就是本次封禪的封禪大使、朝廷第一人：司空李勣。

但李治偏偏不走尋常路，他打算讓皇后來完成亞獻。因為在他的設想中，帝后才應該是這場盛大的祭祀典禮中的主宰。皇帝、皇后本為一體，他要透過更改這次獻祭的秩序，來向朝臣確認他才是天下的唯一權威。

李勣不愧是政壇八面玲瓏的老臣。這位精於騎術的封禪大使，行至泰山腳下時，竟「恰巧」從馬上墜下，扭傷了腳。這樣他就沒法上山，更沒法擔任亞獻了。於是在許敬宗等人的論證下，亞獻這個環節被改為皇后率領后妃們一起敬獻地下神祇。武皇后也上奏，請求率領后妃和命婦們一起獻祭。

李治欣然同意了這個請求。不管有多少大臣們暗自反對，他都要將最榮光的機會留給他最愛的妻子。

封禪大典在次年的正月舉行。這一年的新春，李治再次下詔改元，新的年號非常應景，叫做「乾封」，這年新年變成了乾封元年（西元666年）。新春之際，雄渾壯闊的〈秦王破陣樂〉在泰山之巔奏響，李治作為初獻，恭敬地向著昊天上帝獻上了金匱。隨後，武皇后率領女眷、命婦們，在宦官搭起的彩錦帷幔中完成了亞獻之禮。

看著皇后帶領后妃們進行獻祭，隨行的大臣們大多隔著帷幕冷眼看著，暗暗發出了譏誚的笑聲。武皇后聽見大臣的竊笑，面色不改，仍從容完成亞獻之禮。然而她素來記仇，心中早已暗暗列下名單。

武皇后和朝臣們的梁子，在今天算是真的結上了。

封禪泰山之後，大唐似乎真的得到了昊天上帝的庇佑，一份來自高句麗的大禮送到了門前──高句麗權臣淵蓋蘇文去世了，而繼位掌控高句麗

的,是淵蓋蘇文的長子淵男生,由於威望和能力不足,被他的弟弟淵男建、淵男產給趕走了。而被趕到外地的淵男生派人向唐廷求救,請求大唐出兵。

高句麗後院起火,恰恰是千載難逢的好機會。李治下詔,命右驍衛大將軍契苾何力擔任遼東道安撫大使,準備再一次出兵高句麗。也許是感到投入不夠,唐廷再一次加大資源投入,請出了李勣來擔任遼東道行軍大統領,統領各路大軍。乾封二年(西元667年),李勣率領大軍與百濟的劉仁軌一南一北,向高句麗發起了總攻。

大唐與高句麗人的戰爭,已經打打停停持續了二十五年。這二十五年裡,大唐多次出兵,雖然大部分都取得了勝利,但終究未能擴大戰果、最終征服這個東亞大陸上對抗唐廷的最後堡壘。唐廷已經下定決心,趁著此番高句麗內亂,一舉解決高句麗問題。所以大唐最菁華的戰士、最優秀的將領,全都集中到了東北,李勣、蘇定方、契苾何力、郭待封、薛仁貴等名將,分別統率多路大軍,共計十餘萬人,水陸並進,向著高句麗進軍。

猶如一首交響樂進行到了最後的樂章,最終的這場戰役高潮迭起,扣人心弦。

乾封二年(667年)九月十四日,李勣率大軍攻下新城,留下契苾何力率部駐守,以牽制城周尚未肅清的敵軍,自己則率主力繼續南下,準備與劉仁軌所率南路軍南北夾擊,在平壤會合。此一戰略與太宗初次征高句麗時採用的方針頗為相似。

李勣南下之後,連戰連捷,攻下十六座城池,就連當年太宗駐兵數月而未克的安市城,也在他手中順利陷落。隨後,水軍總管郭待封率領大唐水師,從鴨綠江入海口登陸,作為先鋒部隊直取平壤城。

然而就在這時,奉命守在新城的契苾何力由於想要多獲取功勞,率領大部分守軍離開新城,藉著前面李勣的勝利,跟著攻占了八座城池,繼續向前要與李勣軍會合,逐漸接近鴨綠江北岸。這差點讓遼東的唐軍陷入萬

第六章　牙璋辭鳳闕，鐵騎繞龍城—初唐開疆

劫不復的境地：新城的防禦由於契苾何力的離開而變得空虛，高句麗的淵男建看準了唐軍防禦的空檔，果斷出擊攻打新城，而這時的新城，只有留守將領高侃、龐同善不足萬人的守軍。如果新城失守，那前方李勣大軍的補給線就會被切斷，唐軍可能會陷入當年隋煬帝第一次征高句麗一樣全軍覆沒的危險境地！

危急時刻，勇將薛仁貴前來救援新城，率軍果斷出擊，成功擊敗了淵男建。淵男建率兵敗退，新城守將龐同善、高侃乘勝出城追擊，在金山（今遼寧本溪附近）與高句麗軍相遇。唐軍出戰不利，正要向後撤退之際，正值薛仁貴抵達戰場，並帶領本部兵馬將高句麗追兵攔腰切斷，最終大敗高句麗軍主力，殲滅五萬餘人。金山之戰，唐軍大獲全勝，基本控制了鴨綠江以北的區域。

接下來，李勣讓元萬頃作〈檄高麗文〉一篇，震懾敵國，但文章似乎沒有經過好好審查，其中一句「不知受鴨綠之險」被淵男建看到，回覆了一句「謹受命」，即刻加強了鴨綠江沿線渡口的防務，唐軍因此不能渡江，與高句麗軍相持起來。向平壤進軍的郭待封也由於缺乏補給，停留不前。隨後，高句麗的冬天來臨了，徹骨的嚴寒下，唐軍並沒有撤退，而是留在遼東，等待春天的到來。

終於，春風吹又生，冰雪融化，二月到來。大唐帝國財大氣粗，傾國之力維持著漫長的補給線，支持十幾萬大軍度過了整個冬天。李勣派薛仁貴率軍兩千人進攻扶餘城（今吉林四平），在城下大破敵軍，殲敵萬餘人，隨後攻克了扶餘川四十餘座城池。淵男建大驚，遂派勁旅救援，卻在行軍路上遇到李勣所部的阻擊，幾乎全軍覆沒。至此，高句麗軍的野戰精銳基本被消滅，整個高句麗的戰局基本已經確定。

最終，各路大軍齊向平壤進發。沿途，高句麗軍拼死抵抗，然而在唐軍絕對的優勢之下，悉數被擊潰。八月，契苾何力率部首先抵達平壤城

下，隨後李勣、薛仁貴、劉仁軌以及新羅軍等各路兵馬相繼會師。至此，高句麗的覆亡已毫無懸念。

唐軍包圍平壤城月餘，高句麗王高藏只得讓淵男產率領首領九十八人，持白旗向唐軍請降。淵男建繼續堅持拒守，但城中早已經失去了抵抗的信心，唐軍在城中的內應打開了城門。總章元年（西元668年）九月，平壤城終於被攻陷。耗時二十多年，花費兩代人的時間，大唐終於戰勝了這個東海之濱的勁敵。

這出交響曲到達了鼎沸的極急板，全曲在嗡鳴的歡騰氣氛中結束。

大唐帝國的疆域，也在總章元年（西元668年）達到了極盛。

唐滅高句麗之戰路線圖

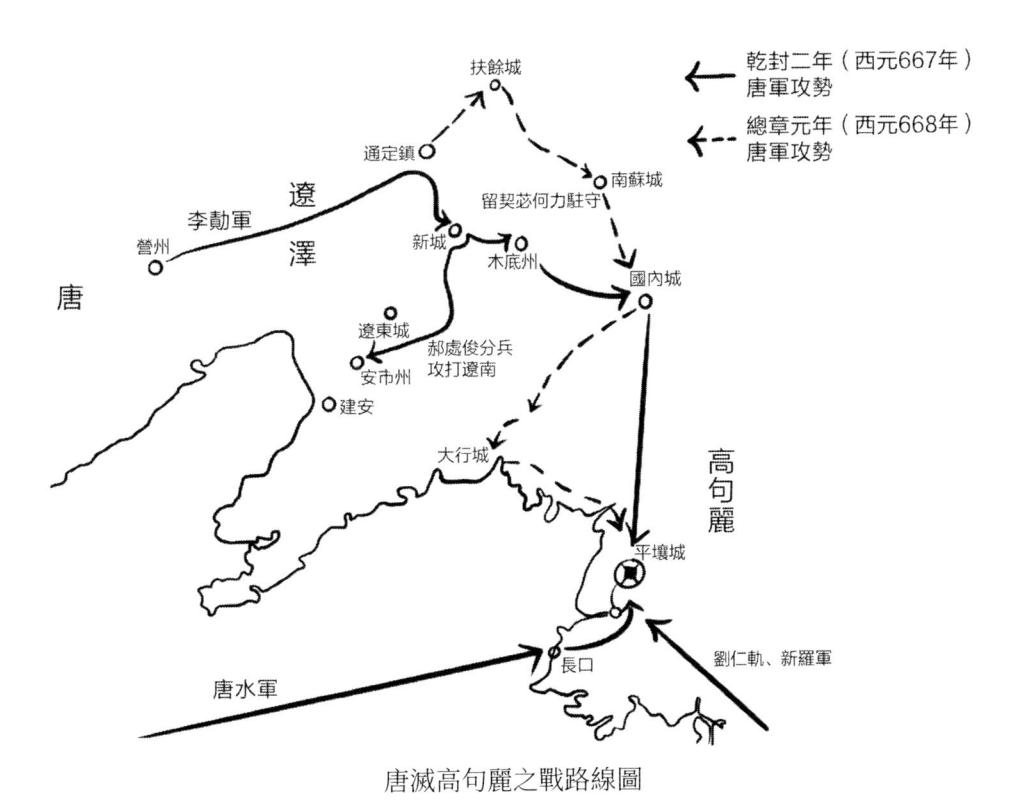

唐滅高句麗之戰路線圖

第六章　牙璋辭鳳闕，鐵騎繞龍城—初唐開疆

李勣返回長安的時候，首先按照天子之命，帶著俘虜高藏和泉男建（淵男建已經為了避高祖的名諱而改姓為泉）來到太宗皇帝的昭陵獻俘，以告慰太宗皇帝的英靈。離開昭陵之後，全軍身著鮮麗的鎧甲，軍容齊整地進入了長安城。城中凱歌高奏，為得勝的將士們舉行了盛大的凱旋儀式。上一次李勣經歷這樣的凱旋，還是在當年太宗擒滅王世充、竇建德的時候，只不過四五十年過去了，這一次的凱旋儀式上，李勣已經是當之無愧的主角。

從一個浪跡無形的關東游俠，到名震天下的名將，李勣用了六十年。滅高句麗之戰也是李勣一生傳奇經歷的一個終章，幸得有上天眷顧，李勣在老驥伏櫪之時，還能執掌帥印，最終大破敵國，完成三代君臣們的夙願。

總章二年（西元669年），李勣加封為太子太師，位極人臣。但高句麗這場戰爭似乎也已經耗盡了李勣的精力，李勣隨後便一病不起，並在這年十二月與世長辭。

天子為李勣的去世而悲痛哭泣，下令輟朝七日，冊贈李勣為太尉、揚州大都督，賜諡號「貞武」，陪葬昭陵。下葬當日，李治親臨未央宮故城，登上宮樓為他送葬，望著靈車痛哭。李治命令百官送葬到未央舊城西北，所築的墳依西漢名將衛青、霍去病的先例為準，仿照陰山、鐵山及郁督軍山建築，以此表彰李勣擊敗突厥、薛延陀的功勞。

李勣和李靖二人，是大唐立國初年最富盛名的將領。和老天爺賞飯吃的軍事天才李靖相比，李勣雖然天賦稍顯遜色，多年來行軍作戰時偶爾也會出現差錯，但李勣做到了普通人能達到的成就極限，從大唐立國之戰起，李勣經歷了大部分的戰爭，並成長成了威名赫赫的天下名將，無愧於這個時代。

05　時代的才子們

　　這是一個狂飆突進的時代，大唐帝國開創已近五十年，這個帝國帶給大唐士人們的，是一個空前廣大的世界。

　　「西去安西九千九百里。」

　　這是在長安城開遠門外的一塊石碑上的碑文，每當士人們經過此處，都不免沿著這裡向西遠眺，想像著九千九百里外的大唐領土。玄奘法師口述、辯機整理的《大唐西域記》，風行一時，人們爭相閱讀此書，只為了解一下那片土地的風土人情。人們發現，原來西域之地並不全是戈壁千里、黃沙漫天，如果穿過茫茫戈壁，再翻越重重大山，還能看到綠草如茵、水草豐美的人間樂土。那裡的國度，語言、風俗、文化都與中土迥異，但它們如今都是大唐安西大都護府治理下的人間樂土。

　　在那片大唐開闢出的世界，碎葉城正在建造中，它仿造長安城的坊市格局而建，周長五十里，唐廷要讓它成為新的長安城，並成為帝國經略那片新世界的基地。

　　西域曾是西漢、魏晉時期西域都護府、西域長史府的轄區，但幾代中土士人都已經差點忘了，那裡曾是漢家王旗遍插之地。隨著貞觀、永徽兩代人的奮戰，西域重新回到帝國手中，並成了大唐的安西和北庭。在漠北，唐軍重新創下了封狼居胥、燕然勒功那樣的功業。唐人的世界從未如此廣大。

　　如此廣大的世界，也是更多人施展抱負的舞臺。唐朝雜糅了胡漢各族文化，既有華夏文章、文質彬彬，又有剛毅豪邁、灑脫奔放，文化交融而發展，最終形成了進取的初唐氣象。

　　裴行儉是當年瓦崗名將裴仁基的遺腹子，出自將門世家，早年又受到

第六章　牙璋辭鳳闕，鐵騎繞龍城—初唐開疆

蘇定方的看重，得到了他傳授的畢生所學的用兵奇術。因為「廢王立武」事件時受到牽連，被外放到了安西，擔任西州都督府長史。在西域的疆土上，他將自己的心血傾注在安西的戰場上，一步步升任為安西都護，成了威震西域的名將。

除了裴行儉，還有無數大唐將士們將血灑在這片熱土之上，甚至付出了自己的生命。貞觀二十二年（西元648年），安西都護郭孝恪在守衛龜茲城之戰中，和他的兒子一起戰死。龍朔二年（西元662年），庭州刺史來濟為了防禦西突厥入寇庭州，力戰而死。每次戰役，都有不計其數的大唐將士們血灑沙場。

將士們在西域出生入死，既是為了建功立業，讓自己揚名立萬，也是為了守護大唐的榮耀。而他們的征戰也成了新的傳奇，鼓舞著更多士子書生投筆從戎，到更開闊的世界裡闖蕩。

雪暗凋旗畫，風多雜鼓聲。

寧為百夫長，勝作一書生。

此時的長安，是世界的中心，也是天下最為繁華的城市。

王勃第一次來長安時，還是一個十二歲的少年。他是遠近聞名的神童，十歲時便飽覽六經典籍。這次來長安，是為了在這個天下的中心，學習奇門遁甲陰陽之術。幾年之後學成，他已經是卓有成就的術算大家了，他對當世天命的測算結果，已經被業內權威所認可，並被當做大神來膜拜。而此時他只有十五歲。

他是書香門第的士人，齊家治國平天下是士人的畢生追求。在這個時代，士人的抱負更為宏大，王勃和其他士人們一樣，想要投身到大唐高歌奮進的帝國事業當中去。

早在幾年前，十四歲的王勃就針對大唐征伐高句麗的戰事，專門寫過

文章發表看法。麟德二年（西元 665 年），王勃已經十六歲，這一年他考中了科舉，成了朝散郎。朝散郎是正七品的散官職位，相當於如今的正局級，年紀輕輕的王勃，一腳踩在了別人望塵莫及的仕途起跑點上。不久之後，王勃被沛王李賢看中，進入了沛王府擔任修撰。

沛王李賢是李治與武皇后所生的第二個兒子，深受寵愛。王勃擔任沛王府修撰，也意味著他將要進入攀升的快車道。王勃自然意氣風發，一次與他的一位即將前往成都赴任的好友送別時，看著安遠門城門外那塊「此去安西九千九百里」的石碑，躊躇的志向充溢著他的胸膛，寫下了令人難以忘卻的贈別詩句：

城闕輔三秦，風煙望五津。

與君離別意，同是宦遊人。

海內存知己，天涯若比鄰。

無為在歧路，兒女共沾巾。

一首短詩，沒有尋常人送別時哭啼灑淚的兒女情長，而是在詩句之中相互勸勉，告訴他的朋友，你我既然彼此相知，清楚各自的志向，又都在大唐的海內各自奮鬥著，那就算相隔天涯，心裡也沒有隔閡，猶如比鄰。

正如王勃的術算結果，大唐如今乃是「千年太子」李治在任為天子，將要帶領大唐創下空前絕後的太平之世。王勃相信，他與知己們都處在這樣一個無限廣闊的天地之間，而且都在為萬世開創著無數人夢寐以求的太平。既然如此，便沒有必要為了那些傷春悲秋的小情緒、小歡喜而掛懷，因為有這樣一個偉大的事業為之奮鬥就足夠了。

王勃與盧照鄰、楊炯等人都是好友，他們風發的意氣化作筆下的詩文，感染了整個長安城。

過去的大唐文壇，持續了五十年的凋敝，幾代人在文學創作上停滯不

第六章 牙璋辭鳳闕，鐵騎繞龍城—初唐開疆

前。國家初建之時，往往在文藝創作上會有一個空窗期，漢初、宋初都是這樣，大抵建國之初，菁英人才的注意力都集中在國家建設上。在顯慶、龍朔朝文壇稱雄的上官儀、許敬宗，善於作那種精雕細琢、詞藻精美的詩文，號稱「上官體」，其實只是高階版的「郭敬明體」罷了。

唐初的文藝界，有人喜歡六朝煙雨的文章綺麗，有人喜歡悲壯蒼涼的建安風骨，有人喜歡質樸透澈的漢魏古詩文。但泱泱大唐，一個空前絕後的時代，怎麼能一味地停留在模仿過去時代的文風上呢？

而王勃、楊炯等人給了這個時代一個回答，他們告訴大唐的士人們，什麼樣的文章詩句才配叫做大唐風骨。他們都是年輕人，大膽地作詩，大膽地寫文，用自己的一腔青春揮灑文字，寫下靈活生動、清華坦率，而又音調鏗鏘、氣勢剛健的文字，文壇原本的靡靡之風為之一振。

後來的人們，將王勃、楊炯、盧照鄰、駱賓王稱為「初唐四傑」，詩聖杜甫有過如此評價：

王楊盧駱當時體，輕薄為文哂未休。

爾曹身與名俱滅，不廢江河萬古流。

和後來的大詩人李白、杜甫相比，他們的詩句略顯草率與粗糙，但他們以書生意氣激揚文字，充溢著疏朗奮發的骨鯁之氣，為「唐詩」定下了基調，向著天下人昭告：大唐的詩句應該這樣寫，唐詩的時代來臨了。

也只有這樣的唐詩，配得上這樣的大唐。

但王勃並沒有得到他想要的機會，他的一腔才華，最終沒有施展在他想要施展的地方。

在沛王府裡，他的才華被所有人尊重。才氣是一種鋒芒，它有多耀眼，就有多灼人。出眾的才華與熱血，本應預示著一位才子的步步高升，但才氣過人的王勃，成因文章，敗亦文章。

05 時代的才子們

此時的長安城風靡鬥雞，各王侯時常組局玩耍，互有勝負。一次，為了博沛王歡心，在沛王李賢與英王李顯鬥雞時，王勃當場作〈檄英王雞〉一篇，是為沛王雞討伐英王雞以壯聲色。引經據典，對仗工整，還模仿了軍事檄文的寫法，句句帶刀、殺氣騰騰，但卻從頭到尾透著一股滑稽的氣味。

這篇所謂的檄文最終被有心人傳到了天子李治的手中，引來了天子龍顏大怒。

一者，檄文乃是應時而作，把它用在鬥雞上，等於是將軍國大事的嚴肅性，用這樣一篇滑稽的文章給消解了，從頭到尾染上了一種黑色幽默般的諷刺。

其次，兄弟之爭，向來是天子李治最為忌諱的禁區。天子是在刀光劍影的唐朝宮廷成長起來的，玄武門城頭的血跡還沒有洗乾淨，二十多年前發生的貞觀朝奪嫡事件還歷歷在目，李治絕對不能容忍自己的兒子們之間出現類似的慘案。自武氏被封為皇后，天子和武皇后的長子李弘隨即被封為皇太子，另外的三個兒子——沛王李賢、英王李顯、相王李旦，都各有所封。隨著兒子們漸漸長大，李治最為擔心的就是他們重蹈當年自己兄弟們的覆轍，兄弟間互相殘殺。

而且，如今正值非常時期，廢太子李忠勾結上官儀一案正把長安城搞得滿城風雨，當李治看到王勃的這篇檄文時，立刻對裡面透出的騰騰殺氣十分反感，下令將王勃趕出沛王府，不得與皇子交往。這既是對王勃輕薄為文的處罰、打磨一下他的銳氣；也是殺一儆百、用實際行動給兒子們一個警醒。

王勃也就成了宮廷政治的一個犧牲品，外放到虢州擔任參軍。虢州離京師不遠，原本也是一個養人的地方，王勃在虢州做幾年參軍，可以憑藉才能繼續升遷。然而他終究是少年成名，過盛易折，因才華外露被同僚所

第六章　牙璋辭鳳闕，鐵騎繞龍城──初唐開疆

忌，遭人陷害，說他殺官奴，被判死刑。萬幸此時正值皇帝皇后封禪泰山，大赦天下，王勃這才保住性命。只是因這起「殺奴」事件，王勃之父王福畤也受牽連，被貶謫為交趾縣令，遠至南越之地。

順便提一句，被流放到嶺南的李義府也聽到了這次大赦，只是大赦特別註明「長流刑除外」，李義府還是不能得到赦免，憂憤之際，終於絕望地病重，不久以後病死。

聽聞父親貶官到了交趾，王勃心憂如焚，連忙動身前往嶺南看望父親。他從虢州一路向南，經過了洪州（今江西南昌）。

豫章故郡，洪都新府，這也許是命中注定將與他產生羈絆的地方。

洪州原本是唐高祖李淵第二十二個兒子滕王李元嬰的居所。他生性荒淫，喜歡做一些驕奢淫逸的事，鬧出過不少笑話，永徽四年（西元 653 年）遷到洪州做都督，在江邊建造起一座供他享樂的閣樓，這座閣樓便被稱作滕王閣。在洪州時，滕王的貪腐是遠近聞名的，連長安城的天子都知道，腹黑的李治特地賞賜了他兩車麻線，供他拿來做成穿錢的繩子。不過滕王的才華卻是一流，能寫詩，能作畫，王勃在長安也一直聽聞他的名聲。

而此時的滕王李元嬰已經被遷到蜀地的閬中去了，擔任洪州都督的是閻伯嶼，他下令重新整修滕王閣，設宴遍請名流。王勃正好經過洪州，也接到了邀請，如此的文化盛宴，他欣然參加了。宴會中途，閻都督號召大家為新樓作文。作文的紙筆在賓客之間傳遞，有人謙虛不肯寫，有人則知道這次作文其實是閻都督想要推出他的女婿吳子章，所以自覺推辭了。而王勃作為「京圈才子」，對地方文壇的掌故並不了解，接到紙筆之後，也不推辭，開始打起腹稿來。

閻都督等人聞知，這位年輕人出身河東世代書香的王氏，父祖數代皆為文壇名宿，起初不過略示客氣。在座諸多名流長輩皆以辭讓為辭，心想區區二十餘歲的青年，又有何德何能？眾人心中難免帶著譏誚之意，準備

待王勃落筆之後，從中挑剔幾分，好藉此振一振江南文壇的聲勢。

其實也怪當時資訊不通，要是閻都督他們知道這位年輕人十年前就已經是沛王的座上客，文章在長安洛陽紙貴，還得到天子的親口稱讚，定然不是這樣的態度了。

王勃對著白紙閉目沉思許久，終於兩眼一睜，奮筆疾書起來，他筆下如有神，肆意揮灑，一氣呵成。這也是他寫文章的一項絕學——打腹稿。平時他寫文章，只要在床上躺上片刻，做個構思，然後便能一口氣寫完，不改一個字。

在座的賓客都是無比幸運的，他們當場見證了一篇曠世傑作的誕生。

寫到第三句「物華天寶，龍光射牛斗之墟；人傑地靈，徐孺下陳蕃之榻」時，在場的人都大呼絕倒。這個年輕人寫的雖然也是時下普遍流行的四六駢文，但文中的格局、氣韻，都和江南文人的綺麗靡爛之風決然不同，而是一種更為宏大的境界，不僅對仗工整，精巧絕倫，而且將一個小小的閣樓置於整個星辰宇宙之中！

隨後王勃每寫完一句，都引起在場賓客們一陣嘆服的驚呼。尤其是那句「雲銷雨霽，彩徹區明。落霞與孤鶩齊飛，秋水共長天一色」，讓在場眾人，包括一開始心裡有氣的閻都督，全都盡皆嘆服。

就是這一句，讓日月失色，讓江山無價，也是這一句，讓當朝文豪乃至後世都認可了王勃的蓋世才情。

他寫馮唐易老、李廣難封，猶如在慨嘆自己的命運。

他寫窮且益堅，不墜青雲之志，猶如在勸勉天下人，不要被這個時代落下。

他寫請灑潘江，各傾陸海，猶如在向世人宣告，他的才華將傾倒整個時代。

第六章　牙璋辭鳳闕，鐵騎繞龍城—初唐開疆

作完閣序，他仍有餘力，遂再起身揮毫，提序詩一首：

滕王高閣臨江渚，佩玉鳴鸞罷歌舞。

畫棟朝飛南浦雲，珠簾暮捲西山雨。

閒雲潭影日悠悠，物換星移幾度秋。

閣中帝子今何在？檻外長江空自流。

眾人撫掌，妙哉！牆都不扶，就服王勃王子安！王子安筆下的滕王閣，將日月星辰，江河萬物統納其中，它的文辭意境已經遠遠超出這座小小的樓閣，最終成了王勃的封神之作。

寫完此文，王勃離開了洪州，繼續他的旅程。幾個月後，他與父親見完面，渡海返回瓊州時不慎落水，驚悸而死，結束了他短暫的一生。

當時的人喜歡把有大才的人，稱為從天上貶謫下凡的神仙。也許這位時代的才子完成了他在人間的使命，留下了那些杜鵑啼血的文字之後，又重新回歸天上了吧。他短暫的人生過得比大多數人都更有意義。

一個人的一生應該是這樣度過的：當他回首往事的時候，不會因為虛度年華而悔恨，也不會因為碌碌無為而羞恥。這樣，在臨死的時候，他就能夠說：「我的整個生命和全部精力，都已經獻給了世界上最壯麗的事業。」

第七章

　種瓜黃臺下，瓜熟子離離──
　日月易幟

第七章　種瓜黃臺下，瓜熟子離離—日月易幟

01　慘敗大非川

　　咸亨元年（西元670年）八月的雪域高原，寒冷的季節早早地來臨。冷風撲面而來，呼嘯在空曠的荒原上。此時，左衛大將軍薛仁貴率領三萬唐軍，正冒著寒風疾行，追趕退守在烏海的吐蕃人。

　　此時，大唐與吐蕃的戰爭，正處在緊要關頭。

　　吐蕃在隋末唐初崛起於青藏高原之上，原因有二：一是吐蕃贊普（即國王）的勵精圖治，讓吐蕃軍備完善、經濟發展；二是此時氣候溫暖，千百年來冰天雪地的高寒草原，變得鬱鬱蔥蔥，適宜居住，吐蕃人口也就越來越多。貞觀初年，吐蕃曾試探性地攻擊大唐的屬國吐谷渾，還進犯松州，最終被唐軍擊敗。吐蕃的贊普松贊干布請求和親，唐廷讓文成公主前往吐蕃，嫁給松贊干布。在聯姻通好之下，吐蕃成為大唐的屬國，還幫助王玄策挑滅了大半個天竺。這樣的友好局面維持了幾十年。

　　松贊干布去世後，其子芒松芒贊即位為贊普，政權則掌握在宰相祿東贊手中。祿東贊多次奉使長安，既懷擴張之志，又深諳唐廷心思。一方面繼續向唐廷稱臣，於外交上示以恭順；另一方面則加緊攻伐吐谷渾，意圖統一青藏高原。吐谷渾不敵，遣使赴唐哭訴其冤；祿東贊亦派使至長安，反訴吐谷渾之罪。

　　所謂會哭的孩子有奶吃，如今兩方俱訴，唐廷索性各撫一二，又各責其過，以為折衷之策。當時的朝廷，經歷數次人事大變，天子雖如願親握大權，卻以清洗相位為代價，失去一批老成謀國的賢臣。由此，在祿東贊巧妙的辭令與手腕之下，唐廷的情報與外交機構皆未及察覺吐蕃的真正威脅。直至龍朔三年（662年），祿東贊率吐蕃大軍擊潰吐谷渾，迫其國王遠遁涼州，朝廷方驚覺事態之嚴重。

此時已經遲了，吐蕃已經成了雄踞於雪域高原的雄獅，傲然挑釁著大唐。

麟德二年（西元 665 年），吐蕃北上，侵擾安西，並控制了大唐的于闐鎮。

乾封二年（西元 667 年），生羌十二州被吐蕃攻破，唐廷被迫取消建制。

咸亨元年（西元 670 年），吐蕃再次北上，攻陷西域十八州，還聯合于闐，攻陷了龜茲城。

將近八年的時間裡，吐蕃四處出擊，就是為了打出青藏高原，向外擴張。而大唐正忙於征伐高句麗，而沒有足夠的資源支持另一條戰線。直到吐蕃占領龜茲，唐廷被迫取消了安西四鎮，天子李治終於坐不住了，下令討伐吐蕃。

名將李勣、蘇定方此時都已經逝世，討伐的重任就交在了薛仁貴的身上。從當年在遼東戰場嶄露頭角、被太宗皇帝看中以來，薛仁貴四處征戰，在平定西突厥叛亂時還創下了「三箭定天山」的傳奇，已經是威震一方的新生代名將了。西元 670 年四月，薛仁貴出任邏娑道行軍大統領，左衛將軍郭待封為副大總管，提兵五萬，以「為吐谷渾王復國」的名義，討伐吐蕃。

青藏高原地形環境複雜，人煙稀少，當年李靖討伐吐谷渾時就曾因此而遇到難題。最終李靖留下輜重在後，輕兵快速突進，從而迅速擊破了吐谷渾的重重防禦。此次薛仁貴征討吐蕃，其實就是沿著李靖當年的路線進軍，為吐谷渾恢復被吐蕃占據的國土。原本希望吐谷渾國王諾曷缽可以盡一盡地主之誼，發動沿途部族支持唐軍，對抗吐蕃。但在吐蕃的連年打擊下，吐谷渾在這裡早已經崩盤了，唐軍沒有得到預想中的支持。權衡之下，薛仁貴決定也像當年的李靖那樣，採取速戰速決的策略，留下副將郭

第七章　種瓜黃臺下，瓜熟子離離—日月易幟

待封兩萬人守住輜重，自己親率三萬精銳，日夜兼程，直撲大非川，準備出其不意地襲擊吐蕃守軍。

在大非川附近的河口，薛仁貴大敗吐蕃軍。隨後，薛仁貴繼續乘勝追擊，抵達了烏海（今青海冬給措納湖）。

烏海，是當年名將侯君集追擊吐谷渾時曾到達的地方。薛仁貴在這裡暫時休整，等待郭待封的後勤補給跟上後再繼續追擊。但是隨著時間的推移，補給遲遲未能到達，薛仁貴漸漸意識到了情況有變。

左衛將軍郭待封是犧牲在西域的已故安西都護郭孝恪之子，出身於將門世家，從大軍出征以來，就對薛仁貴有意無意中透露著傲慢之情。難道郭待封不遵將令，擅自行動？薛仁貴急忙派遣斥候前去調查。隨後得到的消息，讓薛仁貴如墜冰窟：郭待封因為貪功冒進，擅自率領輜重部隊進軍，在行軍路上遭到吐蕃軍的襲擊，五千戰兵，加上一萬五千後勤兵，合計兩萬人全軍覆沒。

唐軍打遍天下無敵手，力量的根源在於高度完善的指揮體系和後勤體系。現在後勤部隊被吐蕃人打崩了，薛仁貴的三萬精銳就像是斷了一條腿，正毫無屏障、毫無支援地孤懸在外，要是口糧一斷，大軍馬上就會崩盤。所以，薛仁貴剛一聽聞郭待封的後軍被殲滅的消息，就立刻下令：全軍集合！後隊改前隊！用最快的速度撤回去！

但是，當唐軍撤退回到大非川時，四面八方都出現了吐蕃大軍，三萬唐軍就這樣被吐蕃大將論陵欽的四十萬大軍包圍了。

薛仁貴這時才發現，出問題的不僅是郭待封，還有整個唐廷在吐蕃布置的情報網。到現在才發現原來吐蕃竟然動員了傾國之力來戰，而且吐蕃的傾國之兵，比預想中的要更龐大、更強悍。

雖然唐軍結陣固守，頂住了吐蕃軍的一次次攻擊，但是由於喪失了補給，最終被論陵欽擊敗，死傷慘重。薛仁貴不得不與論陵欽談判，以唐軍

投降並退出吐谷渾境內的代價，換來了全軍倖存將士們得以返回涼州。

大非川之戰，唐軍慘敗，這件事情震驚了唐廷，乃至世界諸國。唐軍不可戰勝的神話終於被打破了。包括大唐在內的亞洲諸國這才發現，這個神祕的吐蕃王國，這幾年竟然隱藏著如此強大的軍事實力。

那時誰也無法預料到，這一切只是一場序幕，大唐與吐蕃的戰爭，將會持續長達近兩百年。

大非川之戰後，薛仁貴、郭待封全部被革職除名。隴西的唐軍由於受到重創，一時竟然無力反攻，只能加緊防守國土。吐谷渾國王諾曷鉢更加不敢對抗，乖乖地將吐谷渾全境拱手送給了吐蕃人。而軍事主動權，早已經由大唐轉移到了吐蕃人的手裡，此後吐蕃軍屢次出擊，唐軍只有堅守防禦的份，雖然擊退了吐蕃人，但卻無法阻止吐蕃的再次騷擾。

對唐廷而言，吐蕃是一股前所未有的政治力量。過去應對突厥、薛延陀等草原部族，尚可施以經濟封鎖與軍事打擊並用之策 —— 先絕其財源，再以兵力摧之 —— 此等手段早已運用純熟。但吐蕃是農牧合一的政權，他們不僅有充足的馬匹、精良的裝備，還可以像大唐一樣占領和吞併周邊的土地，占領了草原他們就放牧，占領了農田他們就種地。面對唐軍，吐蕃深築壘障，採取大縱深的防禦策略。唐軍數度出擊，皆發現過往慣用的大兵團作戰，未能收得預期之效。

吐蕃戰場的風向變了，唐廷在無限榮光背後暗藏的危機，也被揭開了最後一層遮羞布。

第一大危機，是大唐軍事體系的退化。

自唐初的軍事改革後，折衝府兵們為大唐開疆拓土立下赫赫戰功。這幾十年來，府兵曾是一種榮耀，只有良家子弟才有機會進入折衝府當兵，立下功勞，名垂青史。蘇定方、薛仁貴等幾代名將，都是這樣一步步靠戰功出人頭地的。但是，唐廷自「廢王立武」事件以來，經歷了屢次人事變

第七章　種瓜黃臺下，瓜熟子離離—日月易幟

動，可以很明顯地感受到中央政府的治理能力、行政效率在退步。比如對於立功的將士們，經常出現賞罰不公的情況，外出征戰的府兵也沒能得到輪換，很多士兵常年征戰在外，艱苦無比。這一切，使得昔日為年輕人所嚮往的府兵之職，漸成眾人避之不及的差役。從南到北，各地都出現府兵兵源不足、訓練程度低下的情況。

不只是兵源，還有戰馬的供應、軍事物資裝備的儲備等，大唐軍事體系的種種方面，全都暴露出了一些問題。

這或許就是皇帝強行用君權覆蓋相權的結果。皇帝只有一個人，李治就算加上武皇后，也只有兩個人，君權攬下了各種大事，卻沒有足夠的能力來布置安排這些事情，宰相也受制於君權，無法好好施展手腳。權力集中於皇帝，皇帝卻沒有足夠的能力來運用好權力，這就是問題所在。

第二大危機，是東亞諸國對帝國統治的反抗運動。

百濟、高句麗平定之後，唐廷設立安東都護府，管理起了這片土地。唐廷的羈縻體制自此在朝鮮半島全面推行。高句麗、新羅、百濟，和契丹人、奚人一樣，都將是安東都護府管轄下的屬國，對大唐稱臣，受唐廷指揮。所以，朝鮮半島三國全都改建為都督府，都督府下設羈縻州，除了部分直屬於唐廷的地區由唐朝官員任職之外，高句麗、新羅、百濟的王室、貴族分別擔任都督府、羈縻州的官員，對內是國王，對外則是大唐的臣子。

然而，唐廷始終未曾真正釐清，占據高句麗與百濟之地的根本目的究竟何在。朝鮮半島的扶餘人、三韓人，和漠北、西域諸國是不同的，他們深受中華文化影響，文明程度高，社會關係複雜，帝國在西邊運轉良好的羈縻統治體系，在這裡失效了。

如果計算得失，大唐在朝鮮半島始終在賠錢。一方面，唐廷為了管理這片地區，就得保持駐軍，流水一般地花錢；另一方面，朝鮮半島天高皇

帝遠，唐廷還須防備這裡的諸羈縻州自立為政。

比如在白江口一戰成名，威震大東亞的劉仁軌，自得勝之後就一直就有流言蜚語說他可能要自立為王。雖然劉仁軌受到李治信任，但身處嫌疑之地，還是不得不在幾年後離開了百濟，回到唐廷，做一個安安穩穩的宰相。

說到底，朝鮮半島雖然在漢朝時曾是中央帝國的一部分，但已經很難像嶺南一樣再次成為帝國的州郡了。它在地理上隔絕於中原，縱然這裡有大量的漢人居住，唐廷仍然無法阻止他們的獨立傾向。百濟、高句麗滅國之後，獨立運動此起彼伏。不僅如此，新羅也對大唐疑慮重重，既埋怨大唐獨自吞併了高句麗，阻擋新羅的擴張，又擔心唐廷下一步還要對新羅再打主意。

所以，面對唐廷在朝鮮半島積極的作為，新羅警覺起來，聯合原來的高句麗、百濟貴族，共同抗擊唐廷的霸權主義政治。咸亨元年（西元670年），也就是唐廷與吐蕃正式開戰的同時，以新羅為首的三國同盟也同時與唐廷開戰。雖然遼東的攻勢被唐朝在此駐紮的治安部隊擊敗，但新羅還是攻破了百濟的泗沘城、熊津城，基本奪占了百濟全境。

隨著大唐在大非川慘遭敗績，西北戰事驟然吃緊，唐廷不得不集中兵力與資源以應對西方吐蕃，已無力長期維持對朝鮮半島的投入。雖然劉仁軌再度赴任，屢挫新羅，但此地已成帝國的沉重負擔。非常之時，即便財力雄厚如大唐，也難以承受在朝鮮半島持續傾注的巨額消耗。

儀鳳三年（西元678年），大非川慘敗八年之後，大唐與吐蕃再次爆發了戰爭。由於李治選人不當，任命不善軍事的中書令李敬玄為主將，導致唐軍在承風嶺之戰中再次戰敗。幸好經略副使黑齒常之是個能打的主，率領五百敢死隊奇襲吐蕃，終於反敗為勝，唐軍得以收拾殘部，撤回鄯州，逃過了全軍覆沒的命運。

天子李治哀嘆不已。唐軍的軍事失敗，讓帝國北疆的少數民族也蠢蠢欲動，唐廷派出裴行儉統率遼東駐軍前去鎮壓，東部戰區不再有足夠的資源來保持攻勢。新羅也趁機積極丟擲橄欖枝，向唐廷示好。

權衡之下，唐廷終於承認了新羅在朝鮮半島的主導權，唐軍撤出百濟，退到了平壤城以北。此後，新羅繼續保持著大唐的屬國身分，國王均由唐廷冊封，但大唐只是新羅的宗主國，大同江以南的領土，均成了新羅控制下的領地。

這也意味著，大唐帝國從貞觀三年（西元629年）開始的對外擴張運動終於告一段落，唐廷的對外政策從此開始轉攻為守。

大唐最富有朝氣的時代結束了。

前兩項危機，尚且在李治可以控制的範圍之內，而第三大危機，則觸動了李治的核心利益。

那就是帝國的繼承人問題。

02 魔術師明崇儼的死亡

上元二年（西元675年），太子李弘去世，李治和武皇后失去了他們最愛的兒子。

太子李弘是李治與武皇后愛情最初的結晶，他的身上被傾注著皇帝皇后充滿私心的愛。他聰慧睿智，彬彬有禮，是帝國理想的繼承者，皇帝、皇后曾希望他能應驗讖語中「木子弓口，王治天下」的預言，成為開創大唐千年盛世的宿命之子。

大非川之戰後，朝廷的風氣漸漸地有所改變（當然，是向好的一方面改變）。一個顯著的象徵事件，就是朝廷下令為長孫無忌平反，恢復了長

孫無忌的名譽和官爵,並且由長孫無忌的曾孫長孫翼承襲了趙國公的爵位。時隔二十年,天子終於推翻了永徽末年那場政治風暴的定論,承認長孫無忌是無辜的。

其實這件事情幾年前就已經有了苗頭。兩年前,高陽郡公許敬宗去世,按照常規,專管宗廟禮儀的太常寺要為許敬宗選一個諡號,作為他一生的評價。而太常寺為許敬宗選定的諡號,竟然是一個「繆」字,含義是「名不副實」,是妥妥的一個惡諡。

自李勣死後,身為三朝元老的許敬宗,是整個朝堂名位最高之人,用「繆」這個諡號將許敬宗定性為名不副實之人,讓他以奸臣的身分進入史書,被世世代代唾棄,是打了誰的臉?自然是任命他為宰相,並且二十年來引以為親信的天子!其實,許敬宗並不是庸碌之人,他的政績可圈可點,只是他身為宰相,甘心讓相權成為皇權的附庸,這讓驕傲的士族勳貴們十分不齒。更何況許敬宗也不是沒有縫的蛋,他的家庭關係處理得不好,因為兒子許昂與他的妾室私通,遂上奏朝廷請求將許昂流放到嶺南。還因為貪圖南蠻酋長馮盎的那點彩禮,將女兒許配到了南蠻。這些事情都關乎許敬宗的私德,太常寺的博士們就是拿著這一點,堅持認為許敬宗是奸臣,所以應當採用惡諡。

而對於士族們認定許敬宗的諸般問題,李治居然毫不猶豫地承認了。最終在朝臣們的協商之下,許敬宗的諡號被定為「恭」,也就是過而能改的意思。

自永徽六年(西元 655 年)以來的這二十年,李治的皇權死死壓著相權,控制了整個朝堂。這讓李治手中的權力空前強大,也讓大唐徹底告別了和北周、楊隋一樣短命的命運。但凡事總有利弊,相權之所以重要,不是偶然的,中央政府只有靠著宰相運轉中樞,才能保證各項軍國大事高效地部署下去。當皇權過於強勢,宰相大小事情都要呈交給皇帝定奪,那就

第七章　種瓜黃臺下，瓜熟子離離──日月易幟

會極大影響朝廷中樞的運轉效率。

自大非川之戰以來的幾次軍事、外交失敗，相當程度上也是因為唐廷的中樞運轉效率不足的緣故。

李治也意識到了這個問題。這幾年，他的健康每況愈下，病痛纏身，這讓李治不得不早點考慮自己的身後事。所以他定了許敬宗的諡號，平反了長孫無忌一家，用這些行動來釋放訊息，告訴朝廷他要與相權，還有相權背後的那些儒家士族與勳貴們和解。還讓宰相們同時兼任東宮的官員，萬一他龍馭殯天了，太子李弘可以在宰相們的輔佐下實現平穩的交接。

為了防止宰相們像當年的長孫無忌、褚遂良一樣擅權，李治還特意拔高了皇后的地位，讓武皇后成為未來制衡宰相們的一股力量。對此，李治發揮了自己在取名字方面的創意優勢（李治即位以來已經不知改過多少次年號了），將皇帝改稱為「天皇」，皇后改稱為「天后」，以拔高皇帝皇后的地位，並再次改元，將咸亨五年（西元 674 年）改為上元元年。

剛剛改稱為天后的武皇后，向天皇李治提出了「建言十二事」，也就是對國家大政的十二條建議，包括了勸農桑、薄賦徭、廣開言路、節省開支、止息干戈等。天后一改長孫皇后以來後宮不得干政的慣例，直接以建言的方式介入了朝局之中。當然，天后的建言想必是他們夫妻商量後得出的結果，是為將來十年政策定下的基調，總結一下的話，就是停止擴張，全國休整。

這也是面對吐蕃崛起、各處少數民族起義運動等危機不得不採取的方略。

剩下的事情就交給太子李弘了。李治甚至還一度打算直接禪位給李弘，並由天后攝政，李治在後面全盤操縱，好讓政權平穩交接。雖然這個想法最後在宰相們的勸諫之下沒有實施，但李治真心希望他的兒子能在君臣關係上探索出一種更好的相處模式，在全國休整一段時間之後，再繼續

帶大唐乘風破浪。

然而，李治千算萬算，沒有算到太子李弘的身體情況比他自己還要差。李弘患有肺癆，也就是肺結核，這同樣也是無藥可醫的一種疾病。由於屢次監國，積勞成疾，太子李弘終於在上元二年（西元675年）薨逝在了洛陽城的合璧宮，年僅二十二歲。

對於太子的死，天皇和天后悲痛萬分，他們都沒有想到，有一天會白髮人送黑髮人。李治本以為李弘是改變天下的宿命之子，卻沒想到天命如此無常，竟然沒有護佑好這個被神選中的孩子。這是天皇、天后的第一個孩子，通常，第一個孩子在父母心中的分量總是不同的，李弘一直以來被他們夫婦二人視若珍寶，所以李治懷著滿心的父愛，將李弘追諡為孝敬皇帝，此前，從沒有皇子死後被追諡為皇帝的例子。

但是這個偌大的帝國，終究要早點選一個繼承人。這次的繼承人選毫無懸念，自然是天皇和天后嫡出的第二個兒子——李賢。

李賢曾被封為沛王，那時大才子王勃曾是李賢門下的伴讀。只是可惜李賢被封為太子前，王勃已經因為私殺官奴案而被降罪。遇赦之後的王勃心灰意冷，儘管李賢當上太子之後要為他恢復官職，但王勃一心只想去嶺南看望被貶的父親。陰差陽錯，李賢與王勃這對曾經的好友，早已在人生的岔路口上各奔東西，各自奔向屬於自己的洶湧澎湃的宿命。

也就是李賢成為太子這一年，王勃在洪州新落成的滕王閣上寫下了曠世的篇章，並在幾個月之後殞命大海。

而李賢則按部就班地履行著太子的職責。得益於李唐皇室優良的宮廷教育，李賢和哥哥一樣優秀，最突出的表現就是在大臣的輔佐下很好地履行了監國的重任。

監國是太子這個職位近年來越來越頻繁的一項任務。由於長安人口的膨脹和關中產糧的瓶頸，近幾年唐廷不得不帶著朝廷團隊移駕到東都洛陽

第七章　種瓜黃臺下，瓜熟子離離—日月易幟

辦公，而太子就負責移駕期間留守長安監國。這對於李賢也是一種鍛鍊，天皇李治對他給予了很高的評價，也對他將來繼承皇位有著很大的信心。

但是，太子是最難當的角色，尤其在李唐，存活率更是低得驚人。自開國以來的六十來年，前前後後已經死了三個太子。此時的李唐皇室只是表面看起來平靜，實際上圍繞著皇位的繼承，各方勢力仍然是暗流洶湧。而太子李賢首當其衝地成了鬥爭的焦點。

李賢正端坐太子之位，卻忽然發現，宮中關於自己的流言已沸沸揚揚，且兩樁驚人之事，正緊緊環繞著他。

謠言一：李賢不是天后的親生兒子。

這個謠言直指李賢繼承皇位的正當性——如果他不是天后親生，那他就不具有嫡子的身分，因而就沒有第一順位的皇位繼承權。謠言一傳十，十傳百，傳得神乎其神，煞有介事。說天后入宮之後三年多的時間裡，連續生了四個孩子，包括故太子李弘、出生不久後夭折的女兒（傳說被王皇后害死的那個）、太子李賢以及英王李顯。從時間間隔上推算，李賢前後三個孩子的間隔實在太近了，只有天后生下一個，坐完月子之後不等身體恢復，立刻馬不停蹄地生下一個孩子，才勉強可以做到。所以宮人們認為，李賢的生母應該是天后的姐姐韓國夫人。

韓國夫人武順是天后同父同母的姐姐，早年曾嫁給豫州參軍賀蘭安石，生了一子一女，只是丈夫死得早，武順便守寡多年。天后還是武昭儀時，因為三天兩頭懷著孩子，不方便過夫妻生活，正好姐姐武順時常來看望她，一來二去，便和李治熟悉了起來。那時的天后，位置並不穩固，急需防止李治在自己懷孕期間移情別戀。李治素懷戀母之情，在天后的引導之下，對成熟女性頗為傾心。面對比自己年長五歲、曾育二子的寡婦武順，亦生出幾分興致。天后本抱「肥水不流外人田」之意，遂設法撮合姐姐與帝相好。武順因而成為無后妃名號的帝側寵，被封為韓國夫人。

然而李治並不滿足於韓國夫人，看到韓國夫人與前夫所生的女兒也經常出入宮廷，索性一口氣順帶納了自己妻子的這位外甥女，封為魏國夫人。韓國夫人、魏國夫人母女倆便一起成了天皇的寵姬。

若李賢真為韓國夫人所出，那麼他便會從天子的嫡長子，一夕淪為無名分的私生子，其心中落差可想而知。然若此事全屬虛構，又是何人散布此謠？是皇位競爭者有意中傷，抑或天皇、天后不喜其人而故縱流言？此事細思令人心驚，李賢既不敢說，也不敢問。流言最盛之時，甚至連他自己都無法確定，自己的親生母親究竟是誰。

謠言二：李賢沒有帝王之相。

若謠言一尚屬無端臆測，則李賢聽聞謠言二時，已然坐立不安。因為相比之下，此說幾乎不能算作虛言。傳言斷言：太子命途多舛，難以繼承大統；其嫡親三弟英王李顯，形貌酷似太宗；另一弟弟相王李輪（李旦），則有大富大貴之相。若僅是旁人議論，說他既無皇帝之能，又乏帝王之命，也還罷了；然而此言出自時下聲望熾盛、炙手可熱的正諫大夫明崇儼，其分量便截然不同。

明崇儼有一項特長，就是幻術。此時的長安，常有一些會幻術的方士們出沒在達官貴人的府邸間，明崇儼就是其中的佼佼者。他除了幻術還會一些治療頭痛、耳病的偏方，用在久病未癒的天皇身上，居然發揮了一些效果，於是成了天皇和天后的寵臣。

明崇儼假借幻術和神道，還隱隱評判朝政得失。人在生病時總是無助的，看到一點光明，就會拚命地抓住。明崇儼用偏方與幻術編織出的這個謊言，正好對上了病魔纏身的李治的胃口，讓他在黑暗中找到了一絲希望。這一點希望讓明崇儼成了李治除了武后之外最信任的人。

明崇儼為何會說出太子李賢不堪大任這種話？也許是因為皇室其他人的授意，也許是明崇儼與太子之間結下過什麼梁子，種種原因，不得而

第七章　種瓜黃臺下，瓜熟子離離—日月易幟

知。可這樣的話，出自這樣的人之口，意味著什麼？在李賢看來，他可能已經失去了父親的信任，父親可能隨時會像當年廢太子李忠那樣廢了他。

謠言發酵後，又會從原來的謠言裡衍生出新的謠言。甚至有人說，明崇儼的那些話，全是在天后的指使下說的。結合起之前眾口鑠金所傳的李賢乃韓國夫人所生的那個謠言，連繫起來還真有那麼一番道理。如果是這樣，李賢就更慌了，因為這事情變成了他的母親與幻術師一起編織謠言陷害自己。如果連親媽都存了心想要害他，那李賢就真的不知道該相信誰了。

其實，李賢大可以對這些謠言保持沉默，只要不犯錯，他的父親自然不會無端地易儲。但種種流言蜚語像大山一樣壓著他，侵蝕著他脆弱的心。山雨欲來風滿樓，唐朝太子的崩潰就這樣來得悄無聲息。

李賢的心境已然崩潰。而在此之前，上一位心態潰敗的太子，正是太宗時期的李承乾。

儀鳳四年（西元 679 年）四月，幻術師明崇儼在夜晚被盜賊離奇殺害。天皇聽聞之後大怒，下令刑部、大理寺、御史臺三大執法機構（合稱「三法司」）全面調查，找出真凶。但三法司到處搜捕，抓了無數嫌疑分子，但卻一無所獲。

明崇儼謀殺案的負責人裡，還有著名的神探狄仁傑，他以善斷疑案著稱。不久前他擔任大理寺丞時，曾創下一年內判決大理寺大量積壓案件，涉及一萬七千人，卻無一人冤訴的成就。此時狄仁傑剛剛調任為侍御史，一起參與查案的，還有另一位神探——刑部郎中鄭仁恭。然而在這幾大當世聞名的破案專家的聯手調查之下，仍然查不出真凶是誰，事情就顯得有些蹊蹺了。

明崇儼案就這樣懸而未決，停滯不前。直到一年以後，一件小事讓案情出現了轉機。說起來也有些狗血：在天后的狀告下，天皇下令把李賢的同性伴侶趙道生給抓了起來。

趙道生何許人?他乃是太子李賢所養的家奴,生得頗為俊俏,還會一些才藝。這幾年,李賢表面上依舊是那個人人稱讚的太子,其實內心世界已經崩潰了,在壓力之下,他半公開地「出櫃」,下了班以後就在東宮內殿,關起門來和趙道生做那些聲色犬馬之事。同性戀在此時的大唐,還沒有被社會公德所接受,知道情況的東宮官員立刻勸說,但李賢並不在意。而這件事不知怎麼就流傳到了消息靈通的天后耳裡,天后看起來好像真的不喜歡她的這個二兒子,直接就把李賢是同性戀的事情報告給了李治,李治聽了之後,下令將趙道生綁走,讓宰相薛元超、裴炎等人一起審問。

而這麼一審問,趙道生便什麼都說了。也許當年紇干承基當汙點證人,免於一死,帶來的表率作用過於令人印象深刻,趙道生招供的時候買一送二,不僅將他與太子的不正當關係講得清清楚楚,還把他知道的其他事情也全都說了出來。

第一件,就是供認自己在太子的授意下謀殺了明崇儼。

有了趙道生的人證,再加上李賢對明崇儼的作案動機充分,一切就說得通了。而狄仁傑等幾位破案專家遲遲沒有進展,看來也是投鼠忌器,情有可原。

第二件,則更為可怕。趙道生招供說,太子在東宮馬坊裡藏著幾百副鎧甲。在薛元超、裴炎等人的按圖索驥之下,果然在馬坊找到了鎧甲。

如果說謀殺明崇儼的說法還只有人證,沒有物證,那私藏鎧甲的事情,就是人證物證聚在了,在朝臣親眼目睹之下,也斷沒有造假的可能。幾百副鎧甲,足以武裝起一支精銳部隊,那是嚴重的圖謀不軌之罪,要知道當初李建成在楊文幹事件中,只是送了幾十副甲,就被逼得要自殺了。玄武門之變時,太宗李世民靠著秦王府五百個護衛,沒有穿甲冑,便控制了整個宮城。靠著這幾百副鎧甲,足以說明李賢打算謀逆,就算再怎麼辨白也是徒勞無益了。

第七章　種瓜黃臺下，瓜熟子離離—日月易幟

　　李賢的密謀就這樣被追查了出來，一如當年的廢太子李承乾一般，玄武門的詛咒，就這樣在不經意間連番重演著。

　　天皇李治不能容忍太子做這樣的事情，但仍然想要寬宥李賢（多半是因為不想做那個懲處自己親兒子的惡人）。這個惡人最後還得天后武氏來做，在她的勸說之下，李治下詔將李賢廢為庶人，那幾百副鎧甲，也被放在洛陽宮城外的天津橋上當眾焚毀，以儆效尤。

　　隨後，天皇、天后的第三個兒子李顯繼任成為太子，李賢則被圈禁起來。可憐的李賢到最後都不知道，將自己一步步逼向絕路的究竟是誰。李賢被廢之後，一首據說是他憂懼時所作的歌謠流傳開來：

　　種瓜黃臺下，瓜熟子離離。

　　一摘使瓜好，再摘使瓜稀。

　　三摘猶自可，摘絕抱蔓歸。

　　黃臺之瓜，摘了一個又一個，正如天皇、天后嫡出的兒子，被除掉了一個又一個，最後所有的瓜都被摘光，只剩下黃臺下的瓜蔓。

　　黃臺之瓜，何堪再摘？

　　詩句字字如刀刃，指向了天皇和天后。像是諷刺天皇猜忌自己的兒子，又像是比喻天后除掉自己兒子來攫取更高的權力。可這件事情真是天皇或天后所為嗎？平心而論，他們也許不喜歡這個兒子，但也不至於故意要一步步謀害他。如果背後的人不是天后，那又會是誰呢？

　　此事終究成了一樁無頭公案，後來的人們只知道，這次後宮的風波，受益最大的人是繼任太子的李顯，他的妻子韋氏老謀深算，是個有些詭計在身上的女人。

03　太后臨朝，皇帝退朝

　　從貞觀二十三年（西元 649 年）繼承皇位以來，天皇李治已經做了三十四年的皇帝，這樣的時間跨度，幾乎是南朝梁武帝以後百餘年來，歷朝皇帝在位時間的冠軍。除了永徽初年，其餘這半個甲子的歲月裡，李治始終牢牢把持著帝國的權柄。直到晚年，就算病得實在不能處理朝政了，仍然透過天后武氏控制著朝局。

　　後世的很多史家認為，這段時間的朝政已經由天后武氏牢牢把持，李治不過是個傀儡。其實並不是這樣的，因為天皇與天后雖然並稱為「二聖」，君臨前朝，但天后的職責仍是管理後宮之事，對於朝政的權力依然來源於天皇的支持。即使到了李治在位的後期，朝廷的宰相中也沒有天后的心腹，甚至還有廢皇后王氏的哥哥王方翼、當初極力反對立武氏為後的裴行儉等被天后視為眼中釘的人。而當初支持武氏為皇后的李義府、袁公瑜、崔義玄這些昔年的「新貴」們，則死的死、貶的貶。天后娘家的武氏外戚們，也沒有一個能進入宰相的勢力。

　　體弱多病的李治，看似虛弱、無力，實際上「雞賊」得狠，他藏身在天后的身影後面，雖然眼睛看不見，但仍然像提著一縷絲線一般控制著整個朝局。

　　他日臻高超的政治操盤能力，讓大唐在停止大規模對外擴張後，仍繼續保持著貞觀以來的繁榮。朝堂上，賢明的宰相們兢兢業業，運轉著帝國的中樞。文有裴炎、魏玄同等一批精幹大臣，有效地緩解了大非川之戰後唐廷的財政困難，讓大唐重新恢復了元氣；武有劉仁軌、裴行儉、程務挺等用兵如神的將領，維持著大唐東至高句麗，西至鹹海的萬里疆域。

　　賢臣良將，濟濟一堂。

　　李治之所以能放心將政務交予宰相，亦是因為胸有成算。這些年，他

第七章　種瓜黃臺下，瓜熟子離離—日月易幟

已摸索出制衡相權的良策。在他與天后的培養下，弘文館學士之隊日益壯大，被稱為「北門學士」，作為皇帝直屬的機密幕僚，獲特許參與審議朝廷奏議，以分割宰相之權。

宰相系和祕書系，兩者互相配合，又互有掣肘，再加上御史臺的諫官行使監督職權，三者鼎足而立，形成了微妙的平衡，統一掌握在天后輔佐的皇權之下。

永淳二年（西元683年），天皇李治在天后等人的勸說下，打算繼封禪泰山之後，再封禪中嶽嵩山。這是一件大事情，他第一步要做的，就是改元弘道，然後宣布大赦天下。

東都洛陽的紫微宮城外，一直到洛水畔的天津橋，是一片寬闊的廣場。洛陽居天下之中，成為大唐的東都以來，它就是帝國新的中心，而紫微宮則天門外的這片廣場，就好比大唐的天安門廣場。當初李賢私藏的那一批鎧甲，就是在這片廣場上當著眾人的面焚燒的。臘月初四這天，無數百姓聚集在則天門樓之下，想要一睹天皇天后的真容。聽說這一次，天皇要當眾宣布一個大消息。

但是從白天到晚上，百姓們在寒風中苦等了一天，卻遲遲沒有等到天皇現身。

百姓們不知道的是，天皇李治在前來則天門樓的路上突發氣逆。病來如山倒，他多年無法治癒的梅尼爾氏症終於爆發性地惡化了，這一天李治只能躺在病榻上，召見幾個百姓的代表，向他們宣布了大赦的消息。

而李治自己也意識到，他的大限要來了。

臨終之前，李治做了一番安排，保證太子李顯能夠平安順利地繼承皇位。他下令太子在他死後立刻繼位，由宰相裴炎擔任輔政大臣，軍國大事有不能裁決者，由天后決定。

當天晚上，李治就駕崩在了洛陽宮的貞觀殿，享年五十五週歲。太常

寺為李治議定的謚號為天皇大帝，廟號高宗。

後世的歷史並沒有給李治一個公允的評價，往往將唐高宗李治塑造成一個懦弱無能的皇帝。雖然李治沒有父親唐太宗那樣通天徹地的天賦，也沒有兄長們的魅力、親和力，但靠著勤奮和思慮，最終交出了一份優秀的答卷，他延續了帝國的繁榮，在他在位期間，大唐的版圖達到了歷史的峰值。

李治的死對於天后武氏來說，不僅意味著失去了可依靠的丈夫，還意味著她失去了並肩作戰三十年的伴侶。這麼多年，夫婦二人雖然偶爾有磕磕碰碰，甚至還鬧過離婚，但他們的心意與靈魂早已相通。再加上二聖臨朝的經歷，二人之間的關係已經遠遠超過了尋常意義上的夫妻。

但武后來不及悲痛，還有更大的挑戰在等待著她。

李治死得太突然，之前沒有做任何準備。當天還是活蹦亂跳的一個中年人，傍晚的時候忽然急病發作，只來得及簡單地安排下接班人和輔政者就去世了。

新即位的李顯如今二十八歲，看起來也不小了，但和李唐宗室的親王們比起來，卻是個年紀輕、資歷淺的小輩。如今的韓王李元嘉、滕王李元嬰、魯王李靈夔，那是高祖皇帝的兒子，先帝高宗李治的叔叔；還有越王李貞、紀王李慎，是高宗李治的哥哥，這幾位宗室親王，都是各自兼著整整一個大州的州刺史的官銜，形同封地。他們在自己的州裡，都是一方大員，權力極大，比如滕王李元嬰，這幾年他先後在滕州、洪州等地做刺史或者都督，每到一個地方，都有權力大興土木修造他的滕王閣，每個滕王閣都精美華麗如同宮殿。

宗室親王們都是皇位潛在的繼承者，比如韓王李元嘉、越王李貞，作為新皇帝李顯的叔祖、伯父，都還處於年富力強的壯年，說他們沒有野心，那絕對是瞎話。如今新皇帝剛剛登位，要是親王們有什麼異動，把他們造滕王閣的這種動員力量用在擁兵謀逆上，那就極有可能產生新一輪的動亂。

第七章　種瓜黃臺下，瓜熟子離離──日月易幟

十二月十一日這個吉利的甲子日，新皇李顯即位，尊天后為太后，朝中大事都由武太后決定。武太后做的第一件事情，就是為親王們加封官階，以此穩住這些宗室們：韓王李元嘉為太尉，將他捧上了正一品的三公級別（唐廷的宰相一般是正三品的侍中、中書令）；滕王李元嬰為開府儀同三司，也就是與三公同級；魯王李靈夔為太子太師，越王李貞為太子太傅，紀王李慎為太子太保，也都是從一品的高官。

給宗室的這些甜頭，是用另一些東西換的。宗室們被加封之後，相應地被要求暫時不得來東都弔喪，全部都原地就任。就這樣，杜絕他們一切逼宮奪位的可能。

新皇即位後，宰相班底迅速組建。劉仁軌為左僕射，鎮守京師長安，以穩固局勢；原主管中書省的宰相郭正一，因在關鍵時刻態度猶豫，被調任國子監祭酒；中書令則由侍中裴炎兼領。至此，託孤大臣裴炎全面掌握朝廷中樞，在後繼侍中劉景先的協助下，維持政事堂的運作。

另一邊，武太后派出左威衛將軍王果、左監門將軍令狐智通、右金吾將軍楊玄儉、右千牛將軍郭齊宗四位心腹幹將，前往帝國的四大軍區，也就是分別設置了大都督府的太原、成都、荊州、揚州四個地方，與大都督府的現任官員一起駐守。與其說是一起駐守，不如說是派王果、令狐智通等人把這四大都督府控制起來，進而控制各個地方軍區的軍事力量。

有了這幾步棋，武太后和新皇帝、新政權才算是真正穩定住了局面。這連續的幾項舉措乾脆俐落，一張一弛，將武太后多年來在協助先帝治國理政當中累積的政治經驗，發揮得淋漓盡致。

驚險的十二月終於平安過去了，可喜的是，天下各地平靜一如往常。第二年（西元 684 年）的新年，新皇李顯下詔改元嗣聖。這個年號取得非常應景，如今新皇帝有託孤大臣裴炎的輔佐，又有太后在後面把持大局，眼看就可以讓大唐接續高宗的時代，迎來下一段輝煌歲月了。

03 太后臨朝，皇帝退朝

然而，權力之爭從無一帆風順。每當局勢似將穩定之際，總會有突如其來的變局打破平衡。新皇帝李顯，便是那場意料之外的變數。

他長得像太宗皇帝李世民，這件事是得到大師明崇儼認可的。武太后曾是太宗皇帝的女人，卻沒有得到太宗的青睞，這不僅帶給武后挫敗感，也多半讓太宗皇帝成了武后心中隱藏的心結。

所以，幾個兒子裡，武后尤其寵愛她第三個兒子，當李顯繼李賢之後成了太子，她便一力扶持，支持李顯登位。

李顯有著與李世民相似的容貌，也繼承了李世民血脈相連的雄心。但有一點李顯更像他爸李治一些──他們都一樣地雞賊、城府深、善於借力打力。

當初他和哥哥李賢分別還是英王和沛王時，才華橫溢的才子王勃寫出了〈檄英王雞〉文，李顯便設法把這件事情捅到了父皇那裡，果不其然觸怒了高宗李治，乾脆地斷絕了那個絕代才子的仕途，同時也弱除了李賢的一個臂膀。如此看來，如果他知道自己死後竟然被史官、小說家塑造為一個昏庸無能的冤大頭，他一定會暴跳如雷。要知道這個太子之位，是李顯和他老婆韋氏一步步爭取過來的。之前關於廢太子李賢難堪大任之類的傳言，韋氏和他沒少添油加醋。這一點他比自己的伯父李泰要高明一些──同樣是造謠現任太子，李泰當時就被太宗李世民發覺了；而李顯就做得天衣無縫，而且還成功將太子李賢逼得心理崩潰，開始走向囤積軍械、準備謀逆的不歸路。

而且李顯和他爸都是「妻控」，對老婆都有強烈的依賴，甚至於有時候看上去有些懼內。剛好他的妻子韋氏也是一個強勢的女人，李顯登上皇位後不久就封韋氏為皇后，新皇和新后配合得親密無間，一如當初的天皇和天后一般。

坐在皇位上的李顯，覺得渾身不自在，在外朝有裴炎為首的宰相們掌

第七章　種瓜黃臺下，瓜熟子離離─日月易幟

握大權，在後宮則有親媽在遙控，李顯還處在見習期，很多軍國大事都不是他能左右的。

從高祖李淵到現任皇帝李顯，對權力的欲望代代相傳，彷彿烙印在家族的遺傳基因裡。李顯不想看到大權旁落於裴炎等人，於是他很自然地做出了對應的決定：依靠妻族的力量。韋皇后出身京兆韋氏，是著名的郡姓，關中頭號士族，歷來根基深厚，人脈廣闊，李顯可以依靠韋皇后一族的力量，逐漸提升自己在朝堂上的影響力，好與裴炎，乃至裴炎背後的武后抗衡。於是他下令將韋皇后的父親，正擔任普州參軍的國丈韋玄貞，提升為豫州刺史。

朝中與韋皇后同宗的還有散騎常侍韋弘敏，也被李顯提拔為同中書門下三品，進了宰相團隊。

國丈擔任豫州刺史還不到一個月，李顯又要將他提拔為侍中，統領門下省。

如果之前的幾個任免，輔政的大臣們還勉強可以同意，願意配合皇帝的意思走好流程、下達任命的話，那對於提拔韋玄貞為侍中的這個決定，裴炎等人就再也不能同意了。首先，從刺史到侍中，那是屬於越級提拔，不符合大唐的選官制度。其次，多年以來侍中的地位都在中書令之上，韋玄貞當了侍中，就有可能影響到中書令裴炎的施政安排，裴炎自然是堅決反對。

不僅是裴炎，還有朝中其他士族和勳貴們，都不想看到韋玄貞一家崛起。韋玄貞雖然也算是士族，但說白了就是一個出身於京兆韋氏的外戚，大唐多少年沒有外戚秉政的事情了？更何況是一個十多天前還只是個七品芝麻官的人。可以說，韋玄貞插入朝堂，動了所有人手中的蛋糕。

李顯終究沒有他父親那樣的功力和城府，當裴炎據理力爭，反對韋玄貞的任命時，李顯激動之下怒道：「任命一個侍中怎麼了？我把整個天下都給韋玄貞，又有何不可？區區一個侍中算什麼？」

這句話顯然是李顯失言了。國之重器，怎能隨便說要給誰？就算李顯只是隨口舉例，那也犯了輕佻無狀的錯。裴炎的心裡慌了，他恐懼的不只是韋氏一族勢力的急遽膨脹，還有自己身為輔政大臣，與皇帝的矛盾已經逐漸走向公開。有唐六十年，得罪了皇帝的輔政大臣，是難逃殺身之禍的。裴炎得罪了李顯，李顯十有八九會尋機報復。

對於李顯的這句話，恐懼的不只是裴炎，還有在幕後為大唐帝國掌舵的武太后。新帝李顯即位不足兩月，便連番生事。她懷疑，這一切皆有韋皇后在背後操弄。

李顯是她一直寵愛的兒子，可如今這個兒子的肉體和精神都被韋皇后奪走了。武太后性格強勢而容易走向偏激，如今李顯已經超出了武太后的掌控，那武太后原本的疼愛，也因此轉化成了冷酷的恨。

先帝遺詔，軍國大事有不能決斷的，由太后處斷。裴炎祕密進宮面見太后，將一切情況報告清楚，請太后做決定。

其實不需要裴炎的請示，武太后早已經作出了決定。

嗣聖元年（西元684年）二月，洛陽紫微宮的乾元殿裡，百官一如往常地在這裡參加朝會，朝拜御座之上的皇帝李顯，但與以往不同的是，這次朝會由武太后召集，這個六十歲的女人就端坐在李顯一旁。

這時，中書令裴炎、中書侍郎劉禕之、羽林將軍程務挺等人從殿下走進來，身後帶著一大隊全副武裝的羽林飛騎，他們在殿前沉默佇立，鐵甲森然。

「太后令：即日起，廢黜皇帝為廬陵王。」裴炎朗聲宣讀太后制令，整個乾元殿鴉雀無聲。程務挺帶著護衛走到了御座旁，施了一禮，準備扶李顯下殿。

朝臣們也沉默著，一齊目送著李顯離開。廢黜李顯是太后、裴炎以及所有高層官僚們已經達成的默契，為的就是阻止李顯繼續作死，阻止他可

能在朝堂裡掀起的軒然大波。

「我乃大唐皇帝，何罪之有？」李顯的心裡這才慌了起來，整個朝堂，沒有一個大臣為他出聲。可是李顯說得沒錯，就算他做的事情再荒唐，作為一國之君，任何行為都可以被視為是國家意志，怎麼可能會因此而犯罪呢？

這時，一旁的太后緩緩開口了：「你想要把天下都讓給韋玄貞，怎麼可能會沒有罪狀？」

這一句話，將李顯的政治生涯判了無期徒刑，至此，李顯和韋皇后，還有他們的兒女都被幽禁了起來，並嚴加看管。

李顯被廢黜後的第二天，太后的第四個兒子，雍州牧豫王李旦被立為皇帝，改元文明。李顯的在位時間，只有五十五天。

和李顯不同，新皇帝李旦已經成了一個貨真價實的傀儡。他連洛陽宮的正殿都不能住，只能住在別殿裡，並且被禁止處理朝政。李顯的事情讓太后武氏最終下定了決心，決定自己親自出馬，將她與高宗皇帝定下的國策繼續實施下去。她身著雍容華貴的衣袍，終於臨朝稱制，直接主導朝會，決斷軍國大事。

武太后的時代，正式展開了。

04　酷吏與特務的時代

文明元年（西元684年），這一年有三個年號，新春正月裡它曾是弘道二年，然後就隨著李顯的繼位改元為嗣聖元年，剛過一個月，李顯被廢，武太后第四子李旦繼位，緊接著又被改為文明元年。

洛陽城的寒冬過去了，此時雖然春寒料峭，但城中的教坊之中曲樂繚

繞，早已溫暖如春。十幾個羽林飛騎穿著便服，在這裡一邊飲酒，一邊高談闊論。羽林飛騎出自當年跟隨高祖從太原出發打天下的「元從禁軍」，擔負著護衛皇宮的重任。如今飛騎中大多數人都是承著祖上的餘蔭，世襲了大大小小的勳官，平時也無需像其他府兵那樣四處征戰，所以不僅吃穿不愁，而且歷來都養尊處優。前不久，他們還接下了重要任務，那就是奉太后之命，廢黜皇帝李顯，穩定東都局勢。

說到這件事情，曲坊中的這些將士們都是滿腹牢騷。他們目睹了皇帝從登基到被廢的五十餘天，朝中太過於血雨腥風，到現在他們才能鬆一口氣，一起喝個酒。酒足飯飽之後，其中一位忍不住把這幾日的鬱悶藉著酒勁傾訴出來：「早知道我們入宮廢了皇帝，卻沒有勳賞，還不如去侍奉廬陵王。」

這話說中了不少人的心思，但太過於敏感，也就沒再發揮下去。飛騎將士們繼續開開心心喝酒聽曲，剛才那句話，漸漸地也沒有人在意了。

誰也沒注意，有個人在酒席中偷偷地離開了，他沒有回家，而是直接前往宮城北門的羽林衛屯營，把這件事情一五一十地檢舉了。

這十幾個人酒席還沒有散，一大隊羽林衛已經將他們團團圍住，一個不剩地關進了大牢。這些羽林飛騎酒意還沒有消退，就全在充斥著血腥和腐肉味的牢裡將之前發生的事一五一十地招認了。這件事情受到了武太后的高度關注，下令將說出那句話的人斬首示眾，其餘的人，因為聽見了卻包庇不告，全都處以絞刑。而那個主動檢舉之人，則記為大功，加封五品散官。

當洛陽城的官民們看著那個告密者身著淺緋色小朵花繡文的五品官袍，堂而皇之、意氣風發地騎馬馳騁在街頭時，心情是複雜的。無數人感到恐懼，他們無法再直視自己原本信賴的親密同僚，甚至是家人了，誰也不知道他們會不會因為什麼事情，在下一刻出賣自己。也有的人，不無豔羨地看著那個人的身影，想像著自己有一天也能像他一樣，因為告密有功而升官發財。人性當中最為醜惡的一部分，開始在他們的心中發芽滋長。

第七章　種瓜黃臺下，瓜熟子離離—日月易幟

告密之風，就從這裡開始了。這是最高統治者武太后的意思，她鼓勵那些告密者，希望有更多的人主動告發。有了最高統治者的支持，人人都成了隨時會記下祕密而上告的特務，即使是那些善良的人，也不得不假裝自己是，否則就會被那些真正邪惡的告密者們懷疑、盯上，甚至是排擠。

恐懼的鐵幕在東都洛陽的上空緩緩降下。

倡導告密是武太后的一項權謀手段，牽涉著唐廷廢黜新皇、擁立李旦之後的複雜局面。

廢黜新皇意味著什麼，其實是一件很微妙的事情。

西漢時的霍光，迎立昌邑王劉賀即位，二十七天後以淫亂無道的理由，與上官太后商議後廢黜劉賀為海昏侯。情形與今日的李顯被廢何其相似。但廢黜皇帝之後，霍光權傾朝野，成了有實無名的君王。

類似的還有三國時，曹魏的司馬懿得到郭太后的支持，發動了高平陵之變，以郭太后的名義罷免了政敵曹爽，一舉掌控朝局，此後一發不可收拾，最終他的兒孫取代曹魏，建立了晉朝。

此次廢黜李顯為廬陵王，亦出於同一原理。下令者為太后，因唯有太后才具備此項詔命的名義與權限，宰相並無資格。然而，串聯朝臣、促成廢帝共識者，是裴炎；聯絡武將程務挺、掌握羽林飛騎這支關鍵兵力者，亦是裴炎；最後在乾元殿逼宮發難、扶走李顯的，仍是裴炎。武太后的作用，實在於為裴炎的舉措提供合法性。

之後的事情，就真的難以預料了。裴炎會成為下一個霍光嗎？河東裴氏原本就是第一流的士族，樹大根深，裴炎的家族又會不會成為下一個謀國篡位的司馬氏？這些都說不準。但這一切已經有端倪了，李旦繼位後，整個朝廷像一塊鐵板圍繞在以裴炎為核心的宰相團隊上。甚至原來設在門下省的政事堂，也因為裴炎擔任中書令而轉移到了中書省。

隋唐幾代人運轉良好的三省六部制，關鍵在尚書、中書、門下三省之

間各有分工，又各有制衡，然而裴炎一上來，整個三省六部全都圍著裴炎一個人轉了。說裴炎權傾朝野，還真不是客氣話。

這就是武太后面對的危機。高宗去世之後原本留下的平衡被李顯靠著一己之力打破了，隨之而來的是裴炎權力的急遽膨脹。幸好武太后有著參與國政的經驗，她代替兒子李旦，在紫宸殿上臨朝聽政，處斷大事，明面上得到了包括裴炎在內的群臣的服從。但武太后終究是女人，她所能控制的，只是這一方宮殿，宮外的事情，包括兵、人、財、物，全都由以裴炎為首的中書門下把持。如果不及時對裴炎加以制約，不僅她手上掌握的權力會被大大削弱，就連李唐王朝也將面臨生存危機。

也許這就是高宗這幾年讓她參與國政的意義，那便是在「主少國疑」的時候，重新鞏固起皇權的地位。

武太后首先想到的，便是尋求左僕射劉仁軌的支持。劉仁軌出將入相，且並非士族出身，與裴炎素不屬於同一派系。此時劉仁軌駐守在京師長安，是個不錯的拉攏對象。雖然劉仁軌曾經在「廢王立武」事件中和武太后結下了梁子，但武后此時已經顧不得許多了，在寫給劉仁軌的信中，她言辭懇切：「當年漢朝將關中的治理交給蕭何，如今我們也一樣託付給劉公。」武后暗示得很清楚，只要和她站在一邊，就可以擁有蕭何一般的大權。

但劉仁軌不客氣地拒絕了，他以年紀大、衰老不堪為由，提出想要退休，還在信裡就著漢朝蕭何的比喻借題發揮：「望太后不要重蹈當年呂后禍亂朝政的覆轍。」

武太后算是明白了，對於劉仁軌來說，一個強勢的太后和一個強勢的權臣，他還不如選擇後者。

在劉仁軌那裡碰壁之後，武太后不得不做了一個艱難的決定：打開告密之門。

第七章　種瓜黃臺下，瓜熟子離離—日月易幟

　　告密，一直以來都是有違道德的。儒家講究「親親相隱」，親密之人若是犯了錯，不應該檢舉，而是要為其隱匿。這是很高明的道德倫理，雖然它將一些違法之事隱藏在家族之內，但維護了更為珍貴的人倫與溫情。要是父子、兄弟、師友之間還要相互檢舉揭發的話，那人際社會就沒有信任可言了。然而武太后是個狠辣之人，當初她連自己的兒子李賢都可以揭發，此時也就不在乎什麼人倫之情了。

　　之所以如此，也是因為掀起告密之風對她有益。

　　如今連劉仁軌都和裴炎站在了一起，朝中重臣幾乎是鐵板一塊，針插不進，水潑不入。這樣的局面，一如當時「廢王立武」事件之前的長孫無忌一黨。長孫無忌團夥當時是怎麼倒臺的？她和高宗是靠著李義府這一幫中層官員掀起的聲浪奪取了主動權。這一次，武太后也是這樣考慮的。鼓勵告密之後，有越來越多的中下層官員靠著揭發他們的同僚、上司而獲得獎賞，進而成為武太后可以籠絡的勢力。告密之人越多，武太后就越能打亂裴炎在朝中的部署，獲取更多的人手和資源。

　　果不其然，自羽林飛騎因告密得賞之後，朝中告密之風漸成流弊。然而此風一開，便如同潘朵拉之匣被啟，其後果連武太后自身亦未必能完全掌控。

　　當告密成為部分人迅速晉身的途徑時，那些嚐到甜頭者便會越發沉溺其中，變本加厲地尋覓告密的機會。為了應付日益增多的密告與檢舉，朝廷不得不設立相應的專職人員，以查驗指控之虛實，或將其坐實。

　　而這又催生了酷吏的誕生。

　　周興，原本是精研律法的低階官僚，科舉失敗後，做了尚書都事，也就是尚書省裡配備的低階科員；來俊臣，是萬年縣的一個無賴出身，靠善於告狀而聲名鵲起。他們二人靠著不停地告密，一步步地升官升級，不顧數千人因他們的告密而死。周興做到了刑部侍郎，來俊臣則成了御史中

丞。他們各有一個幾百人的團隊，由本地流氓組成，進行系統性的告密行為，盯上一個人後，就讓團隊裡好幾個人分別去舉報，這樣口供一致，裁斷的官員自然會相信。

而周興、來俊臣成為專門負責處理告密的刑部、御史臺官員後，也將審訊這項活計優化到了極致，發明出了「定百脈」、「突地吼」、「死豬愁」、「求破家」、「反是實」等不同花樣的刑訊逼供方法。

把人的手腳綁在一根木樁子上，轉動木樁，讓人苦不堪言，稱之為「鳳凰晒翅」。

用物件頂住人的腰部，然後用力拉動枷鎖，稱之為「驢駒拔橛」。

讓人站在幾公尺高的木頭樁子上，然後拉緊人脖子上的繩子，人越掙扎，拉得越緊，稱之為「玉女登梯」。

他們的花樣越是豐富，逼供的效果越是明顯。周興、來俊臣等酷吏的功勞越大，也就越受武太后的信任。但整個洛陽城都畏懼著酷吏們，刑部、御史臺的花式酷刑，每每出現在洛陽城官民們夜晚的夢境裡。

而武太后另一個艱難的決定是：啟用她的娘家宗族。

說到武太后的娘家，可謂多有不堪往事。她的同父異母兄長武元慶、武元爽，以及堂兄武唯良、武懷運，似與她母女有宿怨一般。自其父武士彠去世後，幾位兄長便對楊夫人百般刁難。即便武太后已登皇后之位，武氏一族對她依然冷淡，甚至當眾令楊夫人難堪。

世家之中，亦多有不可言之事。外人難以想像，武家諸兄對武太后母女竟有何等積怨，竟至於在她權傾朝野之後，依舊態度冷漠，對其母女不加禮遇。

武太后是個睚眥必報的人，武家哥哥們幾十年的仇怨，總會有清算的這一天。她開始參與朝政之後，同父異母的哥哥武元慶、武元爽兩人，一

第七章　種瓜黃臺下，瓜熟子離離—日月易幟

個憂懼而死，一個流放邊地。如果說這件事情未必是武太后的意思，更可能是高宗李治為了防範外戚干政而採取的措施的話，那武太后的兩位堂兄，就是直接被武太后誣陷而死的。乾封元年，高宗封禪泰山之後，韓國夫人、魏國夫人母女二人不明不白地死了，風傳是被武太后毒殺。但武太后直接將武唯良、武懷運歸咎為罪魁禍首，兩位堂兄雙雙被判死刑，子孫流放外地。武太后這時也已經慢慢培養起了用生僻字改名、起名的愛好，將兩位堂兄的子孫改姓為「蝮」氏。

此前，王皇后與蕭淑妃被廢為庶人後，武太后命改王氏為「蟒氏」，蕭氏為「梟氏」。這既是她一貫的手法，也可算是專為敵人設的羞辱之策。對於幾位堂兄，武太后顯然亦視之為敵，並不手軟。

然而到了此時，也不得不拋卻前嫌，暫時同心協力。武氏身為開國元勳，在朝中仍有一定根基。當初為制衡韋玄貞，武元爽之子武承嗣亦自嶺南流放地被召回，並提拔為祕書監。武太后的政治手腕遠勝其子李顯，任命武承嗣自尚書奉御至祕書監，再遷禮部尚書，專責陪伴皇帝李旦，一連串人事安排行雲流水，並未如李顯重用韋玄貞時那般鬧得滿朝譁然。

就這樣，武三思、武攸暨等一群武氏宗親，逐步入朝成了五品以上官員，這也讓武太后在朝中有了可以使用的羽翼。

文明元年（684 年）八月，天象突變，七十六年一現的哈雷彗星懸於星野，被視為災變與動亂的兆象。它將為大唐預示何種未來，眾說紛紜。其後，唐廷再次改元，改是年為光宅元年。

武太后將其改名之好發揮至極，將東都洛陽改為「神都」，寓意神州之都；並連帶更易三省六部之名。尤為關鍵者，是將御史臺改為左肅政臺，另增置右肅政臺，專司監察京城文武官員。知其意者皆明白——一個特務橫行的時代，已然悄然展開。

武太后秉政期間機構官職名稱變化

原名	更名
尚書省	文昌臺
左、右僕射	左、右相
吏戶禮兵刑工六部	天地春夏秋冬六官
門下省（長官：侍中）	鸞臺（長官：納言）
中書省（長官：中書令）	鳳閣（長官：內史）
御史臺	肅政臺

05　萬象神宮

　　揚州，一群被貶謫前往南方的官員們聚集在了這裡。武氏勢力在朝中的快速崛起，不出所料地引起了朝野的騷動，對此不滿的大有人在。但公開不滿的，都被告密者檢舉貶謫了，大批被貶官員都要經過揚州，去往帝國的南疆。其中一些鬱鬱不得志的官員便聚成了一個小團體，為首的是英國公李勣的孫子李敬業，他繼承了李勣的公爵爵位，但因為這一輪的政治清洗，從眉州刺史被貶為柳州司馬。驛館的暗室中，李敬業振臂大呼：「在座各位還要等到何時？難道要等到社稷傾塌之日才醒悟麼？」

　　於是，眾人一拍即合，決議興兵反抗。

　　他們假奉密旨，以調兵平定南蠻酋長馮子猷叛亂為名，打開揚州府庫，用鎧甲武裝了全城的囚徒和匠人，進而控制了整個揚州城。李敬業打著為廬陵王匡復社稷的名號，自稱匡復上將，領揚州大都督，舉起了義旗，十天之間就聚集起了十餘萬大軍。

　　在參與舉義的貶謫官員中，尚有「初唐四傑」之一、前長安主簿駱賓

第七章　種瓜黃臺下，瓜熟子離離—日月易幟

王。蹉跎仕途數十載，至此已年近花甲的他，亦為此次起事的重要發起者之一，受任李敬業麾下記室之職，相當於義軍的總書記。駱賓王文筆雄健，提筆揮就《討武氏檄》，傳誦四方。

好的文章總是有煽動力的，尤其是駱賓王的這一篇。文章中將武太后的罪狀條條羅列，說她「殺姊屠兄，弒君鴆母，人神之所同嫉，天地之所不容」。其中那一句「一抔之土未乾，六尺之孤安在」，簡直是振聾發聵。傳檄各個州縣，整個東南都不禁騷動。

「試問今日之域中，是誰家之天下？」神都洛陽宮中，武太后也讀著駱賓王的這篇檄文。此時李敬業的十幾萬大軍已經整裝待發，急報雪片一般地傳到了神都唐廷。武太后讀完，並沒有表現出太多的憤怒，只是問道：「好文章，誰寫的？」

有人回答說：「駱賓王。」

武太后沉吟了一會兒，淡然說道：「這可是宰相的過失，此人有如此文才，卻讓他流落到造反了。」

這句話，多半是說給宰相裴炎聽的。武太后何等聰明，自然知道，李敬業作亂雖然在東南，但真正要做的文章卻是在蕭牆之內，就在這洛陽的朝堂。

這次起兵的，是李勣的嫡長孫李敬業。門閥勳貴之間的人脈關係複雜，武太后想弄清楚，朝中到底有多少人和這場叛亂有牽連，尤其是宰相裴炎。有人傳言，裴炎的外甥薛仲璋就在義軍之中。東南戰事已經十分緊迫，可裴炎在鳳閣依舊從容不迫，日常如常，也沒有看到他有什麼準備討伐的行動。難道李敬業的叛亂，其實是裴炎事先安排好的一步應對之棋？

在任命左羽林衛大將軍李孝逸為揚州道大總管、調遣三十萬兵討伐李敬業之後，武太后找到了裴炎，問道：「如今之計，裴相有何想法？」

原本期待著裴炎會講出一些平定之策，可裴炎卻道：「如今皇帝年長，

卻不親自處理政事，所以李敬業等豎子們才拿這個理由造反。如若太后將大政返還給皇帝，那叛亂就不討自平了。」

武太后的脾氣並不好，聽到裴炎的回答，用盡力氣才能平息胸中的怒火。如今叛亂當前，裴炎卻借勢請太后將朝政還給皇帝，這不是要挾，又是什麼？如果武太后真的將朝政還給年輕的皇帝李旦去處理，那裴炎不就是下一個霍光了嗎？要是武太后不答應還政，難道裴炎便拒絕配合討賊不成？

從駱賓王的檄文裡，武太后看出了一些端倪，那就是李敬業這一夥人並沒有什麼一致的綱領或者主張。駱賓王大聲疾呼「六尺之孤安在」，看起來目的比較單純，就是要保護被武太后控制的高宗遺孤。但李敬業卻不那麼單純，他先是號稱要為廬陵王李顯恢復皇位，可當他發現「為廬陵王復辟」這個號召沒什麼人響應之後，便改成了「為前太子李賢復辟」，找來一個長得和李賢相似的人，號稱是李賢，藉此收攬人心。

從這裡可以看出，李敬業只是想實現自己的野心，不是單純地要匡復李唐皇室，既然如此，便不足以多慮。

如果李敬業舉兵沿著邗溝、廣濟渠的運河「高速路」直取神都洛陽，如今朝堂人心不齊，很容易造成混亂。事實上，李敬業的軍師魏思溫也是如此建議的，但李敬業最終聽從了裴炎的外甥薛仲璋的建議，南渡長江，占據金陵，在江南稱王稱霸之後，再北向進取中原。這就暴露了李敬業的根本目的——他終究不過是想割據一方，稱雄稱霸而已。

武太后此時並不知道李敬業帳內有這樣一番北上還是南下的爭論，如果她知道的話，就會更加確信，這場事變不過是裴炎的陰謀了。薛仲璋多半是舅舅裴炎派去的臥底，為了控制李敬業這個武夫，在不真正威脅神都安全的情況下成為朝廷外部的一大威脅，裴炎便可以趁此要挾，製造出緊急狀態，逼迫武太后將權力委託給裴炎行使。武太后雖不知揚州發生的這一細節，但憑著敏銳的政治直覺，她判斷當務之急是整肅朝廷，將大權真

第七章　種瓜黃臺下，瓜熟子離離—日月易幟

正掌握在自己手中。

而裴炎對武太后的那句回答，很快便被左右肅政臺（原御史臺）抓住做起了文章，認為裴炎這是有所圖謀。因告密之風漸盛，肅政臺的行動越發積極，這正合武太后心意。她順勢下令，將裴炎收監下獄，以備調查。

託孤輔政大臣被囚禁，此事非同小可，但也讓很多人看到了機會。江山代有才人出，鳳閣舍人（原中書舍人）總會給武太后驚喜，之前是擔任中書舍人的李義府，如今是擔任鳳閣舍人的李景諶。李景諶上書，措辭犀利地指控裴炎，直言裴炎必然謀反。武太后拿著這份指控，召開御前會議，商議如何處置裴炎。

納言劉景先和鳳閣侍郎胡元範等人都說：「裴炎是社稷重臣，我等擔保裴炎沒有造反。」

武太后搖搖頭：「裴炎造反是有把柄的，只是卿等不清楚罷了。」

劉景先和胡元範等人的回答也毫不客氣：「如果裴炎也算造反，那臣等也算造反！」

武太后答道：「朕知道裴炎造反，也知道卿等不是造反。」

當宰相們要講事實時，她便與之講道理；當宰相們要講道理時，她又與之講玄理——「朕就是知道」，讓人無從反駁。

但武太后這麼說，也並非毫無依據、純粹強詞奪理。自她廣開告密檢舉之門後，各地的檢舉源源不斷，罪證羅列可謂五花八門。哪怕只是粗略統計，也能看出——裴炎被檢舉的次數明顯多於他人，而劉景先、胡元範等人則少得多。只是這些紀錄她不便明言，於是只能以玄理作答。

由於資訊不對稱，朝中文武百官全都在上書，力證裴炎沒有造反，而武太后對此一概不聽，並將這些人偷偷記下來，留到以後有機會算總帳。隨後劉景先、胡元範也被下獄拷問，把官職空缺留給了那些控告、揭發裴

炎謀反的人。李景諶被任命為鳳閣鸞臺平章事，躋身進入了宰相的班列。

幾天之後，裴炎被斬首在洛陽都亭，他權傾朝野的時間只有短短幾個月，轉頭便死得如同一條草狗。

隨後，武太后讓郎將姜嗣宗帶著對裴炎的處置決定，到長安向左相劉仁軌通報。看著姜嗣宗繪聲繪色地講述太后如何成功扳倒裴炎一黨的事情，劉仁軌表面上波瀾不驚，但內心早已洶湧澎湃。長期以來，他都小看了武氏這個女人，如今神都洛陽的朝廷中樞完全掌握在了武太后的手中，她已經成為天下最有權勢之人了。

當姜嗣宗說到他早就看裴炎不是好人的時候，劉仁軌心念一轉，問道：「裴炎的謀反跡象，之前已經讓人發覺了嗎？」

「自然是的。」姜嗣宗毫不猶疑地答道。

「我知道了。」劉仁軌說道，「仁軌有件事情要奏報，煩請轉交太后。」隨即他寫下一道奏表，請姜嗣宗轉報。

當武太后接到姜嗣宗轉報的奏表時，發現裡面寫著：「姜嗣宗知道裴炎謀反卻不報告。」

知情不報在過去本來沒有錯處，但因為武太后的告密法令，讓知情不報成了死罪。劉仁軌設下這個套子，既是氣惱姜嗣宗的小人得志，又是間接地認可了武太后對裴炎的處置，事實上更是宣布自己今後將接受武太后的指揮。

在大唐軍界，劉仁軌自裴行儉逝世後便是頭號人物。裴炎降罪判死的關鍵時刻，劉仁軌倒向武太后，這對武太后控制天下軍權有著關鍵意義。就個人而言，劉仁軌這個抉擇是明智的，因為左武衛大將軍程務挺上書為裴炎鳴冤，武太后直接派人帶著命令到了程務挺軍中，在軍營裡宣布程務挺與裴炎、李敬業勾結，意圖造反，隨後當著全軍的面將程務挺誅殺。

第七章　種瓜黃臺下，瓜熟子離離—日月易幟

這件事情也不難理解。程務挺此時正受命討伐叛亂的突厥人，手中握有重兵，這種時候站出來反對降罪裴炎，在武太后眼裡，就是拿著手裡的軍隊要挾她。按照武太后的風格，要是不採取雷霆手段處理，那她的姓就倒過來寫！

除掉程務挺之後，武太后沒有忘記同樣在突厥前線領兵作戰的王方翼。他與程務挺一直並肩作戰，感情很好，而且王方翼是廢皇后王氏的親屬，武太后一直將其視為眼中釘。程務挺被殺，王方翼就會變得不可控制。武太后的處理也很乾脆：不管王方翼是否反對她，既然他與程務挺一起共事，關係親密，這就是板上釘釘的嫌疑，所以也將王方翼關了起來。不久之後，王方翼被判定流放崖州，死在了路上。

這一番措施之後，武太后總算是控制住了出征在外的大軍，只是代價很慘烈，一朝之間失去了兩位威震一方的名將。但武太后的當務之急全在維持穩定，失去兩員名將所帶來的連帶效應，暫時還不是她在乎的問題。

隨後的事情就簡單了，李孝義的大軍長驅南下，征討李敬業。而劉仁軌投誠武太后之後，也派出了守備吐蕃的左鷹揚大將軍黑齒常之，率領邊防軍向東南挺進。黑齒常之駐守西北十餘年，手下的百戰精銳不是李敬業倉促間從江南臨時徵召的士卒抵抗得了的，頃刻間兵敗如山倒的李敬業想要乘船逃往高句麗，但路上被官軍截住，在戰場上被當場斬殺。

震驚天下的徐敬業之亂（因為李敬業是反賊，所以被褫奪了賜姓，回歸了祖上原本的姓氏），就這樣平定了下來，動亂之後，大唐朝廷內外經歷了大洗牌，無數人被貶謫、流放，又有無數人雞犬升天。

而太后武氏，終於如願以償地控制了整個朝堂。

小皇帝李旦自登位以後，一直處在母親的嚴密監視之下，他的唯一願望就是活下去。

他的求生欲是寫在臉上的，垂拱二年正月（西元 686 年），武太后下詔

說要還政給李旦,但明眼人都看得出來,這只是他老娘的試探而已,所以李旦多次上表,堅決推辭反對,請求他親愛的母后繼續臨朝。武太后便順水推舟,「接受」了李旦的請求,依舊臨朝稱制,把持朝政。

在如此紛繁複雜的宮廷中活下去,真不是一件容易的事情,諷刺的是,他唯一能依靠的,居然只有他的母親武太后。

他與朝臣隔絕,無法溝通交流,舉目所見,都是徐敬業為了復辟廬陵王而舉兵這類事情,那些告密成癮的小人、酷吏們則死死盯著李旦,一旦他有什麼錯處,就立刻向武太后檢舉,好求得升官發財的機會。

而在韓王李元嘉等人眼裡,李旦也不過是武太后立下的傀儡,就算他們想要維護大唐皇室,也不用來為武太后手中的傀儡想問題。徐敬業反叛之後,宗室諸王漸漸察覺到了危險,意識到要採取措施來保衛李唐皇室了。琅琊王李沖、越王李貞也合謀起兵,反對武氏的統治。但他們起兵之後,直接把李旦給賣了。

垂拱四年（西元688年）,琅琊王李沖假造了李旦的密詔,密詔中說太后要取代李氏江山、建立武氏王朝。要求越王李貞、紀王李慎、韓王李元嘉、魯王李靈夔等人共同起兵反對武太后。他們還編造了另一個情節:皇帝李旦曾經堅決請求武太后即位為帝。在李沖編造的故事裡,李旦簡直成了天下第一個識慮淺薄的人 —— 一邊高喊要天下人勤王救國,一邊又乖乖準備把李唐的江山交到武太后手裡。這也難怪,宗室們即使要勤王,勤的也不是李旦這樣的乖兒子。而大唐皇帝李旦在這所謂的勤王詔書釋出之後,會面臨武太后怎樣的問責,宗室諸王也根本不在乎。

李沖與李貞的這場舉兵,七天之後便失敗了。因為扯起義旗之後並沒有得到宗室諸王們的響應,幾千人的義軍面對十萬圍剿大軍,頃刻間灰飛煙滅。這場舉兵之後,又是殘酷的血洗,韓王李元嘉、魯王李靈夔、霍王李元軌、紀王李慎、江都王李緒、黃國公李撰、東莞郡公李融、常樂公主

第七章　種瓜黃臺下，瓜熟子離離—日月易幟

等人，或被逼自殺，或斬首市曹，或死於流放途中。李唐宗室幾乎被殺戮殆盡。

而李旦，卻還是活了下來。

他聽聞李沖發出的檄文，心知自己將成眾矢之的，遂急欲自救。恰在此時，武承嗣正四處營造祥瑞，以為武太后與武氏一族增光。前些日子，有人稱在洛水之濱發現一塊巨石，其上刻有「聖母臨人，永昌帝業」八字。此瑞正合武太后心意，她素來喜好此類徵兆，遂決定親臨洛水，隆重舉行「降瑞大典」。

李旦隨即表示願隨行，不僅親自前往，還攜皇太子同行，並極力配合典禮事宜，同賀母后受天之祐，尊為「聖母」。

垂拱四年（688年）十二月，洛水畔舉行受圖大典，武太后再一次加尊號為「聖母神皇」。此號兼有「聖母」與「神皇」之稱，華貴尊嚴，冠絕當世。加尊號之後，武太后心中或許又生出更為強烈的念頭——若親自登極稱帝，又有何不可？

古往今來，還沒有過女人成為皇帝的先例，甚至幾年之前，她也從沒有想過自己是不是要成為女皇帝。但隨著她的權柄一點一點地擴張，這個念頭越來越強烈地出現在武太后的心中，畢竟她是一個權力欲望極強的人，她心中期待著，自己是否會真的成為古往今來第一位女皇帝，開創一個全新的歷史。

而且早在四十年前，李淳風就已經確認過那個「女主武王」的預言。如今看來，這個女主武王，不就是她本人嗎？這幾年她的反對者們，很多都在聲稱武太后要自立為帝，雖然之前她確實不曾有過自立為帝的心思，但既然已經被這麼多敵人冤枉，也不能白白受冤，她決定做一回這個女皇帝試試。

這年年底，神都洛陽的明堂終於落成了，這座高二百九十四尺，前

後左右寬三百尺，號稱「萬象神宮」的明堂，昭示著這個由聖人統治的帝國，富強而又輝煌，文明而又和諧。明堂落成之後，向百姓們開放參觀，武太后又在此設宴，接待吐蕃等國慕名而來的使者們。

統治這個帝國的聖人，自然就是武太后本人了，在很多高僧的說法中，武太后是彌勒化身下凡。這個說法對應著佛教的彌勒化身，模仿祆教、景教等西方宗教的彌賽亞降生的說法，在宗教信仰上為武太后成為女帝鋪平了道路。武太后還在萬象神宮的北邊建造了一座「天堂」，裡面供奉巨大的盧舍那佛像，佛像的面孔正是武太后的容貌。

謊言重複一千遍，就成了真理；而武太后當為天下之主的說法重複了一萬遍時，天下人不禁也都接受了這個事實。

載初元年（西元689年），無數官民、宗戚、四夷首領，乃至一眾沙門僧人、道士法師都開始紛紛向武太后上書，請求她稱帝。連皇帝李旦也親自上書，請他母親晉級皇帝位，當然，他有一個小小的請求，就是武太后成為皇帝以後，能將她的姓氏賜給他，好讓他繼續成為母親的太子。

是年九月，武太后正式稱帝，尊號聖神皇帝，改元天授，改國號為周，定都洛陽。李旦被降為皇嗣，賜姓武氏，遷居東宮，一切禮儀皆比照皇太子規格。

歷史上稱之後的這段時期為「武周」。這個帝國的主宰當然是武氏，她已經為自己取了一個有創意的新名字：武曌。

日月當空，是為曌。

第七章　種瓜黃臺下，瓜熟子離離─日月易幟

第八章

花須連夜發,莫待曉風吹 ──
神都雲雨

第八章　花須連夜發，莫待曉風吹—神都雲雨

01　武皇的噩夢

　　女皇武曌時常夢見兩隻黑色的貓。在夢裡，兩隻貓撲閃著深邃的眼睛，用一種可怖又可憎的方式直勾勾地盯著她，讓人心裡發毛。不一會兒，這兩隻黑貓又變成了廢皇后王氏和廢妃蕭氏的樣子，披頭散髮，渾身是血，身體抽動著，好像是在揮舞雙手，但雙手的部位空空如也，早已被砍斷，一如她們死時的樣子。

　　武曌夢醒，驚悸不已，宮中於是流傳出了妖邪作祟的傳言。

　　人們都說王氏和蕭氏死得太慘了。她們兩人原本是死對頭，卻輸給了同一個女人，一起被幽禁在冷宮別院裡相依為命，未嘗不是命運對她們開的一個玩笑。被打入冷宮之後，高宗有一次忽然想念起她們，便瞞著武曌來到別院看望，發現她們的院子被完全隔絕，只留下門口一個小孔，用以遞送吃食。兩個從小到大養尊處優的女人，到最後卻沒有一個奴僕陪伴，別說自己洗衣服了，曾經連穿衣服都有女婢隨侍，自進入冷宮以來，兩人的生活完全不能自理，高宗看到的場面，幾乎可以用慘不忍睹來形容。

　　李治是一個心軟之人，王氏和蕭氏畢竟是他曾經的女人，因此動起了惻隱之心，他朝著門裡呼喚道：「皇后、淑妃在嗎？」他沒有注意，自己仍用舊時的稱呼叫她們。

　　兩個女人馬上就哭了：「妾身獲罪，已經是婢女，怎麼敢用尊稱……」她們哭了一會兒，繼續對李治說道，「至尊如果還念著我們的舊情，讓妾身二人可以重見天日，那就求陛下將這處院落賜名為回心院。」

　　李治沒有答應，也沒有拒絕，對兩個女人說：「朕之後自有處置。」

　　兩個女人滿懷希望目送著高宗離開，絲毫沒有發覺，高宗剛才的話裡用了官方對話時使用的自稱「朕」，而不是日常對話時自稱的「我」。剛才的憐憫，此時已經化為冷淡。

01 武皇的噩夢

世上最遠的距離之一，大概就是曾經是枕邊人，彼此卻不明白對方的心意。李治沒有想到，他只是習慣性地觸景生情，施加了一些憐憫，王氏和蕭氏卻以為她們真的有機會離開冷宮，恢復原來養尊處優的地位。王氏和蕭氏也沒想到，李治會對她們如此薄情。她們自始至終都沒有明白自己為何淪落至此，以為自己只是在後宮失了寵，皇帝只是一時被那狐媚的武氏迷惑，卻沒有意識到自己的悲劇，其實源於朝堂上的鬥爭。

王氏和蕭氏也許是李治心中的紅玫瑰、白玫瑰，離開之後變成了心中的硃砂痣和床前的明月光。但走近一瞧，才知道她們不過是牆上的一抹蚊子血、衣領上一粒飯黏子。只有武氏，才是李治獨一無二的妖豔黑玫瑰，他給予她無上的榮耀，她為他提供精神上的力量。

李治回宮後，立刻將此事告知武曌。他不忍親手施行的懲罰，自然而然地交由武曌處置，這是二人之間心照不宣的默契。武曌隨即命人對王氏、蕭氏各施杖刑一百，打得皮開肉綻。往日積下的屈辱，至此一併清算。她更命人斷去二人手足，止血以免即死，復將其軀體分別置於大酒甕中。武曌將這場血腥而殘酷的刑罰，稱為「骨醉」。

王氏臨死前，還算是保留了一點皇后的尊嚴，最後一次為負心的皇帝祈禱祝福之後，她說道：「武昭儀既然受寵，那我自然得死了。」至死，她也不願承認武氏的皇后地位。

蕭氏則剛烈地破口怒罵，惡毒地詛咒道：「阿武這個狐狸精，居然做這種事情！願下輩子我成為一隻貓，阿武成為老鼠，一遍又一遍地被我捏住喉嚨！」

王氏和蕭氏在酒甕裡慘叫了幾天幾夜才終於死去。武曌下令將她們的頭顱砍下，不讓她們留下全屍。王氏改姓蟒，蕭氏改姓梟，武曌詛咒她們是蟒蛇、是夜梟。

自從兩個女人死後，宮中流傳起了鬧鬼的傳說，武曌看過她們慘烈的

第八章　花須連夜發，莫待曉風吹——神都雲雨

死狀，也常常被二人披頭散髮的噩夢纏繞。從此之後，宮中嚴令不得再養貓，武曌卻仍然止不住反覆出現的夢魘；搬到蓬萊宮居住之後，還是會在夢中見到。這以後，武曌便長期住在洛陽。武周建立、定都於神都之後，武曌便極少再回到長安。

武周王朝的誕生，帶著一點點的偶然。

如果高宗年間沒有把相權打壓得這麼厲害，沒能讓皇權如此強勢，那高宗死後的宰相們便足以穩定住局面，武曌也就不能在徐敬業作亂之際如此順利地扳倒裴炎一黨。

如果李顯繼位後，沒用那一連串的騷操作攪得朝廷方寸大亂，那唐廷也就可以繼續維持宰相與太后的平衡。武曌可能會像北魏孝文帝的母親馮太后那樣，把持一段時間的朝政，等到皇帝成熟之後，再將國事交還給她的兒子。

而大唐的士族與勛貴們，先前其實並未真心相信武曌會親自稱帝。在他們看來，這不過是一場權力的角逐，最終的結果，頂多是太后的權力更大一些，而宰相與士族勛貴的權力相應削弱罷了。太后當時已經六十多歲了，按照周隋以來太后們的平均壽命算，頂多還能再活幾年罷了，如今忍她個三五年，等到她龍馭殯天之後，這個帝國依然是天子與士族勛貴們共享的。

當武曌誅殺反對黨和皇室宗親時，他們默不作聲，因為他們不是反對黨和皇室宗親。

當武曌大興告密之風時，他們還是默不作聲，因為他們只要明哲保身即可平安度日。

當武曌提拔一眾武氏子姪進入朝廷，他們依然默不作聲，因為武氏子姪搶的不是他們的官位。

直到武氏造祥瑞、封洛水、自我造神、鼓動各界人士一起上勸進表的時候，他們才發現，勢頭已經變了，那些還有能力反對武曌的唐臣與宗室，一個接一個地被澆滅，帝國和社稷已經勢不可擋地被武曌占據了。

01 武皇的噩夢

據說當武曌平定了一個又一個的反對者後,曾在紫宸殿上怒斥群臣:「如今幾次圖謀造反之人,全是出自朝廷將相!我朝群臣實在是太辜負朕了!現在爾等自己心裡想想,掂量掂量吧。受先帝遺命的老臣,有比那個裴炎更為倔強難治的麼?將門世家的貴冑,有能糾合亡命之徒比徐敬業還要多的麼?手握重兵統領一方的宿將,有比程務挺更能帶兵打仗的麼?這三個人就算再有聲望,只要不利於朕,朕抬手就把他們誅滅了。爾等群臣,要是有比這三個人還厲害的,儘管站出來。否則,就洗心革面老老實實地事奉朕,別再做什麼蠢事,讓天下恥笑!」

女帝尖利的聲音在殿上迴響,群臣低著頭,沒有人敢抬頭仰視、面對武曌的鋒芒。

只有在這個多種文化交融雜燴的時代,才會有女帝臨朝的奇觀。與武周同一時期,東方的日本(原名倭國,在武周時期改稱「日本」)有持統天皇登場;稍早一些,還有新羅國的善德女王、真德女王在位,整個東亞世界在這時都先後進入了女主統治的時代,似乎還真的應驗了四十年前那場太白晝見、女主武王的星讖。

然而,武周政權,也是一個奇怪的東西。

若將天下視作一個完整的秩序體系,大唐帝國便是其中的主宰者與維護者,既是最強大的經營者,也是秩序的制定者。即便如吐蕃這般強橫的對手,仍需尊奉以唐為尊的朝貢體系,名義上向大唐稱臣納貢。至於武周政權,則如在原有體制上加設的一層新冠,其雖改國號、易朝代,然而根本制度與運行規則依舊沿襲李唐舊制。朝廷機構、律令典章一如往昔,甚至李唐所封之爵位,也依舊承襲不改。

改李唐為武周,官方宣稱是一場「革命」,是武氏革了李氏的天命,可革命之後,變動的似乎就只有城頭變幻的大旗了。其實對武曌而言,即便身居太后之位,她同樣能操縱帝國運作。啟動這場革命,沒有實際增加

第八章　花須連夜發，莫待曉風吹─神都雲雨

武曌的權威，反倒失去了很多大唐世子的忠心，甚至讓帝國失去了一些周邊小國的敬仰。除了滿足武曌成為女皇帝的虛榮心以外，看起來似乎沒有一丁點好處。

武曌是一個成熟老練的政治家，稱帝的虛榮對她自然很重要，但她以沉重的代價革了大唐的命，自然有別的原因。否則以她的心計，難道還會做賠本買賣？

和世人想得可能不太一樣，武曌之所以要革李唐的命，建立屬於她的武周王朝，不是因為她權力滔天、法力無邊，而是暴露了她的虛弱。

古往今來，任何一個政治家，但凡有腦子，就必然是務實的。比如孔子，雖然在野時主張克己復禮、天下歸仁那一套，但當他真的成為魯國的執政時，卻沒有照抄書上的做法，而是壯大君權、削弱三桓，一步步採取的都是貼合當時實際情況與需求的舉措。而那些不務實的人，大多已經早早地滅亡了，比如王莽，篡位之後直接按照古代經書上的說法搞起來，靠抄作業治天下，結果滅亡得徹徹底底。他本人頭被砍了下來，被後代皇帝當作珍藏的玩物。

就拿篡奪他人的國祚這件事情來說，既有好處，又有壞處，最終是不是要做，都取決於實際的考量——

曹操沒有篡位，是因為他已經掌握了國家之權，沒有必要再多走一步；

曹丕繼承曹操之後篡了位，是因為他威望有限，必須要透過成為皇帝，來名正言順地控制曹操留下來的那一批能臣武將；

本書第一部《長安前夜》中的宇文泰沒有篡位，是因為他的能力和威望還不足以壓倒獨孤信這一批武川勢力的柱國們；

本書第一部中的楊堅、李淵先後輕輕鬆鬆地篡了位，是因為周宣帝、隋煬帝早已因為倒行逆施失盡了人心，成為皇帝能幫助自己籠絡更多的人心。

那武曌是為何辜負了她男人的信賴，把夫家的命給革了？

還不是因為她要控制不住局面了！

表面上，武曌臨朝稱制，武承嗣、武三思等武氏子姪身居高位，控制了朝廷要職。告密之風下，酷吏與特務緊緊盯著反對派，一有人表示出異議，就立刻逮捕，將其撲滅。從上到下，控制得全面而又徹底。但武曌心裡明白，士族門閥、開國勛舊們雖然不說，但實際上各自有各自的心思，在這被搞得烏煙瘴氣的世道裡選擇明哲保身，暫時不冒出頭來罷了。帝國太大了，那些出征安西、瀚北萬里之外的軍隊，如果沒有名正言順的控制權，也存在著兵變的風險。

武曌在朝中的根基，主要也就只有武家的親戚們，以及周興、來俊臣等酷吏。武家沒有什麼家底，不像那些郡姓士族那樣飽讀詩書，也不像勛貴門閥那樣世代習武，只是靠著武曌的身分上了位，實際能力都不足以匹配如今的官位。而酷吏勢力就更一言難盡了，武曌一旦放任這股力量橫行，終將引火燒身。當酷吏們將一切可以告發的人盡數指控之後，便會繼續搜索新的獵物，直到將朝堂攪得天翻地覆。

朝堂之中，武曌真正能依靠的都是些這樣的貨色。

而武曌的兒子李旦，雖然看上去溫和柔弱，但知子莫若母，武曌清楚，這個兒子和外強中乾的李顯不同，他柔弱的外表下有著令人意外的剛強。李旦之所以一直順承著她，是因為他要避免成為最後一個被摘掉的「黃臺之瓜」，要為他的大唐保留一絲力量，等待來日的復興。

來日是什麼時候呢？不知道，也許是李旦日漸成熟、受到越來越多士族門閥支持的那天，又或許是武曌去世之時。武曌已經六十六歲了，她不知道自己還能活多少年，只知道要是有一天她死了，她的勢力就會連同朝中的武氏子姪一起土崩瓦解。

西漢時的呂后掌權，結果已經成了前車之鑑，周勃帶兵政變，所有姓

第八章　花須連夜發，莫待曉風吹—神都雲雨

呂的外戚，全都像屠宰場的豬狗一般被砍死了。

這就是武曌革命的原因。她要將她的利益勢力維持下去，就不得不這麼做。而她的兒子李旦也很識趣，自己請求改姓為武，改稱武旦。他是武曌的親兒子，又已經姓武，那就自然還是武周王朝最有資格的繼承者。但是否真的讓武旦成為新帝國的太子，武曌也有疑慮，她害怕武旦登位之後，會重新恢復李唐，然後清算武承嗣、武三思這些子姪們。她的姪子武承嗣、武三思，也積極地想要向武曌爭取帝國的皇太子之位——畢竟他們都是武士彠的嫡孫，又是貨真價實的武氏，理應成為太子的候選人之一。

所以，武曌登上帝位之後，只是封武旦為皇嗣，而不是皇太子，一方面穩住了李唐的支持者們，另一方面也為以後的儲君變化留下餘地。

選誰為太子，武曌有些猶豫，而她這一猶豫，就猶豫了八年，直到她的另一個夢境降臨。

02　尷尬的帝國

從天授元年（西元 690 年）武周建立，之後的這幾年時間裡，武周王朝的業績表現可以用一個字來形容，那就是：矬。

武周朝廷並非沒有能臣良將，裴行儉、程務挺、王孝傑、黑齒常之，都是鎮守一方的名將。而且與高宗末年時李唐的不利局面不同，武周此時是占盡了天時地利。吐蕃方面，原本咄咄逼人的國勢因為一場天花瘟疫遭受了嚴重打擊，左衛大將軍王孝傑率軍一度擊敗吐蕃，在長壽元年（西元 692 年）收復了被吐蕃占據的安西四鎮；遼東方面，自從與新羅的盟約重新簽訂，中央王朝雖然讓出了一部分土地，收縮了戰線，卻也縮短了補給線，邊防壓力大大緩解；對大漠和西域，武周也繼承了原來李唐的優勢，突厥、鐵勒等部族都不太可能形成什麼氣候。

但是，一手好牌卻打得稀爛。

原因很簡單，武曌把大部分精力都放在了內部整合上，導致對外束手束腳，疲於奔命。

唐高宗在位時期的最後一段歲月裡，後突厥汗國建立，成了唐廷新的敵人。

突厥人之所以脫離唐廷的統治，說句不太好聽的，其實還是「吃得太飽了」。自東突厥政權成為大唐單于都護府之後，每逢大唐對外戰爭，都積極地出人出力。五十年來，李思摩、契苾何力等突厥將領，帶領突厥部族兵跟隨大唐從高句麗打到西域，每每大獲全勝，帶著大量戰利品滿載而歸。他們在水草肥美的漠南地區和平地生活，除了當時薛延陀鬧過一陣之外，基本上不需要擔心外敵入侵，所以早就脫貧致富，過上了舒坦日子。而飽暖思淫慾，新一代長大的突厥人已經忘了當年李靖北伐帶給他們的陰影和恐懼，一些激進的突厥貴族，便開始籌劃著要脫離唐廷的統治，恢復原來他們自己的汗國。

調露元年（西元679年），單于大都護府下屬突厥酋長阿史德溫傅等部反唐，立阿史那伏念為可汗，隨後二十四州突厥酋長響應了他們，部眾共達數十萬人。但突厥人的反叛在唐廷眼裡只是小菜一碟，剛剛平定西突厥的右衛大將軍裴行儉立刻帶兵趕上，擔任定襄道行軍大統領，隨後大破叛軍，輕而易舉地鎮壓了叛亂，將阿史那伏念和阿史德溫傅等一干叛亂首領生擒至京。出於政治招撫突厥餘部的需求，裴行儉已經許諾伏念等人免死。

李唐建國之初，高祖李淵抓住敵軍首領後喜歡直接砍了，這是因為被抓住的薛仁杲、竇建德等人都是朝廷的叛賊，需要殺一儆百，穩定國家形勢。而到了太宗繼位後，唐軍俘虜的頡利可汗、伏允可汗、扶餘豐等人，原本的身分是敵國的酋長，他們與大唐為敵，犯的罪只是擾亂了所謂的天下秩序而已。唐廷自稱禮儀之邦，對這些被俘君王多加優待，授以虛

第八章　花須連夜發，莫待曉風吹—神都雲雨

衛，使之得以安居於大唐。唯至年節，仍須下拜稱賀，或獻藝以娛天子與群臣。

伏念和溫傅原本也是這麼想的，可是到了長安之後，伏念、溫傅以及其他被俘的突厥貴族一共五十四人，全部被當眾斬首。

唐朝開國以來極少發生殺戮叛王、降將的事情，叛亂如阿史那賀魯被擒，高宗都並未直接殺戮。這次殺掉伏念，原因竟然是宰相裴炎為了與裴行儉爭功，不願意履行裴行儉的許諾，力主處死伏念等人。當時裴炎的背後有武太后支持，所以這個建議最終被高宗採納。

一刀下去砍得輕鬆，卻完全堵死了和平招撫突厥餘眾的可能性。伏念投降的下場已經擺在那裡了，剩下的突厥殘部就只能豁出去死扛到底。

殘部之中就有一人，名叫阿史那骨咄祿，是突厥王族的遠支，聽說伏念等人被殺，立刻帶著手下十七個人出走，沿途招集突厥流散餘眾，退據漠北的總材山。

這十七個人，慢慢地發展成了七百個人，又慢慢地壯大成為五千餘人的部落，並且占據了黑沙城（今內蒙古武川附近）作為根據地，自稱大汗。

至此可以看出突厥部族已然落魄了，當初那個帶甲數十萬的大帝國，如今到了骨咄祿建立汗國的時候，扯虎皮拉大旗，卻只堪堪湊夠五千人，還是包括男女老幼的五千人，實際上能打的精壯士卒更是少得可憐。

但就是這麼一個草臺團隊，卻一路左衝右突，成了武周王朝的噩夢。

當骨咄祿在突厥人的神山——郁督軍山重新建立起牙帳，按照突厥舊有的習俗編組部眾，一路擊敗盤踞在漠北的鐵勒部族，自身越來越壯大之時，南邊的中央朝廷則貼心地為骨咄祿送上了一個又一個的助攻。

威震塞北的裴行儉，深受阿史那伏念被殺的打擊，一病不起，不久後便逝世了。但大唐這幾年南征北戰，猛將如雲。單于道安撫大使程務挺率

領邊兵，連戰連捷，把骨咄祿逼得一路遠遁。就在程務挺與王方翼乘勝追擊之時，裴炎謀逆案爆發了，程務挺因為上書求情，直接被武曌派人從軍營裡帶走處死，另一路軍的主將王方翼也就地免職，流放嶺南。

至此，唐王朝在北部邊境已無良將可用。

骨咄祿抓住時機，逆勢反擊，連連擊破唐軍防線，一直打到了代州。饒是大唐家大業大，從吐蕃前線調來了又一員名將——黑齒常之。

黑齒常之自從在百濟投降大唐以來，長期駐守在西北臨洮，防禦吐蕃。大非川之戰和承風嶺之戰戰敗後，黑齒常之以不足一萬人的兵力，接連打敗了吐蕃來犯之兵。在黑齒常之的威名之下，吐蕃終於放棄了攻勢，向唐廷求和。如今突厥成為邊患，黑齒常之便成了救火隊長，緊急來到塞北前線，就任之後開始防守反擊，再次遏制住了骨咄祿的攻勢。

此時的武曌正忙著鞏固手中權力，清洗朝中異己。黑齒常之是擁兵一方的大員，自然要擔心是否會不受自己的控制。垂拱三年（西元 687 年），朝廷命黑齒常之率軍清剿骨咄祿，但為了防止黑齒常之有異動，武曌命令親信左監保全中郎將爨寶璧隨軍同行，名義上是聽從調遣，實際上是監視黑齒常之的舉動。結果，當黑齒常之節節勝利之際，爨寶璧為了爭功，違反調遣，孤軍深入，最終遭到伏擊，一萬三千精兵全軍覆沒。

聞知兵敗，武曌在神都洛陽宮中勃然震怒，遂下詔改骨咄祿之名為「不卒祿」，意為「好死不死的阿祿」，以洩胸中之忿。然而她的關注點依然在蕭牆之內，隨後的兩年，在黑齒常之手下損失慘重的骨咄祿意外地得到了喘息修整之機，因為武曌的心思全放在琅琊王李沖和越王李貞的叛亂上，忙著誅殺涉案人員，將高祖李淵、太宗李世民剩下的兒子們殺得一乾二淨，哪有心思去管北方的骨咄祿？而且，黑齒常之也捲入了政治風波，被酷吏周興盯上，後被逮捕入獄。一代名將黑齒常之無法忍受周興花樣百出的刑訊，在獄中自縊身亡。

第八章　花須連夜發，莫待曉風吹—神都雲雨

不久之後，武曌改唐為周，終於自立為帝。原本的唐廷，如今被加上一層新的外殼，搖身成為「周廷」，骨架依舊，名號已變。此時骨咄祿正忙著帶兵西征，制服西突厥，漠北出現了空虛，這讓周廷看到了機會，武曌決定，由白馬寺僧人薛懷義擔任行軍大統領，率軍北伐！

薛懷義是誰？這個問題到後面再具體分解。而讓一個之前全無打仗經驗的僧人領兵北伐，結果可想而知。武周屢次北伐，都毫無戰果。

天佑武周，阿史那骨咄祿壽數不長，天授二年（西元691年）就死了。

人們以為骨咄祿的死，意味著突厥人可以消停一些了，但誰能想到，這才只是國恥的開端。骨咄祿死後，弟弟默啜繼承了汗位。

相比於骨咄祿，默啜可汗更加老辣、油滑，他西討党項、拔悉密、突騎施及西突厥十姓部落，又遠征中亞昭武九姓地區，取得了成功。東擊奚、契丹等族，擴地萬里，漠北各部族大多受其控制。武周王朝就這樣眼睜睜地看著默啜一步步收復了當年頡利可汗在位時東突厥的勢力範圍。

之所以周廷對默啜的擴張袖手旁觀，是因為契丹和奚人也反了。萬歲通天元年（西元696年），契丹部的孫萬榮、李盡忠舉兵作亂，攻陷營州，一路南下。女皇武曌下令，調遣左鷹揚衛將軍曹仁師、右金吾衛大將軍張玄遇、左威衛大將軍李多祚、司農少卿麻仁節等二十八員大將，率兵征討。然而幾路征討大軍竟然一一被契丹人擊破或者殲滅。武曌唯一成功實施的計策，竟然又是將叛軍酋長改名字——李盡忠改名為李盡滅，孫萬榮改名為孫萬斬。

這個戰果簡直匪夷所思，當年太宗、高宗兩代君臣手下，大唐王師所向披靡，就算有過戰敗、失利，唐軍其實也並沒有吃虧，只是因為深入敵境，後勤出現了問題才沒有取得預先期待的戰果。唐軍打得艱難的幾場硬仗，也都是三五萬唐軍面對幾十萬吐蕃軍、高句麗軍這樣的勁敵的時候。可是這次周軍討伐的是當年只是大唐忠誠奴僕的契丹人，還是在境內作

戰，竟然被打得這麼慘。

輸給契丹人，其實不能完全歸咎於周廷的指揮排程失誤。因為契丹人今時不同往日，每次跟隨唐軍的作戰中，已經訓練起了先進的戰術素養，李盡忠、孫萬榮等首領，也是受過唐朝軍事教育的外族將領，契丹軍已經不是當年那個只知道在林地裡跑的蠻族兵了。而此時的武周，不僅缺將，而且缺兵。高宗時代留下來的忠臣良將全都清洗了，原先大唐賴以成軍的府兵制，也從高宗末期就開始逐漸廢弛，兵源的數量、品質都出現了下滑，有些州縣甚至無兵可用。

當契丹人一路凱歌高奏，已經到達河北內地的冀州時，周廷的考慮依然是以維護武氏朝廷的穩定大局為優先，武氏家族的利益高於一切。先是以梁王武三思擔任榆關道安撫大使，在幾路大軍全軍覆沒之後，又讓建安王武攸宜擔任清邊道行軍大統領調兵防禦契丹，可武攸宜並沒有什麼領軍打仗的經驗，帶兵到了漁陽（今北京密雲），聽說前軍王孝傑戰敗，猶豫著不敢進軍，任由契丹攻陷了幽州和周邊城邑。

武曌的希望接著轉向了武懿宗，武氏一門中只有武懿宗略微有些軍旅經驗。武懿宗擔任行軍大統領後，帶領二十萬大軍前去剿滅孫萬榮，但大軍抵達趙州之後，武懿宗聽說契丹數千騎兵已經到了冀州，便恐懼起來，丟下趙州，退到了相州。眼睜睜看著幾千契丹人占據趙州，在城裡大肆屠城劫掠。

周廷沒有辦法，只好令幾年前被貶出京，一直在江南彭澤做縣令的狄仁傑緊急赴任魏州，擔任刺史。來到河北之後，糜爛的情況讓他驚訝──魏州距離趙州尚有幾百里遠，卻已經風聲鶴唳，草木皆兵。前任刺史強制城中百姓輪番登上城牆防守，而城中之人更加驚恐，大批百姓偷偷逃亡。

狄仁傑一看便明白，從朝廷到地方，紀律已是一片混亂。於是下令：「契丹還遠著呢！都回去各司其職！」一面恢復魏州的日常秩序，一面督

第八章　花須連夜發，莫待曉風吹—神都雲雨

促州兵加緊操練，補上之前鬆懈時落下的防務功課。

而這個時候，突厥可汗默啜適時地丟擲了橄欖枝，向周廷表示，他們願意歸順武周，並願意做女皇武曌的兒子，並幫助武曌討伐逆臣李盡忠、孫萬榮。

當然，默啜不可能做賠本買賣，他的歸順自然是有條件的。

第一，武周交還幾年前突厥在漠北擴張時，從北邊逃難歸附的漠北鐵勒諸部。

第二，割讓漠南由單于大都護府管轄的領地。

這兩個條件是默啜獅子大開口的敲詐，又要錢又要地，意味著武周要將漠南整片地區拱手送給默啜。

第三，既然默啜已經認了女皇為乾媽，那就應當和親，請武曌派出皇子來娶默啜的女兒。古往今來，都是中央王朝將宗室女許配給外邦部族，從來沒有要皇子負責和親的道理。更何況，如今的李顯已經外放到了偏僻的房州，朝中的皇子就只有皇嗣李旦了。讓辭去皇位後的前大唐天子負責和親，那是聞所未聞的事情。

第四，要武周提供無償經濟援助，包括糧食種子四萬斛，雜色彩帛五萬段，農具三千件，生鐵四萬斤。有了這些物產，突厥就可以自己耕地，自己種糧食了。

四個條件，全都是過分的要求。可誰讓如今的武周武德不足呢？有求於默啜，自然就只能答允他的要求。經過周廷內部激烈的爭論，默啜的要求、甚至包括割讓漠南的條件，全都被一口答應。

當然，默啜也很給武周面子，帶兵偷襲孫萬榮，平定了契丹人的作亂。但突厥人也不是白來的，經過這次動作，孫萬榮的餘部，以及契丹人、奚人各部族，全都投靠了強大的突厥。後突厥汗國的國勢，就這樣恢復到了李靖當年滅東突厥之前的水準。

這時輪到武周履行承諾了。

周廷在這裡也動了點小腦筋，特意為默啜準備了蒸過一次再晒乾的粟米，外表看上去顆粒飽滿，適合做種子，但其實根本不可能發芽。對於和親，自然也不能讓皇嗣李旦去娶默啜的女兒，實在過於丟臉。權衡之下，武曌選了姪孫武延秀，在使團的護送下迎娶突厥可汗的女兒。

武延秀是武承嗣的兒子，而武承嗣是女皇武曌屬意想立為太子的人。這樣的安排，周廷已經算是給足了默啜面子，連朝臣都看不下去了，鳳閣舍人張柬之勸諫道：「自古以來，從沒有親王娶了夷狄之女的。」武曌不予採納，貶了張柬之到蜀州後，還是讓武延秀動身，豹韜衛大將軍閻知微護送，一行人抵達了黑沙城的可汗南庭。

然而默啜毫無顧忌地反手就打了武周朝廷的臉。他輕蔑地對武周使團說道：「我要把女兒嫁給李氏，汝朝怎麼用一個武氏小兒充數？我突厥世代蒙受大唐恩澤，聽說李氏都被誅滅，只剩下高宗的兩個兒子。既然如此，我便要為大唐興兵，匡扶李氏！」遂將使團連同武延秀一起扣下，強迫使團投降。隨後讓使團領隊閻知微充當嚮導，打開了又一輪的南侵。

這一次南下，默啜的大軍直接擊穿了本已殘破的河北防線，一直打到了山東諸城和渤海邊，那是默啜第一次看見大海，此前，突厥人的鐵蹄從未抵達過海邊（大唐僕從軍除外）。他們沿途燒殺搶掠，富庶的河北在突厥的侵入下滿地瘡痍。突厥人帶著大量金銀財寶、男女人口滿載而歸。

03　今日之域中，誰家之天下

致中原朝廷：我這個可汗的女兒，自然應當嫁給天子的兒子，武氏乃是小家小戶，門不當戶不對的，居然還冒充皇子來通婚，實在是自不量

第八章　花須連夜發，莫待曉風吹—神都雲雨

力！……

　　神都洛陽宮裡，女皇武曌拿著默啜的這封書信，又一次氣得銀牙咬碎。默啜在書信裡把武氏一門連同武周王朝羞辱了個遍。此時的默啜正率領突厥大軍掃蕩河北，武周官軍對此毫無還手之力，觀望著不敢出戰，猶如一大群廢物點心，甚至連補充的兵源都徵召不到。入侵河北的突厥軍其實總共就只有兩千人，要是武曌知道這個情報，那就更得氣昏過去了。

　　武曌壓住心中怒氣，明白眼下無法鏟除默啜，只能依舊施展她慣用的手段——改其名為「斬啜」，寓意「該斬之人」。這種滅不掉對方，便以惡名相加、口頭詛咒的做法，也難怪當年宮中有人指稱她暗中行厭勝之術，未必全是無稽之談。

　　十年前武德充沛的天朝上國，如今已經淪落為突厥人的經驗包。河北的軍情傳到了周邊各國耳裡，西北的游牧部族也動起了輕視中央朝廷的心思，開始倒向默啜可汗這一邊。李唐被武周取代，在各國的影響並不好，雖然各國禮貌地招待著周廷派出的使者，但各國敬畏的、嚮往的，都是那個有著兩代天可汗的大唐。

　　甚至連孫萬榮圍困幽州城時，還公開向周廷釋出檄文說：「何不將廬陵王（李顯）歸還給我們？」雖然孫萬榮只是假情假意地這麼一說，但卻或多或少代表了契丹各部的真實心意。

　　這些事情讓女皇武曌更加清晰地審視起自己如今的權位。也許就算她建立了武周王朝，也無法讓武氏的後代成為太子，因為從朝廷百官到普通百姓，甚至外邦諸國，全都是一顆紅心向著大唐。而她的姪子們，包括武承嗣、武三思，全都不堪大用，肩負不起統治天下的重任，這一點，武曌自然也心知肚明。

　　前不久，武曌又做了一個夢，夢見一隻巨大的鸚鵡，撲騰著想要飛起來，但是兩隻翅膀已經摺斷，再怎麼撲騰都只是徒勞。

03 今日之域中，誰家之天下

她把自己的這個夢境告訴了她信賴的狄仁傑，請他來解夢。

狄仁傑是武曌一手提拔上來的。從垂拱年間開始，狄仁傑逐漸晉升成為宰相，但沒過多久就因來俊臣的誣告而被貶官外放。此次抗擊契丹有功，狄仁傑才又回到了朝堂，成了武曌所信任的大臣。

儒家倫理講究君臣之義，君臣之間有道義的鎖鏈，如同一道契約，臣子守住自己的節操，來報答君王的知遇之恩。唐周改朝換代之際，很多高宗朝的老臣們都選擇了反對，而後從容地走向酷吏準備的刑場。但狄仁傑不同，雖然他是朝堂上碩果僅存的老臣，但卻是武曌提拔上來的，並沒有太多道義上的負擔，因此可以問心無愧地告別李唐，立足於武周的朝堂之上。

即使如此，狄仁傑仍然一直婉轉地勸說武曌，立她和高宗的親生兒子為太子。當然他的話更加巧妙，抓住武曌的軟肋循循善誘地做著說服：「天皇大帝將兩位兒子託付給陛下，如今陛下卻打算將帝位交給別家的人，這不是辜負了天皇的囑託麼？」狄仁傑繼續勸說道，「況且姪子和兒子，哪個更親？陛下立了兒子，那麼以後每朝每代，陛下和天皇都可以在太廟被祭奠。可如果立了姪兒做皇帝，以往可沒聽過天子要把姑姑立在太廟裡的。」

對於狄仁傑，武曌還算客氣，「這是朕的家事，狄卿就別管了。」此時武曌擺起架子自稱為「朕」，其實是話裡有話，暗暗警告狄仁傑，不要管太多。

但狄仁傑毫無懼色：「王者的家是四海宇內，所有事情，都是陛下的家事！何況臣忝為宰相，怎能不過問這些事情？」

四十年前，在廢王立武的後宮風波高潮迭起之時，李勣一句「此乃陛下家事，何必更問外人」，奠定了武曌通往女帝之路的基石。此後幾十年，武曌靠著天子家事的名頭，一步步擴張著自己的權力。但是此刻，狄仁傑對此乾脆地批駁了起來，響亮地向武曌宣示，天子的家事，一樣是天下

第八章　花須連夜發，莫待曉風吹─神都雲雨

事，一樣應當要由天下人來評判。理由如此正確，武曌竟然無法反駁。

武曌明白，狄仁傑的諫言，代表了朝中正直之士的心聲。她能用權術來駕馭狄仁傑，使其為她所用，並輔佐她穩定局面，鞏固周廷的統治，但卻無法收服狄仁傑的內心。從頭到尾，狄仁傑的骨子裡依然是大唐之臣，這是武周朝廷用再多的權術、威勢都改變不了的。

到此時，武曌心中已有盤算，並不諱言那個斷翅鸚鵡的夢，向狄仁傑娓娓道來。她素知，比起那些心懷鬼胎的酷吏，正直的君子更可託付。雖然狄仁傑對李唐的憐惜難以動搖，然武曌深信，他絕不會行有損於她之事。

聽完女皇武曌述說的夢境，狄仁傑略微明白了現在的情況，他沉吟著說道：「鸚鵡，象徵著陛下姓氏裡的『武』；兩翼，也就是陛下的兩個兒子。如今陛下的兩翼沒有接上，要是重新啟用兩位皇子，那就可以振翅高飛了。」

武曌聽懂了狄仁傑的意思，重新立李氏皇子為太子，是為了振起武曌自己的翅膀。兒子不是她的敵人，滿朝的唐臣也不是她的敵人。失去了兩位皇子，武曌也失去了唐臣們的支持，但如果啟用皇子，武曌就還是滿朝敬仰和支持的太后。

一旁的武承嗣、武三思也聽懂了狄仁傑的意思，羞赧得兩邊的耳根子都已經紅透。

一個月後，武曌託言說廬陵王李顯身體不好，將李顯和妃子、子女們從被流放的房州接回了神都。這件事情做得頗為隱祕，為的是防止武氏族人動謀害李顯的心思。李顯穿著內侍的衣衫，喬裝進入了洛陽宮。

十四年的流放生涯，李顯蒼老了不少，也成熟了不少。武曌沒時間和兒子敘舊，只是將他安置在後帳裡，然後召來了狄仁傑。武曌起開話頭，

二人又討論起安置廬陵王的問題。狄仁傑慷慨激昂，極力勸說武曌立李顯為太子，說到情深處，竟爾流淚。爭論了良久，武曌認為李顯已經聽夠了，於是讓他從後帳走了出來。

「現在，我已經把儲君還給狄卿了。」武曌對狄仁傑說出這句話，算是親口承認了她立儲的決定。

不久之後，李顯一家人正式在洛陽亮相，居住在石像驛中。朝廷備禮，擺出盛大的歡迎儀式，恭迎廬陵王一家人入朝。百官立於歡迎現場，終於等到了李顯現身，眾人無不喜形於色。大唐已經被武周取代多年，如今的典禮，不禁讓人回想起了當年的大唐榮耀，不知是誰脫口而出，高聲呼喊「萬歲」，在激動的情緒感染之下，所有人都開始跟著歡呼。

人心所向，已經明明白白，不管是唐廷舊臣，還是武氏宗親，都清楚地看到了這股不可阻擋的潮流。而之前極力想要爭取太子之位的武承嗣，則在李顯歸位和兒子武延秀被默啜扣押帶來的雙重打擊之下，最終憂憤而死。

西元698年九月，皇嗣李旦堅持請求讓位給他的哥哥。武曌同意了，立廬陵王李顯為皇太子，然後大赦天下。正值默啜在河北如入無人之境，幾路圍剿官軍毫無辦法的時候，周廷任命李顯為河北道元帥，狄仁傑為副元帥，征討南侵的突厥人。

李顯雖然擔任元帥，但武曌自然不會讓他手握重兵，成為武周統治的一大威脅，所以李顯依然足不出神都。出征之事都交給狄仁傑來負責。儘管如此，出兵的消息傳到了神都洛陽的百姓們那裡後，直接成了民間的爆款新聞。

周廷為應對府兵制潰敗、致使兵源匱乏的窘境，先於北邙募兵，欲組建新軍，然月餘所收，不足千人。及至太子受命為行軍元帥的消息傳開，舉城震動，洛陽及其近畿百姓奔走相告，踴躍應募。許多自認為精神上仍

第八章　花須連夜發，莫待曉風吹—神都雲雨

屬大唐的士民齊集徵兵之所，不數日間，即得精兵五萬。

在河北邊殺邊搶兜了一大圈的默啜，聽說皇太子掛帥的武周大軍已經在狄仁傑的率領下殺來，士氣旺盛，來勢洶洶，因此不敢硬抗，帶著大量豐碩的戰利品，擄掠大量男女當作奴隸，浩浩蕩蕩地回家了。

原來駐守在河北各州的守軍見到默啜，都只是闔兵自守，不敢逼近，任由默啜經過。等到狄仁傑的大軍趕到時，默啜早已經走遠了，留下了一地瘡痍。狄仁傑只能一路收拾殘破的河山，安撫百姓，開倉賑濟貧乏的饑民，一手抓生產，一手抓治安，終於讓劫難後的河北安定了下來。

默啜還順便留下了一路擔當嚮導的閻知微。沒有抓到突厥兵的朝廷上下，將所有的憤怒都傾瀉在這個被迫成為嚮導的武周大臣身上，武曌下令，將閻知微拉到天津橋南邊的廣場上處刑，並夷滅三族。處刑的方式，是多年不曾再現於江湖的磔刑，也就是將人體分屍示眾。

閻知微被綁在橋頭，武曌下令，百官一起拿他當靶子射箭。河內王武懿宗代表武周宗室領頭，站在閻知微身前七步之外，連發數箭，卻一箭都沒有射中身體——在這樣的陣勢下，武懿宗已經緊張到發揮失常了。為了避免尷尬，百官便一起齊射。在洛陽城百姓的圍觀下，閻知微被射成了刺蝟，哀嚎聲聽得人心裡發毛。

接下來的節目，讓圍觀的人大開眼界。閻知微身上的肉被一片片剮下，骨頭被銼刀銼成粉末，場面血腥殘忍。這樣的處刑方式，產生於武周朝酷吏們的技術累積，並在後來每每出現在洛陽城百姓們的噩夢裡，它將有一個更為可怖的名稱，叫做「凌遲」。

與閻知微同日伏誅的，還有許多在突厥南下時被指有「通敵嫌疑」之人。武懿宗率酷吏窮追不捨，本為審訊定罪之舉，最終卻演變成武氏宗族肅清異己的場面。誠所謂：臨陣抗敵無功，事後清算有餘。

一場風波到這裡總算略告平息了，但留下的是一地的雞毛。突厥第二汗國越發強大，西北諸國也有了輕視中央王朝之心，而武氏的人心也在加速流失著。這一切武曌看得很清楚，她明白，江山必然是要回歸李唐了，但為了武氏一門的將來，她要自己姓李的兒子們和武氏達成一個約定，保證將來武氏和李氏能平安相處，相互扶持。

聖曆二年（西元699年）的二月，春寒料峭。萬象神宮內，李氏和武氏的主要宗親們聚集在一起，見證著一場盟誓。在女皇武曌的主導下，她的三個兒女——皇太子李顯、相王李旦、太平公主，以及武氏宗族代表武攸暨共同對著明堂內的天地日月發誓，長此以往，和平共處，團結一致，共保社稷。將誓文鐫於鐵券，珍藏於大周皇朝的祕府典籍之中。

對於武曌來說，她已經做了她所能做的一切。

04 酷吏之死

明堂的盟誓，更顯出武周王朝的本質，那就是一個武氏家族與李氏家族聯合統治的政權。

其實從武周王朝建立以來，武曌就已經刻意地撮合李武兩家通婚。她的寶貝女兒太平公主，自從第一任丈夫薛紹因為捲入琅琊王李沖謀反案而被殺後，又步入了第二段婚姻，嫁給了武攸暨。

李武兩家的聯姻勢力是王朝的根本，利益高於一切。酷吏來俊臣還不明白，就糊裡糊塗地成了犧牲品。

來俊臣雖然是無賴出身，但是在偵查和審訊方面有著驚人的天賦，對於朝中大臣、達官貴人們的密謀，有著獵犬一般靈敏的嗅覺。如果放在現代社會，他可能會是一個出色的刑事專家，但是在武周朝廷裡，他的才能

第八章　花須連夜發，莫待曉風吹—神都雲雨

就只能用在刺探和監視上。

酷吏們橫行了十多年，到了此時，漸漸地走到了死路。以來俊臣、周興為代表的酷吏們煊赫的時候，朝廷內外人人自危，不敢輕易說話，特務政治營造出的恐懼氛圍讓武曌的權力之路一直暢行無阻，乃至建立了武周王朝。但是，來俊臣等人也成了千夫所指的人渣，整個神都的官民百姓，無不唾棄這幫酷吏們。

他們都是一群見縫插針的小人，看到了一步登天的機會，便如飢似渴地去抓取。但他們不知道，命運贈送的禮物，早已在暗得標好了價格。

對於女皇來說，這群酷吏只是她震懾朝臣的工具。女皇丟幾塊肉給他們，他們便能如瘋狗一般去攀咬女皇潛在的反對者。可要是這群鷹犬的名聲臭了，養著他們會髒了主人的手的話，女皇也會毫不猶豫地把他們丟掉。

天授二年（西元691年），酷吏周興因為被告同謀作亂，被請進來俊臣燒紅了的大甕，周興嘗盡以其人之道還治其人之身的滋味，對罪行供認不諱，還用生命為後世的《成語大詞典》貢獻了「請君入甕」這個詞條，隨後在流放中被處死。

延載元年（西元694年），專門羅織罪名、誣告宗室和重臣的王弘義坐罪流放。

告密之風仍在實行，但告密和逼供的酷吏卻換了一批。對於女皇來說，酷吏們是消耗品，留出位子，自然有人擠破了頭也想鑽進來。

同僚相繼覆亡，令來俊臣倍感壓力。他麾下的酷吏衙門許久未曾開鍋，亟需一樁震動朝野的大案，來證明自己仍是女皇的利刃。環視朝局，他那靈敏如獵犬的嗅覺，很快便從武氏與李氏的宗室之間，捕捉到了陰謀的氣息。

神功元年（西元697年）時，女皇已經七十三歲了，誰都無法預估她會在什麼時候離世，李武宗室們自然蠢蠢欲動起來。來俊臣發現，武氏諸

王，以及太平公主，都各自有著謀劃，一旦女皇駕崩就會立即有所行動。

更可疑的是，相王李旦的異樣也越發地明顯了。

來俊臣不止一次盯上過李旦。在來俊臣看來，女皇的這個幼子並不像看起來那樣唯唯諾諾，反而是女皇身邊潛伏最深的臥底。他不僅力主迎回廬陵王李顯，立其為太子，還與北衙的羽林軍、南衙禁軍有著千絲萬縷的關係。他們到底在謀劃什麼，還不得而知，但來俊臣感覺得到，他們有一個巨大的圖謀。所以他開始窮追不捨，想要順藤摸瓜地把李氏和武氏宗室的圖謀搞清楚，然後報告給女皇，好證明自己對女皇的價值。

但他剛找到人告發武氏諸王，就在同一天被逮捕，關進了監獄。武氏宗親們羅列了來俊臣的數條罪狀，經過三司集體審判，很快便被判處極刑。

這時來俊臣才知道，他惹了不該惹的人。李武聯姻，已經形成了一個龐大的利益勢力，這個勢力才是武周王朝的主宰者，任何人想挑戰這個利益勢力的權威，結果必然是粉身碎骨。來俊臣被判死刑後，女皇還想保住他的性命，可在宗室和朝臣們的集體聲討之下，女皇最終批准了來俊臣的死刑。

來俊臣被拉到鬧市當眾處死，曝屍示眾。這場斬刑引得全城百姓拍手稱快，仇家們爭相吃來俊臣的肉，片刻之間便吃得精光，剩下的屍體被人挖掉眼睛，剝去臉皮，剖腹取心，輾轉被人們踐踏成了爛泥。

頃刻之間，什麼都沒有剩下。

不過，來俊臣看得很準，他沒有懷疑錯相王李旦。

李旦的初心從未改變，那便是恢復大唐。

李旦長大後，朝堂已經由母親武曌掌權。當朝堂上風雲變幻之時，他只是在一邊安靜地讀書，一直到二十二歲，突然被母親從書房裡拖出來做皇帝。在擔任傀儡皇帝的六年裡，他也一直扮演著聽話的工具人角色，直到他主動讓位給母親。

第八章　花須連夜發，莫待曉風吹——神都雲雨

　　武周立國以後，李旦雖然被立為皇嗣，但過得比誰都慘，甚至比被趕到房州的哥哥李顯還要慘，至少李顯還有一樣李旦得不到的，那就是行動的自由。女皇對於這個兒子，看管得極其緊，甚至他的床上生活，都派了她的寵婢韋團兒來負責，李旦死命反抗才保護住了自己的「清白」，此後就被二十四小時全天候地監管起來。

　　在韋團兒的誣告陷害下，李旦的皇嗣妃劉氏、德妃竇氏因為被指控行厭勝之術（偷扎女皇的小人），被女皇祕密處死，但李旦還是表現得泰然自若，彷彿什麼都沒有發生過。

　　尚方監裴匪躬、內常侍范雲仙因私下謁見李旦被殺，隨後李旦被剝奪了接見公卿百官之權。

　　李唐三代宗室，都已經在武氏的屠刀下逐漸凋零，李唐宗室幾乎和當時默啜說得一樣，只剩下李旦和他哥哥這兩脈了，剩下的人，也只能繼續在武周朝廷裝孫子，蟄伏在酷吏的陰雲下苟且度日。而李旦，用自己僅有的一絲力量，把一個四分五裂的李唐宗室，還有各路親唐勢力，在暗流湧動的神都一點點黏合在了一起。當他的哥哥遠在房州時，李旦孤軍作戰；當哥哥回到了神都，李旦便將哥哥推向太子之位，與哥哥一起並肩作戰。哪怕這個勢力最後不屬於他，他也不在乎。

　　為了不讓李唐宗室分裂，李旦堅持要哥哥當太子，為了推辭太子之位，幾乎沒有違抗過母親意願的他絕食抗議，以死相逼，這才讓母親絕了立自己為太子的念頭，保住了李顯的位置。

　　誰來繼承皇位對他來說並不重要，李唐的社稷一定要延續下去，這才是李旦最終的目標。

　　在李旦暗自積蓄力量的時候，就已經被來俊臣盯上了，並告發他謀反。來俊臣抓了李旦身邊所有的人，用諸般酷刑逼迫他們承認李旦的罪行。但這件事情，前後沒有一個人招認。李旦府中的樂工安金藏，甚至被

逼用自殺證明李旦的清白，當著所有人的面切腹自盡，腸子流了一地。李旦終於在這場風波中倖免於難。

到了明堂盟誓之後，來俊臣才終於被女皇拋棄，李旦總算間接地除掉了這個死對頭。

和外強中乾的哥哥李顯不同，李旦才是最為硬氣的李家男兒。當李武兩家不亦樂乎地相互聯姻通婚時，李顯的兒子女兒們基本都與武氏結合，但李旦的兒女們，在武周一朝，沒有一個人與武氏通婚。

這也算是李旦對他含冤而死的兩位妻子的一種獨特的悼念方式吧。

正直是世上最為珍貴的東西之一，它不管到哪裡都會熠熠閃光，被所有人看見。朝中的大臣們雖然不說，但看得卻很明白。比如當宰相朱敬則被人構陷，貶謫到外地時，曾與同僚們私下吩咐交代說，「相王必膺期受命，當須盡節事之。」

李旦做的這一切，也許他的哥哥、以及李武勢力其他的貴胄們看不見，或者選擇性地看不見，但是人們不會忘記這一切。

05　女皇的男人們

來俊臣的倒臺，讓一樁潛藏已久的事實浮出水面——李、武兩宗室從未真正同心。女皇的兒女與姪子們，各自盤算，透過婚姻與利益交織成複雜的人脈網。當來俊臣的存在威脅到這張網時，李、武兩方的權勢立刻聯手將他鏟除。女皇雖心有不忍，卻也只能眼睜睜看著棋子被棄。

女皇駐顏有術，容貌和精神都比正常年齡要年輕個二十歲，即使到了花甲之年，頭髮依舊烏黑濃密，皮膚白皙紅潤有彈性。但此時的武曌確已步入了人生的晚年，心力體力都不可遏止地走向下坡路，漸漸無力再控制

第八章　花須連夜發，莫待曉風吹—神都雲雨

她的子女們形成的這個小勢力了。

所以這個時候，她開始培育自己的私人勢力來制衡朝中的朝臣與宗室們。

用私人勢力控制外朝，是歷代帝王玩得熟練的老招數，不外乎是宦官和外戚。然而武曌的情況有些特殊，她的私人勢力是女官和男寵。

女官的角色，正好與宦官相對。當年武曌還只是入宮不久的武昭儀時，首先便著手籠絡後宮宮人——這是她從零起步的第一批支持力量。經過數十年的經營，宮人（多為宮女）漸漸成為她手中可用的一股勢力，其中才智出眾者更被拔擢為女官。女官皆有官品、品秩，其位階與外朝朝臣相當。

這些女官們，既可以幫助女皇處理政務，又可以為女皇監視和控制宗室們。比如高宗時的宰相上官儀，因為勸高宗廢黜皇后而被處死，女兒上官婉兒也被放入掖庭宮，充為宮女。武曌在宮中發現了上官婉兒的文才，把她當作心腹，讓上官婉兒負責起草詔書這樣的關鍵任務。通天元年（西元696年）以後，上官婉兒開始處理百司奏表，參決政務，已然成了沒有宰相頭銜的宰相。

對自己的兒子、姪子們，女皇也派出宮女伴隨在左右。相王李旦身邊、太子李顯身邊，都有女皇安插的監視者。

而女皇的男寵，則是朝中不能說的祕密。

武曌是女人，不可能按照後宮體制為她設立四妃六嬪。而且在朝臣們眼中，女皇君臨天下最根本的原因，就是她作為天皇大帝遺孀的身分，要是女皇再「明媒正娶」別的男士，朝臣們肯定不能答應。但武曌的權力欲望強，生理方面的慾望也不弱，當她成為天下最有實權的人之後，自然也需要有一個人，或者是一群人，來填補她寡居時身體的空虛。

05 女皇的男人們

馮小寶是女皇的第一個男寵。馮小寶出身市井，原本是洛陽城裡販賣野藥和女性用品的小貨郎，天生身材魁梧，能說會道。機緣巧合被高祖皇帝的女兒千金公主看中。千金公主看馮小寶雖然沒讀過什麼書，但一表人才，所以留下讓他做自己的男寵。

當時，武曌還是以太后身分臨朝聽政。千金公主的幾位兄長，接連因各種原因被武曌除掉，連她自己也被牽連。可憐這位溫柔單純的公主，哪裡承受得起這樣的風浪？只好趕緊向武曌徹底示好，甚至乾脆認武曌做乾媽。要知道，就輩分來說，不論是按太宗那邊算，還是按高宗妻子的身分算，她和武曌本該是平輩或長一輩的，這麼一叫，尊嚴可說是徹底放下了。既然如此，像馮小寶這樣的「身外之物」，更是說放就放。於是千金公主忍痛割愛，親自替馮小寶沐浴更衣，齋戒幾日後，恭恭敬敬地把他薦給了武曌。

寡居兩年的武曌，試過之後拍著床板連連點讚。從此馮小寶便成為武曌的面首（男寵），走上了飛黃騰達之路。

那時武曌還不能把招納面首的事情公開，馮小寶只能像個地下情人一樣，平時住在宮外，武曌有需求時，就入宮過夜。為了讓馮小寶出入方便，武曌讓小寶削髮為僧，以沙門僧的身分出入宮禁。而馮小寶一沒讀書二沒門第，武曌和這樣一個身分低微的和尚來往密切，仍然有失身分。所以馮小寶便依附在太平公主的第一任丈夫薛紹的家族，入了河東薛氏的族譜，成為薛紹的小叔叔，改名為薛懷義。

此後的薛懷義，成了帝國第一淫僧。洛陽城西的白馬寺建成後，薛懷義擔任白馬寺住持，後來又負責督造明堂、天堂。宏偉的萬象神宮落成之後，薛懷義因為督造有功，被加封為梁國公、左威衛大將軍。

薛懷義的身分，其實類似於以往的外戚。漢朝時，皇帝往往會在身分低微的家族裡選擇皇后，然後重用皇后的家人，原因就是這些外戚自身實

第八章　花須連夜發，莫待曉風吹──神都雲雨

力不足，只能依靠皇帝的支持做事。讓他們在朝中擔任要職，便於皇帝控制外朝。而薛懷義就是女皇實質上的愛人，且身分低微，讓他來擔任關鍵職位，女皇就可以很好地制衡朝堂。

武周建國之後，邊患逐年嚴重，阿史那骨咄祿建立了突厥第二汗國，趁著武曌在搞內部清洗之機大肆擴張。但經過程務挺、黑齒常之等人的屢次征討，原本根基並不深的後突厥汗國已經現出疲憊的跡象。周廷也在此時決定大舉北伐，北伐的主帥，就是白馬寺住持薛懷義，由他領銜掛帥，宰相們、大將們擔任助手，帶領幾十萬大軍北出雁門，攻打可汗王庭。

可薛懷義是個完全沒有軍事頭腦的人，一心只求無功無過。這時骨咄祿正率軍與西域勢力交戰，漠南並沒有多少人，薛懷義便率軍一直打到了定襄（今山西定襄），殲滅了一些小股部隊，但沒有找到突厥主力，於是在武川附近的單于臺上刻石記功，得意洋洋地凱旋而歸了。他不知道，突厥作為游牧部族，根本不怕什麼趁虛而入，只要他們的部隊、牛羊都在，大可以捲土重來。以往李靖、薛萬徹等人的幾次北伐，關鍵就是追著主力尋找戰果，這才讓大唐吞併大漠。薛懷義這次北伐，看起來功勞赫赫，實際上是勞民傷財，毫無效果，白白浪費了這一次大好時機。幾年之後，默啜繼承汗位，立刻再次發動南侵，毀掉了河北整整幾代人經營下來的財富與人口。

但這些薛懷義並不在乎，他只求自己躺著得來富貴。征討突厥有功，薛懷義晉升為右衛大將軍、鄂國公、柱國。由此他愈加地跋扈，橫行在神都的通天大道上。

薛懷義的「飛黃騰達史」在朝野間漸漸傳開，不知不覺成了神都百姓茶餘飯後最愛悄悄議論的話題。這種不用拚命、只要躺著就能撈來的富貴，可比當酷吏那種背後被人戳脊梁骨、提心吊膽過日子的富貴，要舒服得多。

05 女皇的男人們

這其中的酸甜苦辣，外人哪裡懂，只有薛懷義自己最清楚。說實話，他是真心傾慕女皇的——雖然年長他許多，但保養得極好，底子也出眾，更有一股壓得住全場的王者氣場。可女皇對他的感情遠不及他對她那般熱烈，在她眼中，薛懷義只是個能解一時寂寞、又能頂著親信之職的「工具人」。至於他的喜怒哀樂，她並不怎麼在意。當薛懷義像小情人一樣鬧脾氣，賭氣躲在白馬寺不肯進宮時，女皇乾脆以謀反罪名下手，將他在白馬寺的親信或殺、或遣散，逼得他不得不乖乖回宮。

畢竟女皇之前經歷過的男人，如太宗李世民、高宗李治，哪個不是人中龍鳳？薛懷義這樣徒具皮囊，實際上卻是個草包的男人，她又怎會珍惜？

而薛懷義雖然在朝中有了官位和爵祿，但才能不足，根本無法發揮武曌所希望的作用。女皇本希望薛懷義能牽制朝中的那些德高望重的宰相們，誰料宰相們根本看不起他。一次薛懷義帶著手下進宮，在宮門口遇到了宰相蘇良嗣。按照規矩，應當是地位低的人作謙讓，請地位高的人先進宮門。薛懷義理所當然地認為應該是自己先進門，不料蘇良嗣勃然大怒，當即叫左右把薛懷義揪過來，什麼話也不屑於說，一左一右地猛打薛懷義的耳光，事了之後，將他拖到一邊，自己揚長而去。

被打臉的薛懷義怎麼忍得下這樣的屈辱，便跑到女皇那裡去告狀。薛懷義不清楚自己的斤兩，武曌卻看得明白，蘇良嗣不只是在搧薛懷義的耳光，還是在向女皇抗議。但這件事情終究是女皇理虧，她對薛懷義說：「以後你還是從宮城北門出入，南衙的宰相從南門入宮，你們彼此兩不相犯便是。」

薛懷義的臉是被白打了，打碎的牙，只能往肚子裡咽。

武曌雖然年過古稀，容色依舊保養得宜，但終究難敵歲月。到了七十多歲時，身體漸漸衰老，對男女之事的興致也淡了。此時的她，更在意的是保養身體、延年益壽。於是，她開始寵信一位面容清秀、醫術高明的御

第八章　花須連夜發，莫待曉風吹—神都雲雨

醫沈南璆。相比只擅長肉慾侍奉的薛懷義，沈南璆顯然更合她當下的心意。自此，薛懷義的風光日漸不再，從女皇的心頭人慢慢跌落。

失勢後的薛懷義，還想繼續得到女皇的垂青，為此他不惜傾其所有，來討得女皇的歡心。證聖元年（西元695年）的上元佳節，是神都洛陽一年一度的狂歡，朝廷取消城中宵禁，打開城中各坊，允許百姓徹夜狂歡。女皇武曌在這天駕臨明堂，表示與民同樂，而當她來到明堂時，薛懷義讓人打開了早已準備好的機關，明堂前一座彩色絲綢搭成的幕帳宮殿下，一尊巨大的佛像徐徐升起，引得眾人發出驚奇的呼聲。在天津橋外，薛懷義也張起了一張兩百尺高的大幕，上面畫著女皇面容的佛像。此時薛懷義不失時機地深情告白：女皇，妳就是貧僧心中最美的女佛！

但女皇武曌只是淡淡一笑，並沒有多加理會。

薛懷義的心中，彷彿整個天地都崩塌了。他明白，自己眼下的一切榮華，不過是女皇一時的恩寵所賜；一旦失去這份恩寵，他終將被打回原形，淪為昔日洛陽城裡四處叫賣的小販馮小寶。甚至連馮小寶都做不回去──背負著這許多宮闈機密，他又怎能安然走街串巷？

他與女皇的情感，從來見不得光。如今既然這段情將要徹底瓦解，那便讓天下人一同見證它的毀滅──至少，這樣還能迫使女皇回望自己。

次日，正月十六夜，薛懷義放火焚燒了「天堂」，連同那尊依女皇容貌雕成的盧舍那佛像一併付之一炬。這座天堂，曾是他與女皇情感的見證，如今，他要將它與這段感情一同燒成灰燼。

狂風大作，風助火勢，火借風威，這座巨大而豪華、傾注了天下人心血與財富的天堂陷入了火海。狂風波及旁邊的明堂，萬象神宮也被點燃。大火熊熊，把整個神都洛陽都照得如同白晝。

天堂和明堂成了一片焦土，而流言也隨著風煙的灰燼傳遍了都城，人

們都在說，女皇的情人為了情殤點起了大火。這也意味著薛懷義生命的結束，女皇武曌隨後便將薛懷義祕密處死。

對於這位相伴了長達十年的異性伴偶，女皇的處理乾脆俐落，似乎連眼睛都沒有眨。

06 恐美人之遲暮

經歷了薛懷義、沈南璆的女皇，生理和心理上已然都步入了暮年。七十三歲的她早已沒有了當年如狼似虎的慾望，一直以來都保持烏黑的長髮也漸漸地有些白了。萬歲通天二年（西元697年），薛懷義死後兩年，張昌宗透過太平公主的引薦，逐漸得到武曌的寵幸。隨後在張昌宗的推薦下，哥哥張易之也成了女皇的面首，兄弟兩人一起深受寵幸。

張易之、張昌宗兄弟，可算是武曌一生對男子審美的極致。與出身市井的薛懷義不同，張氏兄弟出自關中名門，世代公卿，自小在優渥的環境中成長，才養出了這樣兩位近乎完美的年輕人。二人容貌出眾，風神俊朗，才情過人，機敏聰慧，又能言善辯、風趣詼諧。哥哥張易之精於煉藥，能為女皇調養身體；弟弟張昌宗擅長音律歌舞，能使女皇心情歡悅。文采與風姿並舉，正合武曌的心意。

對於成功女性來說，這樣的男寵，有一個都已經是如獲至寶，更何況是兩個。只可惜女皇已經七十多歲了，這兩個男生在側，也許只能取悅一下女皇的歡心，在心理上為女皇提供滿足。女皇已經沒有那麼多生理慾望，張氏兄弟同樣也未必真的會對年齡差距如此大的女王產生什麼生理慾望，三人之間存在著一種近乎於柏拉圖式的感情，倒也其樂融融。而女皇的回報也很豐厚，張易之封為司衛少卿，張昌宗封為雲麾將軍，並時常代

第八章　花須連夜發，莫待曉風吹──神都雲雨

表武曌出席重要會議。

然而武曌選擇張氏兄弟，並不只是為了滿足精神需求，也不單純地看臉──如果只是為了這些，那就把女皇想得太簡單了。女皇走的每一步，都是出於現實的政治計算。

當時的朝堂上，不知有多少雙眼睛盯著日漸衰老的武曌，暗暗盤算著她的壽數。只要女皇一去世，就會有人像百米衝刺般，立刻搶奪那把空下來的權力交椅。為了維持威嚴，武曌必須時不時敲打一下那些心懷不軌的人，還要保持神祕，讓外界摸不清她的真實情況。這時，她就需要一位得力的代理人──既能替她辦事，又願意當惡人，還能在李武宗室和朝中大臣之間充當溝通的橋梁。

過去她的人選是薛懷義，但薛懷義吃了沒有讀過書的虧，既沒有能力，又被士族文官們鄙視。而太平公主推薦的張氏兄弟則是絕佳的人選，無論是學識、門第、能力，都可以與朝臣們對等地交流。一時間，李氏一邊的李顯、李旦、太平公主，武氏一邊的武承嗣、武三思、武懿宗，朝臣一邊的宗楚客、宗晉卿，全都爭相巴結張氏兄弟，希望從二張這裡獲得來自女皇的最新情報。

神都洛陽正上演著一齣宮心計。各方勢力悄然較量著，而漩渦中心的女皇，放出了一個又一個的迷魂陣。

為了讓外界覺得自己依然精力充沛、意氣風發，武曌特意設立了一個叫「控鶴監」的機構，由張易之負責。表面上說是女皇的貼身侍衛，其實是專門網羅那些才華出眾、儀表出色的年輕俊秀，成為女皇的「後宮」──這也算是留下一個能讓人無限揣測的話柄給朝內外。其實，控鶴監承襲了高宗時期「北門學士」的傳統，本質上是要替女皇處理機密政務，協助張氏兄弟打理帝國中樞的各項政務。

控鶴監中，有一位叫做宋之問的詩人，以為自己會成為像張氏兄弟這

樣的女皇面首,滿心期待自己可以躺在女皇身邊發家致富。可等了好久都等不到女皇翻他的牌子,實現他的終極目標。終於有一天,宋之問忍不住,直接向女皇毛遂自薦,請求女皇垂青,賜予他為女皇侍寢的機會,還為此寫了一首極為露骨的情詩。

明河可望不可親,願得乘槎一問津。

更將織女支機石,還訪成都賣卜人。

武曌十分感動,然後拒絕了宋之問的請求。理由當然不能明說,而是委婉地告訴他:「宋大詩人,你口臭。」宋之問這才羞赧地放棄了侍寢的想法。

長安元年(西元700年),內史(即中書令)狄仁傑逝世。從第二次拜相以來,狄仁傑坐鎮朝堂五年,被武曌尊稱為「國老」,成了維繫整個武周朝廷穩定的壓艙石。有狄仁傑在的日子,武曌不用擔心朝臣們興風作浪,危及她的統治;朝臣們也不用擔心女皇再度大開殺戒,以至於人人自危。可當狄仁傑一死,原本紛亂的朝局,一灘水更加渾濁了。

狄仁傑雖然事官於女皇,但他的內心一直都是唐臣,而狄仁傑也無愧於大唐。他明白,在黑暗的時代裡,如果自己的力量無法獨自對抗黑暗,那就要為將來的光明保留希望的火種。在他的推薦下,原本貶官外放的張柬之回到朝堂,被封為宰相。他還先後向女皇推薦了夏官侍郎姚元崇、監察御史桓彥範、太州刺史敬暉等人。這些人在不久的將來都大放異彩。

十年後治理天下的賢臣們,大多處於狄仁傑的門下。

狄仁傑死後第二年,周廷隱藏的矛盾終於激烈爆發了。這一年,皇太子李顯的長子李重潤、永泰郡主和她的丈夫武延基,都先後神祕離世。

而這一切的導火線,都源自於張氏兄弟。

張氏兄弟和控鶴監的那些祕辛,是絕對的機密,女皇絕不能容忍有人妄自議論這些事情,任何可能暴露出女皇日益衰弱的線索,都要絕對杜

第八章　花須連夜發，莫待曉風吹—神都雲雨

絕。但好巧不巧，有一天李重潤和他的親妹妹永泰郡主，以及妹夫武延基在家中聚會時討論了這件事情。而更巧的是，他們的討論被一個有心人聽到，然後檢舉給了張氏兄弟，張氏兄弟又彙報給了女皇武曌。

聽聞這位有心人轉述的對話內容，武曌勃然大怒，他們這番討論已經觸及了武曌忌諱的禁區，包括她的私人生活、健康狀況以及她目前的執政危機。武曌不能容忍這樣的事情發生，哪怕說這些話的，是自己血脈相連的親人。

而且李重潤是李顯的兒子中唯一沒有與武氏通婚的人，如果武曌以後傳位太子李顯，李顯又傳位給長子李重潤的話，那武家的利益就無法在李重潤這一代得到保證，這也是武曌十分擔憂的一件事情。

女皇於是留給太子一句話：你自己看著辦吧。

從房州流放歸來的李顯性格大變，早已不是當初在位時的叛逆青年了。他最懼怕的，就是自己的太子之位再度丟失。所以在李顯的逼迫下，李重潤被迫自殺。遭逢大變的永泰郡主分娩時難產而死，丈夫武延基也迫於壓力自殺。這場事件以最壞的結果告終。

多年以後，李顯得知那個告密的有心人，竟然是他的二兒子李重福。李重福的動機竟然只是要踢開繼承順位排在前面的大哥，好讓自己有機會繼位。武周一朝流毒無窮的告密之風，反過來傷害到了李唐皇室內部的人倫親情。

女皇如此不遺餘力地扶植張氏兄弟，卻並沒能讓張氏兄弟真的在朝中擁有一席之地。在朝臣們眼裡，張氏兄弟永遠只是靠出賣色相上位的小白臉。大多數人的沉默不代表他們屈從於不義，恰恰是目光如炬，面對黑暗。

張氏兄弟的弟弟張昌儀，靠著哥哥們上位，成為洛陽令，修建了豪宅，比王府的規格還要高。在某個夜黑風高的晚上，有人摸到張昌儀的宅門口，在門上刻下了一行字：「一日絲能作幾日絡？」言下之意是，看看你

的好日子還能維持幾日。

張昌儀不敢和任何人彙報，就算他管著洛陽城，也查不到刻字之人，只能默默地把這行字磨去。可當張昌儀磨完，當天晚上就有人在宅門上重新刻下這行字。如此這般刻了磨了六七次，張昌儀面對新刻下的字，無奈地在下面寫了個批註：「我放一天在這裡，還請收手。」

張氏兄弟自己也清楚，他們已經把整個洛陽城的公卿們都得罪了。而女皇的權力，已經不足以威懾這些公卿們了。他們只有變著法子繼續除掉那些仇人，然而仇人除掉得越多，張氏兄弟與整個洛陽城的仇怨也就越深。

對於宰相魏元忠，張氏兄弟施加誣陷，說魏元忠曾說過要依靠太子以圖長久之計。這句話戳中了女皇的要害，要魏元忠當場對質，張氏兄弟又收買了鳳閣舍人張說，要他作偽證，證明他聽到了魏元忠的對話。

當張說奉詔前去佐證的路上，遇到了集體等待他的同僚，同僚們一起勸張說說出真相。

鳳閣舍人宋璟說，這世上的正義與真相是鬼神都難以欺騙的。如果你能說出真相，整個朝堂都為你光榮！要是你因此獲罪，我豁出性命也要來保你！

殿中侍御史張廷珪說，朝聞道，夕死可矣！

左史劉知幾說，不要在青史上留下惡名，成為子孫的負擔！

張說沒有立刻答話，但心中已有了盤算。他入後殿拜見女皇，女皇命他據實回奏。魏元忠心中一驚，急道：「張說，你莫不是要與張昌宗合謀陷害我？」

張說冷笑一聲回道：「元忠身為宰輔，何至言辭如市井小人一般？」

張昌宗也在一邊添油加醋，催促張說把要作的證言說完。張說深吸一

第八章　花須連夜發，莫待曉風吹─神都雲雨

口氣，從容答道：「請陛下明鑑，如今在陛下面前，張昌宗就已經逼迫臣說話，足以想見在外面他是如何逼迫臣的了。臣今天不敢不說實話，臣實在沒有聽過魏元忠說過這些，是張昌宗逼迫臣，要臣來作偽證！」

張易之、張昌宗聞言大驚，立刻反言攻訐。但張說從容不迫，一一回敬了回去。魏元忠和張說最後都沒有被降重罪，武曌為了照顧張氏兄弟的面子，只將魏元忠和張說二人貶出了都城而已。

這件事讓所有人都為之一振，對於早已經因為告密之風盛行而苦不堪言的朝野人士，這無疑是一場勝利，那些告密者終於沒能夠得逞。在神都內外的文化界，罵張氏兄弟也成了每個正義之士應盡的義務。

有心之人已察覺，女皇的統治已露出虛弱之勢，告密政治終於到了人人欲誅之時。

李武兩派的關係也出現了微妙的轉變。武承嗣、武三思等武氏宗親已明白，武家終究與皇位無緣，天下人都在等待李唐復辟之日。既然如此，不如趁著李武兩家仍以姻親相繫，構築利益共同體，以期在李唐復辟後同享權勢。

長安四年（西元704年），女皇武曌因為要療養身體，移居到了洛陽宮城的長生殿裡，深宮高鎖，簾幕重重，漸漸與外朝的公卿斷了直接聯繫。此時的武曌，已經八十歲了。雖然她尚在人世，但神都的門閥，早已經對將來的權力分配問題達成共識，握手成交。

第九章

南向翊大君，西宮朝聖母——
赤幟復揚

第九章　南向翊大君，西宮朝聖母—赤幟復揚

01　驚變再起玄武門

　　這年的正月初一，女皇武曌在深宮中傳出詔令，改元神龍，是為神龍元年（西元705年），大赦天下，除了徐敬業、李沖等幾次反叛牽涉的罪人之外，這些年因各式各樣的政治問題獲罪之人，悉數得到了赦免。但這一年新年，無論是改元、大赦，還是新春佳節，朝會一律取消，女皇武曌自始至終都沒有露過面。

　　八十歲的宰相張柬之知道，自己的生命已經剩不了幾年了，此時他唯一的心願就是看到天下撥亂反正的那一天。

　　自武曌登基以來，酷吏用事、男寵干政，朝堂之上籠罩在一片肅殺陰霾之中。群臣唯有謹守自保，已無力挽回大局。特務政治可以堵住悠悠眾口，卻改變不了天下人思念唐朝的心。當年張柬之獲罪被貶到了荊州，接替荊州長史楊元琰的職務。他們曾一起在長江上泛舟，當船游到江心時，四下無人，不可能有告密者，二人這才放心地談論時政。楊元琰慷慨激昂，兩人都表露出了匡扶李唐社稷的心思。

　　像這樣的對話，一直在幽靜無人的地方悄悄地發生著，在至暗時刻裡，總是有一些人堅守著手中的微光殘燭，等待它燃至黎明。

　　好在幾年前，在狄公狄仁傑的引薦之下，張柬之等一批賢能官員進入了朝廷中樞，女皇又重新召回廬陵王李顯，立為太子，李武兩家共同在明堂盟誓，約定將來李氏為帝，武氏輔佐，群臣似乎從這裡看到了一些希望。

　　然而從兩年前開始，張易之、張昌宗兄弟越來越肆無忌憚地把持朝政，還屢屢攻訐東宮輔臣。宰相魏元忠事件就是二張攻擊的一大目標，更讓人不寒而慄的是，張氏兄弟的矛頭不僅對著東宮的輔臣，還指向了太子，他們指控魏元忠的罪名就是「依靠太子以圖長久之計」，這把太子置於何地？雖然這次事件，作為證人的張說在滿朝文臣的力挺之下翻供，魏

01 驚變再起玄武門

元忠只被貶官而已，但張柬之是宦海沉浮幾十年的老臣了，這一關節自然是看得明白——張氏兄弟的排擠只是表面現象，問題的本質在於女皇對太子的不信任。她屢屢借張氏兄弟敲打東宮，為的就是警告太子和群臣們不得輕舉妄動。

張氏兄弟每每的敲打和示警，也掩蓋不了一個事實，那就是他們的權力已經到了最為虛弱的時候。他們只想在女皇生命最後的時間裡穩住太子、穩住宗室和朝臣。哪怕他們針對太子的行為已經引起了朝中群臣們的警覺。

包括張柬之在內的群臣以及大部分的李、武兩家宗室，都已經失去了對女皇的信任。張柬之意識到，撥亂反正的時刻已經來了，他要掀起一場革命，趕在女皇龍馭殯天之前，讓為善之人、作惡之人，都能接受一場體面的審判，並且名正言順地得到應有的報答。

最初與張柬之一同密謀的，一共有五個人：宰相崔玄暐、中臺右丞敬暉、司刑少卿桓彥範、相王府司馬袁恕己，以及張柬之本人。其中，崔玄暐還有一個特殊的身分：太子左庶子。女皇武曌的兩個兒子都在這場密謀裡派出了代表。很顯然，這實際上就是針對女皇的一場政變。

可是問題來了，張柬之等五個人都是文臣，手中一沒將、二沒兵。既然是政變，就需要武裝力量來支持。此時的神都洛陽，武裝力量主要分為南衙與北司兩塊。

南衙，也就是朝廷常設的十六衛禁軍，隸屬於左右十六衛大將軍，負責都城衛戍。因為他們日常駐紮在宮城以南，所以稱為「南衙」。如今的十六衛大將軍，有的是武氏宗室，如右衛大將軍武攸暨；有的是異族出身的「蕃將」，如突厥族的右威衛大將軍阿史那懷道。南衙禁軍人數眾多，但問題是他們的調遣制度極其嚴格，既需要鳳閣鸞臺（也就是改名後的中書門下）的制令，也需要兵部的印鈐，調兵手續複雜又嚴謹，指揮難度

第九章　南向翊大君，西宮朝聖母—赤幟復揚

大，並且難以祕密行事，即使十六衛大將軍都是自己人，也未必能私自調動起他們手下的禁軍們。當年太宗發動玄武門之變時，十六衛大將軍大多都是李世民的老部下，但也並沒有使用這些牌，直到逼迫高祖李淵下詔之後，才動用起了南衙的禁軍。

當年的玄武門之變，對後來的政變發揮了教科書的作用，這次也不例外。其實南衙禁軍早已經被策反了，策反者不是別人，正是相王李旦。

這幾年，相王李旦忍受著非人的精神壓力，卻沒有一刻放棄他的努力。來俊臣當年的懷疑是對的，李旦潛伏在女皇身邊二十多年，已經成了朝臣們的精神領袖，同時也是親唐勢力的樞紐。如今，相王李旦基本上可以穩住南衙，只是情況和當年玄武門之變一樣，南衙禁軍不能成為政變的主力，只能等控制朝廷中樞之後，再調遣他們穩住局面。

現在他們能倚仗的，就剩北衙的羽林飛騎了。

羽林軍數萬「飛騎」，常年駐紮在宮城北面的禁苑裡，因此稱為「北衙」。他們並不歸朝廷調遣，而是直屬於皇帝本人。當然，皇帝本人自然不可能親自帶領這些人馬，還是得靠左右羽林大將軍和左右羽林將軍具體指揮，帶領羽林飛騎宿衛宮城。此外，皇帝還統轄著一支一千人左右的近衛軍，被稱為「千騎」，直屬於控鶴監，和羽林飛騎互不統屬，是皇帝日常出入宮禁的護衛部隊。

要發動政變，控制宮城，除非像當年的太宗李世民那樣靠著秦王府的五百個人把整個禁衛軍挑了，否則勢必要依靠北衙的禁軍們——不是羽林飛騎，就是近衛千騎。而兩者當中，羽林飛騎實力更強，與女皇的連繫更薄弱，是更為適合的選擇。

策反女皇直屬的羽林飛騎，這事談何容易。但張柬之卻不慌不忙，像是早有準備，拉來他早已經安排好的右羽林將軍楊元琰。在荊州城外的長江上，張柬之曾與楊元琰有過推心置腹的談話，這些話一直在他們的耳邊

不斷迴響。一年前張柬之剛剛成為宰相，便安排楊元琰擔任右羽林將軍。任命之時，張柬之意味深長地對楊元琰說道：「楊君還記得當年我們在江上說的話麼？這一個任命，可是非比尋常的！」

話不用說太多，點到就行。張柬之清楚，楊元琰也清楚，一切盡在不言中。

然而羽林飛騎的總指揮，是羽林大將軍李多祚，這個靺鞨族的蕃將是個耿直的漢子，女皇看中他人品忠實可靠，二十年來一直讓李多祚宿衛宮城北門這個皇宮防務最為重要的位置。李多祚在羽林飛騎中威望極高，要控制這支禁軍，絕對繞不開這個靺鞨人。

張柬之決定親自說服李多祚。他找到李多祚，只問了他一個問題：「將軍如今的富貴，是誰帶來的機會？」

李多祚沉思良久，流著淚說道：「是天皇大帝啊。」沒錯，當年的李多祚只是靺鞨人中的一個酋長，是天皇大帝李治給了他建功立業的機會，還賜姓李氏，讓他一路飛黃騰達。這樣的知遇之恩，李多祚不敢忘記，這份恩情在他心中，遠遠超過了後來女皇賜給他的爵祿、官銜以及任何其他榮譽。

張柬之繼續道：「如今大帝的兩個嫡子，被張氏兄弟那兩個豎子逼迫，陷入險境。將軍難道沒想過要報答先帝的恩德麼？」

李多祚被說服了，向張柬之拜道：「如果這事利於國家，聽憑張相公調遣，在所不辭！」他向著張柬之指天發誓，若是有負於大帝李治的恩澤，就為天地所不容。

就這樣，二人商議妥定，張柬之寥寥幾句話便說服了李多祚。之後的事情就簡單了，張柬之與李多祚安排桓彥範、敬暉、右散騎侍郎李湛分別擔任左、右羽林將軍，統領所部禁軍。

羽林飛騎的人事調動極為敏感。左右兩軍分別配置了一個大將軍和兩

第九章　南向翊大君，西宮朝聖母─赤幟復揚

位將軍，如今基本上被張柬之的人占滿了，這件事很快引起了張氏兄弟的警惕。於是張柬之做出了一點妥協，將右羽林大將軍改由武氏宗室的建康王武攸宜重新擔任。武攸宜是女皇比較看重的一員武氏子弟，對張氏兄弟來說是個可靠的夥伴，他們的疑慮這才得以打消。

但女皇不知道，張氏兄弟更不知道，武攸宜也同樣被策反了──不只是武攸宜，還有武攸暨、武三思等其他武氏宗親，都已經和親唐勢力達成了默契。這是一場祕密的大串聯，女皇的親屬和臣子們聯起手來，誅滅張氏兄弟，還朝廷一個清白。

太子李顯是張氏兄弟犯下罪行的苦主，他的一兒一女，全都因為張氏兄弟而被迫自盡，李顯和他的兒女們自然對張氏兄弟有著血海深仇。所以當桓彥範、敬暉祕密地謁見太子，將他們合力逼迫張氏兄弟的計畫陳述給李顯時，李顯立刻表示贊成。

這時，擔任靈武道安撫大使的姚元崇回到了神都，張柬之、桓彥範等人聽到這個消息，相視一笑。對他們來說，姚元崇的回歸，意味著時機已經完全成熟。

姚元崇此時五十四歲。家世顯赫、少有才名的他年紀輕輕就步入了相位，並且還是張柬之等人的舉薦人。他是個做事滴水不漏的人，擔任宰相六年，既贏得了女皇的信任，也受到同僚的尊重。出於對官場天生的敏感，他一年前就嗅到了朝廷中暗藏的危險。長安四年（西元 704 年），姚元崇以母親年邁為理由，請求去職，辭掉了同鳳閣鸞臺平章事、相王府長史的職位，到靈武道領兵防禦突厥，其實就是想要遠離朝堂上這些變幻莫測的是非。

但這件事情，他終究是避不開的。姚元崇宰相職位的繼任者張柬之，還有相王府長史的繼任者袁恕己，全是革命策劃五人核心小組的成員，明眼人用一隻眼睛都能看出姚元崇與這個五人小組千絲萬縷的關係。

當姚元崇在朝中之時，他既是相王李旦班底的首腦，為他聯繫朝臣；又是宰相團隊的實際領袖，同時負責傳達相王李旦的意思，幫助李旦在暗處左右朝政；他還兼著夏官尚書（兵部尚書）的職務，對周廷軍務了然於胸。姚元崇這幾年，已經為李唐再度復辟做好了一切準備，如果沒有姚元崇，要張柬之等五人從零開始開始，幾乎是不可能的事情。

但在關鍵時刻，姚元崇外調到了靈武道（今寧夏銀川），不插手政變計畫——這也是他深思熟慮的結果。一方面，姚元崇是女皇武曌一手提拔起來的宰相，對女皇的感情也很深，如果說為相王李旦籌劃，重新振作起親唐勢力，是為了國家的大義，那麼不直接插手政變計畫，則是姚元崇為自己保留下的最後一點小節。更何況，政變這件事是一把雙刃劍，發動政變的大臣以後如何面對新的皇帝也是一個問題，姚元崇還是選擇了不去蹚這灘渾水。

另一方面，姚元崇北上靈武道，也是為李唐宗室預留的一條後路。倘若張柬之等五人核心領袖最終功敗垂成，姚元崇便將啟動最壞打算：護送太子與相王西入關中，據地自保。駐守靈武道以防突厥的邊防之師，屆時將在姚元崇的號令下回師長安，守護大唐皇室最後的血脈。

因此，姚元崇返抵神都後，婉言辭謝了張柬之等人邀他深度參與政變的請求。他將自己的位置置於第二道防線之上，靜候時機。倘若最壞的局面降臨，他便會立即出手，護送太子與相王西入關中，力保大唐皇室的血脈不絕，使這一點殘存的薪火得以延續。

雖然姚元崇最終沒有如張柬之等人所願，直接參與五人小組的行動，但各項部署依舊按部就班地完成，井然就緒。

在東宮，桓彥範、敬暉謁見了太子李顯，祕密呈奏了他們的計畫，從穩住南北衙禁軍，到入宮誅殺張氏兄弟，都交了個底，並且得到了太子的首肯。

第九章　南向翊大君，西宮朝聖母—赤幟復揚

在安定郡王府，太平公主和丈夫武攸暨已經分別和武氏宗親們達成了一致，武三思、武攸宜等武氏宗親全都支持這場政變，當然前提是要保證他們在政變後應得的利益。

在後宮，以上官婉兒為首的宮人們也都提前做好了準備，宮外的風吹草動，由她們負責隔絕，務必使張氏兄弟察覺不到危險的異動。

舞臺已經搭好，演員開始登場。

正月二十二日夜，張柬之、崔玄暐、桓彥範以及左威衛將軍薛思行等人馬上駐足於洛陽宮城的玄武門外，他們的身後，是五百名精銳的羽林飛騎，鐵甲齊備，秩序森嚴。他們的面前，玄武門的城樓高聳，門後的洛陽宮殿重巒疊嶂，高大而幽深。

大門「吱呀」一聲緩緩打開了。張柬之等人終於略微鬆了口氣，李多祚、楊元琰確實都是忠實可靠之人，此時如約打開宮門，任由政變軍進宮。他們進入玄武門之後，張柬之立刻讓李多祚、李湛以及駙馬王同皎前往東宮，迎接太子入宮。

02　李唐光復

太子李顯就是在這個時候見到李多祚等人的，李多祚的出現意味著玄武門已經拿下，這讓李顯略微鬆了口氣。但接下來李多祚的請求，讓李顯整個人驚慌失措——眾將請求太子入宮，主導朝廷大局！

李顯這才知道，原來這場政變，從一開始就不只是針對張氏兄弟，而是針對女皇武曌本人。不只誅殺張氏兄弟，還要讓女皇讓出她的權力，還政於李唐，恢復大唐社稷！這一點李顯當然不樂意，因為他沒必要這麼做。他是武周王朝的太子，做女皇的母親不久之後便會去世，李顯可以自

然而然地繼承皇位，又何必多此一舉，逼自己的母親下臺？

李顯當即拒絕了李多祚等人請他入宮的要求。對於張柬之等人暗中推行的密封之策，他既震驚，又惶然不安。

但是此時形勢已經不容李顯拒絕。「先帝把江山神器託付給殿下，殿下卻突然遭到廢黜，這樣的事情人神共憤，至今已經二十三年了！如今承蒙上天庇佑，宰相們和羽林飛騎已經聯起手來，誅殺佞臣，要把社稷江山交還給李唐，這全是為了殿下啊！」駙馬都尉王同皎搶上前來說道：「請殿下暫且隨我們到玄武門，滿足我們共同的願望！」

看著王同皎以及李多祚等人的表情，李顯猶豫了一會兒，緩緩說道：「張氏兄弟這樣的凶險小人，自然是要除掉的，可是君上的身體不好，就不要去打擾她了。這事……還是從長計議吧。」

「殿下！」李湛急切地說道，「諸將不顧自己的身家性命，只為用命來報效國家，殿下奈何要將他們置身鼎鑊？還請殿下親自去幫助他們！」

聽著王同皎和李湛的話，李顯心中如怒海翻滾──這些人，他們哪裡是請願？分明是在裹挾著他去玄武門，只為了讓他們的政變從太子這裡取得一個名正言順的形式。當初敬暉、桓彥範口口聲聲說，這次的計畫只是除掉張氏兄弟，可這時卻逼著自己參與他們推翻女皇的行動。到了這一步，李顯還能拒絕嗎？若他不出面，導致政變功敗垂成，一旦女皇追究起來，就算他事先毫不知情，以女皇睚眥必報的脾性，也極可能再次將他從太子之位上摘下。

這就是張柬之等人做的好事！擅自行動，成全他們自己的名聲！

但李顯已經是騎虎難下，權衡許久，只得答應了他們的請求，一同隨著出東宮，前往玄武門。遭逢大變，李顯的胸口猶如壓著萬鈞重的巨石，走起路來連腿都有些軟了，還好有王同皎在一旁扶著，李顯才不至於跌倒。

第九章　南向翊大君，西宮朝聖母—赤幟復揚

玄武門前，張柬之等人率領的五百羽林飛騎，正焦急地等待著太子的到來。他們剛剛得知，這次的行動是要強行進入宮城，闖入女皇所寢居的迎仙宮。將士們都是正常人，這種把腦袋綁在褲腰帶上的任務，可不是輕易敢做的。從玄武門到迎仙宮，隔著陶光園、徽猷殿等重重守衛，他們與守衛宮城的羽林飛騎隔著空氣默默對峙著。想到對面也是羽林衛同袍，接下的又是掉腦袋的活，五百羽林飛騎躊躇著不敢向前。

玄武門內還駐守著控鶴監田歸道的親衛「千騎」，張柬之等人也想調動起這一支軍隊，敬暉便派人請千騎一同協助政變，但田歸道拒絕了這個要求。

雖然沒有出來幫忙，但作為女皇近衛軍，田歸道的千騎卻同樣選擇了在一旁看戲，這其實代表了大多數人的態度。女皇的大周王朝，並沒有什麼人願意為它盡忠而死。

馬蹄聲由遠及近，太子及李多祚一行人終於趕來，伴隨著羽林飛騎將士們的歡呼，五百飛騎帶頭進入了宮城。太子的到來完全扭轉了之前的緊張局勢，守衛宮城的羽林衛見太子親臨，便不再阻攔。層層宮闕鎖住的大門，也成了一道徒勞的屏障。李顯在張柬之等人和羽林飛騎的簇擁之下入宮，王同皎讓人斬開門鎖，輕易地破門而入，守門的羽林衛悉數倒戈投降。從玄武門到迎仙宮的數千步路，幾乎暢通無阻。

迎仙宮內，張易之、張昌宗兄弟聽到宮外喧譁，才知道政變的消息，全因宮人們早已按計畫隔絕消息，使迎仙宮毫無察覺。驚慌的張氏兄弟站在長生殿外的廊頂之下，大聲疾呼：「何人敢要造反？」但回應張氏兄弟的，只有沉默。

控鶴衛兵何在？怎麼沒有救駕之人？張氏兄弟左顧右盼，想要找到一線生機，但是張柬之等人手起刀落，將張易之、張昌宗二人當場斬殺，既不屑於回應他們無力的詰問，也沒打算讓他們留下什麼遺言。

02 李唐光復

斬殺了張氏兄弟之後，羽林飛騎奉命將女皇所居的長生殿團團圍住，把守各個出口。這處寢殿曾是皇宮最為私密的場所，女皇曾在這裡與她的歷任面首們私會，而羽林飛騎踏著沾滿灰塵的馬靴，肆無忌憚地闖了進去。

此時的女皇從睡夢中驚醒，猛然坐了起來問道：「是誰在作亂？」

張柬之走入女皇的寢殿，正色答道：「張易之、張昌宗謀反，臣等奉太子之令，已經將他們誅殺，只是事前擔心密謀洩漏，不敢先報告陛下。帶兵闖入，罪該萬死！」

女皇雖然病了，但精神頭仍然不錯，她環顧左右，馬上判斷出了這次事件的本質。她從人群中找出了躲在一邊的太子李顯，「原來是你呀！」她冷笑一聲，不怒自威，「既然那兩個小子已經被殺，你可以回東宮去了！」

在女皇多年的積威之下，李顯差點就想唯唯諾諾應一聲，奉令回去，還好桓彥範搶住話頭答道：「太子怎麼可以現在回去！當年先皇將他的愛子託付給陛下，如今皇子年歲已大，一直住在東宮，而天下人都盼望著李唐復辟。大臣們也一刻沒有忘記太宗、高宗的恩德，如今奉太子之命誅殺奸佞，是希望陛下可以傳位太子，順應天下人心！」

女皇被這一席話說得啞口無言。二十三年裡，她最對不起的，就是她的丈夫。高宗李治因為信任，將權力託付給她，但這麼多年世事變遷，她為了鞏固與丈夫·同強化起來的皇權，做了很多原本不應當做、但卻不得不做的事情。如今女皇的所作所為，早已經與他們夫妻二人的初衷背道而馳、漸行漸遠了。

也許女皇不覺得自己辜負了天下人，但她絕對辜負了高宗李治當初的託付。

如果武曌當初沒有奪取李唐的江山，而是繼續做她的太后，或許她可以在餘生中求得安穩。可從她改唐為周的那一刻起，就注定了不可能。她

第九章　南向翊大君，西宮朝聖母—赤幟復揚

憑藉權力對各方勢力強行壓制，逐漸走向了權力的高峰，可當她的強制力減弱時，自然會遭到各方勢力的反彈。張柬之闖入長生殿的那一刻，女皇病中未經梳妝的憔悴容貌，直接暴露在了羽林飛騎們的眾目睽睽之下，她二十多年來營造出的神祕感、權威感，也在這一刻蕩然無存。

這些年來暗中積蓄力量的李唐擁護者們，終於昂首立在武曌面前，冷然宣告：武周的時代結束了！如今，請將江山還給大唐！

武曌無力地看著殿中的每一個人。「李湛，」她看見了一身戎裝的李湛——他是當年叱吒朝廷的李義府之子，「原來誅殺張易之的將軍們當中，也有你一個呀？我對你們父子，可算是不薄了吧？你們也有今日？」

李湛羞愧地低頭，無法回答。不只是李湛，不少其他將領們也心中惴惴，他們雖然出生在大唐，但武周卻是他們如今的君王，這幾年所受的提拔全是女皇賜予的恩惠。

武曌又看向一邊的桓彥範，說道：「其他人我就不說了，唯獨你，是朕親自看中、提拔的，你怎麼也出現在這裡呢？」

桓彥範卻沒有像李湛一樣低頭，而是坦然說道：「這才是臣報答陛下大德的方式。」

桓彥範一句話，便擊碎了武曌心底的城垣——若能體面交出權力，今日在座之人，便讓女皇歸回本位，安享晚年。

她不再開口，放棄了最後的抵抗。

宮外的神都洛陽城中，抓捕行動也已經同步開始。張易之、張昌宗的其餘幾個兄弟，都已被袁恕己派人抓獲，當場擊斃。

相王李旦在袁恕己的陪同下，坐鎮南衙的鳳閣鸞臺。在這裡，除了出征在外的將領之外，幾乎所有南衙禁軍的統帥們都聚集在了一起，等待著迎仙宮中傳來的消息。

李旦在這裡，就是為了穩住南衙禁軍的局面，防止他們干擾羽林飛騎的行動。同時，袁恕己也派人逮捕了其他張氏兄弟的黨羽們，讓巡城士兵照常巡弋，隨時準備撲滅洛陽城裡可能出現的反抗行動。但讓人高興的是，這一天並沒有什麼異常，神都的官民們情緒一片穩定，如同在等待一場終究會到來的勝利。

　　終於，捷報傳來，幾個羽林飛騎提著張氏兄弟的頭顱，傳來了太子李顯那邊的好消息。李旦仰天長笑，心中不知是喜還是悲。

　　張氏兄弟的頭顱被懸在天津橋南邊的空地上，百姓們前來觀瞻，順便開起了盛大的狂歡慶祝活動。第二天，被張柬之等人控制的女皇，下達了令太子李顯監國的詔書。又過了一天，女皇武曌決定正式將皇位傳給她的好兒子。

　　正月凜冽的風中，太子李顯（當時正式的姓名其實是「武顯」）即位為大周王朝的皇帝，下詔大赦天下，並為這幾年來酷吏們炮製的冤假錯案平反昭雪。新皇帝還加相王李旦封號為安國相王，並任命他為太尉、同鳳閣鸞臺三品；加太平公主封號為鎮國太平公主。武曌作為太后，則移居到了洛陽宮西邊城外的上陽宮，為了防止她有異動，李湛奉命擔任太后的宿衛將領，實際上負責監視太后，並控制她的異動。

　　當太后武曌黯然搬離了迎仙宮，前往上陽宮時，百官前來送行。面對太后淒涼的樣子，滿朝大臣卻只是默然地看著——雖然大多數朝臣們都是武曌提拔的，但是經由如此環境長期的薰陶，朝臣們已經在告密之風下謹小慎微，以至於習慣用冷漠怯懦的眼光來對待身邊的一切人事。

　　只有一個人望著太后的背影，嗚咽流涕，不顧周圍人的態度。而這個人，就是姚元崇。姚元崇是武周時期提拔起來的宰相，對女皇有著特殊的感情，他為了太后的淒涼而落淚，是再容易理解、再正常不過的事情，此刻卻在滿朝文武中成了一個異類。因為他是唯一一個落淚之人，因此受到

第九章　南向翊大君，西宮朝聖母—赤幟復揚

排擠，被外放擔任亳州刺史。

姚元崇的落淚，情感上當然是發乎內心的，他之所以沒有掩飾自己的這份悲愴，也是因為武曌退位後的朝局變得越來越複雜。這次政變雖然誅滅了張氏兄弟，逼迫太后退位，但武氏諸王不僅沒有罷除，還作為政變的有功之臣繼續留在朝中。這場權力鬥爭遠遠沒有結束，而且暫時還看不出，誰將是這場遊戲的最終勝利者。所以，姚元崇不得不找這樣一個契機離開朝廷，明哲保身。

神龍元年（西元705年）二月，新皇帝李顯正式下令，恢復國號為——「唐」。大唐原本的宗廟及典章制度等，全都恢復，那些所謂的鳳閣、鸞臺、文昌臺之類的名稱，也都重新改為原來的中書、門下、尚書省。時隔十五年，大唐的旗幟終於在神都的上空再次飄揚。

二十年來，高祖、太宗幾代枝繁葉茂的子孫，已經在殘酷的政治環境下被屠戮殆盡，太宗一脈的子孫們，除了武曌留下的兩個兒子，竟然只剩當年吳王李恪的兒子李千里。其餘的皇子、皇孫、公主、郡主們，有的死後沒有埋葬，有的獲罪流放嶺南，有的散落民間、隱姓埋名，全都慘不忍睹。李千里因為無才無德、不被重視，在武周的統治下委曲求全，這才倖免於難。如今大唐恢復社稷，他也隨之被立為成王、左金吾衛大將軍。唐廷重新召集其他殘餘宗室的子孫們，多年未見的他們逐一相認，多的是劫後餘生的慶幸，有的喜極而泣，歌舞起來。他們在洛陽宮裡高唱著《秦王破陣曲》，舞蹈著、狂歡著，然後醉笑，灑淚當場。

但飄揚的王旗之下，朝臣、宗室，各方勢力還在暗自競爭，爭奪著女皇被奪走的權力。

03　五王的沉淪

太后武曌移居上陽宮後不久，李顯曾去看望他的母親，並為太后加尊號為則天大聖皇帝。從此之後，「則天」成了武曌的尊稱，世人都開始稱她為「武則天」。當李顯在寢宮親眼見到病榻上的母親時，他驚訝地發現，太后彷彿一夜之間變老了。

武則天曾是一個絕世美女，尤其注意護膚養顏，梳妝打扮之後，外表看起來絕對比實際年齡要年輕得多，八十多歲了，卻一點顯不出衰老。但失去權力後的武則天，整個人彷彿失去了延緩歲月的魔力，一下子沒了精神，也不再化妝。李顯見到武則天時，看她又蒼老，又憔悴，驚得說不出話來。

看著自己的兒子，武則天哭泣著說道：「當初我把你從房州接到神都來，原本就是要把皇位交給你的。誰想到張柬之他們五個國賊，貪圖擁立新君的功勞，竟把我逼得如此窘迫。」說著說著，已經淚溼滿襟。

李顯聽了，百感交集，只能陪著一起難過地大哭。這個想法原來就一直縈繞在李顯的心頭，如今在太后這裡得到了驗證。太后的話說得再明白不過了，不久前的那場政變，其實根本沒有必要，無論那次政變有沒有發生，武則天都會把皇位傳給他這個太子，李顯只要耐心地等下去就可以了。事實上，李顯當初也是這麼打算的，直到張柬之等五人突然亮出了計畫，把打倒張氏兄弟變成了打倒女皇，硬趕著他一步步奪取了帝位。

如此看來，李顯從這場政變中並未獲得額外的實質好處。張柬之等五人，不過是將原本遲早要落到他手中的皇位，提前送了過來，卻也讓他背上了「逼宮親母」的道義之名。而這個五人小組，則因「恢復李唐社稷」之功，被視為朝廷柱石。張柬之、桓彥範、敬暉、崔玄暐、袁恕己，同日晉升為同鳳閣鸞臺三品宰相，把持中樞大政；李多祚受封遼陽郡王，王同皎

第九章　南向翊大君，西宮朝聖母—赤幟復揚

為右千牛將軍、封琅邪郡公，李湛則升為右羽林大將軍。

李顯的心態崩了，聽完武則天這番話，他算是看明白了，自己原來是個工具人，一個五人小組藉以上位的工具人。李顯自從上次被廢之後，大部分時間都流放在房州，即使幾年前被武則天召回，立為太子，也同樣被小心地看著，沒有什麼參與政事的機會，除了他的東宮班底，朝中基本上沒有什麼自己人，此時他坐上帝位，卻發現自己根本沒有什麼實權。初登帝位時的喜悅，漸漸轉化成了對別人的憤懣。

知子莫若母，失去權力的武則天依然是辣手之人，她找準了李顯的性格弱點，只是哭著說了一番話，就在李顯的心中種下了猜疑的種子。這顆種子將會漸漸地生根發芽，最終如她所願地為張柬之等人送去殺身之禍。

李顯年輕時本是一個飛揚跳脫的人，人們說他像太宗皇帝，不只是說他的樣貌，也因為他像太宗一樣有著激情的性子。當然李顯比不上他天才般的爺爺，他做事情總是急躁冒進，這也讓他第一次當皇帝就吃了大虧。一上臺就急著讓他的岳父韋玄貞做宰相，打破了他父親高宗生前精心設計好的平衡。

爺爺太宗皇帝發動的玄武門之變彷彿一道魔咒，深深影響著日後李唐皇室的權力遊戲，同時也影響著李顯的心態。他與曾經是太子的哥哥李賢向來不對付，關係時常很緊張，李賢的倒臺或多或少與他有些微妙的關係。章懷太子李賢當時是在左金吾將軍丘神勣奉令逼迫之下自盡而死的，而丘神勣奉令從洛陽出發的時候，正是李顯在位期間。世人大多認為，章懷太子被逼自盡是源於武則天當時的授意，但其實最有動機、也最有機會下達清除前任太子指令的，恰恰是李顯。然而李顯下達指令之後不久，他自己猝不及防地被母親廢黜，後世之人因為武則天的種種行徑，想當然地把章懷太子被害的鍋扣在了她身上。

李顯人生中最大的坎，就是在房州流放的這十幾年，這些日子裡，他

每日每夜心驚膽顫,生活在恐懼之中。他心裡有鬼,害怕自己被罷黜之後,落得和章懷太子一樣的下場。沉重的壓力,讓這個原本跋扈跳脫的年輕人變得懦弱卑瑣,時而風聲鶴唳、疑神疑鬼,時而偏執地懷疑猜忌。

他唯一信任的人,只有妻子韋氏。武則天即將改唐為周的時候,酷吏當朝,告密之風盛行,天下籠罩著白色的恐怖。每當有神都的敕使來到房州,李顯便害怕得想要自殺,而這時,妻子韋氏握著他顫抖的手說,「禍福無常,再壞也不過是一起死而已,何苦要先自尋短見?」韋氏知道李顯想自殺是為了保全妻子兒女們,所以她義無反顧地支持丈夫,同甘共苦,成為他的精神支撐。李顯也將妻子視為最信賴的人,沒有之一。在他人生最谷底的時候,李顯向妻子許諾:要是有一天可以重見天日,他一定會讓她隨心所欲,不用任何東西束縛她。

等到李顯再次成為大唐的皇帝,韋氏立刻被重新封為皇后,不僅有錦衣玉食侍奉,上朝時還讓她垂簾聽政,朝中大事也都和她商量。

神龍年間的政局,對李顯非常不利,作為幾年前突然被接回神都的「空降太子」,他並沒有什麼實權,但朝中的各個勢力都有極大的影響力。

武氏宗親們依然在朝野上下活躍著。

相王李旦因為政變有功被加封為安國相王,在南衙的朝臣和軍隊中分量很重。

太平公主同樣因有功而加封為鎮國太平公主,依靠著丈夫武攸暨的親族以及親信宮人們,也是一股不容小覷的勢力。

而最強大的,自然要屬張柬之、桓彥範等五人政變小組。他們如今已經是實權的宰相,控制著鳳閣鸞臺的大小政事。更可氣的是,五人小組竟然十分聽李旦的話,這是李顯很不願意接受的。

面對盤根錯節的朝廷局勢,李顯首先倚重的,是他多年來最親近的伴

第九章　南向翊大君，西宮朝聖母──赤幟復揚

侶──皇后韋氏。韋皇后長袖善舞，精於交際，正好補足了李顯在溝通與應對上的不足。藉著韋皇后頻繁而靈活的社交手腕，李顯成功拉攏了武氏宗族的核心人物──武三思，並讓這位權勢顯赫的武家領袖成為自己的左膀右臂。

當初李顯、武三思等人在明堂盟誓，約定李顯即位後，武氏從旁輔佐，李氏也保兩家富貴平安。如今到了踐行諾言的時候了。

神龍元年的政變中，武三思參與密謀，並成為有功之臣，與張柬之等人一樣獲賜丹書鐵券，得免死十次。然而隨著武則天退位、李唐復辟，武氏宗族的處境頓時尷尬起來。張柬之等人屢屢上奏，勸皇帝清除朝中武氏勢力，甚至直言要誅殺武三思。此時，透過韋皇后這條通道與皇帝建立盟誼，成了武三思的上策。韋皇后性情奔放，與武三思在宮廷與宴會間往來日久，漸生私情。這段風月，放在皇室紛亂的私生活中並不算什麼醜聞，反而進一步鞏固了韋皇后與武氏的政治合作。

隱約聽說了韋后與武三思的私情後，李顯似乎並不在意。他當初許諾過要給予妻子不加限制的生活，那就說到做到，哪怕頭上頂著一片青青草原。更何況，妻子結交武三思不也是為了李顯麼？所以李顯自然要大度一點。韋皇后約著武三思來到私密的寢宮，在李顯的御床上玩起了雙陸棋。雙陸棋是一款源自西域的遊戲，透過擲骰子得到的點數來移動棋子，最終讓己方所有棋子移出棋盤，有點類似於現在的飛行棋。武三思和韋皇后一起玩著愛的雙陸棋，而李顯則在一邊為他們做裁判，三人玩得其樂融融。

大唐重新恢復社稷一個月後，梁王武三思被封為司空、同中書門下三品。原本在張柬之等人的圍堵下快要走到死巷裡的武氏宗族，就這樣奇蹟般地枯木逢春、起死回生，重新振作起來，並且成了皇帝離不開的一支力量。

李顯是靠著韋皇后和武氏家族的支持漸漸坐穩皇位的。至於當初扶他

登位的張柬之等人，李顯則暗暗將他們視為自己皇權的威脅、徹頭徹尾的亂臣賊子。畢竟張柬之等人掌握著羽林飛騎，還有一部分南衙禁軍，他們只要稍稍一動，神都都會抖上一抖。面對這樣強大的宰相勢力，李顯自然是如鯁在喉、芒刺在背、如坐針氈。

即使是張柬之的對手，也毫不否認張柬之等人對大唐的赤膽忠心。

朝中發生的這一切，讓人怵目驚心。沒想到大唐復辟之後，仍然變成了韋后擅權、武氏當政的局面。

大唐恢復社稷多四個月後，張柬之等五人在武三思的建議下，分別被封為王爵。侍中敬暉加為平陽郡王，譙國公桓彥範加為扶陽郡王，中書令張柬之加為漢陽王，南陽公袁恕己加為南陽郡王，特進、同中書門下三品崔玄暐加為博陵郡王，五人合在一起，史稱「五王」。除了大唐開國時曾經封過杜伏威、羅藝等幾個異姓王之外，九十年來從未再封過什麼異姓王，李多祚因為政變有功被封為遼陽郡王，是因為他原本就是靺鞨的酋長，作為突厥可汗那樣的異族領袖，是可以封為郡王的。張柬之、敬暉等五人被封為郡王，實在是超乎尋常的恩典。

然而這樣的加封不是白給的。既然他們已經是王爵，那政事堂的宰相會議就不用參加了，只要每月初一、十五來朝見天子，其餘時間，朝廷都按照武三思的授意，特批五王在自己家中養老。五王拿到了空頭銜，卻被奪走了權力。不僅如此，扶陽郡王桓彥範被賜姓——既不是李氏，也不是武氏，而是皇后家的韋氏，這樣的賜姓，倒像是在故意噁心桓彥範。而博陵郡王崔玄暐，則順便被調到了兩千多里外的蜀中去做梁州刺史。

原本根基就不強的五王，因此越發地失勢，明眼人都看得出，天子站在武三思一邊，至於五王，就該被掃入歷史的垃圾堆。在酷吏政治的影響下，官場這幾十年來的風氣極為涼薄，那些見風使舵的朝中官員，全都識趣地放棄了五王，甚至五王派去監視武三思、防止他向李顯進讒言的考功

第九章　南向翊大君，西宮朝聖母—赤幟復揚

員外郎崔湜，都不太看好五王的將來，改投到了武三思門下。

雲麾將軍楊元琰目睹了這一切，眼看著五王起高樓、宴賓客，然後漸漸人去樓空。他從武三思專擅朝政當中感覺到了情況的危險。邦有道則仕，邦無道則隱，楊元琰無力改變整個局勢，便請求棄官為僧，但是雲麾將軍作為皇宮北門的守衛者，位置極其重要，皇帝當然不批准這一請求。

敬暉聽說了，笑著對楊元琰說道：「要是我早點知道楊公想要做僧人，我就去勸陛下同意你的要求。剃光你這胡人的腦袋，豈不是太妙了！」其實是在笑話楊元琰面容長得像胡人。

但楊元琰沒打算和敬暉插科打諢，「功成名就以後，如果不激流勇退，就會遇到危險。我的確是打心眼裡想辭官出家當和尚的，不僅僅是做個樣子。」

楊元琰是當初政變中，除五王之外的核心成員之一，與張柬之、敬暉等人既是知己，又有同生共死的交情。張柬之等人又豈會聽不出楊元琰言辭背後的深意？此時的大勢已經漸漸不利於五王，在此時急流勇退，也許才是最為明智的選擇。但五王的心中仍抱有一點希望——好不容易才恢復的大唐，怎麼會不想再多看幾眼，怎麼會不想讓這個重生的王朝變得越來越好。他們確實是一片忠心，過去太宗、高宗兩朝對大臣都很厚道，像對長孫無忌、褚遂良，也並沒有太多為難。留在朝中，不至於真的有殺身之禍吧？

但事實很快將五王們的僥倖之心打得粉碎。皇帝李顯用實際行動告訴五王以及天下人：至於嗎？真的至於！不管你們之前有什麼樣的功勞，只要是被皇帝猜忌上的人，就一定會被除掉！

大唐恢復社稷後的短短幾個月，張柬之等五王就先後被貶謫出京，徹底離開了朝廷的核心中樞。

不只是五王，還有當初政變中的其他核心成員，也面臨著一場清洗。當初硬扶著李顯趕往玄武門的駙馬都尉王同皎，因為在與朋友的家宴上議

論了朝政，說了一些尖銳的話，被家裡的客人告了密，武三思得以知曉。武三思當時正想整人立威，接到告密之後很高興，捏造罪名將王同皎等人通通處死。

這一刻，人們不免回想起了一度被武周朝支配的恐懼。原來武三思要恢復過去武則天的施政方法，並不是一句空話。

告密的風波繼續擴大，已經貶官到外地的朗州刺史敬暉、亳州刺史韋彥範（已經賜姓為「韋」）、襄州刺史張柬之、郢州刺史袁恕己、均州刺史崔玄暐，全都被指控與王同皎有關，五人繼續被貶，韋彥範被貶為瀧州司馬，張柬之被貶為新州司馬，袁恕己被貶為竇州司馬，崔玄暐被貶為白州司馬。

他們的官袍從紫色變為紅色，再由紅色變為青色，堂堂五位宰相、郡王，最後變成了嶺南幾個偏遠地區的警察局長。五王以為這就是最壞的結局了，略有些後悔當年沒有聽從楊元琰的建議，但是誰知道，最壞的結局還遠遠沒有到來。

04　乾陵外的無字碑

神龍元年（西元 705 年）十一月，大唐恢復社稷的十個月後，則天大聖皇帝病逝在了冷僻幽靜的上陽宮中。臨死前，武則天立下遺制：「我死之後，去掉頭銜上的帝號，改稱為則天大聖皇后。廢皇后王氏、廢妃蕭氏兩家，以及褚遂良、韓瑗、柳奭等人的親屬，全都赦免。」

到了人生的最終時刻，武則天終究與自己過往的一切選擇了和解。與自己的情敵們和解，為她們恢復名譽；與自己的對手們和解，赦免了他們獲罪的家庭親屬；與自己的身分和解，放棄了皇帝的名號，回歸到先帝高宗大帝的妻子身分。作為先皇后與高宗一起安葬在乾陵。

第九章　南向翊大君，西宮朝聖母—赤幟復揚

作為皇帝，武則天是不合格的。她大興土木，營造了奢侈的宮殿與佛寺，錢財耗費數以億計。為了鞏固自己在朝中的權勢地位，她不惜營造白色恐怖的氛圍，利用酷吏震懾反對者。而忙於爭奪權力的她，二十多年來武備廢弛，強大的府兵軍制徹底崩壞，鎮守邊關的名將被她自毀長城，原本四海傳頌的大唐武德，在她這裡蒙上了一層塵埃，原本的藩臣變為了外敵，原本的內地變成了前線，昔日固若金湯的邊疆被人屢次捅穿，和高宗極盛時期相比，帝國在她手裡失去了三分之一的疆域。

但古往今來，畢竟只有武則天一人名正言順地成了女皇帝，照此而言，她又是如此特別。她在明處與暗處的對手們，也都不否認武則天所具備的獨特力量。她去世這一年，全國共有登記在冊的編戶齊民六百一十五萬戶，總計三千七百一十四萬多人口，與大唐建國時相比翻了一番。

到最後，她也算是做到了當初在高宗臨死前許下的承諾，將他們的大唐，完完整整、原原本本地交到了下一代的手中。

李顯兄妹們與他們的母親，終歸有著血濃於水的親情。為了遵從則天太后的遺願，李顯下令將則天太后的靈柩安葬在高宗皇帝的乾陵。其實按照古制，皇后如果在皇帝安葬之後去世，是另外選擇陵地下葬的。此時高宗皇帝已經在乾陵下安葬了二十多年，墓穴的石門早已關閉，還用融化的鐵水澆鑄，裡外封死，如果此時重新下葬在乾陵，勢必要大費周章地將陵墓神道口的石門重新鑿開。有的大臣擔心這樣的舉動會驚擾高宗已經安眠的靈魂，給事中嚴善思等人就極力反對這樣的做法，還在奏疏中略帶嘲諷地說：「如果高宗皇帝泉下有知，則天皇后的靈魂自然會在黃泉路上與高宗相會；但若是高宗皇帝的靈魂感應不到（或者不願感應），那兩人合葬又有什麼意義呢？」

但李顯堅決下令將母親與先帝合葬在一處。

次年五月，則天皇后正式安葬在了乾陵之下。乾陵外的闕門前，武則

天在世時曾經立下一塊巨大的石碑，上面鐫刻著武則天親自撰文、李顯親筆書寫的《述聖記》，歌頌著高宗皇帝的功德。而武則天安葬之後，李顯也同樣為她樹起了石碑，與記載高宗皇帝功德的述聖記碑並列，準備記錄則天皇后在世時的功績。

但是如何來評價則天皇后的一生呢？武則天又應該以什麼身分來接受世人的評價？是武周的皇帝，還是高宗的皇后？這個問題，並不完全依據世人對武則天的評價，更多地取決於武則天留下的政治遺產。

後世史學家湯恩比曾有名言：「一切歷史都是當代史。」意思就是，書寫歷史的史官們，會將他們當下的觀念映照在歷史上，同時也將他們記錄的歷史刻上時代的烙印。對於武則天的評價，如果武氏宗族的勢力依然強盛，那石碑的碑文將會把武則天視為李武兩家聯手統治這一政治秩序的奠基者；而如果武氏一族被誅滅，那武則天在位時期的行為，充其量不過只是婦人的亂政。

神龍二年（西元706年）的朝政，形勢變化萬千，新的政治秩序還沒有建立，屬於武則天的這塊石碑，也就難以確定其銘文。恰好接下來的這幾年，朝中的突發事件一件接一件地發生，唐廷君臣們的注意力全都放在了朝廷的鬥爭上，銘文一直空缺著，長此以往，這件事漸漸拖了下去，直至被人們遺忘。

後來的人稱武則天的這塊石碑為「無字碑」，因為上面空空如也。有人說，武則天有意立下這塊沒有字的石碑，因為她知道自己的生平充滿矛盾與爭議，身後必然毀譽參半，不如將石碑空著，任由後人評說。

雖然這是後人憑空的誤會，但實在是一場美麗的誤會。

則天皇后下葬乾陵的這個月，五王因武三思的誣陷，悉數被貶官於嶺南。當人們以為這就是五王的歸宿時，兩個月後，更驚人的事情發生了。

洛陽宮外的天津橋頭，忽然懸掛起一張揭示韋皇后往昔醜事的榜文，

第九章　南向翊大君，西宮朝聖母—赤幟復揚

逐條陳列，字字犀利。此紙一出，滿城頓時譁然。宮闈祕辛向來最能引人側目，更何況牽涉到皇帝顏面的傳聞。街巷間議論四起，茶肆酒樓裡人聲鼎沸，人人都在傳誦榜文上的內容。

皇帝李顯聞訊大怒，命御史大夫李承嘉徹查此事。李承嘉略作了一點調查，便上奏道：「此事是敬暉、桓彥範、張柬之、袁恕己、崔玄暐派人所為。他們託言廢黜皇后，實際上是要謀反，請將此五人滅族！」

眾人這才如夢初醒，原以為矛頭直指韋皇后，不料卻繞了一圈，反手擊中張柬之等五王的要害。朝中大臣心裡都明白，五王眼下自身難保，根本不可能靠貼揭帖來攻擊皇后。再說，五王此時還在嶺南幾州當地方長官，御史臺和大理寺也沒把他們抓回來審問，就這樣突然定罪，也不合唐律的規矩。可偏偏韋皇后的女兒安樂公主和太子李重俊都出面求皇帝，硬要他下旨，嚴懲五王，還要誅滅他們的三族。

而李顯則表現出一碗水端平的姿態，兩邊的意見中和一下，於是下令，張柬之等五王的罪行「九死」莫贖，但鑑於當初朝廷曾頒發過免死鐵券給他們，各自免除十次死罪，既然如此，那就不判死刑，改為撤職、將他們流放到更加荒蠻的帝國邊緣。

可憐張柬之等人在市警察局長的位子上屁股都沒坐熱，一封敕令下來，就各自被流放於交趾的溼熱雨林。

這一連串的計謀，背後主使正是武三思。五王一除，他才算真正權傾朝野。可光是把五王流放，還不足以徹底斷了他們翻盤的可能——萬一局勢反轉，敬暉回到朝中，武三思立刻又會陷入被動。於是，他聽從身邊人「斬草除根」的建議，決定一勞永逸。這個任務，他交給了和五王有舊怨的右臺侍御史周利貞，讓他奉旨去嶺南查五王的流放情況，順便動手。

流放地瀧州（今廣東羅定）、古州（今貴州榕江）地處於帝國的邊緣，當時還未曾開發，夏天炎熱潮溼，不適宜居住。漫長的流放之路是一種折

磨,對年邁之人更甚。張柬之、崔玄暐在路上不幸染病,悽愴地死在了路邊的驛站中。

周利貞在貴州找到了流放路上的桓彥範,便讓人將桓彥範綁了起來,放在竹板上,用馬車拉著一路拖拽。桓彥範的身體一路摩擦著地面,皮肉被路面的碎石沙土刮掉,痛苦地奔馳一路,與地面相觸的地方只剩下了骨頭。周利貞發現桓彥範還活著,於是又一棍一棍地重重擊打桓彥範身體剩下的部分,直到當場打死。

接著又找到了敬暉,按照之前閻知微的待遇,用刀一片片剮下他的皮肉,剮得只剩骨架之後,再一刀結果性命。

最後剩下的是袁恕己。周利貞知道袁恕己平時喜歡吞食黃金作為養生之道,便逼他喝下野葛汁。袁恕己體內毒發,疼痛難忍,以手抓地,指甲全被磨盡,但他命硬,喝了好幾斤野葛汁都沒死,最後被周利貞虐殺。

周利貞回到洛陽後,被大加讚賞,一躍升遷為御史中丞。五王有功於社稷,卻還是遭到這樣的下場,原本喜氣洋洋迎接李唐光復的士族大臣們,不免寒心起來,但又懼怕同樣的下場,因而屈服在武三思的霸凌之下。兵部尚書宗楚客、將作大匠宗晉卿等人都成了武三思一黨的羽翼。

這一代人,成長在二十多年告密當道的時代下,已經不像狄仁傑、張柬之等上一輩人那樣,以正直耿介為標準作風了,他們全都學會了在高壓之下虛偽矯飾,掩藏自己。對於武三思、韋后乃至李顯來說,哪些人是善人,哪些人是惡人,從外表上已經看不清了。武三思選擇的標準倒是很明確:服從他的,就是好人;和他交惡的,就是壞蛋。

都說武周時代不如當年的大唐,誰想大唐光復之後,連當年的武周都不如。

朝臣們之所以對武三思如此言聽計從,主要還是因為李顯能力不足。如果李顯有足夠的能力和權威駕馭五王,就不會放任武三思將他們虐殺,

第九章　南向翊大君，西宮朝聖母—赤幟復揚

而是會把他們留在朝中——讓武三思和五王勢力相互制衡，李顯自己在一旁看戲，豈不美哉？

廢黜在房州的十四年，對李顯的政治生涯來說是空白的，他沒有像弟弟李旦那樣留在洛陽，根本沒有機會培植自己的勢力。回到洛陽後，他也被嚴格監視看管起來。這幾年李顯留在朝中，雖然從皇太子變成了皇帝，但是對於外朝的掌控，仍然只能透過武三思的力量來行事，因為外朝的宰相們根本不給他面子。

李顯能找到的突破口，除了武三思，就只有內廷。他從皇太子時開始，就悄悄結納了大量的宮女、宦官，從他們那裡獲取一些內部情報，同時指揮他們做一些小事情。神龍元年（西元 705 年）的政變，也是靠著他籠絡宮裡的人，才把武則天寢宮裡的消息封鎖得這麼徹底，導致武則天直到聽見羽林飛騎闖宮時才驚覺異變。

這件事情之後，李顯獎賞了很多有功的宮女和宦官，封宮女為誥命夫人，封宦官為外朝的官員。其中有一個名叫葉靜能的尚衣奉御，不僅在政變中有功，還會一些奇門妖術，李顯很感興趣，想要封他為國子監的祭酒，也就是朝廷最高學府的校長。但任命這麼重要的官職，按照大唐制度，肯定要經過中書門下的充分討論、草擬詔書，然後加蓋玉璽，製作詔敕，才算正式任命。然而宰相們並不是很給面子，都不同意這個任命。可李顯鐵了心要讓葉靜能做國子祭酒，於是自己親筆寫了個敕書，直接下達給禮部。

有關部門都傻眼了，敕書雖然是皇帝親筆寫的不假，但卻是實實在在的假冒公文。經過合法程序的詔敕都是加蓋了紅印的，而皇帝的這封敕書，只有皇帝的簽名而已。雖然有關部門在李顯的施壓下最終認可了這種做法，但「墨敕」的出現，是對原本就已經很脆弱的三省六部決策制度的一種破壞。

而且葉靜能是宮人身分。李唐自建立以來，十分注意防止東漢時外戚、宦官專權帶來的惡果。宦官和外戚本是皇帝加強自己權力的工具，但有時也會帶來嚴重的後果，那就是破壞朝廷原本的治理法度，導致政治上的黑暗。即使是永徽年間要對付權傾朝野的長孫無忌，高宗皇帝都沒有扶植過宦官勢力，甚至也沒有讓皇后武則天的親戚們干涉朝政。但李顯並不像他父親這般克制，只要是可以為自己所用、幫助他增強權力的人，他都毫無顧忌地任用，就像二十年前他急遽提拔自己的岳父韋玄貞一樣。不只是葉靜能，還有其他受寵信的宮人，李顯都任命他們擔任了朝廷要職。

也就是從這時開始，宦官開始逐漸參與朝政。並在幾代人之後，成為朝廷與皇權最嚴重的隱患。

一同被李顯提拔起來的，還有宮廷的女官們，其中最重要的一位人物就是大名鼎鼎的上官婉兒。上官婉兒自武周時期就為女皇草擬詔書，神龍政變中，她也在隱祕的角落發揮著重要作用。李顯登位之後，便讓她繼續原來的職位，並透過她來壯大內廷勢力，與外朝的宰相們抗衡。更可喜的是，上官婉兒正逢妙齡，李顯於是納她為妃，封為婕妤，之後又加封為昭容。武三思就是被上官婉兒引薦給韋皇后，然後與李顯結交的。

在神龍年間複雜的朝廷關係裡，上官婉兒穿梭其中，促成了不少密室裡的陰謀。她曾因為犯錯而被武則天處罰，在臉上刺了字。那一方臉上刺字，如同一塊金字招牌，伴隨著盛裝華服的她，行走在門閥當中。

神龍二年（西元706年）十月，朝廷正式將都城遷回長安，再次大赦天下。這座古老的都城迎接著皇帝的到來，但城中的百姓卻不知道將來的天下究竟姓李還是姓武，抑或屬於其他的什麼家族。

長安北邊的乾陵，那座屬於則天皇后的石碑依舊空白，冥冥之中也在昭示著如今變幻不定的局勢。

第九章　南向翊大君，西宮朝聖母—赤幟復揚

05　天下第一太妹

裹兒是皇帝李顯最小的女兒，也是李顯最疼愛的女兒。

李裹兒降生在父親被廢後遷往房州的路上。途中山路崎嶇，韋皇后在顛簸之中破了羊水，在路邊早產生下了她。這也許是李顯最為狼狽的一段經歷，自己的妻子居然和山野村民一樣在路邊野地裡生產，沒人看護，卑微得如同草芥。也許在那時，李顯就暗暗發誓，要是他有機會東山再起，絕對不會再讓他的妻子和女兒吃一點苦頭。所以李顯成為太子之後，裹兒便成了郡主；李顯即位之後，裹兒成了公主。她的名號也帶著一片深意，叫做「安樂公主」。

從小生活在沒有拘束的房州，安樂公主無憂無慮，因為缺乏良好的宮廷教育，少了一些皇室貴胄的風度，同時在父母的寵溺下又多了些嬌蠻。隨著她一點點長大，安樂公主被許下了與武崇訓的親事。

武崇訓是武三思的兒子，讓李、武兩家人最寵愛的一雙兒女成為一家人，自然是喜上加喜，親上加親。

安樂公主以為，父母的寵愛會永無止境，自己的榮寵也永遠不會停。她自恃父皇的寵愛，在朝中橫著走路。有時她自己做主，賣官鬻爵，先寫好給某人的任命敕書，再跑到父皇那裡，蓋住任命書的正文讓父皇來簽。李顯笑女兒的嬌蠻，卻也不加禁止，直接閉著眼睛簽了字，不問敕書的內容究竟寫了些什麼。當然，詔書一樣沒有中書門下的審議，沒有加蓋紅印，為了區別於正式文書，還特意歪著貼了封印，這所謂的「斜封墨敕」，有關部門看著皇帝和公主的面子，竟也可以真的照辦實施。於是到安樂公主這裡買官的人更多了，安樂公主的驕橫也更深了一分。

太子李重俊不是韋皇后親生，所以韋后不喜歡他。韋后不喜歡，武三思自然也不喜歡。韋后和武三思不喜歡，安樂公主和武崇訓也就都不喜

歡。安樂公主和武崇訓都是豪門裡嬌生慣養出來的，見到太子李重俊，直接把這份不喜歡寫在了臉上，完全不把這位帝國名義上的繼承人放在眼裡，甚至叫李重俊為「阿奴」，對他吆五喝六。

李重俊和安樂公主的梁子，算是結下了。

安樂公主夫婦並沒有覺得自己錯了，如今武三思權傾天下，韋皇后獨霸後宮，是天下實際的主人。連上官婉兒都與武三思交好，故意在她起草的對外詔敕裡，把武氏擺在前面，李氏宗親放在後面，以此拔高武氏的尊崇地位。在安樂公主和武崇訓看來，這個朝廷是屬於他們一脈的，確切地說，是韋皇后與武三思各自的嫡親兒女所共有的財產。所以這個生母並不高貴的太子李重俊，自然就是個給他們李武聯合政權把門的奴僕。

安樂公主自然知道，這位三哥將來是要繼承皇位的，而這是她絕對不允許的。於是她來到父皇李顯面前，說了一大通李重俊的壞話，什麼出身卑微、能力不足之類，說來說去就只有一個結論——罷免太子。

聽了安樂公主的話，李顯啞然失笑：「罷免了你太子哥哥，那你說說看，我要把皇位傳給何人？」

「父親傳給我就好了呀！就封我為皇太女吧！」安樂公主嬌嗔地說道，心裡對自己想出這樣一個創新的名號很是自豪。

這話逗得李顯哈哈大笑，原本妄議立儲之事是皇帝的大忌，但李顯卻並不怪罪自己這個天真可愛的小女兒。

對於李顯來說，立儲也是他一直所為難的事情。他有四個兒子，最合適的是韋皇后所生的嫡長子李重潤，但李重潤已經在幾年前因為張易之兄弟的陷害而被迫自殺了。庶長子李重福，被查出來是陷害李重潤的告密者，因此被貶到了外地。此時剩下的就只有庶出的李重俊和李重茂，如果廢了李重俊，那還能立誰？李重茂還只是個年幼的孩子，雖然是韋皇后撫養長大的，但是如今朝中暗流湧動，一個十歲的孩子恐怕接不下這樣的擔子。

第九章　南向翊大君，西宮朝聖母—赤幟復揚

除了李顯自己，他的弟弟安國相王李旦也曾是皇帝，在朝中的根基甚至比他還要穩固。如今太子李重俊確實能力不強，但原因是什麼？不就是因為他跟隨自己滯留在房州，缺乏一流的教育和訓練嗎？反倒是留在洛陽的李旦，讓自己的兒子們得到了最好的皇家教育，幾個兒子全都是一等一的好青年。如果李顯死後年幼的李重茂登上皇位，那朝廷大權很有可能分分鐘就被李旦和他的兒子們奪走了。

所以，李顯只能寄希望於自己能多活幾年，讓李重俊真正成長起來，或者等嫡子李重茂慢慢長大。

仇恨達到了臨界點，自然就會爆發。安樂公主請求李顯廢黜太子，立她為皇太女的話雖然是父女間的悄悄話，但天下沒有不透風的牆，太子李重俊很快聽說了這件事情，憤怒在心中積蓄，久久不能平息。

李重俊也不是吃素的，他雖然不得皇帝的喜愛，但也有支持他的人。父親李顯任由韋皇后與武三思專擅朝政，直接原因也許是李顯要透過韋皇后來鞏固自己的權力和皇位，但本質上還是因為李顯的能力不足。父親的昏聵、闇弱，導致了皇權的旁落、社稷的傾危。這些年，李重俊受夠了韋皇后、武三思這幾家人的鳥氣，他糾集起一大批胡族、邊軍出身的羽林軍人，打算在關鍵時刻拚死一搏。

他最大的支持者，就是右羽林大將軍李多祚。李多祚是神龍政變中斬獲頭功的武將，但目睹政變之後的朝政越來越黑暗，大批武氏的反對者遭到清算和報復，李多祚的心裡和朝中的反武人士一樣，也都憋著一股不平之氣。他也希冀著，也許透過太子掌權，可以扭轉當前武氏擅權的局面。

景龍元年（西元707年），百濟出身的右武威衛將軍沙吒忠義在與突厥對抗的前線吃了敗仗，退回長安，被閒置雪藏起來。沙吒忠義雖然驍勇過人，卻始終被擋在前線之外，心裡對朝廷頗有怨氣。於是他轉而投向太子李重俊，希望藉著這位太子，搏個前途與富貴。

左金吾大將軍、成王李千里，本就是遊手好閒的主兒。李重俊一招呼，要他參與這樁一本萬利的勾當，李千里立刻痛快答應。於是李多祚等反武派人物，再加上沙吒忠義、李千里這些政治投機分子，全都聚到太子李重俊麾下，等著逮住時機，放手一搏。

　　這一年七月的流火時節，李重俊決定發難！當天，他帶上李多祚，糾集將軍李思沖、李承況、獨孤禕之、沙吒忠義等人，以奉詔執法為名，發動皇帝的近衛千騎共三百餘人，殺進了休祥坊的武三思府邸，當場誅殺了武三思、武崇訓父子以及他們的親族黨羽十餘人。權傾朝野的武三思父子，竟沒留下一句話就被取了首級。

　　但是李多祚等人尋遍武三思宅，都沒有找到他的兒媳婦安樂公主。

　　李重俊原本的計畫，應該是一個乾脆的斬首行動，先在宮城外斬殺武三思、武崇訓一家，然後從南邊突入宮城，最終斬殺韋后，一雪前恥。安樂公主不在武三思宅，那一定是入了宮。於是他帶著手下從廣運門入宮，兵分兩路。成王李千里帶領一部分人，把守後宮的各處宮門；李重俊和李多祚帶領主力三百人，斬開門鎖，闖入肅章門，進入太極宮的內廷，四處尋找皇后等人。而當他們闖入寢殿時，卻發現皇帝、皇后也都沒了蹤影。

　　李重俊心中泛起疑竇：難道，計畫出了紕漏？

　　計畫確實出了問題，出在宮中的女官上官婉兒身上。

　　上官婉兒得知太子要謀反時，政變已經發動。上官婉兒雖然是皇帝的昭容，但她一步步從陰暗的掖庭宮爬升到現在，主要是靠著太平公主的幫助，她也一直都是太平公主的死黨。聽到此次政變的消息，她馬上意識到這事非同小可。太子冒冒失失地發動政變，雖然針對的是韋后、武三思一派，但李武兩家關係盤根錯節，牽一髮而動全身，武三思全家被殺，很有可能會波及到太平公主和丈夫武攸暨的利益。因此太平公主不可能站在太子這一邊，與太平公主利益攸關的相王李旦也同樣不可能，這次政變從一開始就錯了，太

第九章　南向翊大君，西宮朝聖母──赤幟復揚

子這個目光短淺的冒失鬼，以為只要殺了自己的直接敵人就可以成為贏家，卻沒想過他拿起的這把刀，很可能會把潛在的盟友推到敵方陣營去。

必須要阻止太子，防止事態進一步惡化！上官婉兒很快做出了決定，她連忙跑到李顯的寢殿：「大家（對皇帝的稱呼）！不好了，太子謀反了，要先抓婉兒，索拿皇后，然後就控制大家！」

李顯聽聞，同樣大驚失色，連忙帶著韋皇后、上官婉兒和安樂公主，往北一路退到玄武門，登上玄武門城樓以避兵鋒。現在羽林飛騎和其他千騎都還沒有集結起來，倉促之間，只有右羽林大將軍劉景仁帶著一百多名近衛千騎守衛在玄武門城樓下。

幸虧李顯得到上官婉兒的消息先走一步，否則就來不及了。

聽聞消息的宰相楊再思、宗楚客等人，連忙帶著兩千名禁軍前來救援。但他們是南衙禁軍，沒有皇帝詔令，不得進入後宮，便在太極殿前的廣場上駐紮，等待命令。後宮裡的形勢不定，宗楚客等人雖然是韋后的親信，但還沒有到為了韋氏擅自斷送自己前程與性命的地步。他們心中都揣著一個心思：誰贏，他們就跟誰。

李重俊、李多祚的三百飛騎轉眼就殺到了玄武門，聽聞上官婉兒在城樓上，他們便將城樓圍了起來。李多祚多次率軍試圖強攻城樓，卻被劉景仁的一百人擊退。宮闈令楊思勖是李顯的貼身護衛，此時他臨危請戰，挺身而出，面對殺上玄武門城樓的飛騎軍毫無懼色，接連斬殺數人，一下子鎮住了場面。

玄武門城樓下，三百飛騎狐疑著不敢進軍。他們只是聽聞太子受了王命，想要憑藉這個機會謀取一些富貴，就像三年前的神龍政變一般。但誰想到這次卻碰上了釘子，幾次強攻都殺不進去，甚至連上官婉兒、韋皇后的影子都沒有見到。

這時，城樓上忽然有人叫道：「下面的千騎聽著，皇上有話說！」接著，李顯站了出來，憑著城樓的欄杆說道：「你們這些千騎都是朕的宿衛

將士，為何跟著李多祚謀反？你們聽好了，如果有人能斬殺反叛之人，那麼既往不咎，以後不愁富貴！」

有人認出，這確是當今的天子！他們這些武人原本就和太子李重俊不熟，此時聽了城頭上天子的許諾，那意思便清楚了，只要現在殺了李多祚這些帶頭的，就有潑天的富貴！於是一群人興沖沖地一擁而上。

太子李重俊想要說什麼，但已經來不及了。前面打頭陣的將士們調轉了槍頭，直接就向李多祚等為首的將領砍了過來。李多祚以及他的兒子們還沒反應過來，就被當場砍死，還有沙吒忠義等人，也一併在亂軍之中被殺。

在外朝與內廷交界的右延明門，成王李千里帶著手下金吾衛，向楊再思、宗楚客率領的南衙禁軍發動了攻擊但慘敗，李千里當場戰死。

景龍政變示意圖

景龍政變示意圖

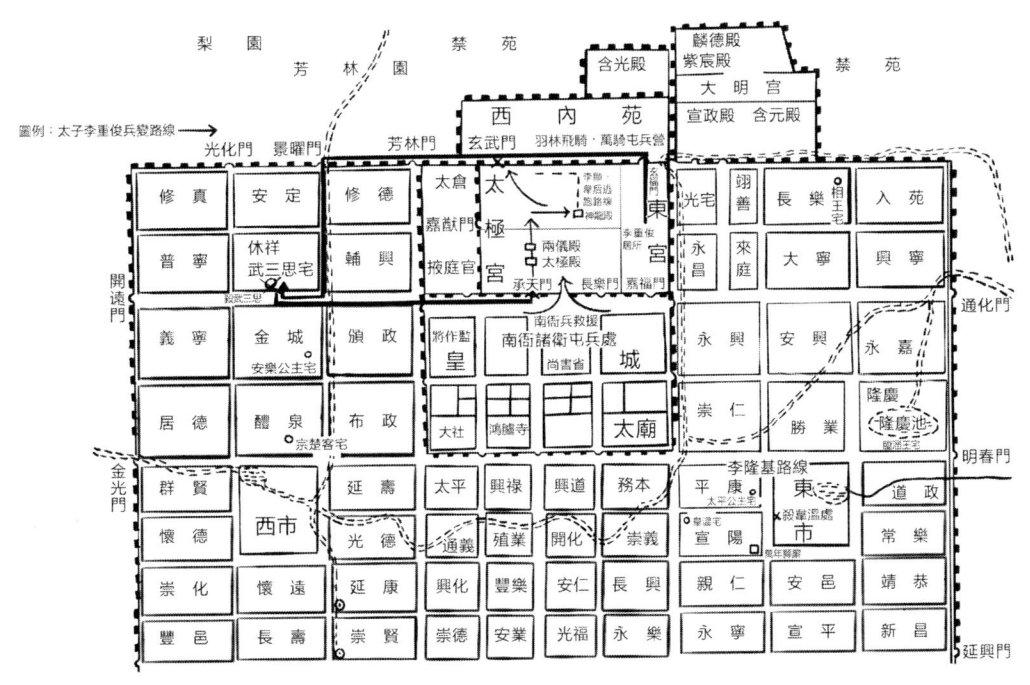

第九章　南向翊大君，西宮朝聖母—赤幟復揚

而李重俊則帶領殘部一百餘騎，一路逃奔到了終南山下，這時他回過頭才發現，跟隨自己的只有寥寥數人而已。這場政變，他本想藉機博取權力，卻沒想到豪賭失敗了，勝利並不屬於投機者。當李重俊在樹林裡休息的時候，早已經不想繼續跟隨的手下驟然發作，將他亂刀砍死。

安全了的李顯重新回到前朝，做的第一件事情，就是查看反水的羽林千騎送來的太子首級。看著自己兒子的頭顱毫無生氣地睜著眼睛，李顯的心裡毫無波瀾。

太子的首級被皇帝下令獻給太廟，同時一併祭奠武三思、武崇訓的靈柩。這之後，太子的頭顱被掛在了朝堂上，警示著朝中躁動不安的人心。沒有人敢為太子號哭，哪怕是原來的東宮僚屬，只有剛剛來到長安述職的永和縣丞寧嘉勖解開自己的衣衫，包裹住太子的首級哭號。皇帝的處置也很乾脆，將他貶為了興平縣丞。

在如何對待自己親兒子這個問題上，李顯和他的母親一樣狠心。他更加不信任自己的兄弟以及朝臣，而將權力越來越多地交委到了韋后的手上。

第十章

萬騎齊呼左右分,將軍夜披玄武門
——臨淄王奮起

第十章　萬騎齊呼左右分，將軍夜披玄武門—臨淄王奮起

01　又一個天之驕子

　　景龍三年（西元 709 年）的暮春四月，正是踏青遊玩的好時節。正如《論語》中所說的那樣，「春服既成，童子五六人，冠者六七人，浴乎沂，風乎舞雩，詠而歸」，是人生中最美的圖景。長安城的富家豪門，常常在城西的昆明池結伴郊遊。此時的昆明池便是如此，恰逢一群城中有名的豪家子弟在此聚會，坐在風景秀麗的湖邊，仿效古人的蘭亭雅集，玩著曲水流觴的遊戲。他們在銀製的酒船上斟滿美酒，酒船漂到哪裡，就由誰飲酒作詩。他們在豔陽之下把酒言歡，載歌載舞，愜意無比。

　　忽然一陣急促的蹄聲傳來，伴隨著駿馬的嘶鳴，一個年輕人飛馳而來，一時控制不住馬速，直到豪家子弟們的面前才止住坐騎。被驚擾的豪家子弟們正想開口喝斥，卻發現這個年輕人相貌英俊，一身威風颯爽的戎裝，小臂上還站著一隻獵鷹—— 長安城裡很多紈褲子弟也都喜歡這樣的裝束。不知這個年輕人的來頭，倒也不敢得罪，眾人只是面帶不悅地看著這個唐突闖入酒會的年輕人。

　　年輕人爽朗一笑，下了馬，施禮說道：「抱歉，正在追一隻狍子，不小心驚擾了諸位，還請寬恕！」他似乎是聞到了酒香，接著便說：「多有打擾，不知能否討杯酒喝？」他還真不把自己當外人，不待豪家子弟們首肯，便自顧自地與他們坐到了一塊。

　　年輕人入席之後，場面陷入了尷尬。在座的都是來自長安城有頭有臉的家族，怎麼能讓一個不認識的陌生人逕自坐進來一起喝酒？沉默了一會兒，一個少年忽然提議道：「今天是個好日子，不如我們輪流飲酒，輪到誰，誰就報上自己來自哪個家族，什麼官品，如何？」少年的提議倒是個不錯的開局，能讓這個年輕人看看大家都是些什麼人，如果這人身分低微，那自然會知恥而退；若這位年輕人也是個豪門子弟，那正好可以藉此

機會彼此認識一下。

一言為定之後，大家如擊鼓傳花一般輪流報著家門，如此這般，「某某氏，曾祖某官某品，祖父某官某品，父親某官某品，本人某某某。」眾人留心觀察年輕人的神色，當有人報出左威衛中郎將、中書舍人這樣五品以上的高官時，竟也不表現出驚訝，只是微微一笑，留神聽著。

終於輪到這個年輕人了，豪門子弟們不禁屏息凝神，想聽聽看這個年輕人究竟是何方神聖。只見年輕人也按照其他人的樣子報起了家門：「隴西李氏，家曾祖天子，家祖天子，家父安國相王……」年輕人不停，繼續一字一句地報出了自己的名字，「本人臨淄郡王，李隆基。」

以為對面是個青銅，誰知卻是一個王者。豪門子弟們連忙避到了一邊，不敢仰視。而李隆基卻談笑自若，與在座之人有說有笑，連乾三杯銀船還不夠，又拿起一個巨舀，在酒甕裡撈起一大舀，一飲而盡，這才心滿意足地告辭，乘馬而去。

這一年，李隆基二十四歲。

這是一個艱難的歲月，長安城居民們熱愛的這片昆明池被安樂公主看中，她派人巧取豪奪，想要將這片昆明池據為己有。要不是皇帝李顯沒有答應，這些豪門子弟將不再有機會舉行他們喜愛的湖畔活動了。安樂公主於是搶奪了昆明池不遠處百姓的田宅，要挖一個比昆明池更大的湖出來。李隆基在昆明池畔喝酒的時候，數里之外，安樂公主的人正在發動爪牙，對拒絕搬遷的村民進行強制動遷，挖湖的工程也在如火如荼地進行。這些事情，長安城的豪門子弟都知道，只是誰也不敢揭破或者議論。

李隆基的出現讓這些豪門子弟對皇室有了新的認知，原來高宗皇帝的子孫，並不是想像當中的那樣顢頇。

李隆基出生的前一年，他的父親李旦被拉上皇位，成了一個傀儡皇帝。他是李旦的第三個兒子，自出生以後，諸多紛亂繁雜伴隨了他的整個

第十章　萬騎齊呼左右分，將軍夜披玄武門—臨淄王奮起

童年，他身邊的宗親長輩、皇家玩伴，有時候會莫名其妙地消失，突然就再也見不到了。李隆基長大以後才知道，這些人都是因為酷吏的陷害被殺或者流放，自他出生以來，酷吏們在祖母武則天的指揮下，誅殺了數百名李唐宗室，至於朝臣、刺史、郎將們的家庭，更加不可勝數。

七歲的時候，父親李旦遜讓帝位、降為皇嗣，李隆基和兄弟們一樣，都被嚴格地看管起來，幽閉在東宮，此後十多年裡，李隆基幾乎沒有機會走出這一方小小的院落。這段暗無天日的歲月裡，李隆基幼小的心靈整天經歷著未知的恐懼。每年的年關是他最害怕的時候，每當這個時候，章懷太子李賢的兒子李守禮、李守義，也就是李隆基的堂兄，都會因為父親的罪而被拉去杖責。李隆基總會看到李守禮、李守義兩個哥哥被打得皮開肉綻，之後拖著受傷的身軀，相互攙扶著回到自己的小院。小一些的李守義經不住折磨，垂拱四年（西元688年）就病死了。李隆基雖然沒有受到皮肉之苦，但內心卻一直承受著巨大的精神壓力。

多年以後，李隆基聽他的弟弟們說，李守禮哥哥會法術，每當天要下雨或放晴時，他都會先作出預言，而且必定應驗。於是李隆基便問這位堂兄，他究竟會什麼不傳之祕，李守禮苦笑著回答說，他根本沒有什麼法術，不過是因為當年被關在深宮十多年，每年武后都會多次「賞賜」體罰，讓人棍棒伺候他，背上滿是厚厚的疤痕，從此將要下雨時就覺得沉悶，天要放晴時就感到爽快，他就是這樣預言天氣的。說著淚水沾襟，李隆基和兄弟們聽了，也無不心情慘然。

這段歲月，是李家兄弟們共同的黑暗回憶。

九歲那年，李隆基的生母竇妃與嫡母劉妃一起入宮覲見女皇，卻在嘉裕殿朝見了女皇之後被祕密處死。這一切毫無預兆，李隆基早上放心地和母親告別，沒想到這一別卻成了永別。背後的真相，是女皇安插在家中監視李旦的婢女韋團兒，誣告竇妃與劉妃暗地裡詛咒武則天，讓竇妃、劉妃

不幸遇了難,甚至不知她們被埋在了何處。這一年,李旦自己也因為被懷疑圖謀不軌而被抄家,幸好有太常樂人安金藏剖腹證明李旦的清白,這才讓他們一家平安度過劫難。

這讓年幼的李隆基再也無法相信任何人。九歲就失去了母親,父親也朝不保夕,種種挫折讓他的心智快速地成熟起來。

所幸天不絕大唐,在滿朝親唐勢力的努力下,伯父李顯成了皇太子,隨後神龍政變,大唐一夜之間回來了。李隆基目睹了這一切,他很高興自己被解除了軟禁,終於有機會到外面的世界去看看了。他被封為潞州別駕,也就是由皇族擔任的潞州副市長。但朝中風雲變幻,五王的權力高樓升起又倒塌,太子李重俊政變又失敗,武氏宗族雖然失去了武三思,但是依然占據著朝廷最顯赫的位置。

還有韋皇后的勢力也隨著天子的昏瞶闇弱、偏聽偏信而越發地強大。安樂公主因丈夫武崇訓在景龍元年(西元 707 年)的政變中被殺,隨後改嫁了武承嗣的兒子武延秀(就是當初北上打算娶突厥可汗默啜之女,卻被默啜扣下的那一位),韋氏與武氏再度透過婚姻聯結了起來。韋皇后的哥哥韋溫,獲得了太子少保、同中書門下三品的官職,宰相宗楚客等人全都依附於韋氏與武氏的聯合勢力。韋皇后則在宗楚客等人的請求下,加尊號為「順天翊聖皇后」,與李顯的「應天神龍皇帝」配成一對,很多人都看出來,韋皇后是有意要往武則天的道路上走。

武周代唐的歷程,難道要再一次重演了麼?

面對這樣的局面,李隆基憂心忡忡,他的夢想是看到大唐重新振作,恢復當年的強大,為了這個目標,他要先壯大自己的力量。從擔任潞州別駕時起,李隆基便開始結交各地豪傑,景龍三年(西元 709 年)在昆明池畔的插曲,就是他為了回到長安探查最新的動向,順便也結交一些長安城裡的豪門子弟。

第十章　萬騎齊呼左右分，將軍夜披玄武門—臨淄王奮起

這一次亮相，也算是達到了他當初來長安時為自己所設的目標。

而李隆基第一次正式出現在唐廷君臣們的視野裡，是在一場馬球會上。

景龍四年（西元710年），吐蕃帝國與大唐帝國正式和親，天子李顯讓自己名義上的女兒金城公主入藏，嫁給新的吐蕃贊普。唐廷與吐蕃的關係微妙，雙方幾十年來打打停停，這幾年吐蕃陷入內亂，又鬧起了天花疫情，這才停止了攻勢，請求和親。而在這支和親隊伍裡，還有一支吐蕃皇家的馬球隊。他們藉著這次進入長安的好機會，向唐廷提議辦一場馬球比賽，用「友誼賽」的名義增進兩國情誼。

不過，吐蕃與大唐這幾年一直在暗中較勁，這場比賽可絕不是單純的「友誼第一、比賽第二」。馬球本就是一項激烈的對抗運動，騎手與坐騎的配合、整支隊伍的默契與訓練水準，全都能看出端倪。更重要的是，它還蘊含著戰陣的思路與兵法，一場馬球賽，其實就是一次縮小版的騎兵演習——誰贏了，就意味著誰的兵力與戰技更勝一籌。天子李顯下令，從羽林飛騎和其他禁軍之中組起最好的馬球隊，一定要與吐蕃代表隊打好這場「友誼賽」。

他們在城北禁苑中的梨園球場擺開陣勢，準備一較高下。唐廷君臣沒料到的是，吐蕃代表隊有備而來，程度居然驚人地高，兩支球隊連打幾場，大唐代表隊都敗下陣來。在一旁觀賽的李顯顏面盡失，不知如何是好。

關鍵時刻有人報告李顯：臨淄王李隆基是個馬球高手，可以一試。李顯當即召來李隆基，請他火線救急。李隆基奉命而來，還帶來了他的好球友們——嗣虢王李邕、駙馬都尉楊慎交、武秀等人，組成了四人賽隊，與對面十名騎士組成的吐蕃代表隊一較高下。只見開球之後，李隆基無所畏懼，指揮若定，帶隊左衝右突，長驅直入，風馳電掣，所向無前，他們的四人隊竟然將十個人的吐蕃隊打得落花流水。

這一場比賽，李隆基一戰成名，成功打消了吐蕃人的囂張氣焰。整個長安城都沸騰了，不僅李顯賞賜了大量的錦緞財寶，就連平時對馬球不感興趣的人，全都知道了李隆基的名字。

皇帝李顯也不得不對弟弟李旦的這個好兒子重視起來。

自從李重俊謀反一案之後，李顯最擔心的就是他這個弟弟。因為這幾年來，李旦為了匡復李唐前前後後做了不少事情，尤其是他靠一己之力穩住了神龍政變時的南衙禁軍，更是顯露出了李旦對政界、軍界的強大影響力。都是做過皇帝的人，這叫李顯如何能放心？查案的官員也刻意要將李重俊的謀反歸咎到李旦身上，認為李旦以及太平公主都參與到了李重俊的謀反事件當中。李顯雖然沒有真的下令處罰相王，但仍然對相王百般猜忌，並將李旦嚴密地監視看管起來。

李顯原本就是一個暴躁無常、刻薄寡恩的人。當他對弟弟李旦步步緊逼，無限猜忌的時候，有人告訴李顯，當年為了讓李顯順利成為太子，李旦曾向母親武則天據理力爭，甚至不吃不喝地絕食抗議，這才讓武則天動了心，遂了他的願。知道這些後，李顯一時間曾關照過弟弟這一家，但仍然止不住自己心中猜疑的心魔。

有一點李顯不得不承認，李旦的兒子們都太優秀了。原先就聽說李旦的長子李成器胸有大略，如今知道這個臨淄王李隆基也不是凡人。在梨園球場上，看著李隆基縱馬馳騁，竟真的有那麼一點像當年太宗皇帝的英姿。

自馬球大賽之後，長安城漸漸開始流傳，說臨淄王李隆基宅邸外的隆慶池聚集著帝王之氣。幾年前，長安城東隆慶坊裡一戶人家的水井忽然開始瘋狂溢出井水，漸漸地噴湧成了數十頃的一片大池，形成了後來的隆慶池。

聽了望氣者的話，李顯也有點擔心起來，他特地興師動眾地帶著人一起去臨淄王宅看望自己的姪兒，說是拜訪，倒不如說是靠自己壓一壓這所

第十章　萬騎齊呼左右分，將軍夜披玄武門—臨淄王奮起

謂的「龍氣」。李顯讓人在池子上搭建樓船，張燈結綵，大宴侍臣。又拉著一群大象到船上反覆地踐踏，希望這樣能蓋住這一股帝王之氣。

但李顯知道自己做的這些很可能是徒勞。望著自己英氣勃勃的姪兒，李顯喜憂參半。喜的是，大唐王朝終於後繼有人，上天又一次降下了一位天之驕子；憂的是，這位天之驕子並非自己這一脈，而是弟弟李旦的兒子。這個帝國也許又一次將會因此出現紛爭。他想著自己僅剩的兩個兒子，不成器的李重福還被貶官在外地，而嫡親的幼子如今還少不更事，李顯這幾十年來在酒色方面耗費了很多精力，慢慢掏空了身體，已經過早地衰老了，也許不久之後他就會死去，而他這兩個兒子加在一起恐怕都不夠成為弟弟這一脈的對手。

是為了大唐的社稷，還是為了自己的血脈呢？李顯整日為了這件事情憂心。

02　又一個武則天

李顯沒有想到，自己的執政路線讓大唐的治理越發地崩壞，甚至比武周末年還要崩壞。

他的母親武則天在位後期，李、武兩家明堂盟誓之後和平共處，朝政在狄仁傑及其舉薦的姚元崇、張柬之等人的治理下，逐漸好轉，然而武則天又起新局──設「內朝」，寵幸張易之兄弟來遙控外朝，留下了不少弊政。李顯即位之後，朝野上下對大唐光復後新的希望，漸漸地蛻變成了新的失望。在韋后、武氏的專權擅政之下，原本的積弊進一步惡化，導致綱紀廢弛，施政混亂。

李顯為了能繞開中書門下、隨意任命他喜歡的內臣而開創的「斜封墨

敕」，被韋皇后、安樂公主等人發揚光大。韋皇后、安樂公主閉著眼睛收錢，閉著眼睛封官，而李顯則閉著眼睛簽字，前前後後任命了數千名「斜封官」，這還不算另外幾千名只有散官階但沒有職事的「員外官」。大量只憑著「斜封墨敕」就獲得官位的閒雜人等出現在朝廷的公務員序列裡，不僅干擾了中書門下正常的科舉、銓選、錄用、考核制度，還讓原本在武周時期就極為龐大的官吏數量進一步膨脹，造成了官員冗濫的現象。

畢竟朝廷上下就這麼一點職事，貞觀朝文治武功赫赫，但中央地方的內外官員加在一起也只有七百三十員，到了武周以後，官職漸漸混亂，數額增加到了四千八百四十一個員額。可是憑空多出上萬個走後門的買官者進了編制，照樣是僧多粥少，選用的時候只能靠搶，一個官職的選人已經預約到了幾年以後。這麼多官員，朝廷的俸祿也不夠發了，得虧唐廷家大業大，才沒有被這麼多官員吃光。但朝廷的財政已經入不敷出了。

當李顯意識到問題的時候，唐廷從上到下，人心就快要散了。

景龍四年（西元710年）上元佳節，李顯與韋皇后微服出遊，前往長安街市觀賞花燈，還順勢開了道恩旨，放數千宮女出宮踏春賞景。然而節慶一過，許多宮女竟一去不返，派人搜捕亦無所獲。這意味著，無論是掌管宮務的內廷機構，還是負責治安的長安衙署，至少有一方暗中通同。

宮人素來是李顯倚重的勢力，曾在神龍政變中為他奪位立下大功。或許正因後來李顯對不少知情者痛下殺手，宮人們才漸漸心生離意，脫離了他的掌控。

還有李顯原本擬定好的、跟隨與吐蕃和親的金城公主入藏的使者人選，臨行前忽然變卦不去了，任憑李顯好言相勸也拒絕動身。李顯只好又找了一人，卻再次被拒絕，直到物色到第三個人，才答應了隨同入藏。堂堂一國之君，任命官員居然也要討價還價了，可見李顯的朝堂烏煙瘴氣成了什麼樣子。

第十章　萬騎齊呼左右分，將軍夜披玄武門—臨淄王奮起

而且李顯還發現，自己身邊幾乎所有的一切，都被妻子韋皇后控制了。

韋后與她的黨羽韋溫、宗楚客，分別控制了後宮和前朝，李顯自己都要透過韋后來獲得外界的情報。朝廷的十一個宰相裡，有八個是韋皇后的心腹。韋后不管是切斷情報源，還是有條件地篩選一部分消息，都易如反掌。過去李顯是想透過韋后的人際關係控制內外朝，但如今他已經無法控制韋后。定州人郎岌上書說：「韋后、宗楚客將要謀逆作亂。」這樣大的情況，韋后只是簡單地知會了李顯，也不管李顯想不想向郎岌問話，不由分說地把郎岌杖斃。

這在李顯眼裡無異於一種宣示，韋后在告訴李顯她要除掉一切擋她道的人。

這和高宗時期的武后可不一樣，不管武后有多麼高的尊榮，只要李顯的父親高宗在一天，大權就牢牢攥在高宗皇帝的手上。但是李顯此時想要反過來控制韋后，已經是不可能的事了，因為皇家的武裝力量也都被韋后的人所控制。

羽林飛騎由左千牛中郎將韋錡典掌；原來的近衛千騎在李重俊謀反案後擴充，成為羽林左右萬騎，由長安縣令韋播（韋皇后的姪子）、郎將高嵩（韋皇后的姪女婿）統領；整個宮廷的安全，按制度由衛尉寺負責，負責人衛尉寺卿同樣是韋溫的族弟韋睿。李顯身後的刀全都被握在了韋氏家族的手中。

這年五月，許州司兵參軍燕欽融進言，歷數韋氏的罪狀：「皇后淫亂，干預朝政，而且勢力威脅李唐的宗廟社稷。」李顯於是召見燕欽融到殿上問個清楚，並讓宰相宗楚客等人一起聽著。燕欽融面見李顯之後，並沒有被陣勢嚇退，又說了一遍他的觀點，並且直接指出，安樂公主、武延秀、宗楚客與韋氏存在陰謀勾結，請求調查處理！

李顯聽著燕欽融的話，默然不語。他雖然昏聵，但並不是弱智，這些

年他犯下的致命的錯，就是因為當年房州同甘共苦的經歷而過於信賴自己的妻子。這些年韋皇后又是給自己戴綠帽子，又是培植黨羽，終於到了權重難控的時候。

這時，宗楚客不由分說，大聲喝道：「燕欽融御前無狀，左右飛騎，還不立刻將其撲殺！」

一邊的羽林飛騎以為是李顯的意思，立刻上前，一把將燕欽融推出殿外，只見燕欽融一個踉蹌，撞倒在殿前的石墩子上，摔斷了脖子，當場不治身亡。這場意外，正中宗楚客的下懷，他不禁拍手大聲叫好。

笑聲在殿內迴響，傳進李顯的耳中，竟是這麼的刺耳。李顯後悔了，他後悔自己當初錯信了韋后，如果還有機會，他會傾盡所能地去彌補，阻止韋后一黨的做大。他苦苦想著對策，卻沒有注意到自己怏怏不樂的神色，早已被一旁的韋后、韋溫等人看在眼裡。

李顯已經五十五歲了，與父親高宗、祖父太宗一樣患有遺傳性的高血壓。太宗、高宗都是在五十多歲時病逝的，李顯如今也到了差不多的年紀，也許大限馬上就會到來。想亡羊補牢，那就要儘早行事了。當然，李顯的身體也很重要，這段時間他的私醫馬秦客一直為他熬製湯藥，配合著光祿寺卿楊均準備的膳食，藥補與食補一起為他調養身體。

六月初二，李顯吃了一塊糕餅，忽然覺得渾身難受，彷彿一萬隻蟲蟻在噬咬著自己的肝臟。他意識到自己被下毒了，下毒之人竟是他所信賴的馬秦客與楊均，而誘使他們這麼做的是誰，自然不言而喻。他急忙要左右叫昭容上官婉兒來他這裡，他要趁著還有一口氣時交代後事，透過上官婉兒將他還沒做的事情託付給她所交好的太平公主，以及被他一直視為潛在對手的相王李旦。

然而晚了，一切都晚了，李顯蜷縮在臥榻之上，悔恨交加地死去了。

神龍殿裡，韋皇后靜靜地看著自己的丈夫被毒殺在了她的懷裡。結婚

第十章　萬騎齊呼左右分，將軍夜披玄武門—臨淄王奮起

三十多年，身邊的李顯既陌生又熟悉，這個男人死去的樣子，好像是一條狗。

李顯的廟號為中宗。作為大唐的第四任皇帝，李顯是不合格的，他的昏聵，不是因為他單純，而是因為他缺心眼。李顯一點也不單純，他冷酷無情，乃至對張柬之等有功於大唐的五王隨意黜落殺戮。他的問題在於輕率——輕率地打破原本的政治平衡，所以他第一次即位二十多天時就被趕下了臺；而後又輕率地依靠韋后和武三思的力量，所以讓韋后逐漸走向失控；為了達到目的輕率地破壞律令與法度，所以「斜封墨敕」的閒雜官員充斥官場，宦官擅權的風氣大開，嚴謹而有章法的唐律體系也被嚴重破壞。

韋后發現自己的機會來了，還差幾步，她就可以重新走上武則天獨攬大權的道路。她下令祕不發喪，親自總攬朝廷大小事務。六月初三，李顯被毒死的第二天，韋后與安樂公主商議之後，發動關中各個折衝府動員府兵五萬在京城集合，由駙馬都尉韋捷、韋灌等韋氏子姪統領。這樣韋后就不僅擁有直屬於皇家的羽林飛騎和近衛萬騎，還透過徵調府兵控制了南衙兵，整個長安附近的防務全都由韋后的人接管了。

不僅如此，韋后還讓中書舍人韋元負責整個長安城的治安，帶領左右金吾衛在長安城的六大街道上巡邏，防止城中各個勢力的異動。有了之前太宗、五王還有李重俊的三次「玄武門之變」，韋后就像是提前看過了考卷答案——照抄就是，她知道玄武門是宮城防禦的重中之重，所以讓韋睿、韋錡等人率領羽林飛騎嚴加防守，防止任何人圖謀不軌。

安排好這一切後，韋后確信自己已經控制了局面，所以密召宰相們入宮，告知了李顯的死訊，然後商討下一步對策。按照韋后的意思，要繼承皇位的是十六歲的四皇子李重茂（年齡小，便於控制）。宰相們大多是韋后的人，對這樣的提議自然是毫無異議。但年長的二皇子譙王李重福還被貶在均州（今湖北丹江口市），如今廢長立幼，難免會引起不滿，所以韋

后令親信宦官、擔任左監門大將軍的薛思簡，帶領五百人火速前往均州，將李重福嚴密看管起來，防止他有所異動。

為鞏固東都局勢，韋后下令將東都留守刑部尚書裴談、工部尚書張錫一併晉升為同中書門下三品，以升遷與厚賞收攏東都官員人心。

這番手段如行雲流水，讓宰相們不禁屏息凝神。看著韋后沉穩如山、運籌自如的身影，所有人心底同時泛起一股寒意：第二個武則天，已經近在咫尺。

穩住宰相之後，接下來就是向天下公告皇帝死訊的時候了。可惜的是，天子在臨死前叫來了上官婉兒準備遺詔。上官婉兒是太平公主的人，李重俊謀反時選擇了和韋后站在同一條戰線上。如今非常時期，能籠絡的人就要盡量去籠絡，韋后便讓上官婉兒參考中宗死前的意思，適當「加工」之後草擬遺詔出來。上官婉兒不愧是人才，說寫就寫，不一會兒便草擬出了一篇言辭懇切的遺詔來，大意就是：立溫王重茂為皇太子，皇后負責政事，相王旦參謀政事。

上官婉兒寫的內容充分照顧到了各方的利益，首先承認了韋后的主導地位，由她來統攬大權，同時也沒有提到太平公主，而是得體地選擇了太平公主的盟友——她的哥哥相王李旦來參政，說白了就是提一提意見，基本上能做到皆大歡喜。

但是宰相宗楚客卻不同意。他與韋溫覺得相王李旦在朝中的影響力很大，如果由他來參政，就有宗王勢力過強、威脅韋后和新皇權力的風險。所以帶領依附於韋氏的宰相們集體向韋后請命，解除相王李旦的參政職權，改由韋后臨朝稱制。

朝堂上，群臣面面相覷，不敢多言。只有侍中蘇瑰弱弱地提出了疑問：「先帝遺詔裡的安排，難道還可以改嗎？」這話讓氣氛略有些尷尬，韋溫、宗楚客向著蘇瑰怒目而視，蘇瑰識趣地低下了頭，不敢再多言。於是

第十章　萬騎齊呼左右分，將軍夜披玄武門—臨淄王奮起

韋后下令，改李旦為太子太師，明為升遷，實際上只是一個榮譽頭銜，褫奪了相王李旦的參政之權。

六月初四，中宗死後第三天，唐廷在太極殿正式發喪，並宣布由李重茂繼位為帝，韋后臨朝攝政，改元唐隆。從此之後，韋后作為皇太后，成了唐廷的實際主宰者。她比當年的武瞾還要強大，還要狠辣，因為有根基深厚的韋氏家族支持，此時的她已經控制了整個長安城。從南衙北衙的各路軍隊，到地位重要的中書門下和尚書省諸司，幾乎都有韋氏子弟擔任要職，朝廷上下，充斥著韋氏的黨羽。

官員們勸諫著參照武則天的舊例臨朝稱皇帝，街頭巷尾傳唱著〈桑韋歌〉，百姓們議論著將有新的女皇帝改朝換代，彷彿這股潮流浩浩蕩蕩，勢不可當。

03　又一場玄武門

隆慶坊的臨淄王宅裡，李隆基幽邃的目光遠眺著長安城的暮色。這座巨大的城池，和大唐帝國一樣，又一次現出了垂死的跡象。自從任期期滿，解除了潞州別駕的職務之後，李隆基沒有再要求參加吏部考定官職的銓選，既是因為如今斜封官滿地都是，所有人擠破了頭爭搶有限的官職，李隆基不想湊這個熱鬧，也是因為如今長安城裡形勢未定，他不願意輕易離開長安。

唐隆元年（西元710年）的大唐，已經到了最危險的時候。宗楚客、武延秀、司農卿趙履溫、國子祭酒葉靜能、以及韋氏諸大臣多次勸說韋后稱帝，還拿到了一些祥瑞與圖讖，來證明韋氏將要再次革命，改朝換代，處處排擠李旦與太平公主。李隆基了解他的父親，李旦是個沉穩有方略的人，這幾十年來，他始終是忠於大唐之人的一面旗幟，苦苦支撐著李唐所

剩的一點力量。但長久的忍耐漸漸讓父親磨圓了稜角，他已經是個五十多歲的老人了，不再能當機立斷地做出決定。

在長安的這些日子裡，李隆基耐心地結交著各路人才，從綠林豪傑到羽林軍官，從衣冠士人到朝廷公務員，只要是有才能、能為他所用的，李隆基都敞開胸懷迎接。這段壓抑的日子裡，年輕人們聚在一起，談一些遠大的理想，說一些肝膽相照的話語，他們在篝火旁把酒言歡，精通樂理的李隆基拍打起羯鼓，吹奏起橫笛，眾人和著樂聲一起歌唱舞蹈，笑著笑著便酣暢地醉倒。正可謂：

潞州別駕年十八，彎弓射鹿無虛發。
真龍絕水魚鱉散，參軍後騎梟鷗沒。
咸原瑞氣映壺關，城南書生知阿瞞。
解鞍下馬日向夕，炙驢行酒天為歡。

李隆基的身上流著與當年的太宗李世民一脈相承的血液，和太宗一樣，李隆基天生散發著魅力，讓年輕的士子、武人們傾心相交、掏心掏肺。

他的起步著實弱到令人絕望。一個被打壓的宗王的第三個兒子，在權力序列裡本該是個不起眼的小嘍囉。但是，李隆基從武氏、韋氏的銅牆鐵壁裡，硬生生地鑿出了屬於他的一方空間。

在任右衛郎將時，李隆基結交了左萬騎營長葛福順、右萬騎果毅李仙鳧等低階武官。其後，又藉著宴飲擊鼓等聚會，與果毅都尉陳玄禮相識。還有那位成日高呼「誅武平韋」的劉幽求——這位五十五歲、當年的神龍政變中曾勸張柬之等人除掉武三思的剛烈之士，如今仍只是長安城外朝邑縣的一名縣尉。這些人原本默默無聞，然而李隆基有本事從他們身上看出用兵可用之處，將之納入麾下。

羽林飛騎與近衛萬騎合稱為北門禁軍，唐隆元年時都由韋睿、韋播等

第十章　萬騎齊呼左右分，將軍夜披玄武門—臨淄王奮起

韋氏族人領軍，李隆基無法像當年張柬之說服李多祚那樣勸說禁軍主將，但他獨闢蹊徑，探索出了自己的辦法，那就是結交基層官員，從下而上地滲透進北門禁軍。

沒有人知道，甚至連李隆基也計算不出自己在飛騎和萬騎營中的影響力。他就像在北門禁軍裡撒下了一把種子，然後慢慢地等待著這些種子生根發芽。

新皇帝即位的十日後，深夜，臨淄王宅的大門忽然被敲開，來的是一個神祕的訪客。

來訪的人喬裝打扮，卻是寶昌寺的僧人普潤法師。寶昌寺在長安城最西頭的居德坊，臨淄王府在最東頭的延慶坊，兩者隔了整個長安城。普潤這麼大老遠地過來，是為了傳達兵部侍郎崔日用的一個內部消息——宰相宗楚客與武延秀等人密謀，要整倒相王李旦、太平公主，進一步謀害新皇帝李重茂，然後擁戴安樂公主為皇太女、韋后為新的女皇帝！普潤還說，情況緊急，崔日用建議臨淄王盡快發動反制措施。

客氣地送走了普潤，李隆基陷入了沉思。

這個消息，資訊量太大了。

身處於權力場，最重要的就是情報；得到情報之後，最重要的是判斷；而判斷情報，最重要的是情報的來源。這個消息來自於兵部侍郎崔日用，他與李隆基其實並不熟，相反是宗楚客一手提拔了崔日用，把他從一個小縣令一路提帶成兵部負責人的。崔日用如今與宗楚客依舊關係很好，是這位宰相身邊的大紅人。這樣一個人，為什麼會悄悄地透過普潤，把武韋勢力的核心機密告訴相王的這麼一個不起眼的三兒子？

如果是李隆基這樣的情報分析高手，就可以得出三個結論。

第一個結論，那就是崔日用已經知道了李隆基在北門禁軍裡的小動

作。兵部管理著南衙禁軍，按理說和北衙禁軍沒什麼關係。但崔日用消息靈通，自然有他的人脈網路，發覺了李隆基與中下層軍官們的那些關係，不然根本不會主動聯繫這位無權無勢的李三郎。李隆基的舉動對於武韋勢力來說，是一個危險的訊號，韋氏雖然控制了軍隊的上層職位，但如果中下層軍官們都投靠了李隆基，那韋氏不過就是個被架空了的孤軍一人。所幸崔日用並沒有把這個情況報告給他的恩主宗楚客，而是選擇主動示好，向他丟擲了宗楚客所密謀的大瓜。

第二個結論：崔日用之所以主動通報消息，是因為他並不看好韋武勢力。崔日用一邊繼續做著宗楚客的親信，一邊瞞報李隆基的動向。主動向李隆基提供情報，顯然是要兩邊下注，哪邊贏了都能有機會往上爬。如果韋武勢力真的一手遮天、李隆基的圖謀只是蚍蜉撼樹，那崔日用根本不用冒著被宗楚客發現的風險，做鋌而走險的事。說到底，崔日用也意識到了長安城內外的人心所向，看得出百姓們有多麼反感韋氏的那幫貴戚。李隆基只要妥善部署，就有可能對韋武勢力來一場絕地反殺。

第三個結論，李隆基綜合判斷，崔日用的這個消息是真的。他沒有提供虛假情報引誘李隆基上鉤的動機和理由，宗楚客確實在與武延秀謀劃著要對父親李旦和太平公主不利。如果真的如此，那李隆基就要提前起事了。

李隆基問他的好朋友們、近衛萬騎的果毅都尉陳玄禮與葛福順，如今韋氏亂政，他李三郎要起兵誅滅凶徒，拯救大唐，他們是否願意跟隨？

陳玄禮、葛福順都是爽快人，全都踴躍地來報名。如今韋播、高嵩等人執掌萬騎營，因在軍中資歷淺，二人為了立威，多次體罰違抗軍令的萬騎士卒，早已經搞得怨聲載道。三人當下說定，一起準備發動兵變。

但是光靠李隆基自己的勢力，是不足以應付錯綜複雜的宮中局面的，他的堂兄李重俊政變失敗就說明了這一點。李隆基要尋求多的幫助，對他來說，這個人的幫助是絕對無法繞開的。

第十章　萬騎齊呼左右分，將軍夜披玄武門—臨淄王奮起

那個人，就是太平公主。

作為武則天和高宗的小女兒，太平公主是所有兒女中最像母親的。從性格、容貌，到能力、才華，太平公主都像極了武則天。所以一直以來，太平公主都像大唐的一輪明月一般皓然奪目，連吐蕃當年與大唐和談時，吐蕃贊普都點名請求娶太平公主為妻。成年之後，她也常常和母親商議政事。武則天可能會防著自己的兒子，卻不會對自己的愛女有什麼忌憚。高宗的兒女中，真正從武則天那裡學到那些帝王權謀的，居然是這個嬌滴滴的公主。

但另一方面，太平公主這幾十年來的經歷，卻是一段愛情悲劇。她十六歲時嫁給了城陽公主的二兒子薛紹，婚禮在長安城萬年縣府中盛大地舉行，如一場世紀盛典，場面極盡奢華。婚後的太平公主與薛紹伉儷情深，鮮衣怒馬。但是好景不長，他們婚姻的第七年，薛紹因為兄長捲入了琅琊王李沖的謀反案而受到株連，被武則天下詔嚴懲，餓死在獄中。而此時他們的幼子才剛剛滿月。

丈夫死後的太平公主彷彿換了一個人，那個曾經紫袍玉帶的小公主不再有了。她如同被冷水潑醒，看清了政治的殘酷，逐漸成了一個冷血的政治家。她改嫁給了武攸暨，武則天為了促成這一段政治婚姻，處死了武攸暨的原配妻子。與武氏聯姻後的太平公主嘗到了權力的美味，如同心中一個新的靈魂被喚醒，原來她其實是一個如此精通於權術與陰謀的女人。

而且她的欲望也在一天一天地膨脹。她包養男寵，勾引朝臣，還利用自己的身體獲取更多的政治資源。

就這樣，她一步一步爬上了權力的高峰，成了中宗死後長安城中不可小覷的力量。在宮裡，她不僅有上官婉兒連通中樞，還控制著一部分宮人勢力，許多實權的內侍、女官都是太平公主的人；兒子薛崇簡擔任衛尉少卿，負責宮中一部分駐防；在宮外，太平公主靠著與薛紹、武攸暨的關

係，也有黨羽無數。她與哥哥相王李旦關係不錯，結成了隱形的聯盟，儼然有與韋后勢力分庭抗禮的態勢。

當她的姪子李隆基來到她的府邸，告知崔日用傳來的宗楚客的陰謀，並請求她給予支持的時候，太平公主心中略帶著訝異——她一直以來都沒注意過的這個李三郎，竟然異想天開地在為發動政變做準備。他想靠什麼來贏？

李隆基的意思很明確：他雖然有足以掀翻太極宮的羽林萬騎，但由於一直身處核心權力圈之外，並沒有什麼向宮中滲透的機會。而姑姑太平公主恰好在宮中根深蒂固，卻苦於沒有發動政變的兵力。所以他們正好可以強強聯手，一舉奪權。

按照李隆基的計畫，他已經謀劃好了從羽林萬騎集結到進入玄武門的這一段，相關的人員也全都已經打點好了。只是入宮之後，何人探聽情報、何人引路、何人接應，這些需要太平公主的參贊。聽著聽著，太平公主原本戲謔的表情嚴肅起來，她意識到自己一直低估了這個三郎，不知不覺，這個姪子竟然已經掌握了足以扭轉長安城局勢的武裝力量。

李隆基的計畫非常詳盡周全，也十分誘人，太平公主最終答應了，並且讓她的兒子薛崇簡一起參與進來，屆時代表她和李隆基一起入宮。

商議的時候，有人問道：「這件事茲事體大，還是和相王彙報一下吧？」

李隆基搖了搖頭：「我等已經報了必死之心來籌劃此事，事情辦成了，功勞自然是相王的；若是沒有辦成，那也由我們來頂包，不能拖累相王。既然如此，報告相王有什麼必要呢？相王同意了，那就等於把相王置於風險之中；要是相王不同意，難道這件事我們就不做了麼？」

參與密謀者恍然大悟，稱讚李隆基的一片成全父親的心。但太平公主卻心下雪亮，她看得出來，這個孩子的心中有一團不平的火焰，雖然他是哥哥李旦的第三個兒子，但卻想要透過這次兵變，打開他通往皇位的道

第十章　萬騎齊呼左右分，將軍夜披玄武門—臨淄王奮起

路。如果這次事情成了，相王來做天子，三郎真的有可能繞開自己的兩位哥哥，成為帝位的繼承人。

但這只是可能而已，在太平公主的計畫裡，李隆基只是其中的一部分，鹿死誰手，如今還說不定呢！

六月二十日傍晚申時，夏至過去不久，此時的天上還是豔陽高照。李隆基和劉幽求身著便裝，帶著幾個隨從，跨出了臨淄王府大門。他們將會先到達長安城北的禁苑，與那裡早已經聯繫好的禁苑總監鍾紹京會合，然後點開兵馬，殺向玄武門。

玄武門，彷彿有人下了魔咒，每當有兵變發生，總是繞不開它。

李隆基騎上馬出發了，迎接他們的，是不可預測的未來，但未來無論如何，他們一旦做了決定，便不會後悔。

04　帝都的血腥之夜

後來的鍾紹京可能偶爾會懷疑，當初他要是沒有為臨淄王打開那扇門，歷史會是怎樣的走向，鍾紹京自己又會有怎樣的命運？

他很早就參與了臨淄王的密謀。他執掌的禁苑是長安宮城以北的一片皇家園林，覆蓋了長安城的整個北邊，與城西北的漢魏舊城連成一片。這片禁苑是從玄武門入宮的必經之路，能有鍾紹京為臨淄王接應，臨淄王就有發動政變的底氣。

然而，當六月二十日這天，臨淄王李隆基來到鍾紹京的住處，準備一起向玄武門動身的時候，鍾紹京後悔了。他瞻前顧後地想著，要是政變失敗怎麼辦？他是贛人，南方人在唐廷原本就受到北人的歧視，他頂著多方面壓力好不容易才做到禁苑總監的職位，按照如今的官場生態，這個職位

也算是做到頭了。他看著自己來之不易的這些家業，不免變得瞻前顧後起來。

臨淄王的隨從在外面敲門，門裡的鍾紹京陷入了內心的煎熬。

鍾紹京的妻子勸道：「你們做的是捨生報國的事情，鬼神都會幫助你們的。」

鍾紹京聽了，仍沉默著。

「如果這回不去，之前謀劃好的計策怎麼辦？難道不會追查到你麼？」鍾紹京的妻子焦急起來。鍾紹京心中清楚，妻子說得沒有錯。此時的他已經騎虎難下了，只能靠一腔孤勇，硬著頭皮往前闖。他終於下定決心，打開門，納頭便拜，迎接臨淄王的到來。

李隆基扶起拜倒的鍾紹京，拉著他的手一起回屋坐定。這個晚上，鍾紹京的家舍就是整個行動的指揮部，李隆基下令，葛福順、陳玄禮、李仙鳧等羽林萬騎將官準備好之後，來鍾紹京家宅報到。

他們焦急地等待著，從申時等到了酉時，黑夜降臨，二更時分，終於等到了外面傳來的馬蹄聲。葛福順、李仙鳧兩人抵達了這裡，向李隆基報告：「我們的人已經準備好了，陳玄禮在軍中等待，只要臨淄王一聲令下，我們就回去斬殺韋氏主將，控制全軍！」

李隆基站了起來，正要說話時，忽聽得空中響聲大作，他們走到庭院上看，只見幾顆巨大的流星劃破天空，光芒四散，猶如銀河降下飛雪，照亮了半邊夜空。

劉幽求驚喜道：「天意如此，機不可失！」

李隆基當即點頭，計畫啟動。

葛福順飛馳到萬騎營門前，拔出腰間長劍，直接闖入主將大帳，不由分說，將韋睿、韋播、高嵩三人拖到帳外，當著營中全軍將士的面，當場

第十章　萬騎齊呼左右分，將軍夜披玄武門—臨淄王奮起

將這三人砍了腦袋。提著帶血的長劍，葛福順高聲喝道：「韋后毒死先帝，密謀危害社稷，罪大惡極。今晚，我等要一起誅滅諸韋，凡是高過馬鞭之人，一概誅殺！然後擁立相王以安天下，若是有首鼠兩端，相助逆黨的，事後誅滅全族！」

所有萬騎將士歡呼起來，欣然從命。

鍾紹京的宮苑監官署裡，韋睿等三顆首級被送了過來，李隆基舉起火把查看確認之後，知道局勢已經明朗了。於是他帶著劉幽求等人動身出發，鍾紹京也發動禁苑裡的工匠兩百人，用斧頭、鋸子武裝起來，跟隨李隆基出動。從禁苑南門出來後，前面就是玄武門了，左右萬騎列陣在前，等待著李隆基的到來。

李隆基與將官死黨們商議，由葛福順帶領左萬騎攻打玄武門，李仙鳧帶領右萬騎攻打白獸門，攻入城中之後，與宮中之人接應，然後占領整個宮城，屆時鼓譟為號，示意大部隊入宮。安排妥當之後，李隆基向面前的萬騎將士們說道：「壯士們，我等在凌煙閣見！」

他這句話，既是約定了會合的地點，也是一句意味深長的暗示。凌煙閣中供奉了大唐開國時的二十四位功臣，是大唐所有軍人心中的聖地。羽林將士們無不想像當年的開國名將一樣，建立不世的功業，贏得幾代的榮華。今夜對於他們就是一個類似的機會，成功了，便可名垂青史，和當年的秦府功臣們一樣。

萬騎將士應聲鼓譟，葛福順帶著一隊騎兵，當先衝向玄武門，斬殺守門的武將，撞開城門，衝入了宮城。在宮內，與太平公主交好的尚衣奏御王崇曄也參與了密謀，此時他在裡面接應，萬騎們隨之控制了後宮的各處要地。李隆基在玄武門外等待著，謹慎的他要等到一切時機成熟之後再放心入宮。直到子時的更鼓敲了三下，宮中隱隱有鼓譟聲傳來，李隆基估摸著時機已經成熟，於是帶領鍾紹京的工匠部隊、還有陳玄禮的一隊羽林萬

騎，正式跨入了玄武門。

冥冥之中如有上天的安排。玄武門之變的八十四年後，太宗皇帝李世民的曾孫，再一次帶兵闖入了這座城門，去挑戰天下的至尊。

太極殿裡，正在為中宗守夜的韋后忽然聽到外面鼓譟大作，隨即有人來報，萬騎營兵變，如今已經入宮。還有人說，領頭的是臨淄王李隆基，要擁立相王李旦繼位為天子。聽到消息的韋后震驚不已。但一隊萬騎已經到了太極殿外，高聲喊著：「今夜誅殺諸韋，馬鞭以上皆殺無赦，立相王以安天下！」

太極殿裡守衛中宗靈柩梓宮的，是南衙諸衛兵。相王原本就在南衙具有很強的影響力，如今韋氏已經是千夫所指，南衙諸衛兵又怎麼可能為了韋氏繼續賣命？當即披上甲冑，打開殿門，高聲喊著和外面一樣的口號，倒向了發動兵變的一方。

反了，都反了。韋后心中震驚，但她還有一線希望，萬騎營反了，但羽林飛騎還在。她立刻在幾個親信的護衛下，趕往飛騎大營，投奔掌管羽林飛騎的姪子韋錡。可是當她進入飛騎營後，便發現情況不對，韋錡的人頭正被挑在竹竿上，梟首示眾。當她意識到飛騎營也參與了兵變時，身邊的一個羽林飛騎已經搶到了她的身邊，手起刀落，韋后的人頭便滾在了地上。

聽得太極宮的兵亂消息，安樂公主已經來不及作出應對了。這場兵變太過突然，而且招招致命，她和韋后全都毫無招架之力。當她四處尋找丈夫武延秀，想要和他商量對策的時候，萬騎兵早已經殺到了她的府邸外。

她還不知道，武延秀已經在肅章門外被李隆基捕獲，並當場斬殺。

毫無防備的宅邸，很快被萬騎兵破門突入，府中呼喊、慘叫之聲自遠及近。安樂公主知大勢已去，心中一片茫然。多年以來，她自以為手腕不凡，可與祖母武則天並肩媲美；及至今日，方知往昔的張狂，不過是仗父

第十章　萬騎齊呼左右分，將軍夜披玄武門—臨淄王奮起

母之勢。臨危之際，她也只是個六神無主的女子而已。

世間最易誤人者，莫過於近於權柄之時，便以為權在己手。

安樂公主唯一想到的就是自己不能蓬頭垢面地死去，就算是死，也要整整齊齊、漂漂亮亮的。她走到鏡子前，打開脂粉奩，用眉筆開始對著鏡子畫起了眉毛。鏡中的自己還是那麼美麗，只可惜這樣美麗的她，馬上就要折辱在這些粗糙的軍漢們手上。幾名萬騎衝進了她的房間，提著刀向她問話。但安樂公主置之不理，她仍舊畫著眉毛，恍若不聞。脾氣差的士兵一怒，舉起刀便將安樂公主斬殺在了梳妝檯前。

李隆基和薛崇簡等人帶著接應部隊一路入宮，基本上沒有受到阻攔。韋后在飛騎營被殺，人頭也已經被飛騎送了過來。少帝李重茂還在太極殿，但並沒有什麼反抗的意願，乖乖地被南衙衛兵和北衙禁軍們一起控制起來。李隆基微微鬆了口氣，他明白今夜的事情，應該已告成功了。

劉幽求喜道：「當初大家約定今晚一起擁立相王登基，不如我們立刻請相王入宮，在太極殿上登位吧！」

「不可！」李隆基立刻揮手阻止，「事情還沒有結束。韋氏這幾年來在朝野根深蒂固，豈是我們殺了為首的幾個人就可以成功的？如今宮中各處，哪裡都可能潛藏著韋氏的黨羽，一等到機會，就會重新跳出來與我們為敵。」

李隆基說的只是其中一個原因，而另一個原因，他不能說出口，只能讓劉幽求自己理解——臨淄王李隆基在今夜之前，仍只是帝都權力圈中的一個邊緣人物，甚至不是父親最得力的兒子，如今驟然發難，如果不趁著自己占據上風之際迅速地多做一番，確立自己在長安城的威信，等到父親李旦入宮主導大局之後，就再也來不及做了。

「那大王的意思是？」

李隆基望著前方高聳的太極殿，臉色在火把的映照下陰陽不定：「讓

飛騎、萬騎把守宮城各處城門，搜捕所有韋氏黨羽，凡是之前與韋后親善之人，一律處死。再傳令關閉長安所有城門，沒有臨淄王府所簽手令，不得出入，讓我們在南衙諸衛的人都出來，全城搜捕諸韋親黨，若有反抗，一概斬殺。」

這條命令一出，不知宮城內外又會有多少人白白喪命。此時的李隆基已經是一個殺伐決斷的王者，渾身上下都散發著一股騰騰的殺氣。

命令雖然冷酷，但劉幽求知道這也是必要的，於是跟著吩咐了下去。身後傳令的從者往四周而去，幾刻鐘過後，這座還在熟睡中的長安城，將會因為這條命令而掀起一場浩大的殺戮。

且說著，他們行到神龍殿外，只見前方昭容上官婉兒舉著燈籠，帶領著宮女和內侍們迎接在了路邊。

上官婉兒向李隆基行禮：「我等已經恭候臨淄王多時了。」

李隆基卻站立不動，並沒有向這位先帝的昭容行禮。

上官婉兒頓了頓，繼續款款而談，首先祝賀李隆基和太平公主一起定策，成功地誅滅了為亂後宮的韋氏一黨。她的話非常客氣，已經將李隆基抬高到了與太平公主相提並論的地位。

可是李隆基依舊一言不發，沉默地看著這位風韻猶存、才名在宮裡宮外廣為傳頌的后妃。

上官婉兒似乎察覺到了場面的尷尬，於是捧出一個匣子，交給了李隆基身旁的劉幽求。只聽上官婉兒說道，「韋后一黨作亂，我也是不得已而附逆，但仍據理力爭，力圖保住大唐社稷。當初起草先帝遺詔，我寫的便是由相王參謀政事，只是宗逆、韋逆不從，竄改遺詔。這一份遺詔底稿便是明證。」

劉幽求檢查匣子裡的遺詔，確認了內容的真偽後，低聲告知了李隆

第十章　萬騎齊呼左右分，將軍夜披玄武門—臨淄王奮起

基。同時他也勸道，上官婉兒原本就是太平公主的人，在這次宮變中也有功勞，不如向她示好，讓她進一步幫忙控制後宮各處。

但李隆基仍然沒有反應，忽然大聲喝道：「羽林何在！」

幾位萬騎軍士應聲出列。

「昭容上官氏附逆韋氏，多年來淫亂後宮，其罪當誅，現將其立刻斬於旗下，以謝天下！」

倉促之間，不僅是上官婉兒，所有人都猝不及防。萬騎軍士上前，在一眾宮人面前拖走上官婉兒，拉到一邊，一刀問斬。血濺當場，只留下目瞪口呆的眾人。甚至有膽小的內侍尿了褲子，生怕下一個被拖去砍了的就是自己。

「那麼，」李隆基忽然笑了笑，看著眼前心驚膽顫的女官和內侍們，神色舒展開來，「誰願意為本王帶路？必有重賞！」

這是一個流血的夜晚，整個長安城瀰漫著血腥的味道。

殺戮從宮中開始，所有與韋后有點關係，哪怕是稍顯交情的宮人，全都在尚衣奉御王崇曄等太平公主親信的指示下，被萬騎軍搜捕、誅殺。宮城之外，是皇城，皇城之外，是外城。得益於長安城嚴格的坊市格局和宵禁制度，夜晚時所有官民全都要進入坊中不得外出，帶領金吾衛巡邏六街的中書舍人韋元也已經伏法，城中的抓捕行動非常簡單，只要按照名單，一個個按圖索驥就可以了。當然，整個長安城非常大，一個個地抓捕也要很長時間，一個晚上無法完成，但萬騎關閉了全城的城門，韋氏的黨羽們插翅也逃不出去。

天將破曉之時，宮城內外已經基本穩定下來。

到了迎接相王入宮的時候了。李隆基走出太極殿，見到父親李旦後，第一件事情就是跪下磕頭，請父親寬恕他先斬後奏、擅自行動的罪過。然

而事實勝於雄辯，李隆基已經證明此時兵變是正確的，李旦又怎會責罰？他抱著李隆基起來，流著淚說道：「我怎會怪罪三郎？宗廟社稷不墜於地，都是得力於你啊！」遂和李隆基一起入殿，拜見少帝李重茂。

畢竟按照上官婉兒起草的中宗遺詔底稿，立李重茂為帝也是中宗李顯的真實意志，大唐合法的皇帝依然是李重茂。

天漸漸亮了，全城的坊市次第打開，百姓們驚訝地走出街市，打聽著昨晚一夜喧囂，究竟是發生了什麼事。結果看到的是一幕幕血腥的場面。

羽林軍士們從韋氏府邸拉出了太子少保、同中書門下三品韋溫，以及整個府邸的韋氏男女老幼，當場斬殺在了東市的北邊。

中書令宗楚客和弟弟喬裝打扮，穿著斬衰的喪服，騎上一匹青驢偷偷出逃，騙過了一路巡城的兵士，眼看出了通化門就能成功逃出生天之際，城門守衛忽然認出了宗楚客，脫掉他們的布帽確認無誤之後，當場將他們斬殺在城門前。

還有馬秦客、楊均、葉靜能等人，也全部被斬殺。他們的首級被掛在高處，供長安百姓圍觀。韋后被割去頭顱的屍體也被扔到市場上示眾。

從古至今的百姓，歷來都是有著好幾張面孔的。在仁政之下，他們會純樸而善良；在暴政之下，他們會冷漠而麻木；在昂揚的年代，他們會奮發而進取；在動盪的時期，他們會愚昧而嗜血。此時他們面對韋氏一門的覆滅，既懷著好奇與興奮，又帶著對未來局面的擔憂。他們吃過人血饅頭之後，聽說天子將在安福門上講話，於是蜂擁著聚集到了安福門前。

相王李旦帶著少帝李重茂走上了承天門樓，與宮門下的百姓見面。李旦傳諭百姓：「此番誅滅諸韋，撥亂反正，只針對韋氏黨羽，如果與韋氏一刀兩斷的，從此既往不咎。」

這道口諭安定了不少人的心。原來只要與韋氏切割得清清楚楚，便可

第十章　萬騎齊呼左右分，將軍夜披玄武門—臨淄王奮起

以沒事。那些當初為了攀高枝，娶了韋氏親族為妻之人，不少人回到家後都親手殺死了韋姓的結髮妻子，以示與韋氏一刀兩斷。

安樂公主的親信趙履溫也來到安福門下，高呼萬歲，一邊舞蹈起來，一邊歌頌著相王的功德。趙履溫當初是安樂公主的鷹犬，曾經做了不少巧取豪奪，搶占田地，搜刮民脂民膏為安樂公主修造豪宅之類的事情，所以不少人唏噓起來。趙履溫還沒唱完，相王李旦揮了揮手，萬騎走下城樓，一刀砍死了趙履溫。這一刀獲得了圍觀百姓們的歡呼，百姓們之前本來就對趙履溫驅使人們服勞役的事情不滿，如今便爭相割他的肉。趙履溫一百多斤的身子，登時被嗜血的長安百姓哄搶一空。

當初在關鍵時刻通報消息的崔日用也站了出來，以參贊平亂的功臣身分，四處搜捕韋氏餘黨。京兆韋氏在長安城人口繁多，尤其多地定居在城東南的杜曲，與杜氏宗族混居。崔日用於是帶兵直接到杜曲抓人。為了表現出他的誠意，崔日用下令，韋氏的男女、哪怕是襁褓中的嬰兒，全都要誅殺。甚至很多姓杜不姓韋的無辜百姓，也被不由分說地殺掉。

屠殺持續了一整天，由於像崔日用這樣曾經兩邊下注之人急於要表明忠誠，所以對韋氏的誅滅變成了「寧可錯殺一千，不可放走一個」，原本說高過馬鞭之人一概處死，現在變成了襁褓中的嬰兒都不放過。韋氏當初在朝中黨羽遍布，長安城中不知多少人和韋氏有千絲萬縷的關係。因此行動變得越來越氾濫，越來越血腥。終於，相王李旦意識到了問題，以皇帝的名義下詔說：「逆賊魁首已經誅滅，剩下的餘黨一律不再追究。」

因為這道詔令，殺戮這才漸漸停了下來。

這場兵變，終於將不起眼的臨淄王李隆基變成了萬眾矚目的焦點。朝廷加封李隆基為平王，兼知內外閑廄，押左右廂萬騎，第二天又加封為殿中監。李隆基的大哥李成器、二哥李成義、四弟李隆範、五弟李隆業分別任命為左右衛大將軍、左右羽林大將軍，但這些職位都是虛職，實在不能

04 帝都的血腥之夜

和控制皇家武裝羽林萬騎的李隆基同日而語。

同時,參與行動的太平公主也獲得了應有的獎勵。她的兒子薛崇簡受封為節王、右千牛衛將軍。此次有功的鍾紹京、李日知等人都成了宰相,老憤青劉幽求由於原本的官職太小,這次便加封為中書舍人,並參知機務。

而武氏一族,則隨著韋后、武延秀等人的覆滅一道垮臺了,長安城中的武氏家族成員,大多被誅殺或者流放。

當然,其中並不包括立了大功的太平公主和她的丈夫武攸暨。政變成功後,太平公主作為少帝的姑母入了宮,做的第一件事情,就是代替少帝李重茂做出決定,要他讓位給叔叔李旦。

相王李旦是個深沉有方略的人,然而這麼多年的風風雨雨,早已讓他對權位看得淡了。抵不上李隆基、劉幽求等人反覆勸說,才答應了代替姪兒擔任皇帝的請求。唐隆政變成功的兩天後,宗室大臣們聚集在太極殿的中宗梓宮(也就是棺槨)前,少帝李重茂不敢坐在皇座上,而是坐在大殿的東側,而相王李旦則站在大殿最中央的梓宮前,儼然是這個朝廷實際的君王。太平公主走上殿說道:「皇帝想要把皇位讓給他叔叔,可以麼?」

一旁的劉幽求也跪下說道:「如今國家多災多難,相王親自挑起皇帝之位的重擔,那可是對姪兒慈愛的關照,於情於理,都應當如此。」

太平公主接著便說道:「那就這麼定了,皇帝下詔,傳位於相王!」

殿中的對話自顧自進行著,自始至終沒有人理睬坐在一邊的少帝李重茂,彷彿他就是一個工具人。十六歲的少帝,眼睜睜地看著他的親人、臣子們討論著他的皇位問題,但無人在意他的感受或者意見,彷彿他才是最不相干的一個。

太平公主這時回過頭,見到李重茂還怔怔地望著大家,不知所措的

第十章　萬騎齊呼左右分，將軍夜披玄武門—臨淄王奮起

樣子，於是走上前說道：「行了，天下之心都已經歸到了相王身上，這不是你的座位了。」遂拉著少帝，像是提著一隻小雛雞一般地把他拉到了一邊，恭請李旦入座。

李旦整肅衣冠，端坐到了御座之上。殿中的公卿們一齊拜倒，山呼萬歲。

「相王必膺期受命，當須盡節事之。」十年之前，宰執們就曾這樣議論和期待著，然而這十年，卻成了大唐立國以來最為黑暗的十年。所幸，一切黑暗似乎都將終止，珍貴的黎明即將到來，新的皇帝，終於即位了。

尾聲
玄武門閉：屠龍者未成惡龍

唐隆政變之後，人們總算可以重新嚴肅地評價新皇帝的母親武則天了。李旦下令，則天大聖皇后重新恢復原來的舊號，稱為天后。在一生都孜孜以求維護大唐江山的李旦眼裡，於私，武則天是他的母親，有著血濃於水的親情；於公，武則天是當初高宗皇帝的皇后，僅此而已。

但乾陵外那塊原本要刻上歌頌女皇功德的石碑，如今卻沒有必要再去刻字了。畢竟武氏的宗廟、陵寢都已經降格，那塊踰越了禮法制度的石碑，就讓它一直空白下去吧。歷史會記住世人是如何評價這位奇女子的。

李旦還有更重要的事情思考，那就是選擇國家的繼承人問題。

時移世易，李旦又走到了和當初高祖皇帝李淵差不多的選擇窘境上。他的嫡長子李成器是個才能德行俱佳之人，本來會是個優秀的統治者，把太子之位交給大郎，李旦會很放心。但另一方面，唐隆政變中三郎李隆基的功勞實在太大，手握著羽林萬騎的兵權，又得到了朝中很多大臣的支持，不把太子之位交給三郎，或許很多文武官員會不答應。

這不就是當初隱太子李建成與太宗李世民的奪嫡之爭2.0版嘛！如果不妥善處理繼承人問題，那誰也無法確定是否會再一次出現新的「玄武門之變」。

李唐的五代皇帝雖然性格各不相同，然而九十年來，無一不深陷在玄武門之變帶來的噩夢當中。對親人的懷疑與仇殺，從他們的童年時起，就印刻在血脈之中，成了家族默認的遊戲規則。九十年前的那次事變，給大唐留下一個深不見底，彷彿永遠也無法癒合的傷疤。它時常撕扯著，流出血水和膿液，提醒著每一代帝王，權力之爭是多麼殘酷。每一代人都不想

尾聲　玄武門閉：屠龍者未成惡龍

重蹈覆轍，但每一代卻都有人重複著殘酷而血腥的鬥爭，並且繼續將這個扭曲的規則與世界傳遞給自己的孩子們。

這一次，他們能跳出這個魔咒嗎？

這個想法，也許是李旦和他的兒子們，包括平王李隆基在內共同的心願。而要跨過這道深溝，跳出這道魔咒，靠的是謙退，是理解，是包容。

宋王李成器奏道：「國家安定，則立嫡長為儲君；國家危難，則優先選擇有功之人。如果違背了時宜，那就會讓普天下之人失望。因此，臣寧可去死，也不想、不敢、不願意位居於平王之上！」他連續好幾天都流著淚向李旦請求，將太子之位辭讓給三弟。

大臣們也大都認為應當立平王李隆基為太子。

這也許是跳出玄武門魔咒的最後機會了，只有這一次，李唐皇室的兄弟們選擇互相辭讓，避免紛爭。多年以前，李旦曾經和兒子李成器一樣選擇了謙退，將太子之位堅持讓給了哥哥李顯，但怎奈哥哥昏聵，猜忌了最不應該猜忌的人，使悲劇再次重演，整個長安城流血經年。如今，歷史的接力棒交給了李旦的兒子們，李旦希望，他們能好好處理彼此的關係。

唐隆元年（西元710年）六月二十七日，唐隆政變的七日後，皇帝下詔，立平王李隆基為太子。

李隆基在這時也保持了謙讓，堅持要把太子之位讓給嫡長兄李成器，但李旦不許，堅持任命他這個三兒子為太子。李隆基雖然野心勃勃，但在父子、兄弟之情上，他卻是動了真情的。幾年之後，李隆基接受父親的禪位，成為皇帝，幾十年間，他始終善待他的哥哥和弟弟們，大唐立國百年來，李隆基這一輩第一次沒有出現兄弟相殘的情況。

權力是冰冷無情的，無數人為它掀起了腥風血雨的鬥爭。但有時，冰冷的權力遊戲也會在脈脈的溫情下，變得暫時有溫度起來。

（本書完）

本書部分參考書目

- [五代] 劉昫等《舊唐書》
- [唐] 歐陽脩等《新唐書》
- [唐] 李林甫等《唐六典》
- [北宋] 王欽若等《冊府元龜》
- [北宋] 司馬光《資治通鑑》、《資治通鑑考異》
- [唐] 玄奘、辯機《大唐西域記》
- [唐] 長孫無忌等《唐律疏議》
- [唐] 吳兢《貞觀政要》
- [唐] 張鷟《朝野僉載》
- [唐] 劉餗《隋唐嘉話》
- [明] 王夫之《讀通鑑論》
- [明] 顧炎武《日知錄》
- 陳寅恪《隋唐制度淵源略論稿》、《唐代政治史論述稿》、《寒柳堂集》
- 呂思勉《隋唐五代史》、《二十四史讀史札記》
- 谷霽光《府兵制度考釋》
- 黃永年《六至九世紀中國政治史》
- 王仲犖《隋唐五代史》
- 王永興《唐代前期軍事史略論稿》
- 汪籛《漢唐史論稿》、《唐王朝的崛起與興盛》
- 崔瑞德等《劍橋中國隋唐史》

本書部分參考書目

- 孫繼民《唐代行軍制度研究》
- [日] 谷川道雄《隋唐帝國形成史論》
- 吳宗國《唐代科舉制度研究》
- 周紹良主編《唐代墓誌彙編》、《唐代墓誌彙編續集》
- 王小甫《盛唐時代與東北亞政局》
- 張永祿主編《唐代長安詞典》
- 楊鴻年《隋唐兩京考》
- 孟憲實《唐高宗真相》
- 軍事科學院主編《唐代軍事史》
- 蒙曼《唐代前期北衙禁軍制度研究》

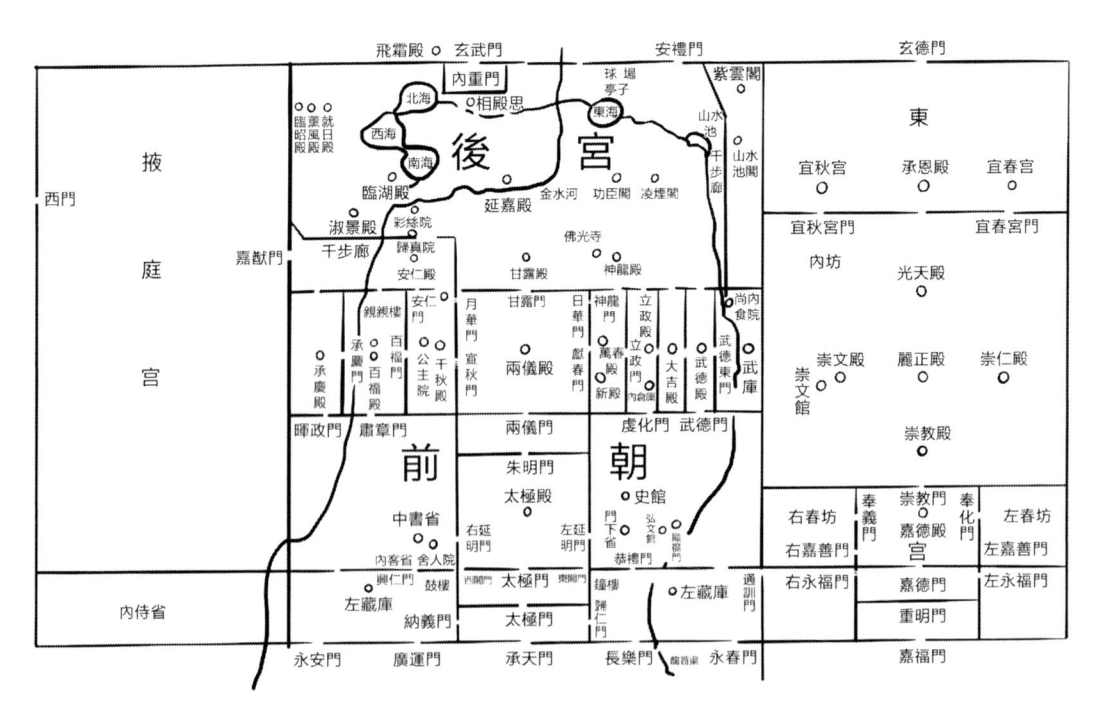

唐長安城太極宮簡圖

唐長安城周邊形勢

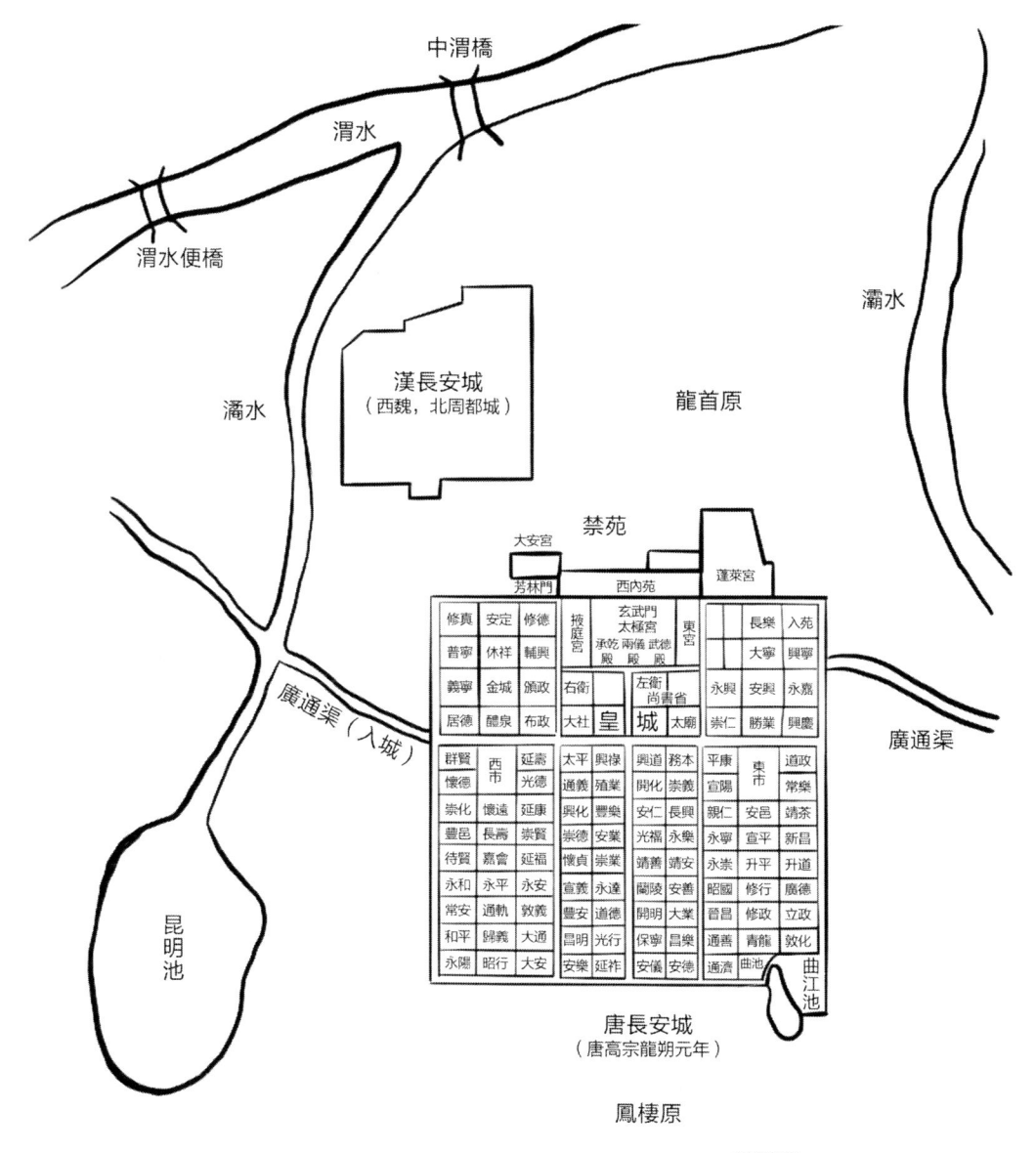

唐長安城周邊形勢

本書部分參考書目

隋唐洛陽宮城簡圖

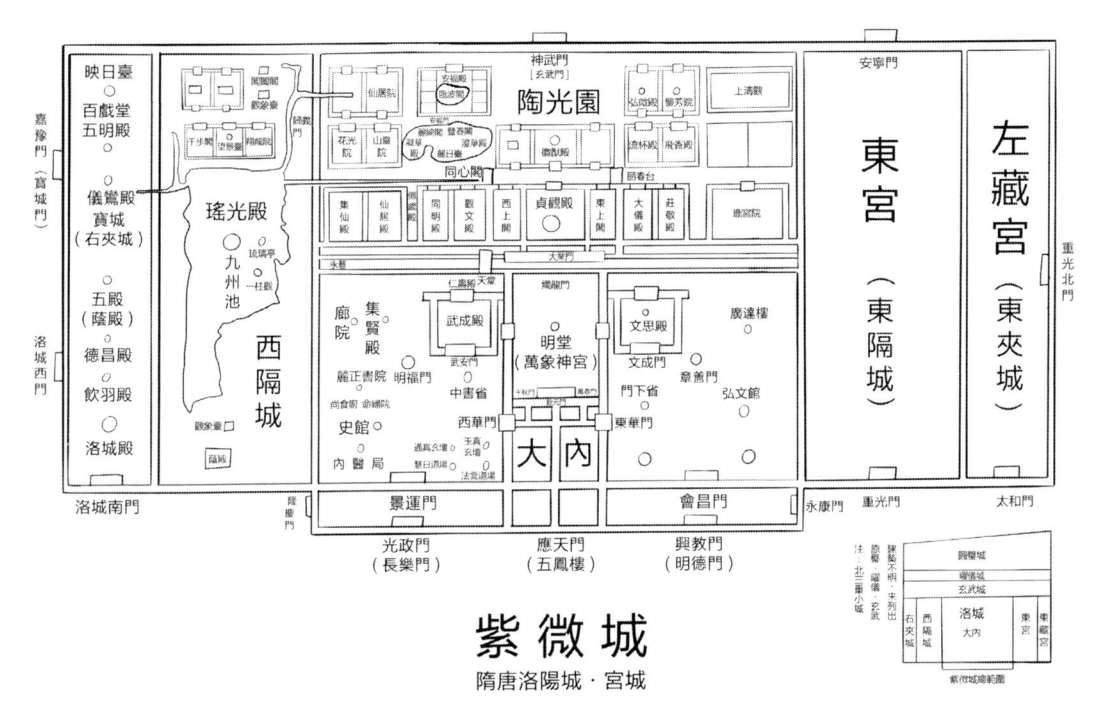

紫微城
隋唐洛陽城·宮城

隋唐洛陽宮城簡圖

附表一

唐初大事年表

唐高祖李淵（618～626年在位）

西元	年號	文治	武功
618年	武德元年	李淵廢隋恭帝侑，稱帝，國號唐，是為唐高祖	驍果軍江都兵變，推宇文化及為首，殺隋煬帝。淺水原之戰，李世民大勝
619年	武德二年		王世充廢皇泰主，稱帝，國號鄭
621年	武德四年		洛陽虎牢之戰，唐朝一舉剿滅竇建德、王世充兩大勢力
623年	武德六年		輔公祐起兵，不久後被剿滅
624年	武德七年	唐廷頒行《武德律》及均田、租庸調法	
626年	武德九年	玄武門之變，李世民殺太子建成及齊王元吉；李淵傳位李世民，是為唐太宗	東突厥深入，逼長安，唐太宗親臨渭水，與頡利可汗結便橋之盟，突厥退兵

唐太宗李世民（626～649年在位）

西元	年號	文治	武功
627年	貞觀元年	下令諫官入政事堂議事	李藝據涇州謀反，王君廓謀反被殺
628年	貞觀二年		薛延陀首領乙失夷男受唐封為真珠毗伽可汗，建汗庭於漠北

附表一　唐初大事年表

西元	年號	文治	武功
629年	貞觀三年	司空裴寂免官，流靜州，旋卒。李世民始御太極殿。玄奘起程赴天竺。修造大明宮	
630年	貞觀四年		李靖俘頡利可汗，東突厥滅亡
634年	貞觀八年		吐蕃贊普松贊干布遣使入貢請婚
635年	貞觀九年	唐高祖李淵崩於垂拱殿。太子承乾於東宮平決庶政	李靖大破吐谷渾，其主慕容伏允及子先後為左右所殺
636年	貞觀十年	長孫皇后崩於立政殿，太宗謂「失一良佐」	
637年	貞觀十一年	頒布貞觀律令格式	
638年	貞觀十二年	高士廉等撰《氏族志》成，又稱《貞觀氏族志》	
640年	貞觀十四年		侯君集攻克高昌，唐以其地置西州，又置安西都護府於交河城
641年	貞觀十五年	魏王李泰等撰《括地誌》成	文成公主入吐蕃，與松贊干布和親。李世勣敗薛延陀於諾真水
642年	貞觀十六年		
643年	貞觀十七年	太子李承乾以謀反之罪被廢，晉王李治被立為太子	
645年	貞觀十九年	玄奘取經還，抵長安	太宗征遼東，無功而還。鐵勒九姓大首領率眾降唐，薛延陀首領乙失夷男死
646年	貞觀二十年	李世民計劃封禪泰山，但因北方有事而中止。日本開始大化改新	唐軍擊破薛延陀，於鐵勒諸部置羈縻州府

西元	年號	文治	武功
648年	貞觀二十二年		阿史那社爾平龜茲，唐始置安西四鎮。唐赴天竺使者王玄策俘摩揭陀國王阿羅那順而歸
649年	貞觀二十三年	李世民去世，太子李治即位，是為唐高宗	

唐高宗李治（649～683年在位）

西元	年號	文治	武功
651年	永徽二年	武則天再度入宮	瑤池都督阿史那賀魯叛唐，統西突厥十姓之地。大食第三任哈里發鄂圖曼遣使來唐，唐與大食的官方聯繫始此
652年	永徽三年	唐廷頒布《永徽律》	
653年	永徽四年	長孫無忌等完成撰修《律疏》。房遺愛、高陽公主、薛萬徹等人謀反，密謀擁立荊州王李元景為帝，事情敗露	
655年	永徽六年	廢王皇后，立武則天為皇后	
657年	顯慶二年	改洛陽宮為東都，自此唐朝正式實行兩京制	蘇定方擒阿史那賀魯，西突厥亡。唐以其地分置崑陵、濛池二都護府，並隸安西都護
659年	顯慶四年	詔改《貞觀氏族志》為《姓氏錄》。長孫無忌於黔州被逼自殺	
660年	顯慶五年	李治因患風眩，武則天開始參與理政	蘇定方破百濟，擒獲百濟王等五十八人至東都，唐高宗責問後下詔釋放

375

附表一　唐初大事年表

西元	年號	文治	武功
661 年	龍朔元年		以薩珊朝波斯王子卑路斯為波斯都督府都督
663 年	龍朔三年	李義府下獄	白江口之戰，唐羅聯軍大敗倭軍，劉仁軌派人至對馬島宣諭倭國
666 年	乾封元年	李治封禪泰山，古來帝王封禪，以此為盛	高句麗淵蓋蘇文死，子男生代為莫離支，與弟男建、男產爭權
668 年	總章元年		高句麗內亂，唐遣李勣等攻滅之，俘其王高藏，以其地置安東都護府
670 年	咸亨元年		吐蕃陷龜茲撥換城，大非川之戰，唐廢安西四鎮
674 年	上元元年	尊皇帝為天皇，皇后為天后，武則天向高宗提出建言十二事	
675 年	上元二年	太子李弘在合璧宮綺雲殿猝然離世，改立李賢為太子。是年，王勃作《滕王閣序》	
679 年	調露元年	明崇儼被盜殺於東都	裴行儉平西突厥阿史那都支，重建安西四鎮
680 年	調露二年	太子李賢因罪被廢	
682 年	永淳元年		後突厥骨咄祿崛起，回紇受其壓迫，西徙甘、涼二州之間
683 年	弘道元年	高宗去世，太子李顯即位，是為唐中宗，武則天執政	

唐中宗李顯（683 ～ 684 年在位）、唐睿宗李旦（684 ～ 690 年在位）

西元	年號	文治	武功
684年	嗣聖元年	中宗被廢，相王李旦立，是為唐睿宗，武則天執政。宰相裴炎被殺	徐敬業於揚州起兵反武則天，三個月後兵敗被殺
686年	垂拱二年		唐軍為吐蕃所敗，安西四鎮再度失守
687年	垂拱三年		唐大將黑齒常之敗後突厥骨咄祿於黃花堆
688年	垂拱四年	名堂落成，號萬象神宮	琅邪王李沖起兵，隨即敗死
689年	永昌元年		薛懷義征東突厥，在單于臺刻石記功而還
690年	天授元年	武則天廢睿宗，稱帝，改國號為周	

武周時期（690～705年）

西元	年號	文治	武功
691年	天授二年	武則天幽閉李氏諸王	東突厥可汗骨咄祿死，默啜繼立
692年	長壽元年		武則天遣王孝傑等大破吐蕃，奪回安西四鎮
693年	長壽二年	殺皇嗣李旦的妃子劉氏、德妃竇氏，李旦幾遭誣陷	
695年	證聖元年	薛懷義因失寵而密燒天堂，延及明堂	
696年	萬歲通天元年		契丹李盡忠與孫萬榮等叛唐，陷營州，攻略河北諸州
697年	萬歲通天二年	來俊臣被殺。張易之、張昌宗兄弟入宮侍奉武則天	武周聯合突厥討伐孫萬榮
698年	聖曆元年	廬陵王復為皇太子	唐廷置武騎團兵於河南、河北，以抗突厥

附表一　唐初大事年表

西元	年號	文治	武功
705年	神龍元年	張柬之、崔玄暐等人發動政變，殺張易之、張昌宗，逼武則天退位，復立中宗李顯，復國號為唐	

唐中宗李顯（705～710年在位）、殤帝李重茂（710年在位）

西元	年號	文治	武功
706年	神龍二年		唐與吐蕃首次會盟
707年	景龍元年	太子李重俊發動政變，失敗被殺	
709年	景龍三年		金城公主和親於吐蕃贊普赤德祖贊
710年	唐隆元年 景雲元年	中宗去世，韋后臨朝，立子重茂為帝。睿宗子隆基與太平公主發動政變，殺韋后及安樂公主，逼重茂遜位，擁立睿宗	

唐睿宗李旦（710～712年在位）

西元	年號	文治	武功
711年	景雲二年	李旦命太子李隆基監國	後突厥可汗默啜遣使請和
712年	先天元年	李旦讓位為太上皇，李隆基即位，是為唐玄宗	

附錄二　唐－官制表

	職官	文散官	武散官	爵位	勛官
正一品	太師、太傅、太保、太尉、司徒、司空			王	
從一品	太子太師、太子太傅、太子太保	開府儀同三司	驃騎大將軍	嗣王、郡王、國公	
正二品	尚書令	特進	輔國大將軍	開國郡公	上柱國
從二品	尚書左右僕射、太子少師、太子少傅、太子少保、京兆／河南／太原府牧、大都督、大都護	光祿大夫	鎮國大將軍	開國縣公	柱國
正三品	侍中、中書令、十六衛大將軍、六部尚書、太子賓客、太常卿、太子詹事、中都督、上都護	金紫光祿大夫	冠軍大將軍、懷化大將軍		上護軍

附錄二 唐－官制表

	職官	文散官	武散官	爵位	勳官
從三品	御史大夫、祕書監、光祿／衛尉／宗正／太僕／大理／鴻臚／司農／太府卿、左右散騎常侍、國子祭酒、殿中監、少府監、將作大匠、諸衛羽林千牛將軍、下都督、上州刺史、大都督府長史、大都護府副都護	銀青光祿大夫	雲麾將軍、歸德將軍	開國侯	護軍
正四品上	黃門侍郎、中書侍郎、尚書左丞、吏部侍郎、太常少卿、中州刺史、軍器監、上都護府副都護、上府折衝都尉	正議大夫	忠武將軍	開國伯	上輕車都尉
正四品下	尚書右丞、尚書中司侍郎、左右千牛衛／左右監保全中郎將、親勳翊衛羽林、中郎將、下州刺史	通議大夫	壯武將軍		
從四品上	祕書少監、殿中少監、內侍、大都護府／親王府長史	太中大夫	宣威將軍		輕車都尉
從四品下	國子司業、少府少監、將作少匠、京兆／河南／太原府少尹、上州別駕、大都督府／大都護府／親王府司馬、中府折衝都尉	中大夫	明威將軍		

380

	職官	文散官	武散官	爵位	勳官
正五品上	諫議大夫、御史中丞、國子博士、給事中、中書舍人、都水使者、萬年／長安／河南／洛陽／太原／晉陽／奉先縣令、親勳翊衛羽林郎將、中都督／上都護府長史、親王府典軍	中散大夫	定遠將軍	開國子	上騎都尉
正五品下	太子中舍人、內常侍、中都督／上都護府司馬、中州別駕、下府折衝都尉	朝議大夫	寧遠將軍		
視正五品	薩寶				
從五品上	尚書左右司諸司郎中、祕書丞、著作郎、太子洗馬、殿中丞、親王府副典軍、下都督府／上州長史、下州別駕	朝請大夫	遊騎將軍	開國男	騎都尉
從五品下	大理正、太常丞、太史令、內給事、上牧監、下都督府／上州司馬、駙馬都尉、奉車都尉、宮苑總監、上府果毅都尉	朝散大夫	游擊將軍		

381

附錄二 唐一官制表

	職官	文散官	武散官	爵位	勳官
正六品上	太學博士、中州長史、親勳翊衛校尉、京兆／河南／太原府諸縣令、武庫中尚署令、諸衛左右司階、中府果毅都尉	朝議郎	昭武校尉		驍騎尉
正六品下	千牛備身、備身左右、下州長史、中州司馬、內謁者監、中牧監、上牧副監、上鎮將	承議郎	昭武副尉		
從六品上	起居郎、起居舍人、尚書諸司員外郎、大理司直、國子助教、城門郎、符寶郎、通事舍人、祕書郎、著作佐郎、侍御醫、諸衛羽林長史、兩京市令、下州司馬、左右監門校尉、親勳翊衛旅帥、上縣令	奉議郎	振威校尉		飛騎尉
從六品下	侍御史、少府／將作／國子監丞、司農寺諸園苑監、下牧監、宮苑總監副監、互市監、中牧副監、下府果毅都尉	通直郎	振威副尉		

382

	職官	文散官	武散官	爵位	勳官
正七品上	四門博士、詹事司直、左右千牛衛長史、軍器監丞、中縣令、親勳翊衛隊正、親勳翊衛副對正、中鎮將	朝請郎	致果校尉		雲騎尉
正七品下	內寺伯、諸倉／諸冶／司竹／溫湯監、諸衛左右中候、上府別將／司史、上鎮副、下鎮將、下牧副監	宣德郎	致果副尉		
從七品上	殿中侍御史、左右補闕、太常博士、太學助教、門下省錄事、尚書都事、中書省主書、左右監門直長、都水監丞、中下縣令、京縣丞、中府別將／長史、中鎮副、勳衛太子親衛	朝散郎	翊麾校尉		武騎尉
從七品下	太史局丞、御史臺／少府／將作／國子監主簿、掖庭／宮闈局令、下縣令、太廟諸陵署丞、司農寺諸園苑副監、宮苑總監丞、公主家令、親王府旅帥、下府別將／長史、下鎮副、諸屯監、諸折衝府校尉	宣義郎	翊麾副尉		

附錄二　唐－官制表

	職官	文散官	武散官	爵位	勳官
視從七品	薩寶府祆正				
正八品上	監察御史、協律郎、翊衛、大醫署醫博士、軍器監主簿、武庫署丞、兩京市署丞、上牧監丞、執乘親事	給事郎	宣節校尉		
正八品下	奚官／內僕／內府局令、備身、尚藥局司醫、京兆／河南／太原諸縣丞、太公廟丞、諸宮農圃監、互市監丞、司竹副監、司農寺諸園苑監丞、靈臺郎、上戍主、諸衛左右司戈	徵事郎	宣節副尉		
從八品上	左右拾遺、太醫署針博士、四門助教、左右千牛衛錄事參軍、上縣丞、中牧監丞、京縣主簿、諸倉／諸冶／司竹／溫湯監丞、保章正、諸折衝府旅帥	承奉郎	禦侮校尉		

384

	職官	文散官	武散官	爵位	勳官
從八品下	大理評事、律學博士、太醫署丞、左右千牛衛諸曹參軍、內謁者、都水監主簿、中書／門下／尚書都省／兵部／吏部／考功／禮部主事、中縣丞、京縣尉、諸屯監丞、上關令、上府兵曹、上挈壺正、中戍主、上戍副、諸率府左右司戈	承務郎	禦侮副尉		
正九品上	校書郎、太祝、典客署掌客、嶽瀆令、諸津令、下牧監丞、中下縣丞、中州博士、武庫署監事	儒林郎	仁勇校尉		
正九品下	正字、奚官／內僕丞、內府局丞、太史局司辰、典廄署主乘、下縣丞、下州博士、京兆／河南／太原府諸縣尉、上牧監主簿、諸宮農圃監丞、中關令、親王國尉、上關丞、諸衛左右執戟、中鎮兵曹參軍、下戍主、諸折衝隊正	登仕郎	仁勇副尉		

385

附錄二　唐—官制表

	職官	文散官	武散官	爵位	勳官
從九品上	尚書／御史臺／祕書省／殿中省主事、奉禮郎、律學助教、弘文館校書、大史局司歷、太醫署醫助教、京兆／河南／太原府／九寺／少府／將作監錄事、都督／都護府／上州錄事市令、宮苑總監主簿、上中縣尉	文林郎	陪戎校尉		
從九品下	內侍省主事、國子監錄事、崇文館校書、書學博士、算學博士、門下典儀、太醫署按摩／祝禁博士、太卜署卜博士、太醫署針助教／醫正、太卜署卜正、太史局監候、掖庭局宮教博士、太官署監膳、太樂鼓吹署樂正、大理寺獄丞、中下州醫博士、中下縣尉、下關令、中關丞、諸衛羽林長上、諸津丞、諸折衝府隊副、諸率府左右執戟	將仕郎	陪戎副尉		

386

長安爭日：

玄武門變、神龍政變、女皇臨朝⋯⋯盛世將臨，誰能坐穩龍椅？

作　　　者：	范西園
責任編輯：	高惠娟
發 行 人：	黃振庭
出 版 者：	複刻文化事業有限公司
發 行 者：	崧燁文化事業有限公司
E－mail：	sonbookservice@gmail.com
粉 絲 頁：	https://www.facebook.com/sonbookss
網　　　址：	https://sonbook.net/
地　　　址：	台北市中正區重慶南路一段61號8樓

8F., No.61, Sec. 1, Chongqing S. Rd., Zhongzheng Dist., Taipei City 100, Taiwan

電　　　話：	(02)2370-3310
傳　　　真：	(02)2388-1990
印　　　刷：	京峯數位服務有限公司
律師顧問：	廣華律師事務所 張珮琦律師

版權聲明

本書版權為樂律文化所有授權複刻文化事業有限公司獨家發行繁體字版電子書及紙本書。若有其他相關權利及授權需求請與本公司聯繫。

未經書面許可，不得複製、發行。

定　　　價：480元
發行日期：2025年09月第一版
◎本書以POD印製

國家圖書館出版品預行編目資料

長安爭日：玄武門變、神龍政變、女皇臨朝⋯⋯盛世將臨，誰能坐穩龍椅？/ 范西園著.-- 第一版.-- 臺北市：複刻文化事業有限公司，2025.09
面；　公分
POD版
ISBN 978-626-428-234-5(平裝)
1.CST: 唐史 2.CST: 通俗史話
624.109　　　　114012304

電子書購買

爽讀APP　　臉書